U0369766

近现代名家传记丛书

康有为传

KANG YOUWEI ZHUAN

汤志钧　著

南开大学出版社

天津

本书中文简体字版权由台湾商务印书馆股份有限公司授予南开大学出版社有限公司发行。非经书面同意,不得以任何形式,任意重制转载,本著作物简体字版仅限中国大陆地区发行。
天津市出版局著作权合同登记号:图字 02-2021-34

图书在版编目(CIP)数据

康有为传 / 汤志钧著. —天津:南开大学出版社,
2021.6

(近现代名家传记丛书)

ISBN 978-7-310-05897-6

Ⅰ. ①康… Ⅱ. ①汤… Ⅲ. ①康有为(1858—1927)
—传记 Ⅳ. ①B258.5

中国版本图书馆 CIP 数据核字(2019)第 232184 号

版权所有　侵权必究

康有为传
KANG YOUWEI ZHUAN

南开大学出版社出版发行
出版人:陈　敬
地址:天津市南开区卫津路 94 号　　邮政编码:300071
营销部电话:(022)23508339　营销部传真:(022)23508542
http://www.nkup.com.cn

河北文曲印刷有限公司印刷　全国各地新华书店经销
2021 年 6 月第 1 版　　2021 年 6 月第 1 次印刷
240×170 毫米　16 开本　23.5 印张　6 插页　359 千字
定价:78.00 元

如遇图书印装质量问题,请与本社营销部联系调换,电话:(022)23508339

康有为(1858—1927)

康有为

康有为和梁启超

《新学伪经考》(广州康氏万木草堂
1891 年刊印)

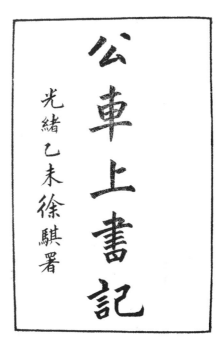

《公车上书记》(上海石印书局 1895
年版)

《强学报》(上海强学会书局 1895
年版)

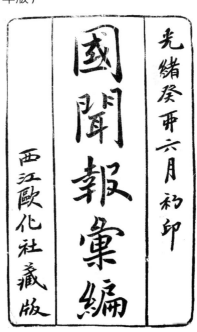

《国闻报汇编》(西江欧化社 1903 年
藏版)

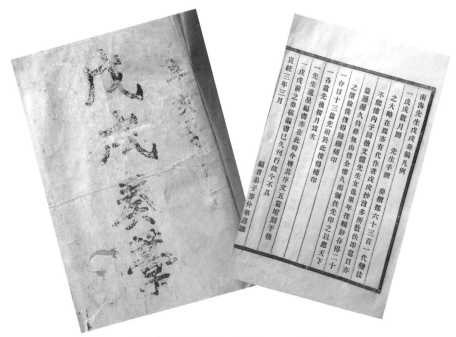

《戊戌奏稿》(广智书局 1911 年版)

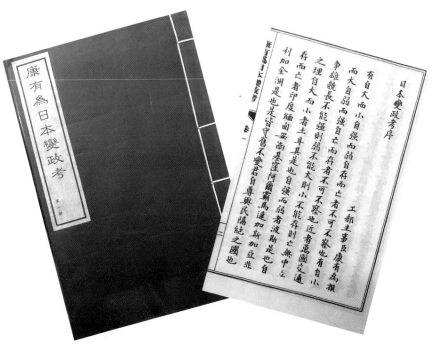

《康有为日本变政考》(紫禁城出版社 1998 年版)

康南海先生遺著　門人無錫錢定安校訂

大同書

西神王蘊章署

《大同书》(中华书局 1938 年版)

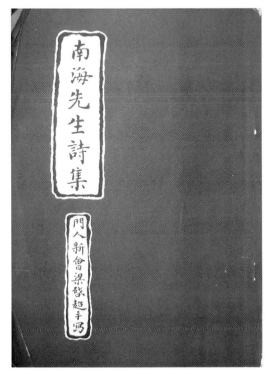

南海先生詩集

門人新會梁啟超手寫

《南海先生诗集》

《大同书》手稿

康有为致李提摩太书

关于康有为的历史评价问题[*]

（代序）

汤志钧

康有为是近代中国起过重要作用和具有深远影响的人物，而对他的评价却存有分歧。

康有为领导 19 世纪末叶的维新运动，是"先进的中国人"，这点毋庸置疑。问题是，他在政变以后组织保皇会，展开"勤王"活动，以及他著有《大同书》，又倒填年月。他的高远理想和政治实践又该如何评价？本文准备就上述问题，提出自己的看法。

偏高和偏低

过去，很多论著以为康有为是戊戌变法的领导者，但后来成为"复辟的魁首"，"前半生进步，后半生反动"；即使是维新运动时期，他在汲取外来文化和对待传统儒学上，在政治改革的组织和言论中，都存有局限。

近年来，有人认为"他的爱国思想是一以贯之"的；甚至认为他在辛亥后刊行《不忍》，倡立孔教会，鼓吹"虚君共和"，都是为了"反对袁世凯的假共和"。

如果说过去对康有为的历史评价"偏低"，那么近年来有些人对康有为的评价"偏高"了。

　　康有为在戊戌变法失败后，确曾"勤王保皇"；民国成立后，他仍恋栈旧制，眷念清室；1917 年，还参与拥戴溥仪复辟，但是否"前半生进步，后半生反动"？他的"进步"与否能不能以政变发生作为"划线点"呢？不能。因为一个人由"进步"到"反动"，或由"落后"到"进步"，总得有个过程，总得有个思想基础，不能说今天"进步"，明天就"反动"了。这一点准备放到最后一部分来评述。这里，姑就近来的评价"偏高"提出一些看法。

　　康有为的思想是"一以贯之"的吗？他在辛亥后刊行《不忍》，倡立孔教会，鼓吹"虚君共和"，都是为了"反对袁世凯的假共和"吗？不是。

　　康有为有没有爱国思想？有。他生在遭受西方资本主义侵略和接触西方资本主义最早的地区，面临外国侵略、民族危亡，在中法战后上书变法，甲午战后组织学会、创办报刊，领导了 19 世纪末叶的维新运动；他学习西方，救亡图存，确实是"先进的中国人"，是爱国者，即使在政变以后，当革命高潮未曾掀起以前，在一些人对光绪还有幻想的情况之下，他想扶植光绪重新上台，反对慈禧为首的腐朽清政府，也还可说是爱国的。但是否"一以贯之"呢？却不能这样说。爱国，要看他在什么历史条件下，在什么时代背景中，爱什么样的国，而不是简单地、抽象地不问时间和条件地认为他过去爱国，而抹杀了他后来的政治实践，说是"一以贯之"。

　　应该承认，康有为确曾爱国，他还领导了一场爱国救亡的维新运动，但说他是爱国主义者，不等于把他一生的活动都用爱国主义来衡量，更不能为了说他爱国而对他的历史倒退思想曲予掩饰。我们可以对康有为为了挽救民族危亡的献身精神和变法活动予以高度评价，却不能对他后来抵制正在兴起的民主革命和民主潮流的活动视而不见。近代中国的历史是急遽向前、迅猛发展的。适应时代潮流，并引导社会前进，当然是进步的、爱国的；不能适应时代潮流，并且逆时代而动，那至少是时代的落伍者，难以再称是"爱国"了。

　　且从 1905 年中国同盟会成立，全国革命形势进一步成熟以后来看康有为的政治活动吧！这时，清政府为了维护自己的统治，宣布"预备立宪"，正在欧洲漫游的康有为闻之"大喜过望"，定于 1907 年改保皇会为帝国宪政会，并布告各埠会员，说明"适当明诏，举行宪政，国民宜预备讲求，故今改保皇会名为国民宪政会，亦称为国民宪政党，以讲求宪法，更求进步"，企图重温立宪的迷梦。1908 年，清政府颁布"宪法大纲"，旨在保存封建专制制度，康有为又用帝国宪政会名义草书请开国会，要求"立下明诏，定以宣统三年开国会"。1910 年底，拟改帝国宪政会为帝国统一党，向清政府民政部注册，说是"不曰会而曰党，乃合全国人士与蒙古藩王共之"，故"益光明广大之"。①可知康有为在革命高潮掀起、清政府摇摇欲坠的情况下，他维护的是濒于崩溃的清朝腐朽统治，抵制的是民主革命和民主潮流。

辛亥革命，推翻了清朝政府，康有为已无"皇"可保了，又提出"虚君共和"的口号，说是"共和政体不能行于中国"，"立宪国之立君主，实为奇妙之暗共和国"，而"满族亦祖黄帝"，还需清朝复辟。此后，更参与了溥仪复辟。那么，康有为的思想不是随时代而进的，而是逆时代而退的；不是顺应社会历史的发展的，而是违反社会历史的发展的，怎能说他的爱国思想是"一以贯之"？

或者说，康有为的保皇是"忠君爱国"，是"旧式的褊狭的爱国主义"。姑且不论康有为政变前的维新思想与"忠君爱国"联在一起，也不论政变初起，保皇会初设与"忠君爱国"联在一起。而今的"预备立宪"，已是清政府抵制革命的骗局，康有为仍旧爱这个"国"；不久，光绪皇帝"龙驭上宾"了，康有为还是爱这个"国"。君已无存，"国"又何有？"忠君爱国"，又怎是"一以贯之"？

如果说，康有为只是眷恋光绪皇帝的私恩，或可说是有其"旧式的褊狭的爱国"一面，问题是，他不只是一般"忠君"，而是组党结社，反对正在掀起的革命运动，他在《布告百七十余埠会众丁未新年元旦举大庆典告藏，保皇会改为国民宪政会文》早就宣布："仆审内外，度形势，以为中国只可行君主立宪，不能行共和革命，若行革命，则内讧分争，而促外之瓜分矣。"②在中华帝国宪政会《章程》第二条中宣示："本会名为宪政，以君主立宪为宗旨，鉴于法国革命之乱，及中美民主之害，以民主立宪万不能行于中国，故我会仍坚守戊戌旧说，并以君民共治、满汉不分为主义。凡本会会众，当恪守宗旨，不得误为革命邪说所惑，致召内乱而启瓜分。"第三条申明："本会以尊帝室为旨。"那么，他"仍坚守戊戌旧说"，形势变了，立场没有变。他号召会员"不得误为革命邪说所惑"，不是他一个人"尊帝室"，而是号召所有帝国宪政会成员跟着他"尊帝室"。他不只是"忠君""尊帝"，而是把斗争矛头指向革命派了。他仍主"君民共治、满汉不分"，但此后的皇族内阁，却证明了满洲贵族对汉人自有界限，没有"满汉不分"。

当然，"忠君"是和革命相对立的，"忠君"势将维护清室，革命就要推翻清朝。清室面临崩溃，倒行逆施，康有为却愈益靠拢，一会儿请开国会，一会儿与国内的国会请愿团联系频繁。辛亥革命，清政府被推翻，康有为对新建立的共和政府极为不满，想用"前朝之法"代替革命秩序。

那么，康有为在民国建立以后，刊行《不忍》，反对共和，是否为了"反对袁世凯的假共和"呢？也不是的。首先，《不忍》刊于1913年2月，在此以前，康有为已经反对共和了。当辛亥革命爆发之初，他就以为"以法国鉴之，革党必无成；以印度鉴之，中国必亡"③。宣称"共和政体不能行于中国"的《共和政体论》《救亡论》《中华救国论》也都写于1913年《不忍》刊布以前，他早已反对共和了。其次，康有为刊行《不忍》，不是"反对袁世凯的假共和"，只要看他在《不忍杂志序》所说："睹民生之多艰，吾不能忍也；哀国土之沦丧，吾不能忍也；痛人心之堕落，吾不能忍也；嗟纪纲之亡绝，吾不能忍也；视政治之窳败，吾不能忍也；伤教化之陵夷，吾不能忍也；见法律之蹂躏，吾不能忍也；睹政党之争乱，吾不能忍也；慨国粹之丧失，吾不能忍也；惧国命之分亡，吾不能忍也。"④他"不忍"的是旧的清朝封建专制政体的覆亡，"不忍"的是"国粹""国命""纪纲""教化"的"沦丧"，"不忍"的是社会历史的向前发展，而不是为了"反对袁世凯的假共和"。也正是在这样的思想指导下，导致了他在1917年参与溥仪的复辟。

照此说来，康有为由拥护光绪到拥护清室，由反对共和而复辟帝制，他所提出的"虚君共和"，不是"为了反对袁世凯的假共和"。尽管他过去是爱国的，但说他爱国思想"一以贯之"，无疑是评价过高了，不符合实际。

理想和实践

《大同书》是康有为"欲致大同之治、太平之世"的理想之作。他构思较早，成书却迟，他又倒填年月，从而对《大同书》的评价也不一致。

我以为不能把康有为的理想和他的社会实践割裂开来，不能把他早期的"大同境界"和《大同书》混同评价。康有为"日日以救世为心，刻刻以救世为事"，而"忧国忧民""悲哀振救之"，较早孕有"大同思想"，从他留存下来的《康子内外篇》和《实理公法全书》中可以看出，他曾"参中西之新理"，拟出"平等公同"的图像。认为人生来平等，应有自主之权，然而当前"人不尽有自主之权"⑤，如"君主威权无限"⑥等，就是现实生活中不合"公理"的。他忧患人生，想望平等，想望有一个"大同境界"。通过1888年《上清帝第一书》的政治实践，他没有达到预期的目的。从而再从儒家今文学说中汲取力量，推演"三统"，比迻"三世"；又以《公羊》"三世"学说和《礼运》"大同""小康"学说相糅，在戊戌变法以前基本上构成一个"三世"系统，即以《公羊》的"升平世"，说成是《礼运》的"小康"，《公羊》的"太平世"，说成是《礼运》的"大同"。

结合中国社会历史的发展，康有为以中国封建社会为"小康"，即"升平世"，认为实现君主立宪的资本主义，才能"渐入大同之域"。

戊戌政变前，康有为不断上书光绪皇帝，希望中国有一个不要根本改变封建制度而可以发展资本主义的宪法；要求保护民族工商业，予资本主义以适当的发展，并构成一个"三世"系统，希望由"小康"进至"大同"。他的学术思想是紧密地为其政治目的服务的。

然而，康有为的"大同思想"孕育虽早，而《大同书》的撰述却迟。虽然他自称1884年就撰有是书，实际是倒填年月，我在20世纪50年代就撰文说明《大同书》是1901至1902年所撰。后来看到《大同书》手稿，更可确证他不可能在1884年撰有是书。梁启超所说撰于"辛丑、壬寅间"是可信的。⑦这里就不赘述了。

《大同书》既是康有为1901至1902年的撰著，随着时间的推移，他的

"大同三世"说，也和先前不同了。他说，孔子之时，"身行乎据乱"，是"乱世"，如果能循孔子之道，"推行至于隋、唐"，应该进化到"升平世"（"小康"）了；隋、唐以后，至今千载，中国应该"可先大地而太平矣"。但因秦汉的崇"刑名法术"，王莽、刘歆的"创造伪经"，晋代以后的"伪古学大行"，以致"微言散绝"，"三世之说，不诵于人间，太平之种，永绝于中国"，而两千年的中国，只是"守据乱之法以治天下"。那么，中国两千多年的历史不过是"乱世"，并非"小康"，与戊戌前的"三世"说不同了。

他说："孔子生当据乱之世。今者，大地既通，欧、美大变，盖进至升平之世矣。"⑧以为欧、美已经"大变"，进至"升平世"了。具体说来，英、德、日是"民权共政之体"，是"升平"⑨，而美国、瑞士则"进于大同之世"。中国两千年来乃是"据乱"，与欧、美的"升平"不同。他说："今当升平之时，应发自主自立之义、公议立宪之事，若不改法则大乱生。"⑩即指当时世界潮流已当"升平"，应该"公议立宪""自主自立"，"若不改法，则大乱生"。可知 1901 至 1902 年间，他仍坚持主张君主立宪，所谓"其志虽在大同，而其事实在小康"。

《大同书》以中国封建社会为"乱世"，以君主立宪的资本主义制度为"升平"，它所说的"大同"又是怎样的社会呢？《大同书》乙部《去国界合大地》中提到"太平世"（"大同"）的社会组织形式，是全世界设立一个统一的整体，最高的中央统治机构叫作"公政府"，"公政府"没有"帝王、总统位号，只有议长"，公政府的行政官员由上下议员公举，"上议员以每界每度举之，下议员以人民多寡出之"这些议员是世界"人民"的代表，而原来的各国则改为"自立州郡，设立小政府，全地统辖于全地公政府"，这就是"无邦国，无帝王"的"大同成就"的"太平世"的社会组织形式。

这种组织形式，如果就当时世界各国的情况来说，康有为以为"略近美国、瑞士联邦之制"。就是说，各国皆归并公政府，裁去国字，建立类似美国、瑞士式的联邦政府，在公政府的统一辖治下，"无国界，裁判法律皆同"，"大地人民所在之地权利同一"，这样便是"无国而为世界"了。也就是说，他所说的"大同"，是指略如美国、瑞士式的资本主义民主共和制度，他是以典型的资本主义社会为蓝本，再加上一层幻想的涂饰，和他过去的"大同"含义大相径庭。

康有为"大同三世"说的演变，是和他政变出亡、游历欧、美有关的。过去他学习西方，但没有到过西方，如今亲眼看到西方资本主义的社会制度，并不完全和自己想象的那么完善，"入世界观众苦"的结果，发觉资本主义国家也有"苦境"，例如"工业之争，近年尤剧"，"机器既创，尽夺小工"，于是"富者愈富，贫者愈贫"。再加"近年工人联党之争，挟制业主，腾跃于欧、美，今不过萌蘖耳。又工党之结联，后此必愈甚，恐或酿铁血之祸，其争不在强弱之间，而在贫富之群矣"。这使较有政治敏锐性的康有为不能不为之震慑，既要求在中国发展资本主义，而"近年工人联党之争"又使他震慑；既想望有一个"大同世界"，而游历欧、美仍然找不到一条通达大同之路，从而他的"大同三世"说逐渐改易。

就在康有为撰写《大同书》之时，由于国内形势的变化，他的弟子梁启超、欧榘甲等也有些"摇于形势"，康有为又写了《与同学诸子梁启超等论印度亡国由于各省自立书》和《答南北美洲诸华商论中国只可行立宪不可行革命书》二文①。前文对梁启超等"妄倡十八省分立之说"予以驳斥，主张"今合举国之力，日以攻荣禄请归政为事，则既倒伪政府之后，皇上复辟，即定宪法变新政而自强，是则与日本同轨而可望治效耳"！如果"移而攻满洲，是师法印人之悖蒙古而自立耳，则其收效亦与印度同矣"。②

后文以为"谈革命者，开口攻满洲，此为大怪不可能之事"，"吾四万万人之必有政权自由，必可不待革命而得之，可断言也"。"欲革命则革命耳，何必攻满自生内乱乎？"

这两封公开信，反对"革命者，开口攻满洲"，主张"皇上复辟，即定宪法变新政而自强"。显然是高唱复辟、反对革命的文字，它在当时流传很广，影响很大，章太炎就特地写了《驳康有为论革命书》。

《大同书》撰述时康有为的政治实践是坚主改良，《大同书》的理论实质也是如此。

康有为对通过革命方式走向资本主义是怕惧和反对的，而对通过政治改革方式逐渐转变为资本主义则是赞同和宣扬的。《大同书》对法国革命，"路易杀身"，感到震恐；对于日本明治维新后的"骤强"则示歆羡。以为革命则"大乱"生，以喻革命不适于中国"国情"，"中国之俗，阶级尽扫"，想用改良方法以消除"铁血之祸"。他反对革命的飞跃，而主张循序渐进。

"据乱"之后，易以升平、太平；小康之后，进以大同。当时的中国，既然还没有脱离"据乱"，如仍"据乱"则"大乱生"，而"欲骤期至美国、瑞士之界，固万无可得之势"。以喻中国当时还没有可以到达"大同"的条件，只可实现"小康"（"升平世"），只可采取由上而下的改良方式，实行君主立宪；只可"由小康而大同，由君主而至民主"，"万无一跃超飞之理"，否则"时未至而乱反甚"，"躐等""跳渡"是不行的。

他一方面以为实现"小康"以后，可循序而至"大同"，说："若立宪，君主既已无权，亦与民主等耳！他日君衔亦徐徐尽废，而归于大同耳！"另一方面，又将"大同"描绘为遥不可期，说什么"合同而化，其在千年乎？其在千年乎？""方今列强并争，必千数百年后乃渐入大同之域。"那么，"大同"的实现，尚需在千百年后，以暗示中国只能君主立宪，只可循序渐进，造就在理论上否定民主革命。

因此，《大同书》虽描绘出一个"大同"图景，但其现实目的，却是宣传中国只可"小康"——君主立宪。这样，评价《大同书》就不能不考虑他当时的实践。

当然，《大同书》对封建专制制度的抨击，对帝国主义殖民压迫的不满，等等，有其值得注意的地方。但在评述他高远的理想的同时，也必须诊视他当时的社会实践。

至于有人为了证明康有为辛亥后反对共和，是为了"反对袁世凯的假共和"，竟说他在1913年发表《大同书》，就是为"反袁"而发，更不值一驳。如上所述，《大同书》是1901—1902年间所撰，而他返国则在1913年，返国后将它发表，这是很普通的，能说康有为在1901、1902年间，就已预见袁世凯十几年后会有"假共和"吗？尽管康有为在1913年《复总统电》中表示"无心预闻政治"，他也没有"北首燕路，上承明问"。但对袁世凯叫他"主持名教"，仍感"余生难忘，扶持所至，托于徇铎"。他还认为"尊圣卫道"，和袁世凯"同心"，而希望袁世凯能"援手"。

因此，我以为不能把康有为的理想和社会实践割裂开来，不能把他早期的"大同境界"和《大同书》混同评价，更不能因他在1913年发表《大同书》而说是为了"反袁"；应该探源比勘，厘定时间，把问题提到一定的历史范围之内，进行全面的历史的评价。

保皇和革命

戊戌政变后，康有为在海外组织保皇会，贬之者以保皇会为"反动组织"，褒之者说它"适应华侨觉悟水平"，"具有爱国的性质"。究竟应如何认识？

保皇会自 1899 年 7 月 20 日成立，直到辛亥革命发生，他们的活动仍未停止，持续十余年，遍布百余埠，尽管屡易会名，时改会章，但它"保皇臣清"的性质却未稍变。然而，在这十余年间，风云激荡，时局演变，对保皇会的评价，就只能根据当时形势的发展，按照不同时期具体分析，而不能概而论之。

我以为保皇会初期，拥护光绪，反对慈禧，企图"自立勤王"，"辑睦邦交"，曾经起过影响，也能"适应华侨觉悟水平"。

保皇会在《保救大清皇帝会例》中说："专以救皇上，以变法救中国救黄种为主"，"凡我四万万同胞，有忠君爱国救种之心者，皆为会中同志。"准备在美洲、南洋、港澳、日本各埠设会，推举总理。并以澳门《知新报》、横滨《清议报》为宣传机关。会中捐款做宣传、通讯、办报之用，并拟集资作铁路、开矿股份。说是"苟救得皇上复位，会中帝党诸臣，必将出力捐款之人，奏请（照）军功例，破格优奖"；"凡救驾有功者，布衣可至将相"，⑬循名责实，保皇会以保救光绪、"忠君爱国"为宗旨。

这时，赞助变法的光绪被幽禁，推动维新的志士被诛逐，而执政的则是慈禧、荣禄、刚毅等一伙顽固派，从国内到海外，对维新派的遭遇，光绪帝的禁厄，表示同情的大有人在。维新新政虽然只有 103 天，但在当时的历史条件下有着进步意义。扶植光绪重新上台，排阻腐朽顽固势力，有这种想法的也不乏其人。康有为"蹈日本而哭庭，走英伦而号救"⑭，为的是要救光绪，认为光绪复位，才能"救中国"；"救圣主"，也就是"救中国"。1899 年印布的《保救大清皇帝公司序例》说：要保国保种非变法不可，要变法"非仁圣如皇上不可"，凡是有"忠君爱国救种之心"的，都是会中同志。他把"忠君"和"救国"联系起来，把光绪和变法联系起来，

"救圣主而救中国"⑮，颇有一些号召力。这时，资产阶级革命派虽已酝酿起义，但革命的声势还不大，舆论宣传也远不如保皇会。当一些人对光绪还存幻想的情况下，揭露清政府积弱，控诉慈禧"训政"，拥护改革变法的皇帝，反对顽固守旧的慈禧，是起过影响的。当改良和革命没有明确分家以前，说保皇会已经是"反动组织"，那是不公允的，要把戊戌政变作为康有为进步与否的"画线点"，也是不公允的。

正由于如此，保皇会曾得到加拿大、美国、澳洲、南洋各地华侨的赞助，如加拿大"鸟威士晚士打之志士慕其忠义，皆议迎之来，众情欢合，乃三次迎请"⑯。有的说："如我圣主崛起而行新政，康先生佐之，斯诚救时之急急，莫急于此者也。"⑰有的说："此间人心日谈维新之益，全不畏贼党之谣言，真可恃也。"⑱保皇会组织之初，是得到了海外华侨的支持的。

没有多久，国内发生了义和团运动。恰恰慈禧、荣禄利用过义和团，八国联军又乘机武装干涉，保皇会认为这是反击后党、"决救皇上"的大好时机，从而宣传："顷者拳匪作乱，杀害各国人民，困及公使，祸酷无道，闻之愤怒，令人发指，此皆由西太后、端王、庆王、荣禄、刚毅通联拳匪之所为也，其所以结通拳匪，出此下策者，为废弑皇上，绝其根株起也。"⑲"欲拳之平，非去主使拳匪任用拳匪之人不可。主使任用拳匪之人为何？则那拉后、端王为首，而庆王、荣禄、刚毅、赵舒翘为其辅也。"⑳主张"先订和约以保南疆，次率劲旅以讨北贼"㉑。说是光绪复位就能"辑睦邦交，中国可安，亿兆可保"㉒，酝酿"讨贼勤王"。结果，实际活动的唐才常在汉口事泄被杀，演成自立军悲剧。

自立军起义，是保皇会成立后的一件大事，他的经费来源，就主要依靠新加坡爱国华侨丘菽园的资助。尽管自立军宗旨混沌、主张模糊，尽管康有为、唐才常有不同点，也尽管康有为这时对孙中山为首的革命派已有抵制，但这次起义的斗争锋芒主要是针对以慈禧太后为首的顽固派，这时的革命派和改良派未明确划分界限，因而对康有为的评价还无可厚非。

然而，自立军失败后，许多知识分子逐渐从改良的思想影响下解脱出来，感到"天下大势之所趋，其必经过一躺之革命"㉓，从而走向革命的道路，所谓："士林中人，昔以革命为大逆不道、去之若浼者，至是亦稍知动念矣！"㉔康有为却在1901年后，公开发表《政见书》，对门人施加压力，宣布保皇宗旨"无论如何万不变"，凡有"革命扑满"者以"反叛论"，又修正"大同"三世说，在理论上伸张立宪。它的斗争锋芒渐由针对慈禧为首的清政府顽固派转向革命派了，由保光绪皇帝转为保清朝封建政府，康有为的思想也渐落后于形势了。

1903 年，孙中山发表《敬告同乡书》，指出康有为"死心塌地以图保皇立宪"，明确指出"革命者志在倒满而兴汉，保皇者志在扶满而臣清，事理相反，背道而驰"，号召划清革命和改良的界限。康有为呢？却逐渐为清政府"预备立宪"摇旗呐喊，终且与革命派公开论战了。

至于 1905 年后，康有为和保皇会的斗争锋芒已针对革命派，并向清政府日益靠拢，已逆时代潮流而动了。上文已经述及。

由上可知，保皇会前期起过影响，中期逐渐转化，后期逆流而动。作为保皇首领的康有为也渐由不适应时代潮流而凝滞逆转，但他也不是一下子就"由好变坏"的，是随着时代的进展而逐渐沦落的。因此，我以为评价康有为，应看他的实践是否符合社会发展的客观规律，按照一定的时间、地点和条件加以科学的分析。

康有为是"先进的中国人"，他为了救中国，甘于排除万难，促使变法改革的展开，是中国杰出的人物。但我们说他"先进"，不能遮盖他后来的倒退；说他爱国，也不能说是"一以贯之"。我们评述他后来的沦落，不会忘记他过去的劳迹；也不能由于他过去有劳迹，而掩饰了他后来的沦落。如果把他放在整个社会历史、时代潮流中去剖析，那也就没有"偏低"或"偏高"的结论，也不会有只看其理论忽视其实践的情况了。

近代社会发展迅速，时代巨轮不断前进，一个人的思想也时有变化，或者拉车向前，或者逆流而动，注视时代的脉搏，剖析其演变的轨迹，才可得到实事求是的评价。

注　释：

＊ 本文是 1991 年 6 月作者参加新加坡国立大学主办的"汉学研究之回顾与前瞻"国际学术讨论会提供的论文。

① 康有为：《民政部准帝国统一党注册论》，上海市文物保管委员会藏；另见《康

有为全集》（第九集），中国人民大学出版社 2007 年版，第 192 页。又，"帝国统一党"之名，系国会请愿同志会孙洪伊等改用，在民政部立案；宣统二年（1910）十二月十七日，康有为在《致梁启超书》中谓："宪广来书，言北中已改为帝国统一党，已注册民政部中，欲海外一律行，吾欲俟解禁后乃布告，且借以筹款也。"（见杨家骆：《梁任公先生年谱长编初稿》，世界书局 1959 年版，第 329 页。）

②　康有为：《布告百七十余埠会众丁未新年元旦举大庆告蒇，保皇会改为国民宪政会文》，见拙编《康有为政论集》（以下简称《政论集》），中华书局 1981 年版，第 598 页。

③　康有为：《致徐勤密书》，《民立报》1911 年 10 月 27、28 日；另见《政论集》，第 649 页。

④　康有为：《不忍杂志序》，见《政论集》，第 769 页。

⑤　康有为：《实理公法全书·总论·人类门》。

⑥　康有为：《实理公法全书·总论·君主门》。

⑦　见拙撰：《关于康有为的〈大同书〉》，《文史哲》1957 年 1 月；《再论康有为的"大同书"——兼与李泽厚、张玉田二先生商榷》，《历史研究》1959 年 8 月。两文增损为《论〈大同书〉的成书年代》，收入《康有为与戊戌变法》，中华书局 1984 年版。又，《〈大同书〉手稿及其成书年代》，见《文物》1980 年第 7 期，收入同上书。

⑧　康有为：《论语注》卷二。

⑨　康有为：《孟子微》卷一。

⑩　康有为：《中庸注》，演孔丛书本。

⑪　两文辑为《南海先生最近政见书》，收入《政论集》，第 474—505 页。

⑫　康有为：《与同学诸子梁启超等论印度亡国由于各省自立书》，见《政论集》，第 500 页。

⑬　《保救大清皇帝会例》，见《政论集》，第 415—417 页。

⑭　康有为：《托英公使交李鸿章代递折》，见《政论集》，第 454 页。

⑮　康有为：《告各埠保皇会书》，见上海市文物保管委员会：《康有为与保皇会》，上海人民出版社 1982 年版，第 92 页。

⑯　《清议报》第十七、十八册"各埠近事"，光绪二十五年（1899）五月初一、十一日出版。

⑰　舍路保皇会：《致丘菽园书》，末署"二十七日"，当写于光绪二十六年（1900），

新加坡丘氏家藏。

⑱ 美国钵仑保皇会：《致丘菽园书》，末署"庚子四月三十日"，同上。

⑲ 康有为：《致濮兰德书》，1900 年 7—8 月间，见《政论集》，第 424 页。

⑳ 康有为：《拳匪头王培佑超升京尹论》，1900 年，上海市文物保管委员会藏。

㉑ 康有为：《上粤督李鸿章两书》（二），收入《政论集》，第 431 页。

㉒ 康有为：《托英公使交李鸿章代递折》，见《政论集》，第 454 页。

㉓ 出自《苏报》所载《康有为》一文，见《苏报》1903 年 6 月 1 日。

㉔ 孙中山：《中国革命史》，见《孙中山全集》（第七卷），中华书局 1981 年版，第 64 页。

目　录

第一章　学习西方

士人世家

康有为（1858—1927年），原名祖诒，字广厦①，号长素。戊戌政变后，易名更生；张勋复辟覆败，又号更牲；晚号天游化人。广东南海（今佛山市南海区）西樵山银塘乡人。

南海位于广州之西，它的四邻是"东接白云山，西接三水大尧山、石牛山、凤起山，北接花县横山头、文旆岭、象岭、花岭，南接海目山"②。风景优美，物产丰富，是一个历史悠久的广东名县。

银塘乡，又名苏村，距西樵山约17公里，属原南海县的伏隆堡（相当区）。据宣统二年（1910）《续修南海县志》："伏隆堡在省城西，距省城一百一十里。""堡内村凡十四：曰西城、曰大亨、曰良登、曰湾头、曰苏村、曰大果、曰上庄、曰下庄、曰赤磡、曰大仙冈、曰大寨、曰小寨、曰竹径、曰伏水。"③南宋时，康建元"自南雄珠玑里始迁"于此，为南海始祖。"自九世祖惟卿公为士人"，至康有为二十一世，"凡为士人十三世矣"。④他的故居是其曾祖父康健昌所建，名"延香老屋"，后来康有为重临旧屋，赋诗志感：

> 百年旧宅剩楹书，旧史曾伤付蠹鱼。一树梅花清影下，焚香晒帙午晴初。⑤

康有为的祖父康赞修，官连州训导；父康达初，江西补用知县；从叔祖康国器，护理广西巡抚。后来他"以著书讲学被议，游于桂林"，追怀叔祖筹修秀峰、宣城、榕湖三书院往事，"思推先中丞公修学舍惠多士之意"而在桂林讲学。⑥他世习儒家学说，亦经仕宦，自称：

> 吾家十三世为儒，未尝执工业，盖食旧德之泽长哉！自高祖炳堂荣禄公以理学为粤大师，而诗尤清深，自是世德日光。先高祖云衢通奉公笃学至行，有万石之风。先祖连州公从兄弟十三人，而种芝銮仪公踔厉发之。中丞公以武功显于时，暨先考诸季及吾群众则风流文采益盛。⑦

并赋诗曰：

> 十三世为士，青箱代有编。词应陈世德，传己入先贤。诗是吾家事，文能后世传。清芬犹可诵，惆怅百余年。⑧

　　幽美的环境，是康有为出生和早年读书之所；儒学的熏陶，又使他仰慕"陈世德"。南海距广州很近，广州是遭受外国侵略和接触西方文化最早的地区，等到他年事稍长，也蒙受了很深的影响。

　　康有为5岁"能诵唐诗数百首"。6岁，读《大学》《中庸》《论语》和朱熹所注《孝经》，父辈以"柳成絮"嘱对，应声答以"鱼化龙"，得到赞诵。11岁，父亲去世，跟随祖父康赞修接受严格的传统教育，攻读经史，"始览《纲鉴》而知古今，次观《大清会典》《东华录》而知掌故"。这时，太平天国失败，他"频阅邸报，览知朝事，知曾文正、骆文忠、左文襄之业，而慷慨有远志矣"。⑨

　　1876年（光绪二年），康有为应乡试未售，从朱次琦（九江先生）学。朱次琦教学重"四行五学"。"四行"是"敦行孝弟，崇尚名节，变化气质，检摄威仪"；"五学"是"经学、文学、掌故之学、性理之学、词章之学"。主张"济人经世，不为无用之空谈高论"；"扫去汉宋之门户，而归宗于孔子"。康有为受其影响，"以圣贤为必可期"，"以天下为必可为"。又攻读顾炎武、钱大昕、赵翼等人论述历史的著作，于是"议论宏起"。接着，攻读《周礼》《仪礼》《尔雅》《说文》《水经注》诸书，以及《楚辞》《汉书》《文选》诸文，"大肆力于群书"。不久，"以日埋故纸堆中，汨其灵明，渐厌之。日有新思，思考据家著书满家，如戴东原，究复何用？因弃之而私心好求安心立命之所"。乃"闭户谢友朋，静坐养心"。"静坐时忽见天地万物皆我一体，大放光明，自以为圣人则欣喜而笑，忽思苍生困苦，则闷然而哭。"⑩国家的危亡，现实的刺激，使他对传统文化学术产生怀疑。

当时在学术上占优势的是"汉学"（古文经学），而在政治上占权势的则是"宋学"（程朱理学）。乾隆、嘉庆以来，讲究训诂考据，施于古籍整理和语言文字研究的"朴学"流传很广。他们以"汉学"为标榜，长于考据而鲜言经世，成为风靡一时的学术风气。另一方面，宋、明以来的"宋学"，由于君主和高级官员的提倡，在士大夫中，影响深广。他们高踞庙堂，空言性理。一些知识分子要驯致仕宦，一般须通过科举，而应试的八股词章，又以经书为依据。这样，"汉学"的训诂考据，"宋学"的义理文章，就成为麻痹知识分子的药剂，成为封建专制制度的护身符，康有为以为"日埋故纸"，醉心考据，"究复何用"？宋学"探其实际，皆空疏无有"。他受过"宋学"的熏陶，也看过"汉学"的撰著，总觉得无补时艰，究竟何去何从呢？

"秋风每赋感知己"

1879 年（光绪五年），康有为和张鼎华（延秋）的相晤，是他"得博中原文献之传"而促使思想转变的一件大事。

这年，他入西樵山，居白云洞，"专讲道、佛之书，养神明，弃渣滓"，想从道家学说和佛教哲学中汲取力量，但是，"偶有遁逃思学佛"的结果，仍旧"忧患百经未闻道"⑪，道家崇尚自然，讲究无为而治，康有为却想"有为"；佛教哲学讲"出世"，康有为却想"入世"，想"入世界观众苦"。道、佛两家，都没有使他找到出路。刚好在北京任职的张鼎华偕四五人来游西樵山，张鼎华曾入翰林，直军机，久宦京师，"博闻妙解"。他与张相得至深，并入城相访，使他接触到一些西方资本主义思想和当时正在酝酿的改良思潮。他在《康南海自编年谱》（以下简称《自编年谱》）中述其事说：

居樵山时，编修张延秋先生讳鼎华，与朝士四五人来游樵山，张君素以文学有盛名于京师者，至是见之，相与议论，不合，则大声呵诋，拂衣而去，然张君盛称之，语人曰："来西樵但见一土山，惟见一异人。"自是粤中士夫，咸知余而震惊之。吾感其雅量，贻书予之，张君盛誉谓粤人无此文，由是订交焉。吾故未尝学为骈文，但读六朝史熟自能之，然不自知其工也。自是来城访张君，谈则竟夕申旦，尽知京朝风气、近时人才及各种新书，道、咸、同三朝掌故，皆得咨访焉。张君聪明绝世，强记过人，神锋朗照，谈词如云。吾自师九江先生而得闻圣贤大道之绪，自友延秋先生而得博中原文献之传，尝有诗怀之曰："南望九江北京国，扪心知己总酸辛。"实录也。⑫

康有为与张鼎华"订交"，从而"尽知京朝风气、近时人才及各种新书"，究竟这些年来，"京朝风气"起了什么变化？又有了哪些"新书"？

鸦片战争前夕，清政府已经腐朽衰败，危机严重；鸦片战争后，外国入侵，使中国的社会经济结构发生了重大变化，中国的封建社会开始解体。这样，鸦片战争前后，在一些比较开明的汉族士大夫中间产生了抵击外国侵略和要求社会改革的思想。林则徐在主张严禁鸦片和抗击英军的同时，翻译外国书报，了解西方，学习进步技术，在闭关自守、深闭固拒的窒息空气中，"开眼看世界"。龚自珍认为当时社会，好比"日之将夕，悲风骤至"，真是"痏瘵之疾，殆于痈疽；将萎之华，惨于槁木"⑬。而陈陈相因的旧传统、旧礼教，迫人"卧之以独木，缚之以长绳，俾四肢不可以屈伸"⑭。以至积习日深，也只是"冥心虑以置之"，已经毫无生机。从而主张打破现状，改例更法，向清朝统治者提出警告："一祖之法无不敝，千夫之议无不靡，与其赠来者以劲改革，孰若自改革？"⑮"仿古法以行之，正以救今日束缚之病。矫之而不过，且无病，奈之何不思更法，琐琐焉，屑屑焉，惟此之是行而不虞其陊也？"⑯主张更法。和龚自珍并称的魏源也宣称，天下"无穷极不变之法"。认为历史往而不可复，愈变愈进步，力反颂古非今的复古主义思想，说是古今情况不同，不能泥古不变，更不能认为"世愈古而治愈甚"，而是"变古愈甚，便民愈甚"。这对言必称三代，三代以后历史每况愈下的历史退化论者是有力的批判。

外国的侵入，激起了广大人民的反抗。在开始于 1851 年的太平天国运动正在进行的过程中，英、法侵略者于 1856 年发动了第二次鸦片战争。苏俄侵据东北，加深了中国的民族灾难。这时在经办过洋务的官僚中也分化出一些具有资产阶级经济要求的人物，如薛福成和马建忠。薛福成撰有《筹洋通议》，以为中国要独立富强，必须发展民族工商业，他说："西人之谋富强也，以工商为先，耕战植其基"；认为"商务之兴，厥要有三：一曰贩运之利，……一曰艺植之利，……一曰制造之利"。"中国海隅多种棉花，若购备机器纺花织布，既省往返运费，其获利宜胜于洋人，……窃谓经始之际，有能招商股自成公司者，宜察其才而假以事权，课其效而加之优奖，创办三年之内，酌减税额以示招徕，商民知有利获，则相率而竞趋之"。这样，"中国所自有之利，则从而扩之，外洋所独擅之利，则从而夺之，……而中国之富可期"。[17]他觉得中国首先应该发展工商业，尤其是民族工业，因为"西人致富之术，非工不足以开商之源，则工又为其基而商为其用"[18]。

马建忠于 1877 年在法国写信给李鸿章："窃念忠此次来欧一载有余，初到之时，以为欧洲各国富强专在制造之精，兵纪之严；及披其律例，考其文事，而知其讲富者以护商会为本，求强者以得民心为要。"[19]

此外，冯桂芬的《显志堂稿》、郑观应的《救时揭要》等，也提出了改革主张。

他们这些改革言论的提出，除有的是出访外国，有其实际感受外，很多是从翻译本西书中看到西方的"富强"有感而发的。康有为这一年勤读翻译本西书，他在《自编年谱》中说：

> 于时舍弃考据帖括之学，专意养心，既念民生艰难，天与我聪明才力拯救之。乃哀物悼世，以经营天下为志，则时时取《周礼》《王制》《太平经国书》《文献通考》《经世文编》《天下郡国利病全书》《读史方舆纪要》，纬划之，俯读仰思，笔记皆经纬世宙之言。既而得《西国近事汇编》、李圭《环游地球新录》及西书数种览之，薄游香港，览西人宫室之瑰丽，道路之整洁，巡捕之严密，乃始知西人治国有法度，不得以古旧之夷狄视之。乃复阅《海国图志》《瀛寰志略》等书，购地球图，渐收西学之书，为讲西学之基矣。[20]

他"薄游香港",接触到一些西方事物,以为资本主义制度比封建专制要好得多。隔了三年,经过上海,"大购西书以归讲求",从此,走上了向西方学习的历程。

康有为的"得博中原文献之传","舍弃考据帖括之学",以至购买西书,学习西方,是受了张鼎华的影响;他之"薄游香港","渐收西学之书",也不能说不受张鼎华启示的影响。"秋风每赋感知己",他对张鼎华是引为望年知己,"相得至深"的。次年,张氏返京,他特地赋诗相送:

> 文采周南太史公,每因问讯向西风。谬逢倒屐知王粲,敢论忘年友孔融。忧道海滨伤独立,思元天外若为通。秋风每赋感知己,记得樵山花又红。
>
> 才调如公孰比称,贾生老矣不峻嶒。于今玩世同方朔,最是怜才似彦昇。家在故乡仍是客,身留一发不如僧。天涯我动龙蛇感,秋雨相过共一镫。
>
> 草长珠江碧似螺,鹧鸪声里怕离歌。沧溟日出消黄雾,岛屿风回长白波。多病宜为医药计,长途莫厌寄书多。韩康甥舅闻同住,为讯新诗近若何? ㉑

"天涯我动龙蛇感,秋雨相过共一镫"。康有为了解国情,"尽知京朝风气",经受了张鼎华的启迪,"自友延秋先生而得博中原文献之传",怎叫他不"秋风每赋感知己"呢!

人类公理

康有为、张鼎华相晤,接触到一些资本主义思想和当时正在酝酿的改良思潮,"既念民生艰难,天与我聪明才力拯救之,乃哀物悼世,以经营天下为志"。此后游香港,经上海,购西书,讲西学,开始向西方寻找真理的历程。

经过几年的摸索,到1884年,"悟大小齐同之理"。次年,"从事算学,以几何著《人类公理》"。1887年,又编《人类公理》,作《内外篇》,孕育有一种"大同"境界。

　　《人类公理》是康有为较早发挥"大同"学说的专著，但它未有存本。康有为早年这方面的专著，仅见《实理公法全书》和《康子内外篇》。《实理公法全书》，据康有为自称，是"万身公法之根源，亦为万身公法之质体"。初稿且以"公理书"为题。《实理公法全书》"凡例"第一条："凡天下之大，不外义理、制度两端。义理者何？曰实理，曰公理，曰私理是也。制度者何？曰公法。实理明则公法定。"言"实理""公理"与《自编年谱》所云《人类公理》思想相洽。《康子内外篇》是康有为现存最早哲学著作，存《阖辟》《未济》《理学》《爱恶》《性学》《不忍》《知言》《湿热》《觉识》《人我》《仁智》《势祖》《地势》《理气》《肇域》等十五篇，除前九篇分载《清议报》外㉒，其余初未公开。《康子内外篇》和《实理公法全书》原藏康同璧先生处，1947 年，美国赖特博士（Dr. Mary C. Wright）曾为斯坦福大学胡佛图书馆制成显微胶卷。根据《实理公法全书》《康子内外篇》，参考《自编年谱》以及 1888 年《上清帝第一书》，还是可以恢复康有为早期"大同"思想形成的基本面貌的。

　　康有为为什么要撰《人类公理》？它的社会条件是什么？《人类公理》又是企图解决什么问题？根据《自编年谱》的记载，《人类公理》酝酿于 1884 年，亦即中法战争那年；始撰于 1885 年；到了《上清帝书》的前一年，即 1887 年再加编订。也就是说，它是法帝侵略，"兵惊羊城"的产物。

　　这时，在帝国主义的疯狂侵略下，康有为感到"山河尺寸堪伤痛，鳞介冠裳孰少多！"㉓沧海惊波，外患日迫，这使从小"慷慨有远志"，夙有远大抱负的康有为，义愤填膺。难道帝国主义侵略中国，是"人类公理"吗？难道中国人民备受帝国主义蹂躏，这是"人类公理"吗？

　　1888 年前，康有为两赴香港，一游上海，曾引起他对资本主义制度的向往，但"欢来独惜非吾土"㉔。帝国主义宰割中国领土，进行殖民统治，难道这是"人类公理"吗？

　　外患日深，民族危亡，而清朝统治阶级"酣嬉偷惰，苟安旦夕"，以致"官不择才而上且鬻官，学不教士而下患无学"，难道这是"人类公理"吗？"河决不塞"，水旱流行，官吏则"游宴从容"，"小民"则"荡析愁苦"，难道这是"人类公理"吗？

　　照此说来，《人类公理》是在外患日迫、"内政不修"的社会背景下撰述的。康有为"日日以救世为心,刻刻以救世为事",而"忧国忧民",思"悲哀振救之",这是具有爱国意义的。

康有为自述《人类公理》的思想来源是:"读宋、元、明《学案》《朱子语录》,于海幢华林读佛典较多,上自婆罗门,旁收四教,兼为算学,涉猎西学书。""合经子之奥旨,探儒佛之微旨,参中西之新理,穷天下之迹变,搜合诸教,披析大地,剖析今古,穷察后来。"说明他这时主要是受了陆王心学、佛教哲学和西方资本主义国家社会政治学说、自然科学知识的影响,还没有渗透儒家今文学说。陆王心学是中国封建社会的产物,佛教哲学传入中国后,也予中国封建社会的知识分子以影响。他在这些学说中并未找到出路,从而"涉猎西学",企图"向西方学习"。他说:"以几何著《人类公理》。""几何",在中国古时虽有此名词,但他所说的"几何",是指以物的形状、大小、位置,研究其真理的科学,有其新的含义。

他以为几何公理是"一定之法",如"一、二、四、八、十六、三十二",㉕是"必然之实"㉖。但它"不足于用",于是"不能无人立之法"。人立之法"其理较虚",只是"两可之实"㉗,它本来没有"定则",只是"推一最有益于人道者,以为公法而已"㉘。什么是"最有益于人道"的"公法"呢?那就是平等。

康有为认为"人类平等"是"几何公理",所以要"以平等之意,用人立之法"㉙,要"以互相逆制立法",使之平等。认为"学不外二端,为我、兼爱而已"。"兼爱","仁之极";"为我"则是"义之极"。"兼爱","既爱我又爱人","为我"则有时会"为其所以为",于是以礼、刑检之。但是,"中国之俗,尊君卑臣,重男轻女,崇良抑贱",明明是不平等,却认为是"义","习俗既定以为义理。至于今日,臣下跪服畏威而不敢言,妇人卑抑不学而无所识,臣妇之道,抑之极矣,此恐非义理之至也,亦风气使然耳。物理抑之甚者必伸,吾谓百年之后必变三者:君不专、臣不卑,男女轻重同,良贱齐一",这才符合"佛氏平等之学"。㉚

康有为也曾"眉间蹙蹙,若有忧者",对人世间的不平等感到"不忍"。在一定程度上对"穷民"寄以同情,他说:"予出而偶有见焉。父子而不相养也,兄弟而不相恤也,穷民终岁勤动而无以为衣食也。僻乡之中,老翁无衣，孺子无裳，牛宫马磨，蓬首垢面，服勤至死，而曾不饱糠核也。彼岂非与我为天生之人哉？而观其生平，曾牛马之不若，予哀其同为人而至斯极也。"他认为产生这些现象，主要由于"政事有未修，地利有未辟，教化有未至"，这是"民上者之过"。㉛"忧天悯人"，"而有不忍人之心焉"。

康有为忧患人生，想望平等，他要"奉天合地，以合国、合种、合教一统地球。又推一统之后，人类语言、文字、饮食、衣服、宫室之变制，男女平等之法，人民通同公之法，务致诸生于极乐世界"㉜。这里，有其沾染佛教哲学的迹象，但佛教讲"出世"，康有为要讲"经世"。于是"参中西之新理"，"通天人之故，极阴阳之变"㉝，拟出"平等公同"的图景，从事《人类公理》的撰述。

康有为这种"平等"思想，除存有封建社会学说的观念外，还渗透着西方资本主义的东西，他认为人生来平等，都应有自主之权，然而当前"人不尽有自主之权"㉞，如"君主威权无限"㉟等，就是现实生活中不合"几何公理"的，这些应与康有为涉猎"西籍"、沾染西方资产阶级平等、民主思想有关。"公理学"的酝酿和撰述，象征着一个封建社会知识分子走向资产阶级改良派的历程；《实理公法全书》和《康子内外篇》也可视为中国人"向西方国家寻找真理"的早期撰著。

学习西方诸问题

经过几年的摸索，康有为以为西方资本主义国家是进步的，西方资产阶级的东西可以救中国，要救中国，只有维新，要维新，只有学外国。

康有为"学习西方"，是否只学习西方的社会科学知识和国家制度？不是，他还注意学习西方的自然科学。

康有为对西方社会科学学说，对经济、军事、文教措施，当然是注意的，他也尽力浏览这方面的翻译本西书，例如他最早阅读的是《西国近事汇编》和《环游西球新录》。稍后，"大讲西学"，"欲辑《万国文献通考》，并及乐律、韵学、地图学"，注意社会科学。同样，他对自然科学知识也是注意的。

　　还在 1883 年，康有为即"大攻西学书，声、光、化、电、重学及各国史志，诸人游记皆涉焉"㊱。他在涉猎西方社会科学的同时，也阅览西方自然科学书籍。"百日维新"前刊布的《日本书目志》，列了 15 门，即生理门、理学门、宗教门、图史门、政治门、法律门、农业门、工业门、商业门、教育门、文学门、文字语言门、美术门、小说门和兵书门。其中生理门，包括内科、妇科、儿科、解剖学、生理学、卫生学、处方学、诊断学、内科学、外科学、皮肤病学、眼科学、齿科学、妇产科学、儿科学、精神病学，以及针灸、兽医学等。理学门包括物理学、理化学、天文学、气象学、地质学、矿山学、地震学、博物学、生物学、人类学、动物学、植物学等。农业门包括农政、农业化学、土壤肥料、农具、稻作、果树栽培、圃业、烟草、林木、害虫、农历、畜牧、蚕桑、茶业、渔业等。工业门包括土木、机器、电气、建筑、测量、匠学、手工、染色、酿造等。尽管他分得不那么科学，也不那么严格，但方面之广，搜罗之勤，在当时的条件下，确实难能可贵。

　　社会科学是研究社会现象的科学，各门社会科学，都属于上层建筑、意识形态的范畴。自然科学则是研究自然界的物质形态、结构、性质和运动规律的科学，是人类改造自然的实践经验，即生产斗争经验的总结，它的发展取决于生产力的发展并反转来推动生产的发展。社会科学和自然科学相互渗透，社会科学的发展对自然科学的发展有推动作用，而自然科学的成果也每为社会科学所吸收。由于中国过去长期处于封建社会，鸦片战争后沦为半封建半殖民地社会，在剥削阶级偏见的束缚和生产规模狭小的条件下，中国经济处于停滞、落后的状态，而西方资本主义国家科学技术的进步，促使了生产力的迅速发展。康有为要求中国富强，要求变法维新，非常注视西方自然科学的发展及其作用。

　　后来康有为在《公车上书》中即指出"才智之民多则国强，才智之士少则国弱"，强调"通古今，达中外"。提出"今宜改武科为艺科，令各省、州、县遍开艺学书院。凡天文、地矿、医律、光重、化电、机器、武备、驾驶分立学堂，而测量、图绘、语言、文字皆学之"㊲。所谓"艺科"，主要是工艺，主要指自然科学的各种学科，在《日本书目志序》中又予发挥："泰西之强，不在军兵炮械之末，而在其士人之学。新法之书，凡一名一器，莫不有学。理则心伦生物，气则化光电重，业则农工商矿，皆以专门之士为之。此其所以开辟地球，横绝宇内也。"⑱又说："故欲开矿而无矿学、无矿书，欲种植而无植物学、无植物书，欲牧畜而无牧学、无牧书，欲制造而无工学、无工书，欲振商业而无商学、无商书，仍用旧法而已。"⑲不了解开矿、种植、牧畜、制造的具体知识，是不能真正有所改革、有所振兴的。又说："夫中国今日，不变法日新不可。稍变而不尽变不可，尽变而不兴农工商矿之学不可，欲开农工商矿之学，非令士人通物理不可。"⑳呼吁学习西方的科学技术，"广译泰西诸学之书"。不了解西方，不学习西方，又怎能"知己知彼，百战百胜"呢？

由此可见，康有为对学习自然科学的意义和作用有充分估计，他既读西方"工艺之书"，又注视西方"工艺之学"。他不只是要学习西方的社会科学知识，也要求学习西方的自然科学知识。

西方之书卷帙浩繁，西方之学门类众多，康有为是否什么都学、什么都要呢？不是，他是有所取舍的。

首先，他认为应该"译西方有用之书"，"用西方有用之才"。早在19世纪60年代，洋务官僚就开设同文馆、广方言馆，培养翻译人才，译印西方书籍，也引进一些西方科学技术，在阴霾闭塞的空气中，为我国西学的传播和科技的发展提供了一定条件。但由于经营不当，管理不善，有的仅学"西文"，"仅识外国之语言"，"稍涉范篱"，未窥门径，草率从事，翻译成书。这样，所译之书未必有用，而译书之人又"仅识文字"，自然不能"达意寻旨"。即如京师译署等虽已译书数百种，也"驳杂迁讹，为天下识者鄙夷而讪笑"，以致"中国效西法三十年矣"，却"效之愈久，而去之愈远"㉑。

其次，他认为要译西方最新之书，而不是旧有之书；要引进西方最新科技成果，而不是西方"吐弃不屑道"之旧论。康有为的学生梁启超说："中国译出各西书，半皆彼中二十年前之著作。西人政学日出日新，新者出而旧者废，然则当时所译，虽有善本，至今亦率为彼所吐弃矣。"㉒又说："今以西人每年每国新著之书，动数万卷，举吾所译之区区，置于其间，其视一蚊一虻不如矣。况所译者未必其彼中之善本也。即善本矣，而彼中群学，日新月异，新法一出，而旧论辄废，其有吾方视为瑰宝，而彼久吐弃不屑道者，比比然也。"㊽西方各国也是经历多年才形成一些成果的，他们又不断更新，日新月异，因而，只有学习西方的最新成果，才能缩短实现近代化的时间进程，康有为说："泰西自培根变法，政艺之学日新而奥。阅今五百年，乃成治体。东方各国若舍而自讲，亦非阅五百年不能成。今但取资各国，十年可毕。"㊹

洋务"新政"搞了30年，为什么学了西方，还要遭到西方国家的欺骗呢？为什么西方的工艺不能给衰朽的封建躯干催生，改变中国贫穷落后的面貌呢？这不能不引起康有为的深思。所译之书不尽可用，所用之人不尽有才，所引进的技术又有早为西方"吐弃不足道者"。过去的覆辙不能重蹈了。应该承认，西方资本主义国家是进步的，西方资产阶级的那些东西是值得学习的，但洋务派那样"学西方"是不行了，应该怎样学习西方呢？

本来，在如何对待西方的政治制度和科学技术上，当时清朝统治阶级有着两种态度：一种是深闭固拒，"视西学如仇"；一种以"自强自富"自诩，不敢触及政治制度的根本改革。所谓"近人言洋学者，尊之如帝天；鄙洋事者，斥之为夷狄"㊺，正是这两种态度的写照。

康有为等对这两种态度是深加诋斥的。他们批评"鄙洋学者"的"闭关自大"，指出"以万国既通，则我旧日闭关自大，但为孤立一隅之见，其政治学识亦为一隅之见，而自以为天下一统，无与比较，必致偷安怠惰、国威衰微也。既知万国并立，则不得谓人为夷，而交际宜讲，当用彼此通流之法。既知比较宇内大势，则国体宜变，而旧法全除"㊻。对"尊之如帝天"的"言洋学者"，他们诋击道"接见西官，栗栗变色，听言若闻雷，睹颜若谈虎"㊼，揭露了他们的媚外丑态，并指责他们"稍言变法，然成势莫睹，徒增丧师割地之辱者，不知全变之道。或逐末而舍本，或扶东而倒西，故愈治愈梦，万变而万不当也"㊽。

还在1888年，康有为就认为对待西方或"尊"或"斥"，都"未尝深知其故"。他认为"中西之本末绝异者二：一曰势，二曰俗"。所谓"势"，是指中国系"一统之国，地既广邈，君亦日尊"，"长驾远驭，势有所限。其为法也守，其为治也疏"。而西方则"列国争雄竞长，地小则精神易及，争雄则人有愤心，君虚己而下士，士尚气而竞功，下情近而易达，法变而日新"。所谓"俗"，是指"中国义理，先立三纲"，而西方则"君民有平等之俗"。由于"势""俗"之异，中国"虑难统之"，"于是繁其文法以制之，极其卑抑以习之，故一衙门而有数人，一人而兼数差"，官既冗多，俸又极薄，这样"中饱粉饰"自多。而西方则"政事皆出于议院，选民之秀者与议，以为不可则变之，一切与民共之，任官无二人，不称职则去，故粉饰者少，无宗族之累，无妾姬之靡，无仪节之文，精考而厚禄之，故中饱者少"。⑩可见康有为注意了"近人言洋学"之"未尝深知其故"，考察了"中西相异之故"，归结到中国"君权"与西方"民主"的差异。他的过人之处，在于不是简单地认为西方的先进仅仅在于船坚炮利，而是从社会制度方面比较中西的差异及其实质，认识到"泰西之强，不在炮械军兵"，而"在政体之善也"⑪。"购船置械，可谓之变器，不可谓之变事。设邮便，开矿务，可谓之变事矣，未可谓之变政。改官制，变选举，可谓之变政矣，未可谓之变法。日本改定国宪，变法之全体也。"⑪他已经感受到了资本主义与封建主义的本质差别，从而冥思苦想，设想出从政治体制上根本改革的方案，憧憬着"君民共主"的资本主义君主立宪制度。

应该说，康有为这种以全球眼光对世界各国进行横向比较，从"势""俗"来分析中学和西学的差异，认识到中国是大国、弱国，"国势危蹙，祖陵奇变"，不能不变法图强了，不能不借鉴西方、"改变成宪"了，也不能只学西方的"器艺"而忽视"西政"了。他也感到在中西的对比中，彼此有"异"有"同"，而"异"中不是没有"同"，"异"中也不是不可借鉴。经过仔细分析，觉察到俄国和日本过去受西方侵略"与我同"，而后来的"盛强"却"与我异"，从而提出"择法俄、日以定国是"的改良主张。康有为在此后的《上清帝第五书》中说："昔彼得为欧洲所摈，易装游法，变政而遂霸大地。日本为俄、美所迫，步武泰西，改弦而雄视东方。此二国者，其始遭削弱与我同，其后底盛强与我异。闻日本地势近我，政俗同我，成效最速，条理尤详，取而用之，尤易措手。"⑫

康有为选择俄、日两国为"采法"对象，也是从中西异同中考察得来的。"俄地三万里为大"，与中国同是大国，"大彼得知时从变"，"用是数十年而文明大辟"，"其治功大"。⑬日本是小国，"与我异"，遭受西方侵略则"与我同"，又与我"同文""同俗"，能"效欧、美，以三十年而摹成治体"，"鉴其行事之得失，去其弊误，取其精华，在一转移间，而欧、美之新法，日本之良规，悉发现于我神州大陆矣"。③更重要的是这两个国家都是君主立宪国家，中国也是君主世袭，"一姓之国"，在当今的潮流中，不开放民权不行，而要实行西方那样的民主一时还办不到，于是主张君主立宪，只要君主"虚己而下士"，使"下情"得以"上达"，"中国之治强可计日以待"的。所以他说："凡数百年一姓之国，既危既弱者，宜鉴于斯。"⑤

因而，康有为后来在《上清帝第五书》中吁请"择法俄、日以定国是"后，正式提出了国事付国会议行，并请颁行宪法。他说："伏愿皇上因胶警之变，下发愤之诏，先罪己以励人心，次明耻以激士气；集群材咨问以广圣听，求天下上书以通下情；明定国是，与海内更始；自兹国事付国会议行；纡尊降贵，延见臣庶，尽革旧俗，一意维新；大召天下才俊，议筹款变法之方；采择万国律例，定宪法公私之分；大校天下官吏贤否，其疲老不才者，皆令冠带退休；分遣亲王大臣及俊才出洋，其未游历外国者，不得当官任政；统算地产人工，以筹岁计预算；察阅万国得失，以求进步改良；罢去旧例，以济时宜；大借洋款，以举庶政。"⑥

照此说来，康有为吸取过去"学西方"的教训，比较中西学的异同，采法俄国、日本的改革，提出变法维新的主张，他审慎地"学习西方"，并注视了中国的国情。

学习西方，注意国情，维新派是认真考虑的，康有为的学生梁启超说，一些讲"洋务"的人，"其于西政，非不少有所知也，而于吾中国之情势政俗，未尝通习，则其言也，必窒碍不可行。非不可行也，行之而不知其本，不以其道也。于是有志经世者，或取其言而试行之，一行而不效，则反以为新法之罪。近今之大局，未始不坏于此也，故今日欲储人才，必以通习六经经世之义、历代掌故之迹，知其所以然之故，而参合之于西政，以求致用者为第一等。"⑦又说："居今日之天下，而欲参西法以救中国，又必非徒通西文、肄西籍遂可以从事也。必其人固尝邃于经术，熟于史，明于律，习于天下郡国利病，于吾中国所以治天下之道，靡不挈枢振领而深知其意。其于西书亦然，深究其所谓迭相牵引互为本原者，而得其立法之所自，通变之所由，而合之以吾中国古今政俗之异而会通之而求其可行，夫是之谓真知。"⑧他们反复强调"学习西方"，要"通习""中国之情势政俗"，不是"徒通西文、肄西籍遂可以从事"。不了解中国国情，不考虑中国国情，不懂"中学"，是不能谓之"真知"的。

事实上，西方各国也有他们的地区特点和民族传统。"学习西方"一方面要摄取其中的营养，用以发展自身；另一方面，又不能生搬硬套，全盘西化。即以维新派积极鼓吹的"择法俄、日"来说，也主要是学习他们"以君权变法"，以及排除顽固势力的阻挠而有"赫然有发愤"的决心，而不是改革的全部。康有为就说："以君权变法，莫如采法彼得。"⑨彼得改革时，贵族世爵子弟"愚蠢骄蹇，每事阻挠"，彼得则断然下令"今后勋贵有后嗣无绩可纪者，削其职，只守禄"，打击守旧势力，促使新政施行。日本明治维新之所以成功，"皆由日皇能采维新诸臣之言，排除旧诸臣之议故也"⑩。"其条理虽多，其大端则不外乎：大誓群臣以定国是、立制度局以议宪法、超擢草茅以备顾问、纡尊降贵以通下情、多派游学以通新学、改朔以易人心数者，其余自令行若流水矣"⑪。也就是说，他是仿效俄国、日本的"以君权雷厉风行"，在中国实行自上而下利于资本主义发展的变法。他是根据中国的国情，设想"君民共主"（君主立宪）的政体，希望光绪发愤图强、变法维新的。至于俄国、日本的变法"条理虽多"，也只是适当地选择，而不是全部照搬。

由此可见，康有为的"学习西方"，是为了"图保自存"，是为了"改弦而雄视东方"。他汲取俄、日的变法经验，希望光绪皇帝能够像彼得大帝、明治天皇那样"以君权雷厉风行"，"广集公议，任用新人"，"君民共主"，进行改革，使资产阶级进入政权机构。在当时的历史条件下，维新派的主张是符合社会发展的趋势，适应时代的潮流的，也可以说，基本上是符合中国当时的国情的。

或者有人认为，维新派既然"学习西方"，要变封建的中国为资本主义的中国，为什么又"迷恋中国传统文化"，尊崇孔子，托古改制呢？应该看到，中国是个古老的国家，有过先进兴盛的历史，后来却渐渐落后，它的先进和落后都和自己的传统文化思想有关，特别是和儒家思想有着密切的关系。因为以孔子为代表的儒家思想在中华民族的思想和文化发展史上，影响最为深远。为了使中国富强，近代先进人物大都对儒家进行过程度不同的总结和改造，维新派也不例外。

任何一个民族，特别是像中国这样具有悠久文化传统的民族，是不可能割断历史，凭空接受外来文化的。中国对外来文化的接受，总要受到传统思想的制约。以儒家思想来说，它既有保守的一面，又有维护中华民族生存与发展的另一面；既有阻滞社会前进的封建糟粕，也曾不断产生新的进步因素。它自成体系，有着强大的生命力和精神力量。传统文化的思想影响，在当时是不易也不会完全摆脱的。

在中国封建社会的历史长河中，尽管儒家思想内部有着代表不同阶层和集团利益的派系斗争，但崇奉孔子却又一致，既以儒家经籍为法定的教本，又把孔子奉为神圣不可侵犯的偶像。儒家思想的传统影响，孔子经书的朝夕熏陶，容易使人锢蔽视野，述而不作。你要革新，他就说那是"圣人之法"不能"矫然易之"。不仅用"祖宗之法"来压人，而且也用孔子之经来惑人。这点，维新派是有切身体会的。康有为就说："布衣改制，事大骇人，故不如与之先王，既不惊人，自可避祸。"⑫于是他们重搬儒术，利用当时迷信孔子的社会心理，把孔子乔装打扮，拼命神化，从而塑造出"托古改制"的孔子，以对抗"述而不作"的孔子，依援孔子儒经实行他们的维新大业。可以说，维新派的"迷恋传统文化"，是依据当时中国的实际情况，"欲托孔子以行其术"。

或者有人认为，康有为既然"学习西方"，宣扬民权，为什么又要"君民共主"，把希望寄托在光绪皇帝身上呢？这也应看到，中国自秦始皇统一，建立中央集权的封建帝国后，皇帝就成为权力的象征。此后君主世袭，代代相传，"君权独尊"，成为"积习"，在人们的心目中，皇帝的权威是不可动摇的。康有为还看到，在帝国主义侵略日深和面临严重经济危机的情况下，光绪皇帝"不欲为亡国之君"，也知"非变法不足以救中国"。这样，一群孤立无援缺乏实力的维新派，想利用皇帝的权威发号施令，凭借光绪的谕旨来改变社会的面貌，也是很自然的。

康有为鼓吹民权，宣扬进化，在当时思想界确曾起了振聋发聩的作用，使知识分子得到一次思想上的解放，虽然仅仅走了第一步，却是很值得重视的一步。所谓"斯时智慧骤开，如万流滴沸，不可遏抑也"⑬。但它毕竟只是走了第一步，毕竟只是"智慧骤开"，民主革命的潮流还在后面。也只是在戊戌变法失败以后，在义和团和自立军失败以后，人们才感到"天下大势之所趋，其必经过一蹚之革命"⑭。19 世纪末叶，康有为还只能选择他们看来是最可行的"君主立宪"方式，打通参与政权的道路，在不触犯地主阶级根本权利的基础上，求得一些发展资本主义的条件。所以说，变法运动是符合当时社会发展趋势的。

康有为利用孔子的权威，利用皇帝的权威，来推行他的维新大业，是他学习西方的经验，考虑中国的国情，"择法俄、日以定国是"的。

康有为冲击了维护封建势力的传统思想，又不能摆脱封建势力的束缚；要改变封建的中国为资本主义的中国，又是依靠光绪皇帝下诏发令。这反映了一开始走上政治舞台的中国资产阶级在经济上、政治上的软弱性，但他发动的这一场引起社会震动的剧烈斗争，却是一场政治改革和思想解放运动。

注　释：

① 据康有为《春秋董氏学序》，自署为"广夏"，《孔子改制考序》亦作"广夏"。

② 宣统二年（1910）《南海县志》卷三《舆地略二》。

③ 同上。

④ 康有为：《康南海自编年谱》，见中国史学会编《戊戌变法》（四），上海人民出版社1957年版，第107—108页。

⑤ 康有为：《延香老屋率幼博弟曝书》，见《南海先生诗集·延香老屋诗集》；另见拙编《康有为政论集》（以下简称《政论集》），中华书局1981年版，第21页。

⑥ 康有为：《桂学答问序》，见《桂学答问》，光绪年间广州双门底全经阁刊本；另见《政论集》，第98—99页。

⑦ 康有为：《诵芬集序》，见《康南海文集汇编》卷八"艺林"。

⑧ 康有为：《编先世诵芬集恭纪》，同上书。

⑨ 康有为：《康有为自编年谱》，见《戊戌变法》（四），第108、110页。

⑩ 康有为：《康南海自编年谱》，见《戊戌变法》（四），第113—114页。

⑪ 康有为：《康南海先生诗集·澹如楼读书》。

⑫ 康有为：《康南海自编年谱》"光绪五年己卯，二十二岁"，见《戊戌变法》（四），第114—115页。

⑬ 龚自珍：《乙丙之际箸议第九》，见《龚自珍全集》，上海人民出版社1975年版，

第 7 页。

⑭ 龚自珍：《明良论四》，同上书，第 34 页。

⑮ 龚自珍：《乙丙之际箸议第七》，同上书，第 6 页。

⑯ 同注⑭，第 35 页。

⑰ 薛福成：《筹洋刍议·商政》，光绪甲申（1884 年）刻本，第 24—27 叶。

⑱ 同上书，第 24 叶。

⑲ 马建忠：《上李伯相言出洋工课书》，见《适可斋记言》卷二，中华书局 1960 版，第 31 页。

⑳ 同注⑩，第 115 页。

㉑ 康有为：《送张十六翰林延秋先生还京》，见《南海先生诗集·延香老屋诗集》；另见《政论集》，第 22 页。

㉒ 分载《清议报》第十一、十三、十五、十七、十八册"支那哲学"栏，光绪二十五年（1899）三月初一日至五月十一日出版，收入《政论集》。据康有为自称，系"二十岁前旧稿"，似撰于 1877 年前，从全书内容来看，应较此为迟。

㉓ 康有为：《闻邓铁香鸿胪安南画界撤还却寄》，此诗作于 1885 年，见《政论集》，第 28 页。

㉔ 康有为：《八月十四夜香港观灯》，此诗作于 1887 年，同上书，第 34 页。

㉕ 康有为：《实理公法全书·公字解》，见姜义华、张荣华编校《康有为全集》（第一集），中国人民大学出版社 2007 年版，第 148 页。

㉖ 康有为：《实理公法全书·实字解》，同上书，第 147 页。

㉗ 同上。

㉘ 同注㉕。

㉙ 康有为：《实理公法全书·总论人类门》，同上书，第 148 页。

㉚ 康有为：《康子内外篇·人我篇》，同上书，第 107—108 页。

㉛ 康有为：《康子内外篇·不忍篇》，同上书，第 104 页。

㉜ 康有为：《康南海自编年谱》"光绪十年，二十七岁"，见《戊戌变法》（四），第 117 页。

㉝ 康有为：《长兴学记》，见《康有为全集》（第一集），第 341 页。

㉞ 康有为：《实理公法全书·总论人类门》，同上书，第 149 页。

㉟ 康有为：《实理公法全书·君臣门》，同上书，第 153 页。

㊱ 康有为：《康南海自编年谱》“光绪九年，二十六岁”，见《戊戌变法》（四），第 116 页。

㊲ 康有为：《上清帝第二书》，见《政论集》，第 131 页。

㊳ 康有为：《日本书目志序》，上海大同译书局印本，第 1 页。

㊴ 同上。

㊵ 同上书，第 2 页。

㊶ 梁启超：《变法通议・论学校七・译书》，见汤志钧、汤仁泽编：《梁启超全集》（第一集），中国人民大学出版社 2018 年版，第 79—80 页。

㊷ 同上。

㊸ 梁启超：《西学书目表・读西学书法》，同上书，第 166 页。

㊹ 康有为：《日本变政考》卷二，见《康有为全集》（第四集），第 142 页。

㊺ 康有为：《与洪给事右臣论中西异学书》，载《救时刍言》；另见《政论集》，第 47 页。

㊻ 康有为：《日本变政考》卷一，见《康有为全集》（第四集），第 110 页。

㊼ 梁启超：《知耻学会叙》，《时务报》第四十册，光绪二十三年（1897）九月初一日出版，见《梁启超全集》（第一集），第 261 页。

㊽ 康有为：《日本变政考》卷九，见《康有为全集》（第四集），第 223 页。

㊾ 同注㊺，第 47—48 页。

㊿ 康有为：《日本变政考》卷一，见《康有为全集》（第四集），第 115 页。

(51) 康有为：《日本变政考》卷七，同上书，第 198 页。

(52) 见《政论集》，第 208 页。

(53) 康有为：《进呈俄罗斯大彼得变政记序》，见《政论集》，第 226 页。

(54) 康有为：《进呈日本明治变政考序》，同上书，第 223—224 页。

(55) 同注(53)。

(56) 见《政论集》，第 207 页

(57) 梁启超：《变法通议・学校余论》，见《梁启超全集》（第一集），第 90 页。

(58) 梁启超：《变法通议・论学校七・译书》，同上书，第 78 页。

(59) 康有为：《上清帝第七书》，见《政论集》，第 218 页。

(60) 康有为：《日本变政考》卷二，见《康有为全集》（第四集），第 135 页。

(61) 康有为：《日本变政考》卷十二，同上书，第 274 页。

㉒ 康有为：《孔子改制考》，中华书局 1958 年版，第 267 页。

㉓ 欧榘甲：《论政变为中国不亡之关系》，《清议报》第二十七册，光绪二十五年（1899）八月十一日出版。

㉔《康有为》，载《苏报》1903 年 6 月 1 日。

第二章 "帝阍沉沉叫不得"

好《周礼》，尊周公

康有为努力"学习西方"，也努力从传统儒家学说中汲取力量。

康有为利用今文经学，宣传维新变法，已为人所公认；康有为早年"酷好《周礼》"，尊事周公，却未为人注视。他的从尊周公到尊孔子，由好《周礼》到好《公羊》，有着一番冥思苦索的艰辛过程，也有着一番上书不达的痛苦经历。他是在"学习西方"、上书不达之后，才"崇奉"今文的，并不是一开始就师承有绪，而和经学中的今古文问题，又和其"救亡图存"的政治实践有关。

梁启超在《清代学术概论》中说："有为早年，酷好《周礼》，尝贯穴之著《政学通议》（'政'应为'教'），后见廖平所著书，乃尽弃其旧说。"证以康有为《自编年谱》，他早年确曾"酷好《周礼》"，不信《公羊》，康有为记：

> 光绪四年戊寅（1878年），二十一岁。在九江礼山草堂从九江先生学，大肆力于群书，攻《周礼》《仪礼》《尔雅》《说文》《水经》之学。[1]

《周礼》是古文经籍，《尔雅》《说文》也是古文经学家"通经之邮"。

> 光绪五年己卯（1879年），二十二岁。……于时舍弃考据帖括之

学，专意养心，既念民生艰难，天与我聪明才力拯救之。乃哀物悼世，以经营天下为志，则时时取《周礼》《王制》《太平经国书》《文献通考》《经世文编》《天下郡国利病全书》《读史方舆纪要》，纬划之，俯读仰思，笔记皆经纬世宙之言。②

他"以经营天下为志"，所读书一籍，大体关涉政治制度、经济利病，而首列《周礼》。

光绪六年庚辰（1880 年），二十三岁。……是岁治经及公羊学，著《何氏纠缪》，专攻何劭公者。既而自悟其非，焚去。③

《公羊》是今文主要典籍，何休是东汉今文大师，康有为著《何氏纠缪》，标明他这时并不信奉《公羊》，"既而自悟其非"，则为 1888 年以后。

光绪八年壬午（1882 年），二十五岁。九江先生卒，奔视与诸子营丧视葬焉。吾故夙事三礼者，故与简君竹居议之为多。

光绪十二年丙戌（1886 年），二十九岁。……又著《教学通议》成，著《韵学卮言》，既而弃之。④

根据康有为自述，他在 1886 年前，好《周礼》，攻何休，并"贯穿之著《教学通议》"，后又弃去。那么，《教学通议》将是诊视康有为与经今古文问题的重要著作，由于此书未曾露布，致论者无从阐明。

《教学通议》曾见稿本，列目二十：《原教》《备学》《公学》《私学》《国学》《大学》《失官》《亡学》《六经》《亡经》《春秋》《立学》《从今》《尊朱》《幼学》《德行》《读法》《六艺》上（礼）、中（射御）、下。内《六艺》下有目无文。另"缺目"三，即《言语》《师保》《谏教》。《言语》《师保》"缺目"有文，正文另有"敷教"一篇，或即"缺目"中的"谏教"。全书约 38000 字，上署"光绪十二年正月辑定"。

康有为在《教学通议》中，标明撰书的目的是"今天下治之不举，由教学之不修也"，"教学之不修"，"患其不师古也"。而所学只是"师古之糟粕，不得其精意"。认为"善言古者必切于今，善言教者必通于治"。《教学通议》的宗旨就是言教通治，言古切今。

"言教通治"，周公是典范。康有为认为，经书中的典章，都是"周公经纶之迹"。"周公以天位而制礼，故范围百世万民，无不曲备"(《六经》)。"言古切今"，周公也是典范，他"熔铸一时"，"以时王为法"，从而"制度美密，纤悉无遗，天下受式，遏越前载，人自无慕古之思也"(《从今》)。

周公"言教通治""言古切今"，是因为他不是空洞说教，而是"有德有位"，用以"纲维天下"，"周公兼三王而施事，监二代以为文"，"制作典章"，"因时更化"，从而"大周之通礼会典一颁，天下奉行"(《从今》)，"教学大备，官师咸修"。

《周礼》是古文经典，周公是古文经学家崇拜的偶像，康有为讲《周礼》官守，崇周公权威，并从周公"有德有位"着眼，恰恰是古文经师的立论所在；至于今文经学家则是尊《公羊》、崇孔子的。康有为既在 1880 年著书批判何休，《教学通议》中对孔子也作如是评价："孔子虽圣，而绌于贱卑，不得天位以行其损益百世、品择四代之学，即躬行明备，亦不过与史佚之徒佐翊文明。况生于春秋之末造，天子失官，诸侯去籍，百学放黜，脱坏大半矣。孔子勤勤恳恳，远适宗周，遍游列国而搜求之。"(《六经》)他认为孔子"不得天位"，只是"搜求"遗文，退而讲学。

周公、孔子与"六经"的关系也有不同，康有为认为，如今的"六经""虽出于孔子"，而其典章皆"周公经纶之迹"，过去"六经"都有官守，"以官为师，终身迁转不改"，"如《易》出于太卜，《春秋》出于外史，《诗》出于太师，《论语》《诗经》出于师氏"(《私学》)。但"自夷、懿以降，王迹日夷，官守渐失"，孔子就是生于"失官之后，搜括文、武、周公之道，以六经传其徒，其徒尊之，因奉为六经"(《失官》)的。那么，"六经"本是"周公之制"，孔子只是"搜括文、武、周公之道"，"宪章祖述，缵承先王"(《亡经》)。它和古文经学家之以孔子"述而不作，信而好古"又何其相似！

以周公为"有德有位"，以"六经"为"周公经纶之迹"，康有为是尊崇周公的；至于孔子，他对经书的功绩，则在于：一、传授六经，讲明六经之道。孔子之时，"六经之言治虽不宣用，而六经之言道则讲之日精"，使后世学者犹幸存六经、《论语》，"犹知理道"(《六经》)。二、孔子曾经"制作《春秋》"。然而，孔子处"王官失守"之时，"六经之治扫地"之际，他只是"缵承先王",讲明其道。他的学"春秋",也是因"六经之治扫地",从而"感乱贼,酌周礼,据策书,明制作,立王道,笔则笔,削则削"的。其中,自有所谓"微言大义",而"孔子微言,质之经传皆合",他讲《春秋》之治,也只是"继周",尊的还是周公。

康有为之所以尊周公,是因为他"有德有位",制《周礼》以"范围后世",有"言治"的"经纶之迹"。他在这几年中,钻研经史,涉猎西学,时时取《周礼》等书"纬划之,俯读仰思,笔记皆经纬世宙之言"。又注意历朝政制,"以经营天下为志",想从古代经籍中汲取一些可资运用的东西。他还以为过去典章"存之于官"(《从今》),"周制以时王为法,更新之后,大势转移,大周之通礼会典一颁,天下奉行,前朝典礼,废不可用"(《从今》)。要"天下奉行",就要"上出其宪章以为教,下奉其宪章以为学"《从今》。也就是要根据周公的"经纶","言古切今";根据"时王"的典制,"言教通治"。

周制既以"时王"为法,可知典章制度不是因袭不变的,可以"酌古今之宜","定新制以宜民"(《六艺》上《礼》)。"由今之学,不变今之法,而欲与之立国牧民,未之有矣"(《立学》),不必"泥于古,以可行于今者为用"(《从今》)。有其"经世"含义、"变"的哲学。而崇奉的还是周公、《周礼》。渴望能够有"有德有位"如周公那样的人,以"时王为法",颁行新制,"天下奉行",敷教言治,"易民观听"。

康有为尊周公、崇《周礼》,是否他就算是古文经学家呢?不是。他这时"忧患百经未闻道",还未形成完整的思想体系。例如:他对古文经学派的开创者刘歆,也以为"变乱于汉歆"(《尊朱》),但不像后来《新学伪经考》那样对刘歆的全面攻击,还以为刘歆得睹"秘藏";只是对后来的"烦琐经学,粗习成风"(《六艺》上《礼》)表示不满而已。他对宋学也不摒弃,以为朱熹"讲求义理","使学者人人皆有希圣希贤之路",是"孔子之后,一人而已"(《尊朱》)。他对汉、宋还未专主,也未偏废,想在各种学说中抉择汲取;只是尊周公、崇《周礼》,在他的思想上,确占重要地位。

应该指出,康有为的撰述《教学通议》,是在他学习西方以后。上节谈到,康有为"参中西之新理",拟出"平等公同"的图景,从事"公理书"的撰述,"发明大同之义",于1884年至1886年间,先后撰成《康子内外篇》和《教学通议》，也就是说，它是在中法战时，"兵惊羊城"时的产物。

问题是，康有为提出"平等公同""人类公理"的同时，为什么又在1886年写了《教学通议》，为什么注目于周公、《周礼》呢？

如前所述，康有为认为"天地生人，本来平等"的，这是"几何之理""一定之法"；但它"不足于用"，于是"不能无人立之法"，不能不"推一最有益于人道者以为公法"。鉴于周公"有德有位""纲维天下"，他又能"因时更化"，"以天位而制礼"，使官有所守，"天下奉行"。当今世变日急，民族危亡，也望有周公那样的人"立国牧民""酌古今之宜""定新制以宜民"，从而"易民观听"，言教通治。换句话说，他是借用周公的故事，渴望能够"颁行新制"，革故图新。

周公是"以时王为法""颁行新制"的，近代中国"公理不明，平等不见，就得参酌古今，权衡中外，推行万身公法"。《周礼》"熔铸一时""范围后世"，以官为守，天下奉行，近代中国官失其守，教失其法，人类无公理，万身无公法，就要逆"义"变革，"平等公同"，"以致诸生于极乐世界"。那么，《教学通议》虽说的是周公、《周礼》，讲的是传统儒学，实际是康有为"学习西方"后的撰著，它是和"公理书""内外篇"相辅相成的。它是康有为在帝国主义侵略日深、渴望改革的早期作品。它不是像古文经学家那样斤斤争经学真传、经籍真伪，而是为了要求改革现状而一度尊周公、崇《周礼》的。

上书不达

康有为描绘"平等公同""人类公理"，举出周公、《周礼》，是渴望政治改革，挽救民族危亡。然而，通过第一次上书的政治实践，使他对经学中今古文问题的理解起了很大转变。

1888年，康有为鉴于中法战后帝国主义侵略势力伸入中国西南边陲，民族危机严重，掺入京考试的机会，第一次向光绪皇帝上书，请求变法，这是资产阶级改良派第一次向清政府提出的建议。

《上清帝第一书》提出了"变成法""通下情""慎左右"三点建议。

《上清帝第一书》首先极陈帝国主义侵略，中国危险之状，指出帝俄有蚕食东方的阴谋，法国专力越南以窥中国的企图，要"外攘夷狄"，就必须"内修政事"，要"内修政事"，就必须"变成法"。

同时，他又估计到顽固派可能"以祖宗之法，莫之敢言变"。于是从下列各点予以说明：一、如今的法制，虽云承列圣之旧，但实则是六朝、唐、宋、元、明的弊政，所以不能固守成法；二、日本以"变法兴治"，可以效法；三、外患日迫，而又"法弊极矣"。他指责顽固派"酣嬉偷惰，苟安旦夕"，指责洋务派"洋差、洋商局、学堂之设，开矿公司之事，电线、机器、轮船、铁舰之用，不睹其利，反以蔽奸"，这样"知旧法之害，即知变法之利"，所以要"酌古今之宜，求事理之实"，"讲求变法之宜"。这样，10 年之内，"富强可致"，20 年即可"雪耻"。

他又认为处于这样的时势之下，固非变法不足以图治，而苦于"下情不得上达"，所以要求通下情；统治阶级当权派都"欺上以承平无事"，所以要求慎左右。

因此，《上清帝第一书》是在中法战后提出的，是在中法战后"洋务新政"开始破产的情况下提出的。这是他的第一次上书，因而只是强调变法的必要性，至于如何变法的具体条例，尚未述及。但这次上书为顽固派所阻，光绪皇帝没有看到，康有为且备受顽固守旧分子的嘲笑和攻击。

康有为不是尊周公、崇《周礼》吗？过去成王年幼，周公摄政，"制礼作乐""天下奉行"。当前光绪年幼，也未亲政，康有为曾代人草拟奏折，请求光绪生父醇亲王奕��归政，"预远嫌微"，"予以暮岁优游之乐"，⑤希望光绪能有成王那时的郅治。康有为也企求能有周公那样辅佐成王的大臣。还在中法战争时期，他听到左宗棠"以老病请开缺"，即"意枢垣有掣肘者"。他认为："左相国一柱承天，所谓身系安危者。若去，则中外失望，国无与立。昔林文忠既革，夷酋伯麦等皆举酒贺，今又将使西夷举酒称贺耶？"⑥在第一次上书时，对在朝的大臣，更是多方奔走，寄予厚望。

光绪皇帝的师傅翁同龢时掌户部，康有为曾托盛昱上封事代递。《翁文恭公日记》"光绪十四年十月二十六日"记："盛伯羲以康祖诒封事一件来，欲成均代递，然语太讦直无益，只生衅耳，决计复谢之。"

对曾任军机大臣、时任工部尚书的潘祖荫，康有为也两次上书，用了周公"吐哺握发"的故事，希望"闻尊王庇民之略，俾足副沧海大塞之观"⑦，大声疾呼："失此不图，后虽欲为之，外夷之逼已极，岂能待十年教训乎？"指出"感悟之法，在一二元老面对直陈"。⑧

他向吏部尚书徐桐上书，"陈大计而责之"，望其"牵裾痛哭，感悟圣意"，"忧国如家"，"幡然图治"。⑨

他还向都察院左都御史祁世长上书，认为祁"以大儒总台纲"，望能"扶士气而维国家"⑩。

然而，这些活动，没有达到康有为预期的效果，位处高位者既没有周公那样"吐哺握发"的接待，康有为且饱受各种各样的讥讽。据说除翁同龢因书中有"谗言中于左右数语"，感到"恐获重罪，故不为代递，意在保全"。⑪潘祖荫"垂接颜色"，"教以熟读律例"；⑫祁世长"雅不喜西法，门下士有愿为总署司员者，公闻之辄蹙额，相见必力阻之"，看到康有为上书，自然"不纳"。以顽固著称的徐桐，更"以狂生见斥"⑬，衮衮诸公，"醒醍保位"，欲求如周公其人，又何其难也！

第一次上书不达的教训是，大臣阻格，格不上达，不但无"吐哺握发"的周公，并且尸位素餐，壅塞禹闭。尽管翁同龢对康有为有意提拔，但在后党的掣肘下，也乏实际权柄。上书不达的另一教训是："虎豹狰狞守九关，帝阍沉沉叫不得"⑭，且遭朝士大攻，视为"病狂"。他曾一度消沉，退治碑版，然而"治安一策知难上，只是江湖心未灰"⑮。怎么办呢？这曾促使他去找寻新的理论依附。

由于中国封建社会的长期性，封建势力在政治上、学术上都占统治地位，要找寻新的思想武器，除"向西方学习"外，还需从中国传统的封建学说中去探寻。因为西方资本主义国家的那些东西固然可以学习，但举朝上下，或者"视新法如仇"，深闭固距；或者"奉之如帝天"，媚外辱国，要使大家认识"变"的必要性和迫切感，在封建思想笼罩下，仍得向封建学说中求索，使之"言古切今"，"言教通治"，只有这样，才能"耸上者之听"，才能"鸣其友声"，才能实现他变法图强的政治目的。康有为在上书不达前，对"有德有位"的周公，"天下奉行"的《周礼》是崇奉的，而对烦琐经学却认为"学而无用"，为了避免缴绕，他把古文经学的烦琐归之于许慎、郑玄，不拉扯到"经纶天下"的周公。他泛览百家，尚无归宿，这在他 1888 年写给黄绍箕的信中可以看到，信中说："仆尝谓词章如酒能醉人，汉学如饾饤能饱人，宋学如饭能养人，佛学如药能医人。"⑯"醉""饱""养""医"，既似褒词，又含贬义，对这些不同学术流派，都曾探讨，却未找到出路。

"明今学之正"

康有为第一次上书不达，友人沈子培"劝勿言国事，宜以金石陶遣"⑰，他也"拟著一金石书"，名曰《广艺舟双楫》（一名《书镜》），自叙称："康子戊巳之际，旅京师，渊渊然忧，悁悁然思，俯揽万极，塞钝勿施，格绌于时，握发熱然，似人而非。"⑱经友人劝告而撰此书，凡 27 篇，其目为：《原书》《尊碑》《购碑》《体变》《分变》《说分》《本汉》《传卫》《宝南》《备魏》《取隋》《卑唐》《体系》《导源》《十家》《十六宗》《碑品》《碑评》《余论》《执笔》《缀法》《学叙》《述学》《榜书》《行草》《干禄》《论书绝句》。这是一部论述碑本书法之书，从目录中可以看出它是一部论书法艺术的学术著作，是续包世臣《艺舟双楫》之作，和政治关联不大，似乎康有为已经受上书不达的教训，退隐书斋，潜研碑卷了。其实，他在此书的《序》中一开始就说：

> 可著圣道，可发王制，可洞人理，可穷物变，则刻镂其精，冥缫其形为之也；不劭于圣道、王制、人理、物变，魁儒勿道也。⑲

说是以"著圣道""发王制""洞人理""穷物变"为目的，主张书法艺术的改革，而对科举考试的"楷法"表示不满，也可说是为此后"废科举"奏议的准备。他表面上退居书斋，潜研碑本，实际上仍关怀国事，设想怎样打开沉沉"帝阍"的大门。他咏诗言志："治安一策知难上，只是江湖心未灰。"⑳

1889 年秋，康有为离开北京。这年年底，回到广州。次年春，移居徽州会馆。这时，他晤见了廖平，廖平是今文经学家，今文经学是讲"微言大义"，主张通经致用的。康有为鉴于"外患日深"而上书不达，又受了廖平的启示，觉察到陆、王心学虽"直捷明达，活泼有用"，但不及今文学的"灵活"；佛教哲学虽讲"慈悲普度"，但"与其布施于将来，不如布施于现在"。这样，便想从今文经学中汲取可资运用的东西进而议政，在他的撰著中，也就有了前所未有的今文内容。

康有为为什么要"明今学之正"？今文经学中究竟有哪些可资运用的理论？原来今文经学在西汉时和政治的关系本来很密切，它主张"变"，认为《易经》说过："穷则变，变则通，通则久。"孔子说："齐一变，至于鲁；鲁一变，至于道。"政治制度不是一成不变的，而是可变的。

在今文经说中，有所谓"三统""三世"。"三统"说（也叫"三正"）在西汉时的《尚书大传》即有记载：

> 夏以孟春月为正，殷以季冬月为正，周以仲冬月为正。夏以十一月为正，色尚黑，以平旦为朔；殷以十二月为正，色尚白，以鸡鸣为朔。周以十一月为正，色尚赤，以夜半为朔。不以二月后为正者，万物不齐，莫适所统，故必以三微之月也。

西汉武帝时，今文经学大师董仲舒的《春秋繁露·三代改制质文》和东汉班固等纂集的今文经学政治学提要《白虎通·瑞贽·论三正之义》均有发挥。

大体说来，"三统"说的含义是：每一个朝代都有一个"统"，"统"是受之于天的，旧王朝违背天命，便由另一新王朝"承应天命"来代替，新王朝就必须"改正朔，易服色"。他们把朝代的交替，归之于"黑统""白统""赤统"三个"统"的循环。得到哪一"统"而为天子的，其"礼乐征伐"就得按照哪一个"统"的定制去办理。以夏、商、周三代而言，夏是"黑统"（也叫"人统"）、商是"白统"（也叫"地统"）、周是"赤统"（也叫"天统"）。也就是说，夏、商、周三代的制度，各有因革损益，不是不变的。那么，"三统"说的实质，是一种历史循环论。但这种历史循环论，却为西汉皇帝信奉，并在中国封建社会中有其较为久远的影响；它的"因革损益""因时制宜"，也正是康有为维新变法的理论依附。

"三世"说源于公羊学。《春秋公羊传》隐公元年："公子益师卒。何以不日，远也。所见异辞，所闻异辞，所传闻异辞。"[23]董仲舒在《春秋繁露·楚庄王》中加以发挥：

> 《春秋》分十二世以为三等：有见、有闻、有传闻。有见三世，有
> 闻四世，有传闻五世。故哀、定、昭，君子之所见也；襄、成、宣、
> 文，君子之所闻也；僖、闵、庄、桓、隐，君子之所传闻也。所见六
> 十一年，所闻八十五年，所传闻九十六年。于所见微其辞，于所闻痛
> 其祸，于所传闻杀其恩，与情俱也。㉒

他将春秋时代的历史，分为"所见""所闻""所传闻"三等，认为孔子"笔
削"《春秋》，或者"微其辞"，或者"痛其祸"，或者"杀其恩"，是以时代
的远近而异其"书法"的。东汉时，何休解释《公羊传》，又予推阐说：

> 于所传闻之世，见治起于衰乱之中，用心尚麤觕，故内其国而外
> 诸夏，先详内而后治外，录大略小，内小恶书，外小恶不书；大国有
> 大夫，小国略称人。内离会书，外离会不书，是也。于所闻之世，见
> 治升平，内诸夏而外夷狄，书外离会，小国有大夫……
>
> 至所见之世，著治太平，夷狄进至于爵，天下远近大小若一，用
> 心尤深而详，故崇仁义；讥二名。……所以三世者，《礼》为父母三
> 年，为祖父母期，为曾祖父母齐衰三月。立爱自亲始，故《春秋》
> 据哀录隐，上治祖祢。㉓

何休以"传闻世"为"衰乱"，"所闻世"为"升平"，"所见世"为"太平"。
这样，便有了"衰乱"（康有为叫作"乱世"）、"升平""太平"的"三世"
名词。假如以古代为衰乱、近代为升平、现代为太平的话，那么，社会历
史是向前发展的，乱世之后进以升平，升平之后进以太平，"愈改而愈进也"。
所以，"三世"说的实质，是一种历史进化论，他和"三统"说相结合，就
成为要救国，要"太平"，就要"因革""改制"，只有"因革""改制"，才
能进步，才能达到"太平"的愿望。

康有为正是汲取了今文经学"变"的哲学，糅合了"三统""三世"学
说，基本上构成了一个比较完整的思想体系的。

这样，康有为就一改过去的尊周公、崇《周礼》为尊孔子、崇《公
羊》，并在此后的讲学和著作中，以古文经籍为伪经，以古文经学为刘歆

"饰经佐篡，身为新臣"的新莽一朝之学。从而扫除变法维新的绊脚石，并尊孔子为教主，用孔子名义提出变法维新的主张了。这些，将于下文再加剖析。

过去，康有为以为周公"有德有位"，"经纶天下"，而孔子既无其位，也未"经纶天下"，又将如何解释？他在汲取今文学说后说，周室东迁以降，"天下无王，斯赖素王"㉔。孔子有治理天下的才能而不居帝王之位，是"制法之王，所谓素王也"㉕。孔子在"王迹衰亡"之时，"抱救世之心"，"改制作而救衰败"㉖，以"布衣改周之制，本天论，因人情，顺时变，裁自圣心"㉗。又说，六经是孔子所作，孔子为制法之王，三代盛世是孔子"托之以言其盛"。事物是发展的，应该向前看，远的旧的必将败亡，近的新的终将兴起。旧者必败，就不能泥守旧法；新者必兴，就得变法维新。孔子不是述而不作，而是作"六经"以言改制，尊奉孔子就是因为孔子创立儒家，托古改制，由尊周公而尊孔子了。

过去，康有为是崇奉《周礼》的，现在却以为"传经只有一《公羊》"，因为《公羊》着重解释《春秋》"大义""三统""三世""大一统"等学说，《公羊》都有发挥。他说，孔子还根据时王之制，"将修《春秋》，损益《周礼》而作"《王制》。"王者，谓素王；王制者，素王改制之义"，是"沿制度之大一统"㉘，"《王制》为孔子改制之书，以其一与《公羊》同也"㉙，由尊《周礼》而尊《公羊》，并将《王制》与《公羊》相合了。

康有为这种转变，确有些迥异寻常。他的转变，是在第一次上书不达以后。他对经学中今古文问题的转变，是和其变法维新的政治实践密切相连的。

经学，是中国封建文化的主体，是封建政府用来进行思想统治的工具。1840 年鸦片战争以后，中国一步一步地变成了一个半殖民地半封建的社会。情况变了，经学的传统地位没有变；内容变了，经学的形式没有变。在民族危机严重、清朝封建统治腐朽的情势下，康有为学习西方，又借用儒家学说。早先，他曾想望有"有德有位"如周公其人者辅佐光绪，革旧图新；也渴望能有如《周礼》其书者颁行天下，言教通治。然而，通过第一次上书的实践，使他觉察到要维新、要变法，就要有一套维新变法的理论。要创造一套维新变法的理论，单用西方的不行，单讲新的也不行，在封建思想笼罩下的中国，还须从旧的儒家经学中找寻依据，制造舆论。这样，他终于选中了讲"变"、讲"微言大义"的今文经学，重新塑造孔子的形象，把孔子视作"制法之王"，乔装打扮，拼命神化，使迷信孔子的人，信奉改装了的孔子，为他的变法维新事业服务。康有为在经学中的今古文问题上，由彼及此，由古入今，是和其政治实践密切相连的，因为康有为是政治家、思想家，而不是经师。如果单纯从经籍传授得失、经学派别异同来看，就不能剖析其症结所在。

廖平的启示及其异同

康有为的"明今学之正"，援用今文经说，是在 1888 年第一次上书不达之后，是受了廖平的影响。他在维新运动期间的主要著作《新学伪经考》《孔子改制考》，就是在廖平的启示下编撰成书的。

然而，在康有为受廖平影响的问题上，廖平屡道其事，而为康有为所深讳。廖平说："外间所祖之《改制考》，即祖述《知圣篇》；《伪经考》，即祖述《辟刘篇》，而多失其宗旨。"康有为却深讳其事，不但《自编年谱》无此记载，《新学伪经考》且说："阅二千年岁月时之绵暖……咸奉伪经为圣法，……亦无一人敢违者，亦无一人敢疑者。"这样，康有为是否受廖平的思想影响，聚讼纷纭，有的学者且据康氏之言，再参以廖平《古学考》（刊于 1894 年，晚于《新学伪经考》三年），认为以古文经典为"伪经"，以古文经学为"新学"，对王莽、刘歆的攻击，是创自康有为，而廖平则是"明用康氏之说"⑩的。究竟康有为是否受到廖平的影响？

我认为康有为是受到廖平的影响的，理由如下：

第一，康有为的援用今文经说，是在 1888 年第一次上书以后。在此以前，他涉猎"西书"，"刻刻以救世为事"，但通过这年"上书"的政治实践，却遭到封建顽固势力的严重摧残。这使康有为感到除向"西方学习"外，还得到中国传统的封建学说中去找寻理论依附，从而实现他变法图强的愿望。儒家今文学说中多"非常异义之说"，正是"托古改制"的很好凭借。

从康有为《自编年谱》和他的撰著中，可以看出他是在 1888 年以后才"明今学之正"的。《自编年谱》光绪六年（1880）记："是岁治经及公羊学，著《何氏纠缪》，专攻何劭公（休）者，既而自悟其非，焚去。"《春秋公羊传》是今文经学派最重要的经典之一，何休是东汉今文学的著名大师，说明这时他对今文经学尚表不满。光绪十四年（1888）记其"上书不达"后，"既不谈政事，复事经说，发古文经之伪，明今学之正"，明确记载"明今学之正"是 1888 年以后的事。《自编年谱》光绪十六年（1890）又记："是岁既与世绝，专意著述，著《婆罗门教考》《王制义证》《毛诗伪证》《周礼伪证》《说文伪证》《尔雅伪证》。"③他对这些古文经的大肆攻击，也系在 1888 年以后。这是康有为亲笔记录，应属可信。③

第二，康有为在 1888 年"上书不达"后，次年返粤。1890 年，移居羊城安徽会馆。廖平于 1889 年至粤，康、廖初晤，当 1889 年、1890 年冬春之际。他们讨论学术，必然涉及今文经学。这点，廖平屡道其事，而康有为的《新学伪经考》《孔子改制考》恰恰是在和廖平初晤之后撰述的。如康有为较早诋毁刘歆伪篡、宣传孔子改制，是在广州长兴讲学时，他说"圣统已为刘秀篡，政家并受李斯殃"③，表示"孔子经世之学在《春秋》，《春秋》改制之义，著于《公》《穀》"③。这些，都发表在 1891 年，亦即康、廖初晤之后。

康有为的《新学伪经考》刊于 1891 年，《孔子改制考》则到 1898 年再刊行，而在此以前，廖平已有《知圣篇》《辟刘篇》的撰述。《知圣篇》中已说："惠、戴挺出，独标汉帜，收残拾坠，零璧断圭，颇近骨董家，名衍汉学，实则宗法莽、歆，与西汉天涯地角，不可同日语。"③对刘歆、王莽以攻击，与《新学伪经考》所论相合。又说："孔子受命制作，为生知，为素王，此经学微言，传授大义，帝王见诸事实，孔子徒托空言，六艺即其典章制度，与今六部则例相同。素王一义，为六经之根株纲领。"③也言孔子改制。《知圣篇》《辟刘篇》撰于 1888 年。③在此以前，廖平尚有《今古学考》。他说："《左传》出于今学方盛之时，故虽有简编，无人诵习，仅存秘府而已。至于哀、平之际，今学已盛而将微，古学方兴而未艾，刘子骏（歆）目为此编，遂据以为今学之敌，倡言求立。至于东汉，遂古盛而今微，此风气盛衰迭变之所由也。"③又说："刘子骏《移太常书》，只云臧生等与同，不云其书先见。班书又云：歆校书见《左传》而好之，是歆未校书以前不见《左传》也。"㊴并对郑玄的"混合今古"，诋为"违古"。㊵《今古学考》成于 1886 年（光绪十二年丙戌），早于《新学伪经考》五年。㊶从时间先后来说，廖平是早于康有为的。

照此说来，《自编年谱》说他在 1888 年以后，始"明今学之正"。这时，廖平的《今古学考》已经刊行三年了，《新学伪经考》刊于廖平撰著之后，是不可抹杀的事实，康、廖于 1889 年、1890 年间相晤，康有为受到廖平影响，是无容否认的。

问题是，为什么康有为深讳其事，甚至有人说是廖平"明用康氏之说"呢？我以为康有为的讳言受到廖平影响，是为了表示"一无剽袭，一无依傍"，而他的弟子却不为师讳，梁启超说："有为早年，酷好《周礼》，尝贯穴之著《政学通议》（'政'应为'教'），后见廖平所著书，乃尽弃其旧说。……平……知守今文家法。……然有为之思想受其影响，不可诬也。"㊷认为康有为尽弃旧说，是受到廖平影响以后的事。

至于廖平"明用康氏之说"，则廖平后来刊行的《古学考》确有这样的情况，如：

> 旧用古说，以为五经皆为焚书，有佚，康长素非之。今按康说是也。博士以《尚书》为备，歆愤其语，遂以为五经皆有佚缺，然后古文可贵。㊸

以康说为"是"。在辨别《周礼》真伪问题上，廖平也受过康有为的影响。本来，《今古学考》以为"《周礼》之书，疑是燕、赵人在六国时，因《周礼》不存，据己意采简册模仿为之者，其先后大约与《左传》《毛诗》同，非周初之书也。"㊹而《古学考》则说："古学以《周礼》为主，虽《左传》早出，非古学，古学始《周礼》……刘歆颂莽功德，云发得《周礼》以明因监，可知《周礼》出于歆手，以为新室制作，其书晚出。"㊺"不知古学至东汉乃成，刘歆援《周礼》以为主，其徒党最盛，推之于《诗》《书》，以成古学，是古全而今生，非古在今前。"㊻正由于这样，有人以为廖平袭用康有为之说。康有为也振振有词地说："足为证人，助我张目。"㊼然而，廖平"明用康氏之说"，是在 1894 年的《古学考》，在此以前，却是"有为之思想受其影响"的。康有为"明今学之正",受了廖平的启发,但他的借用今文经学以议政,却和廖平不同。

廖平的辟刘歆、崇今文,旨在说明今文经传之可信,为能得孔子的真传。他说:"六经,孔子一人之书,学校,素王特立之政,所谓道冠百王、师表万世也。"㊽认为"六艺本为孔子新义,特自托之于述"㊾。经书中的微言大义,就经过今文经师的发挥,所以"西汉以前,言经学者皆主孔子,并无周公,六艺皆为新经,并非旧史"。至于"古文家渊源,则皆出许、郑以后之伪撰,所有古文家师说,则全出刘歆以后据《周礼》《左氏》之推衍"㊿。因此,他主要"尊今抑古",囿于学术上的争论。而《新学伪经考》则以东汉以来经学多出刘歆伪造,"始作伪,乱圣制者,自刘歆,布行伪经,篡孔统者,成于郑玄",称作"伪经";刘歆"饰经佐篡,身为新臣",是新莽一朝之学,与孔子无涉,称作"新学"。"凡后世所指目为'汉学'者,皆贾、马、许、郑之学,乃新学,非汉学也;即宋人所尊述之经,乃多伪经,非孔子之经也"[51]。他对当时学术界占统治地位的"汉学""宋学"两大学派进行根本性的打击,说他们尊崇的经书只是"伪经",不是真经;指斥古文经学不过是"新学",不是孔子真传。这种"逆乎常纬"的反抗,予维护封建专制制度的传统思想以大胆的冲荡,既在学术上推翻了古文经学的"述而不作"旧说,又在政治上打击封建顽固派的"恪守祖训";为扫除变法维新的绊脚石准备了条件。

廖平的崇孔子,言素王,旨在说明"帝王见诸事实,孔子徒托空言,六艺即有典章制度"[52]。孔子为了"垂范后王",所以"沉思潜会","笔削"经文[53]。他是为了阐明"今经皆孔子所作",今文经学得"孔子之传"而"表彰微言"的。《孔子改制考》则尊孔子为教主,用孔教名义提出变法维新的主张,把孔子装扮成"托古改制"者,成为变法改制的张本。这些,下文还将论述。

因此,《新学伪经考》《孔子改制考》不是一般的"考辨专著",而是冲击封建势力、提出改制变法的理论著作。它是披着经学外衣,把资产阶级需要的措施抨卜孔圣人的招牌,拿孔子来对抗孔子,以减轻非圣无法的压力,从而为变法维新创造条件的著作。它是汲取了中国儒家学说中的"孔子旧方",而又渗透了西方资本主义国家社会、政治学说内容的著作。它虽启自廖平，但康有为援今文以议政，借孔子言"改制"，却非廖平所能企及。

　　或者说，廖平不是也讲"变"、也说"三统"吗？是的，"变"是今文经学的"微言大义"。廖平确实讲过"代有改变，然或异名同实，或变通救弊，所有长治久安者，实阴受孔子之惠，且循古今治乱之局，凡合之则安，反之则危"[④]。廖平也言"三统"，说自孔子"自卫返鲁，作诗言志，以殷末寓素王之义，明三统之法"[⑤]。但廖平推崇孔子，是为了说明孔子之道"百世可以推行"，比较遵守"今文家法"，没有考虑到借助孔子"变法维新"，更没有用改良主义观点对孔子改制重新解释。他的"三统"说提到"因革损益"，有时却尚含混，如说："三统循环，由周而夏，此质家矫枉之言，孔子不主此议。"[⑥]也没有把"三统"说和"三世"说相糅，构成一个比较完整的思想体系。那么，康有为的援用今文，启自廖平，而他却把改良主义思想和儒家今文学说结合了起来，有着新的含义。这种"新的含义"，并非廖平所有，也非廖平所能，难怪廖平要说《新学伪经考》《孔子改制考》"祖述"廖平，"而多失其宗旨"。

　　康有为是根据自己的感受把今文学说汲取、发展的，他的学术思想和政治实践是密切结合的。廖平则主要在学术上争孔子的真传，争经书的真伪。他们之间，自有不同。这点，梁启超也说："康先生之治《公羊》、治今文也，其渊源颇出自井研，不可诬也。然所治同，而所以治之者不同。畴昔治《公羊》者皆言例，南海则言义。惟牵于例，故还珠而买椟；惟究于义，故藏往而知来。以改制言《春秋》、以三世言《春秋》者，自南海也。"[⑦]廖平的《今古学考》，从学术上区分今古，多少"详于例"；而康有为则用今文"微言"，作为"托古"的依据，也就是所谓"详于义"。

　　康有为的"详于义"，不但和廖平不同，和同讲今文、同讲变法的皮锡瑞也有区别。因为康有为是向西方学习的先进的中国人，而廖平、皮锡瑞则主要还是今文经学的"经师"[⑧]。

　　康有为学习西方，"上书不达"后，从今文经学中找取理论依附，他为了倡导变法而援用今文，为了维新改制而塑造孔子。他虽然受到廖平的启示，但"以改制言《春秋》、以三世言《春秋》"，实自康有为始。他和廖平"所治同，而所以治之者不同"。此后，康有为在广州、桂林讲学，就依援"孔子旧方"，塑造变法理论，并聚徒讲学，培养变法人才了。

注 释：

① 康有为：《康南海自编年谱》，见中国史学会编《戊戌变法》（四），上海人民出版社 1957 年版，第 113 页。

② 同上书，第 115 页。

③ 同上。

④ 同上书，第 116—119 页。

⑤ 康有为：《请醇亲王归政折》，代屠侍御作，见上海市文物保管委员会编《戊戌变法前后：康有为遗稿》，上海人民出版社 1986 年版，第 3、5 页。

⑥ 康有为：《与邓给谏铁香书》，同上书，第 186 页。

⑦ 康有为：《与潘宫保伯寅书》，同上书，第 190 页。

⑧ 康有为：《与潘文勤书》，同上书，第 196 页。

⑨ 康有为：《与徐荫轩尚书书》，见拙编《康有为政论集》（以下简称《政论集》），中华书局 1981 年版，第 50—51 页。

⑩ 康有为：《上祁子和总宪书》，抄稿。

⑪ 徐勤：《南海先生四上书杂记》，见《戊戌变法》（三），第 131 页。

⑫ 同注⑧，第 197、194 页。

⑬ 康有为：《与徐荫轩尚书书》，此文原抄稿所见康有为亲笔注语，见《政论集》，第 51 页。

⑭ 康有为：《己丑上书不达出都》，同上书，第 75 页。

⑮ 康有为：《感事》，同上书，第 62 页。

⑯ 康有为：《与黄仲弢编修书》，光绪十四年（1888），抄稿。

⑰ 康有为：《康南海自编年谱》，"光绪十四年戊子，三十一岁"，见《戊戌变法》（四），第 121 页。

⑱ 康有为：《广艺舟双楫·叙》，见《政论集》，第 84 页。

⑲ 同上。

⑳ 同注⑮。

㉑ 按《春秋公羊传》说"异辞"凡三见，除上引外，桓公二年："三月，公会齐侯、陈侯、郑伯于稷，以成宋乱。"传文："内大恶讳，此其目言之何？远也。所见异辞，所闻异辞，所传闻异辞。隐亦远矣，曷为为隐讳？隐贤而桓贱也。"哀公十四年春"西狩获麟"传文："《春秋》何以始乎隐？祖之所逮闻也，所见异辞，所闻异辞，所传

闻异辞。"

㉒ 苏舆撰《春秋繁露义证》，中华书局 1992 年版，第 9—10 页。

㉓ 何休：《公羊解诂》隐公元年"公子益师卒"下，见陈立：《公羊义疏》，台湾商务印书馆 1982 年版，第 79—80 页。

㉔ 康有为：《孟子诗亡而后春秋作辨》，见《万木草堂遗稿》卷一。

㉕ 康有为：《孔子改制考》。

㉖ 同注㉔。

㉗ 同注㉕。

㉘ 康有为：《考定王制经文序》，光绪二十年（1894），抄稿。

㉙ 康有为：《论王制》，在桂林和广州万木草堂讲学时口述，抄件。

㉚ 张西堂：《廖平〈古学考〉序》，景山书社版，第 1 页。

㉛ 康有为：《康南海自编年谱》，见《戊戌变法》（四），第 124 页。

㉜ 康有为：《康南海自编年谱》系康有为在光绪二十一年乙未（1895）所作。光绪二十四年（1898）政变发生后，他又将乙未以后经历补撰，除有的地方出自追述，年限有出入（如上引"既而自悟其非"，即非 1888 年事），以及为了点明他"一无依傍"而经点窜外，比较起来，尚属早期撰著，远较后出各书为原始。

㉝ 康有为：《门人陈千秋、曹泰、梁启超、韩文举、徐勤、梁朝杰、陈和泽、林奎、王觉任、麦孟华初来草堂问学，示诸子》，见《政论集》，第 87 页。

㉞ 康有为：《长兴学记》，光绪十七年（1891）夏四月，万木草堂版，第 17 页。

㉟ 廖平：《知圣篇》卷上。

㊱ 同上书。

㊲ 廖平在《经语》甲篇卷二说："丁亥（按应为丙戌），作《今古学考》，戊子分为二篇，述今学为《知圣篇》、古学为《辟刘篇》。"《知圣篇》自序也写于光绪戊子季冬。按戊子为光绪十四年，即公元 1888 年，较康著《新学伪经考》早三年。

㊳ 廖平：《今古学考》下。

㊴ 同上书。

㊵ 同上书。

㊶ 廖平：《经说》甲篇卷二谓："丁亥作《今古学考》。"但廖平《古学考序》则谓《今古学考》刊于丙戌（1886）。按萧藩为《今古学考》作跋，在光绪十二年丙戌（1886）十有一月，则光绪十二年《今古学考》必已撰成。

㊷ 梁启超：《清代学术概论》，见汤志钧、汤仁泽编：《梁启超全集》（第十集），中国人民大学出版社 2018 年版，第 272 页。

㊸ 廖平：《古学考》。

㊹ 廖平：《今古学考序》。

㊺ 廖平：《古学考》。

㊻ 同上。

㊼ 康有为：《答廖季平书》，见《庸言》一卷一四号。

㊽ 廖平：《知圣篇》。

㊾ 同上书。

㊿ 廖平：《经学四变记·二变记》，己卯秋存古堂刊本。

(51) 康有为：《新学伪经考·序目》，见《政论集》，第 93 页。

(52) 廖平：《知圣篇》卷上。

(53) 同上。

(54) 同上。

(55) 同上。

(56) 廖平：《今古学考》下。

(57) 梁启超：《论中国学术思想变迁之大势》，见《梁启超全集》（第三集），第 100 页。

(58) 见拙撰：《康有为和今文经学》，载《近代史研究》专刊《近代人物论集》，四川人民出版社 1983 年出版，收入《康有为与戊戌变法》。

第三章　培养骨干，著书立说

万木草堂

1889 年到 1895 年，康有为表面上不谈政治，实际上从事维新运动骨干的培养和变法运动理论体系的建立。

1890 年春，康有为移居广州云衢书屋。在学海堂肄业的"高才生"陈千秋听到康有为的声名，前往谒见，大为钦仰。是年秋，陈千秋告诉梁启超，康有为的学问"乃为吾与子所未梦及，吾与子今得师矣"。梁启超少年中举，自命不凡，"辄沾沾自喜"，当他随同陈千秋进见康有为时，康有为"乃以大海潮音，作狮子吼，取其所挟持之数百年无用旧学，更端驳诘，悉举而摧陷廓清之"。梁启超自称"自辰入见，及戌始退，如冷水浇背，当头一棒，一旦尽失其故垒，惘惘然不知所从事，且惊且喜，且怨且艾，且疑且惧"，甚至"竟夕不能寐"①。大为"感服"，"乃北面执弟子礼"②。

1891 年，康有为徇陈千秋、梁启超之请，在广州长兴里万木草堂开始讲学。

讲学内容主要是"中国数千年来学术源流、历史政治沿革得失，取万国以比例推断之"③。"大发求仁之义，而讲中外之故，救中国之法。"④次年，"移讲堂于粤城卫边街邝氏祠"。⑤1893 年，"仍讲学于卫边街。冬，迁草堂于府学宫仰高祠"⑥，这时已有一百多个学生了。

陈千秋、梁启超记述谒见康有为及其受业情况说：

吾师康先生，思圣道之衰，悯王制之缺，慨然发愤，思易天下。既绌之于国，乃讲之于乡。千秋与服领英秀捧手请业。⑦

（庚寅）其年秋，始交陈通甫（即陈千秋）。通甫时亦肄业学海堂，以高才生闻。既而通甫相语曰：吾闻南海康先生上书请变法不达，新从京师归，吾往谒焉。其学乃为吾与子所未梦及，吾与子今得师矣。于是乃因通甫修弟子礼，事南海先生。时余以少年科第，且于时流所推重之训诂词章学颇有所知，辄沾沾自喜。先生乃以大海潮音，作狮子吼，取其所挟持之数百年无用旧学，更端驳诘，悉举而摧陷廓清之，自辰入见，及戌始退，如冷水浇背，当头一棒，一旦尽失其故垒，悯悯然不知所从事，且惊且喜，且怨且艾，且疑且惧，与通甫联床竟夕不能寐。明日再谒，请为学方针，先生乃教以陆、王心学，而并及史学、西学之梗概。自是决然舍去旧学，自退出学海堂，而间日请业南海之门。生平知有学，自兹始。

辛卯，余年十九，南海先生始讲学于广东省城长兴里之万木草堂，徇通甫与余之请也。⑧

梁启超又说：

先生每逾午则升坐，讲古今学术源流，每讲辄历二、三小时，讲者忘倦，听者亦忘倦。每听一度，则各各欢喜踊跃，自以为有所创获，退省则醰醰然有味，历久而弥永。⑨

至于讲学内容，据梁启勋《万木草堂回忆》说：

康先生讲学的内容，是以孔学、佛学、宋明学（陆、王心学）为体，以史学、西学为用。他讲学重今文学，谓古文是刘歆所伪造，即如《春秋》，则尊《公》《榖》而非《左传》。当时，他对列强压迫、世界大势、汉唐政治、两宋的政治都讲。每讲一学、论一事，必上下古今，以究其沿革得失，并引欧、美事例以作比较证明。我们最感兴趣的是先生所讲的"学术源流"。"学术源流"是把儒、墨、法、道等所谓九流，以及汉代的考证学、宋代的理学等，历举其源流派别。又如文学中的书、画、诗、词等亦然。书法如晋之羲、献，羲、献以前如何成立，羲、献以后如何变化；诗格如唐之李、杜，李、杜以前如何发展，李、杜以后如何变化。皆源源本本，列举其纲要。每个月讲三四次不等，先期贴出通告："今日讲学术源流。"先生对讲学术源流，颇有兴趣，一讲就四五个钟头。

在万木草堂，我们除听讲外，主要是靠自己读书、写笔记。当时入草堂，第一部书就是讲《公羊传》，同时读一部《春秋繁露》。除读中国古书外，还要读很多西洋的书。江南制造局关于声、光、化、电等科学译述百数十种，皆所应读。容闳、严复诸留学辈的译本及外国传教士如傅兰雅、李提摩太等的译本皆读。

每天除听讲、写笔记、读书之外，同学们每人给一本功课簿，凡读书有疑问或心得即写在功课簿上，每半个月呈缴一次。

功课簿是万木草堂一件重要制度，每见学生写一条简短的疑问，而康先生则报以长篇的批答。

在万木草堂，我们除自己用功读书之外，还有一种特殊工作，即编书，这是协助先生著述的工作。譬如康先生要写一部《孔子改制考》，由他指定一二十个同学，把上自秦汉、下至宋代及各学的著述，从头检阅。凡有关于孔子改制的言论，简单录出，注明见于某书之第几页、第几篇，用省属稿时翻检之劳。时间由编书团体共同商定，每月上旬某月某日，中旬某月某日，下旬某月某日，自几点至几点，会合在大堂工作，仍坐无靠背之硬背凳。某人担任某书，自由选择。一部编完，又编第二部。这些稿件，统存于书藏，备先生随时调用。⑩

康有为在万木草堂讲学时，"著《长兴学记》以为学规"。《长兴学记》标明"勉强为学，务在逆乎常纬"。这种"常纬""其为是俗，非一时也，积日月年，积百十年，积千万年，于是，积习深矣。欲矫然易之，非至逆安能哉？"主张治学要"逆乎常纬"，要反对"积习"；而所归则在乎"仁"。"若能流惠于邑，则仁大矣；能推恩于国，则仁益远矣；能锡类于天下，仁已至矣。"要求"矫然易俗"，以"锡类天下"⑪。

康有为教育学生"逆乎常纬"，是对当时高踞堂庙的宋学和学术界占统治地位的"汉学"（古文经学）的抨击。他认为古文经学考订声音、训诂文物，是"小言破道"，"于人心世道，绝无所关"。于是在"义理之学""考据之学""词章之学"之外，增加"经世之学"，以"通变宜民"。认为孔子"因时立教"，孔子的"改制之意，著于《春秋》"，所以"天下道术至众"，而应"以孔子为折衷"。他在万木草堂开始讲学时，已对古文经学攻击，刊行《新学伪经考》，进行《孔子改制考》的编纂准备了。

　　1894年春，康有为与梁启超一起入京参加会试。7月（六月）回到广东。8月（七月），给事中余晋珊劾奏康有为"惑世诬民，非圣无法，同少正卯，圣世不容，请焚《新学伪经考》而禁粤士从学"。《新学伪经考》被毁版。"粤城谤不可闻"。康有为乃应门人龙泽厚（积之）的邀请，到广西讲学，以桂林风洞山景风阁的大厅作为讲学的地方。"当时社会上对康有为有两种不同看法：有的认为康是怪物，有的称他为康圣人。"⑫开始听讲的人并不太多。讲学内容，与广州万木草堂所讲相仿。据龚寿昌的回忆：

　　　　康先生讲学的内容，常讲的是《春秋公羊传》，注重讲孔子改制、刘歆伪经，通三统、张三世等微言大义，及《礼记·礼运篇》大同的意义。并讲《荀子·非十二子篇》学术的派别，《庄子·天下篇》庄子的尊孔，《墨子》《史记》《宋元学案》等。尤注意在讲中国学术的源流和政治革新的趋势，和他本人所著的《孔子托古改制考》《新学伪经考》。此外，康还著有《桂学答问》《分月读书课程表》，指导阅读中西书籍的门径。受业的门弟子，除听讲学和读《公羊传》外，并默读《资治通鉴》《宋元学案》《朱子语类》。还要依课程表选读、作札记或写疑义问难，由康解答，讲授时，所讲者即时笔录，并指定况仕任、龙应中两人编定送阅，批著后互相传观。⑬

　　上面提到的《桂学答问》，据康有为说是讲学不久，"以来问学者，踵履相接，口舌有不给"，从而应门人之请，"写出传语"的。《桂学答问》开宗明义："天下之所宗师者，孔子也。义理、制度皆出孔子，故学者尊孔子而已。"又说董仲舒"为汉世第一纯儒，而有'孔子改制，《春秋》当新王'之说"。"孔子所以为圣人，以其改制，而曲成万物，范围万世也"⑭，揭橥孔子改制。以为"为学之始，先以一二月求通孔子之大义为主"。应该先读何休《春秋公羊传注》《孟子》《荀子》《春秋繁露》《白虎通》五部书，"通其旨义，已通大孔律例，一切案情，皆可断矣"。其次，史部、子部、目录、小学诸书，也应涉猎。"至此，则圣道王制，中外古今，天文地理，皆已通矣。"⑮诋击古文经学，宣扬孔子改制，比万木草堂初讲时更加恢张。《桂学答问》还列举"西学"书目，也是《长兴学记》所没有的。

1891 年到 1894 年间，康有为在广东、广西讲学；后来，又重游广西，还粤宣讲⑯。他的讲学活动，历时甚久，其主要作用是：

第一，聚徒结党，培养维新运动的骨干。

万木草堂的康门弟子，除陈千秋（礼吉）、曹泰（箸伟）早逝外，其余好多弟子，都成为维新运动的骨干。梁启超和康有为一起，积极展开变法活动，被合称为"康梁"。麦孟华在北京参加《公车上书》，编辑《万国公报》；在上海创立不缠足会，为《时务报》撰文，后又列名保国会。梁朝杰也列名"公车"。韩文举（树园）、徐勤（君勉）、王觉任（镜如）都是当时澳门《知新报》撰述。徐勤在《时务报》也发表《中国除害论》，又为湖南时务学堂分教习。韩文举、欧榘甲、叶觉迈都是康有为弟子。上海《强学报》的主笔又是徐勤、何树龄（易一）。至于桂林讲学的弟子，龙泽厚列名上海强学会，况仕任为圣学会办的《广仁报》主笔，汤睿后来也追随康、梁。那么，康有为这几年中，确实培养了不少维新弟子，抑扬舆论，推衍变法。维新运动期间比较活跃的地区，如北京、上海、湖南、广东、广西、澳门，几乎都有万木草堂的弟子。那么，康有为的授徒设学，实际是聚徒结党，所以梁启超说：

> 抑先生虽以乐学教吾侪乎？然每语及国事杌陧，民生憔悴，外侮凭陵，辄慷慨欷歔，或至流涕。吾侪受其教，则振荡怵惕，懔然于匹夫之责而不敢自放弃、自暇逸。每出则举所闻以语亲戚朋旧，强聒而不舍，流俗骇怪，指目之谥曰"康党"，吾侪亦居之不疑也。⑰

第二，著书讲学，建立变法理论的体系。

康有为是在 1888 年"上书不达"，回到广东，遇见廖平，受其启发后，"明今学之正"。陈千秋、梁启超先后叩见康有为，以至长兴讲学、桂林授徒，都是"明今学之正"以后的事。这时，康有为准备把改良主义思想同儒家今文学说结合起来，用改良主义的观点对儒家学说做重新解释。他在讲学期间所编之书，最主要的是《新学伪经考》和《孔子改制考》，关于这两部书的内容和意义将于下面专门讨论。这里只提一点，即书籍的编纂刊行，曾得到他的弟子帮助。梁启超《南海先生七十寿言》称：

> 先生著《新学伪经考》方成，吾侪分任校雠；其著《孔子改制考》《春秋董氏学》，则发凡起例，诏吾侪分纂焉。⑱

参照上文梁启勋《万木草堂回忆》，《孔子改制考》由康有为发凡起例，弟子分别搜集资料、帮助纂订，应属事实。查《新学伪经考·序目》称：

> 门人好学，预我玄文，其赞助编纂者，则南海陈千秋，最勤而敏也；（其下六字，初刻本作"新会梁启超也"）其校纂伪夺者，则番禺韩文举、新会林奎也。

《新学伪经考》光绪十七年初刻本后面，有"韩文举、陈千秋初校，林奎、梁启超复校"字样，可知《新学伪经考》成书较早，但康门弟子也曾"赞助"检校。

《孔子改制考叙》说：

> 同邑陈千秋礼吉、曹泰箸伟……好学深思，编纂尤劳，墓草已宿，然使大地大同之治可见，其亦不负二三子铅椠之劳也夫！

只提到陈千秋、曹泰二人。其实，《孔子改制考》的编印，绝不只是陈、曹二人帮助"编检"。它的最早刊本，是 1898 年的大同译书局本，卷末注明担任初校的，即有康同勤、邝南嵩、梁应骝、罗润楠、陈国镛；担任总校的，则是欧榘甲、王觉任。

至于《春秋董氏学》，影响虽不及上述二书，但它的成书也在讲学之时，刊印也在戊戌以前。《春秋董氏学》大同译书局初刻本，有"弟子梁应骝、陈国镛初校，弟子王觉任、康同勤复校"字样。梁启超也说此书是"诏弟子分纂"的。

照此说来，康有为的草堂设学，实以讲学为名，而衍发变法理论是实。此后，外患日急，康有为的思想体系逐渐形成，维新骨干招聚渐多，他所领导的变法运动，也就日益高涨了。

《新学伪经考》

《新学伪经考》是康有为在维新变法时期的主要理论著作之一，而不是"一部极重要、精审的辨伪著作"。

《新学伪经考》初刊于 1891 年（"光绪十七年秋七月广州康氏万木草堂刊"），见解新颖，影响深巨，成为当时"思想界之大飓风"。它是在民族危机日益严重之时、《上清帝第一书》未能上达之后、《公车上书》发动之前刊布的，是康有为在讲学授徒的形式下进行变法宣传和组织活动时的作品。它在清朝末叶曾经三次"奉旨毁板"。

关于《新学伪经考》的内容，梁启超在《清代学术概论》中做了如下的概括：

> 一，西汉经学，并无所谓古文者，凡古文皆刘歆伪作；二，秦焚书，并未厄及六经，汉十四博士所传，皆孔门足本，并无残缺；三，孔子时所用字，即秦、汉间篆书，即以"文"论，亦绝无今古之目；四，刘歆欲弥缝其作伪之迹，故校中秘书时，于一切古书多所羼乱；五，刘歆所以作伪经之故，因欲佐莽篡汉，先谋淆乱孔子之微言大义。

简言之，梁启超以为东汉以来的经学多出于刘歆伪造，"始作伪，乱圣制者，自刘歆；布行伪经，篡孔统者，成于郑玄"，所以叫作"伪经"，刘歆"饰经佐篡，身为新臣"，是新莽一朝之学，与孔子无涉，所以叫作"新学"。"凡后世所指目为'汉学'者，皆贾、马、许、郑之学，乃新学，非汉学也；即宋人所尊述之经，乃多伪经，非孔子之经也。"①

为什么康有为攻击"新学"、指斥"伪经"呢？清代乾嘉以来，讲究训诂考据，施于古籍整理和语言研究的"朴学"，流传甚广，分为起源于吴中（今江苏苏州）惠周惕而成于惠栋的"吴派"，以及起源于江永而成于皖南戴震的"皖派"两大支。吴派以遵循汉人学说为主，主张搜集汉儒经说，加以疏通，而旁及史学与文学。皖派主张以文字学为基础，从训诂、音韵、典章制度方面考释经义。他们以"汉学"为标榜，长于考据而鲜言"经世"，成为风靡一时的一种学术风气。另一方面，宋、明以来的"宋学"（程朱理学），由于君主和高级官僚的利用，在士大夫中也仍占优势。他们高踞堂庙，空言性理。这两个学派，在当时学术界中占统治地位，一些知识分子要驯致仕宦，一般须通过科举，而应试的"八股文章"，又悉以经书为依据。这样，汉学的训诂考据，宋学的义理文章，就成为麻痹知识分子的毒品，成为封建专制制度的护身符。康有为以为"日埋故纸堆中，汩其灵明"，"思考据家著书满家，如戴东原，究复何用"，"宋明国朝文章大家巨名，探其实际，皆空疏无有"⑳。"若如近儒白首钻研，非徒圣学所不存，抑为刘歆所欺诒，甚不智也"㉑。愤恨地指斥古文经学不过是"新学"，不是孔子的"真传"；学者所尊崇的经书只是"伪经"，不是"真经"；"即宋人所尊述之经，乃多伪经，非孔子之经也。"这样，就予当时学术界占统治地位的两大学派以根本的打击，予维护封建专制制度的传统思想以大胆的冲荡，为扫除变法维新的绊脚石准备了理论条件。

　　非但如此，《新学伪经考》还打击了"恪守祖训"的顽固派，促使了知识分子对"卫道"的"圣经"的怀疑，起到一次思想上的解放作用。

　　康有为在长兴讲学，撰述《新学伪经考》之时，指出为学的目的："学也者，由人为之，勉强至逆者也。……顺而率性者愚，逆而强学者智。故学者惟人能之，所以戴天履地而独贵于万物也。""故人所以异于人者，在勉强学问而已。夫勉强为学，务在逆乎常纬。……其为是俗，非一时也。积日月年，积百十年，积千万年，于是积习深矣。欲矫然易之，非至逆安能哉！"㉒他以为"顺而率性者愚，逆而强学者智"，要做"智者"，就不能顺应潮流，而须"逆乎常纬"。所谓"常纬"，就是一般人认为不可变易的"常道"，他要求"逆乎常纬"，就是要求不要"恪守祖训"。"常道"不是不可变易的；数千年的积习，不是不可"矫然易之"的。

　　古文经学、程朱理学，都是保护封建制度的，且挂上了孔圣人的招牌，不准人来反抗。康有为却以为："提圣法于既坠，明六经于暗曶，刘歆之伪不黜，孔子之道不著，吾虽孤微，乌可以已！窃怪二千年来，通人大儒，肩背相望，而咸为瞀惑，无一人焉，发奸露覆，雪先圣之沉冤；出诸儒于云雾者，岂圣制赫暗有所待邪？不量绵薄，摧廓伪说，犁庭扫穴，魑魅奔逸，雾散阴豁，日犙星呀，冀以起亡经，翼圣制，其于孔氏之道，庶几御侮云尔"㉒。认为他们所传的经，"非孔子之经"，是"伪经"，而西汉以前的今文，才是孔子"真传"所在。他把资产阶级需要的东西，也挂上了孔圣人的招牌，拿孔子来对抗孔子，因此减轻了非圣无法的压力。虽则他自己也带着很浓厚的封建因素，不可能把思想解放的任务进行得更深入一些，但却对久受封建桎梏的人们，起了振聋发聩的作用。

如上所述，《新学伪经考》撰于康有为积极酝酿维新变法之时。它攻击"新学"、指斥"伪经"，旨在动摇和破坏封建守旧派"恪守祖训"的观念，打击封建专制的理论基础。因而它不是一部单纯的学术著作。

如果胶着于学术方面来衡量《新学伪经考》，那么，书中确实有其武断之处。符定一曾专门撰有《新学伪经考驳谊》一书，举出"驳谊"三十一事，谓其"征引也博""属词也肆""制断也武""立谊也无稽""言之也不怍"。㉓这里，不想就符定一所驳以及别人所议进行一一复检，只就《新学伪经考》中所谓"新学"和"伪经"来讨论一下。

康有为说："王莽以伪行篡汉国，刘歆以伪经篡孔学，二者同伪，二者同篡。……然歆之伪《左氏》在成、哀之世，伪《逸礼》、伪《古文书》、伪《毛诗》，次第为之，时莽未有篡之隙也，则歆之蓄志篡孔学久矣；遭逢莽篡，因点窜其伪经以迎媚之。歆既奖成莽之篡汉矣，莽推行歆学，又征召为歆学者千余人诣公车，立诸伪经于学官，莽又奖成歆之篡孔矣。……至于后世，则亡新之亡久矣，而歆经大行，其祚二千年，则歆之篡过于莽矣。"㉔王莽是否只提倡古文经学，只依附古文经典，而不援用今文经典呢？《左传》《周礼》等古文经传，是否都出于刘歆伪造呢？事实并不完全如此。

根据《汉书》和《后汉书》的记载，王莽曾经推崇《周礼》，进行"托古改制"，以符合其欺骗性改革的需要；王莽也曾提倡《古文尚书》《左传》《逸礼》等古文经传，从而相对地压抑了今文经学。但这并不意味他绝对排斥今文经学，他对今文经典中认为有用的东西也予汲取，例如西汉哀、平年间，谶纬盛行，今文经学家相信谶纬，用以解释灾异祥瑞，进行迷信宣传，王莽即大加提倡，借以证明自己得"天命"，就是一个很好的说明。王莽封"宰衡"后，刻"宰衡印章，以通于四海"，翟义反对，王莽"抱儒子，告祷郊庙，放《大诰》作策而讨翟义"。居摄二年冬，又引《康诰》："王若曰：'孟侯，朕其弟，小子封'，此周公居摄称王之文也。……臣莽敢不承用？"㉖《大诰》《康诰》，都是今文《尚书》中的内容。王莽改制时的封地四等，也不同于《周礼》，而大体同于《王制》，而《王制》却是今文学家用以诋击《周礼》、排斥古文的重要文献㉗。由此可知，王莽尽管尊重古文经，但对西汉过去其他立于学官的今文经，并不是绝对排斥的，他认为有用的东西，且曾汲取利用。

王莽要夺取政权，就要在政治上收揽统治阶级各方面的势力。《汉书·王莽传》载："莽奏起明堂、辟雍、灵台，为学者筑舍万区，作市常满仓，制度甚盛。立'乐经'，益博士员，经各五人。征天下通一艺、教授十一人以上，及有《逸礼》《古书》《毛诗》《周官》《尔雅》天文、图谶、钟律、月令、兵法、史法、史篇文字通知其意者，皆诣公车。网罗天下异能之士，至者前后千数，皆令记说廷中，将令正乖谬，一异说云。"在这千数人中，应该有通古文经的人员在内。

但西汉立为"博士"的今文学家，对王莽政权没有危害的，他也不排斥。例如传梁丘《易》的衡咸、传欧阳《尚书》的欧阳政，"为王莽讲学大夫"。王莽又任传大夏侯《尚书》的唐林、王吉为九卿，吴章、炔钦为博士，传小夏侯《尚书》的冯宾为博士等。王莽虽则曾经摒斥今文学家，如传施氏《易》和《礼》的刘昆及其家属就为王莽所系。但他被"系"的原因却是"王莽以昆多聚徒众，私行大礼，有僭上心"㉘，又因他姓的是"刘"，遂致被"系"。他的被处罚，不足以说明是以宗今文而被斥。相反的，古文经师中如果对王莽不满，也不能幸免，如传高氏《易》的高相，即以翟义起兵事牵涉被诛。因此，王莽对待今文学家或古文学家，并不视其传授今文或古文而黜陟，而是主要视其政治倾向而予以赏罚的。

应该说，王莽统治时，有些今文学家，曾对其统治不满，他们不以保持禄位而取媚王莽。如传小夏侯《尚书》的王良，"寝病不仕"㉙。又如传孟氏《易》的洼丹、传欧阳《尚书》的牟长、传《鲁诗》的高诩、传《鲁诗》《论语》的包咸，曾先后"避去"。但也有世传《古文尚书》《毛诗》的孔子建，不去阿谀"新室"。桓谭也在"天下之士，莫不竞褒称德美，作符命以求容媚"之时，"独自守，默然无言"㉚。尽管王莽在经学上对古文经学让步，但古文经学家并不完全甘心服从王莽的统治。

如上所述，王莽依附古文经典，但也援用今文经典；提倡古文经学，但不绝对排斥今文经学；王莽拉拢一些治古文经的人，但对并不妨碍其统治的今文经师，也仍保持其禄位。王莽以"经典"作为其政治欺骗的工具，"经学"只是他用以作为政治斗争和思想斗争的工具而已。

至于古文经传是否都是刘歆伪造呢？也不尽然。就康有为着力攻击的《左传》《周礼》而言，康有为认为"《王莽传》所谓'发得《周礼》以明因监'，故与莽所更法立制略同，盖刘歆所伪撰也，歆欲附成莽业而为此书。其伪群经，乃以证《周官》者"。但上面说到，王莽的封地四等，即不同于《周礼》，而大致与《王制》相仿，它不是与莽的更法立制完全相同的。况且，《周礼》一书，《大戴礼记》曾经引用过它，司马迁、匡衡也曾引用过它，无论如何不是西汉末刘歆所"伪造"的。近人对《周礼》的制作时代的研究，虽至今尚有分歧，但一般都认为它是战国时期的作品，不是西汉末的作品③。《左传》呢，也不是如康有为所述，是刘歆从《国语》窜改而成的。它的出现虽然较晚，古代也无明确的记载，但史料来源却是春秋时期的各国史书。它的体裁既和《国语》不同，即就文字风格看来，也绝非汉代的文体。

关于这些古文经传的来源、作者、制作年代的考核，是经学史中的专门问题，这里不详细分析。但不管怎样，《新学伪经考》中的考辨，有的确有问题。

《新学伪经考》考辨之武断，即梁启超也不否认。他说："《伪经考》之著，……乃至谓《史记》《楚辞》经刘歆羼入者数十条，出土之钟鼎彝器，皆刘歆私铸埋藏以欺后世，此实为事理之万不可通者，而有为必力持之。实则其主张之要点，并不必借重于此等枝词强辩而始成立，而有为以好博好异之故，往往不惜抹杀证据或曲解证据，以犯科学家之大忌，此其所短也。"②和康有为同宗今文的皮锡瑞也以为"武断太过，谓《周礼》等书，皆刘歆作，恐刘歆无此大本领。既信《史记》，又以《史记》为刘歆私窜，更不可据"③。

那么，《新学伪经考》的考辨，有的不能成立，是否它就毫无学术价值呢？也不是的。因为：

首先，应该认识到康有为是披着"经学"外衣，实则是为其变法维新的目的服务的。他所争论的形式是"经"，但实质上却是社会问题。由于古文经学流传广泛，程朱理学高踞堂庙，从而竭力宣传今文经学的可靠，诋排古文经学的不可靠，对封建的传统看法予以反击。这样，他的论证，就不免有阐释武断之处。

其次，《新学伪经考》虽有武断，但也有些论辨，至今看来仍有学术上的参考价值。如他说："焚书之令，但烧民间之书，若博士所职，则《诗》《书》百家自存。""藏书之禁仅四年，不焚之刑仅城旦，则天下藏本必甚多，若伏生、申公之伦，天下六经读本不缺"，以为"秦焚六经未尝亡缺"㉞。如对《经典释文》所列《毛诗》传授的怀疑㉟，如对古文经学传授的表列等，都有其一定的参考价值。

再次，在康有为以前，今文经学家虽已对古文经传产生怀疑，如刘逢禄的《左氏春秋考证》攻击《左传》，魏源的《诗古微》《书古微》攻击《毛传》、大小《序》和东汉马融、郑玄的《古文尚书》，邵懿辰攻击古文《逸礼》等。这些著作，大都是部分的、片段的，到康有为始网罗一切，对古文经学进行根本性的打击。《新学伪经考》就是打击古文经学的综合性的撰著。

最后，更重要的是，康有为对一向认为"圣人之书"的"经典"发生怀疑，进而爬梳史料，曲予考辨，从而使研究的范围扩大，对我国古史的探稽提出了古籍真伪的课题，打破了传统的盲目信古，导致了此后的"疑古""辨伪"之风，在近代学术思想史上的影响是深巨的。

总之，康有为的学术思想是为其政治目的服务的，不能因为书中某些论断失实而低估其对当时政治上的影响；尽管书中议论存有武断，但有的考辨，至今尚有参考价值。

由于《新学伪经考》不是单纯学术著作，因而当时对该书的反对和责难，就不是单纯的学术争论，而是反映不同集团、不同阶级的思想斗争和政治斗争。康有为在1917年重刊《伪经考》时，书前加有题词："光绪辛卯，初刊于广州，各省五缩印。甲午，奉旨毁版；戊戌、庚子，两次奉旨毁版。丁巳冬，重刊于京城，戊午秋七月成。"一部书籍三遭毁版，可见它是深为当局所忌的；而屡毁屡印，也可见它的影响之广。它的遭遇，和一般学术著作迥然不同。

最初提出毁禁《新学伪经考》的是1894年给事中余晋珊，劾以"惑世诬民，非圣无法，同少正卯，圣世不容，请焚《新学伪经考》而禁粤士从学"㊱。可以看出新学说、新思想的传播，引起了他们的震慑。他们不是为了它的学术上的"考辨"，而是从政治上"遏炽焰而障狂澜"的。

此后，反对《新学伪经考》者綦众。在戊戌变法时期，他们之间的争论，不是单纯学术领域中的争论，而是一场政治斗争、思想斗争。

第一，反对者每每以"卫道"的面貌出现，以为康有为"心术不正"，防止《新学伪经考》流传以后，"邪说横行"。

戊戌变法时期，极力破坏维新运动的湖南守旧派首领王先谦、叶德辉一再说康有为"心迹悖乱"，"情状亦殊叵测"㊲；"煽惑人心，处士横议之风，不图复见于今日"㊳。指斥《新学伪经考》为野说、邪说、诐辞；"吠声吠影之徒，竟不知圣教为何物，有世道之责者，其能嘿尔不语乎？"㊴原来他们的所以狂肆攻击，是为了保卫"圣教"，为了防止"煽惑人心"，违忤"圣教"。为了维护封建秩序，而对《新学伪经考》的"狂悖骇俗"，深恶痛绝，于是不择手段，肆予破坏。后来苏舆且将这些反面文章辑为《翼教丛编》，以报答"国家二百年来培植教养之恩"，而"专以明教正学为义"㊵。妄想"首驳'伪学'，次揭邪谋，由是而正学臣邪遁之词，息谬士嚣陵之气"㊶。

第二，反对者对《新学伪经考》的指斥，是因为它侵犯封建秩序，争辩的结果归结到封建传统的变和不变的根本问题。

康有为主张"勉强学问"，"逆乎常纬"。叶德辉反驳说："作者论学则强人以难，居心则导人以逆，乃独借讲学以文其奸，殆亦鹦鹉能言之类耶？""作者居光天之下，而无父无君，与周、孔为仇敌，苟非秉禽兽之性，何以狂悖如此！"㊷康有为的所谓"逆"，是改变积习的"逆"，是对旧的封建传统的反抗；是吸收今文经学的"变"的理论，为其变法维新的目的张目的。叶德辉则站在封建卫道者的立场，坚决反对"逆"，主张"顺"，认为这些"圣经圣法"，是不能改变的，否则就是"无父无君，与周、孔为敌"。

康有为对"新学""伪经"课题的提出，使长期受封建桎梏的知识分子，吸收了新鲜空气，打破了旧传统，而守旧派指斥"其本旨只欲黜君权、伸民力，以快其恣睢之志，以发摅其傺佗不遇之悲"㊸，以为他将"邪说蛊惑湘人，无识之徒翕然从之。"㊹"倡平等，堕纲常也；伸民权，无君上也。"㊺害怕变法会动摇封建统治基础。这就无怪乎《新学伪经考》要三遭焚毁了。

反对派以"卫道者"的姿态，认为"圣经圣法"不能改变，这就说明了他们对《新学伪经考》的攻击，是新旧思想的斗争，是封建顽固势力向代表资产阶级利益的改良派的反扑，这是一场政治斗争。

与此相反，在学术上和康有为持有不同见解的人，在民族危机严重的情况下，却在政治上对康有为表示了同情。如众所知，章太炎是著名的古文经学家，且"专慕刘子骏（歆），刻印自言私淑"⑯。他初读《新学伪经考》时，也感到"恣肆"。但当1895年康有为发动"公车上书"，在北京、上海组织强学会时，他却"闻康设会，寄会费银十六圆入会"。1896年，改良派的机关刊物《时务报》在上海创刊，汪康年延请章太炎担任撰述，他就离杭赴沪，任职《时务报》，撰文主张"革政"，赞成变法。可知章太炎的参加强学会，并不是意味他对《新学伪经考》学术见解上的赞同，而是在政治上赞成改变旧制。⑰

照此说来，戊戌变法时期，政治上反对变法的人，对《新学伪经考》的诋毁不遗余力；学术上对《新学伪经考》持有不同见解的人，却有支持或参加维新事业的事情。单纯从学术上来估价《新学伪经考》，这些问题就将难以理解。

《孔子改制考》

戊戌变法前，在思想界起了极大震荡，称为"火山大喷火"，被清政府作为"悖书"严禁的，是康有为继《新学伪经考》后的另一撰著——《孔子改制考》。

康有为在第一次上书不达，返粤晤见廖平，受其启示后，从今文经学中汲取可资运用的东西进而议政。1891年，在广州长兴里"讲中外之故，救中国之法"，已经宣称"圣统已为刘秀篡，政家并受李斯殃"⑱。表示"孔子经世之学在于《春秋》，《春秋》改制之义，著于《公》《穀》"⑲。他一方面写出《新学伪经考》，说是东汉以来，经书多出刘歆伪造，以打击古文经学的"述而不作"，诋击封建顽固派的"恪守古训"，企图拔除维新变法的封建绊脚石；又"选徒助纂，立例编括"，开始编纂《孔子改制考》[50]。

自此，康有为以讲学授徒的形式，进行变法维新的宣传组织活动。1894年，他在桂林讲学时说，董仲舒"为汉世第一纯儒，而有'孔子改制、《春秋》当新王'之说"[51]。"孔子所以为圣人，以其改制，而曲成万物，范围万世也"[52]。鼓吹孔子改制。次年，入京参加会试，"朝考卷"还提出"法《易》之变通，观《春秋》之改制，百王之变法，日日为新，治道其在是矣"[53]。《公车上书》又强调"《公羊》之义，臣子一例"。标榜"传经只有一《公羊》"。《上清帝第四书》正式提出了"设议院以通下情"的主张，引证"昔孔子既作《春秋》以明三统，又作《易》以言变通，黑白子丑相反而皆可行，进退消息变通而后可久，所以法后王而为圣师也"[54]。接着，创刊《万国公报》《中外纪闻》，组织北京强学会、上海强学会，在上海强学会的机关报《强学报》创刊号上，公然以孔子纪年署发刊年月为"孔子卒后二千三百七十三年"，以之与光绪二十一年并列。这期《强学报》上，还有《孔子纪年说》，提出孔子"凡所称为尧、舜、禹、汤、文、武成功盛德，皆孔子所发也，孔子既损益而定制，弟子传其道，弥塞天下"[55]。1897年，康有为又组织两粤广仁善堂圣学会。他的《孔子改制考》也于 1898年春，由上海大同译书局刊出。[56]

《孔子改制考》自《上古茫昧无稽考》第一，到《汉武帝后儒教一统考》，共 21 卷，约 34 万字。它的主要内容是：孔子以前的历史，是孔子为"救世改制"的目的而假托的宣传作品，都是茫昧无稽的，"六经以前，无复书记，夏、殷无征，周籍已去，共和以前，不可年识，秦、汉以后，乃得详记"。中国历史从秦、汉以来才可考信。由于"书缺籍去，混混茫茫"，于是周代末年诸子百家纷纷起来创立教义，企图凭自己的理想来建立自己认为最好的社会制度，并把这种制度托为古代曾经实施，借以取得人们的信仰。如墨子假托夏禹，"以尚俭之故"；老子假托黄帝，"以申其'在宥''无为'之宗旨"；韩非也"以法为法，故附会古圣"。孔子创立儒教，提出一套他自己创造的尧、舜、禹、汤、文、武的政教礼法，编撰六经以为"托古改制"的根据。经过诸子争教，儒墨"显学"。从战国历秦到汉，"无不咸归依孔子"，因为他所创立的儒教，教义最完善，制度最齐备，徒从众多，于是在汉武帝时取得一统的地位，孔子也就成为"万世教主"。

孔子的"托古"，是为了"改制"；作六经，是为了"拨乱世致太平"，是要"以《春秋》继周，改周之制"。孔子创立"三统""三世"诸义，也无非是"托诸行事以明其义"。孔子有治理天下的才能而不居帝王之位，是"制法之王，所谓素王也"。他以"布衣改周之制，本天论，因人情，顺时变，裁自圣心"，而为"天下所归往"。

孔子要"改制"，又依赖"托古"，这是因为"荣古而虐今，贱近而贵远"，是"人之情哉"，"非托之古，无以说人"。尧、舜、禹、汤、文、武的"盛世"，并不是古代实有，而是"托之以言其盛"。孔子处在"乱世"，向往的却是"太平盛世"，为了"改制"，为了"救世"，从而"托古编造"。参加《孔子改制考》编纂的梁启超说："孔子盖自立一宗旨，而凭之以进退古人，去取古籍。孔子改制，恒托于古。尧、舜者，孔子所托也，其人有无不可知，即有，亦至寻常。经典中尧、舜之盛德大业，皆孔子理想上所构成也。"⑤

康有为以为六经是孔子所作，孔子是"制法之王"，这样就推翻了孔子"述而不作"的旧说。长期以来，儒家总把孔子说成是"信而好古"的古代文化保存者，于是言必称三代，"世愈远而治愈甚"，形成厚古薄今，眼睛向后看，陷入退化论的泥潭，也成为封建顽固派用旧制来压制改革的护身符。康有为力反旧说，说是六经为孔子所作，三代盛世只是孔子"托之以言其盛"。事物是发展的，应该向前看，远的旧的必将败亡，近的新的终将兴起。他说："远者必忘，故当近；旧者必坏，故当新。史佚之告成王，愿王近于民。《康诰》之戒康叔，作新民。《大学》且欲其日日新。伊尹曰：用其新，去其陈。后世疏远其民，泥守旧法，故致败亡。此论政极精之论。"旧者必坏，就不能泥守旧法；新者必兴，就得变法维新。这样，它就打击了恪守祖训的封建顽固派，为维新变法做了舆论准备。

康有为以为孔子创立"三统""三世"诸义，处在乱世，向往"太平"。那么，社会历史就不是不变的，而是有因革损益的。根据儒家今文学说，有乱世，有升平世，有太平世，"乱世之后进以升平，升平之后进以太平，愈改而愈进也"。他说："尧、舜为民主，为太平世，为人道之主，儒者举以为极者也。……孔子拨乱升平，托文王以行君主之仁政，尤注意太平，托尧、舜以行民主之太平。"又说："《春秋》始于文王，终于尧、舜，盖拨乱之治为文王，太平之治为尧、舜，孔子之圣意，改制之大义，《公羊》所传微言之第一义也。"以春秋为乱世，尧、舜为民主、为太平，但尧、舜是孔子认为的理想境界，孔子处在"乱世"，欲致"升平"，想望"太平"，他是"拨乱救民"，"行权救患"，孔子不是述而不作，而是作六经以言改制。经书经过孔子"手定"，就有了"改制"的微言大义。尊奉儒家经典，就是因为它经过孔子的"手定"；尊奉孔子，就是因为孔子创立儒教，"托古改制"。这样，就把孔子装扮成为"托古改制"者，从而尊孔子为教主，用孔教名义，提出变法维新的主张。

孔子不是生于"乱世"、想望太平吗？康有为也希望改变封建专制制度为资本主义君主立宪制度，以渐入"大同之域"。于是把资产阶级的民权、议院、选举、民主、平等等等，都附会到孔子身上，说是孔子所创，如：

> 世官为诸子之制，可见选举实为孔子创制。

> 吏道是周、秦以来任官之旧，仕学院中人也。儒是以教任职，如外国教士之入议院者。

> 然今中国圆颅方趾者四万万，其执民权者二十余朝，问人归往孔子乎？抑归往嬴政、杨广乎？既天下义理、制度皆从孔子，天下执经、释菜、俎豆、莘莘皆不归往嬴政、杨广而归往大成之殿、阙里之堂，共尊孔子。孔子有归往之实，即有王之实，有王之实而有王之名，乃其固然。然大圣不得已而行权，犹谦逊曰假其位号，托之先王，托之鲁君，为寓王为素王云尔。

> 王者往，君者群，孔子能群天下人，非天下之君而何？

> 世卿之制，自古为然，盖由封建来者也，孔子患列侯之争，封建可削，世卿安得不讥？读《王制》选士、造士、俊士之法，则世卿之制为孔子所削，而选举之制为孔子所创，昭昭然矣。选举者，孔子之制也。

他把资产阶级需要的东西，挂上孔圣人的招牌，把孔子说成是"神明圣王，改制教主"。说什么孔子"与时更化"，创立"选举"等制，想望"民主"之"太平"。他用自己的观点，阐释儒家经籍，敷衍"孔子改制"，使人们相信变法维新就是遵循孔子的"立法"，孔子也就成为变法维新的祖师。

那么，康有为塑造的"改制"的孔子，已使孔子资产阶级化了。难怪封建卫道者对之要断断不已，说是"离经叛道"！

康有为把述而不作变成"托古改制"，是拿孔子来对抗孔子，以减轻"非圣无法"的压力。孔子，作为封建社会的"圣人"，过去一直作为偶像所崇拜，所有保护封建制度的东西，也一概挂上孔圣人的招牌，不准人们反抗。他们"述"的是维护封建制度的孔圣之道，不准人们逾越，这种麻痹知识分子的封建毒品，当然适合清政府的需要。他们既用祖宗之法来压人，又用孔子之道来骗人，成为变法改革的极大障碍，康有为对此深有体会，他自己就说过："布衣改制，事大骇人，故不如与之先王，既不惊人，自可避祸。"⑧利用迷信孔子的心理，利用孔子的权威地位，借用他的名字，借用他的语言，来演出历史的新场面。无怪乎戊戌变法时期的新旧斗争，围绕"孔子改制"的斗争，成为其中的主要内容，这点将于下面再予申述。

早期的大同思想

康有为自称在 1884 年即已撰有《大同书》，《大同书题辞》说：

> 吾年二十七，当光绪甲申（1884 年），清兵震羊城，吾避兵居西樵山北银塘乡之七桧园澹如楼，感国难，哀民生，著《大同书》。以为待之百年，不意卅五载而国际联盟成。身亲见大同之行也。此书有甲、乙、丙、丁、戊、己、庚、辛、壬、癸十部，今先印甲、乙二部，盖已印《不忍》中取而印之，余则尚有待也。己未（1919 年）二月五日，康有为。⑨

《大同书》甲部《入世界观众苦·绪言》说：

> 康有为生于大地之上，为英帝印度之岁，传少农知县府君及劳太夫人之种体者，吾地二十六周于日有余矣。……游学于南海滨之

　　百粤都会曰羊城，乡于西樵山之北曰银塘，……已而强国有法者，吞据安南，中国救之，船沉于马江，血蹀于谅山，风鹤之警误流羊城，一夕大惊。……康子避兵，归于其乡。延香老屋，吾祖是传，隔塘有七桧园，楼曰澹如，俯临三塘。吾朝夕拥书于是，俯读仰思，澄神离形。

　　按康有为生于公元 1858 年（咸丰八年戊午），至 1884 年，正值他 26 周岁。《绪言》所称"吾地二十六周于日有余矣"，与《题辞》"吾年二十七"相符；中法战起，南洋水师在福建溃败也是 1884 年，与《绪言》所云"船沉于马江"亦合。再参以康有为的《自编年谱》：

　　　光绪十年甲申，二十七岁：春夏间寓城南板箱巷，既以法越之役，粤城戒严，还乡居澹如楼。……秋冬独居一楼，万缘澄绝，俯读仰思，至十二月，所悟日深，因显微镜之万数千倍者，视虱如轮，见蚁如象，而悟大小齐同之理。

所述"俯读仰思"情事，也与《入世界观众苦》所言相似。这些记载，都出自康有为的自述，应该是可信的。

　　但是，细绎上引，却有罅漏：《题辞》是他在 1919 年重印《大同书》甲、乙两部时题的，依据《绪言》，识以撰期，时日相符，自无足怪。但《自编年谱》却只说是年"悟大小齐同之理"，没有说撰有《大同书》。《自编年谱》完成于 1899 年初，而光绪二十一年以前的《年谱》，却是 1895 年前所作。⑥为什么离 1884 年只有 11 年的《自编年谱》会将这一重要著作遗漏？而离 1884 年已达 35 年的《题辞》反而数之历历？《题辞》又谓："今先印甲、乙二部，盖已印《不忍》中取而印之，余则尚有待也。"按《大同书》于 1913 年始于《不忍》杂志发表甲、乙两部，其余八部，经过六年，"尚有待也"。究竟《大同书》是哪一年定稿的呢？

　　还在 20 世纪 50 年代，我就撰文认为《大同书》是康有为在 1901 年至 1902 年间（辛丑、壬寅间）避居印度时所撰，定稿更迟。⑦当时主要从康有为的政治实践、思想演变以及《大同书》的本身矛盾加以剖析。20 世纪 70 年代，我在上海博物馆发现康氏家属康同凝、康保庄、康保娥于 1961 年捐赠的书稿中藏有《大同书》手稿，有力地证实它确撰于"辛丑、壬寅间"，绝非 1884 年所撰，从而再予撰文考辨。㉕这些，将于下文再予剖析。

当然，《大同书》的撰稿虽迟，但不能说康有为早年没有"大同思想"。但"大同思想"不等于就是《大同书》。一个人的思想每每跟随社会的发展而有所变动，随着康有为政治生涯的递变，"大同思想"前后也有显著差异。他早年虽有"大同思想"，但《大同书》的撰成却迟。这里，只想将他戊戌变法前的"大同思想"作一爬梳。至于《大同书》的成书及其作用，将于后面再行探讨。

前文第一章《人类公理》一节中论述了康有为早年的忧患意识和平等思想，拟出"平等公同"的图景，从事《人类公理》的撰述。可以说，《人类公理》反映了康有为早期的大同思想，但它并不是后来撰写的《大同书》。因为《人类公理》主要要求"平等公同"，而《大同书》则有"大同三世"说。《人类公理》是康有为晤及廖平前所写，还没有渗透儒家今文学说。他的大同思想，也是在受到今文经学的影响后充实发展的，到戊戌变法以前，基本上构成一个"三世"系统。

通过 1888 年《上清帝第一书》的政治实践，康有为没有达到预期的目的，《人类公理》的"大同境界"，也还只是虚渺的臆想。从而他再从儒家今文学说中汲取力量，推演"三统"，比迹"三世"。这样，在他的著作中，就有了新的内容。他说："古今递嬗，事变日新，故《春秋》立三统之法以贻后王，汉儒笃守《春秋》，知所尊矣。"㉖"昔孔子既作《春秋》以明三统，又作《易》以言变通。"㉔依附今文"三统"说以强调变通，并准备撰《三世演孔图》㉕。又刊行《新学伪经考》以反击封建顽固势力，揭橥"孔子改制"以宣扬变法维新。他前所孕育的"大同境界"，至此渗透了今文学说，内容大为充实。

此后，康有为又将《公羊》"三世"学说和《礼运》"大同""小康"学说相糅，在戊戌变法以前，基本上构成一个"三世"系统，即把《公羊》的"升平世"说成是《礼运》的"小康"，把《公羊》的"太平世"说成是《礼运》的"大同"。

1897 年由上海大同译书局最早印布的《春秋董氏学》中，有着康有为把《公羊》"三世"和《礼运》"大同"相糅合的迹象：

> 三世为孔子非常大义，托之《春秋》以明之。所传闻世为据乱，
> 所闻世托升平，所见世托太平。乱世者，文教未明也；升平者，渐有
> 文教，小康也；太平者，大同之世，远近大小如一，文教全备也。⑥

他以《公羊》"所传闻世"为"乱世"；以公羊的"所闻世"为"升平"，
"升平者，小康也"；以《公羊》的"所见世"为"太平"，"太平者，大同
之世"。这是康有为前所刊布的书籍中所没有的。⑦

结合中国社会历史的发展，康有为所说的"升平世"（"小康"）是指
怎样的社会呢？"太平世"（"大同"）又是向往怎样的社会呢？他在戊戌
变法前构成的"三世"蓝图又是怎样的呢？《礼运注叙》中有着具体的
描述：

> 吾中国二千年来，凡汉、唐、宋、明，不别其治乱兴衰，总总皆
> 小康之世也。凡中国二千年儒先所言，自荀卿、刘歆、朱子之说，所
> 言不别其真伪精粗美恶，总总皆小康之道也。其故则以群经诸传所发
> 明，皆三代之道，亦不离乎小康故也。
> ……今者中国已小康矣，而不求进化，泥守旧方，是失孔子之
> 意，而大悖其道也，甚非所以安天下乐群生也，甚非所以崇孔子同
> 大地也。⑧

以中国封建社会为"小康"，即"升平世"，实现君主立宪的资本主义
制度，才能"渐入大同之域"。

1898年刊行的《孔子改制考》言"三世"之处很多，而统系则一，是
以春秋为"乱世"，而尧、舜为"民主"，为"太平世"。但尧、舜"不必其
为事实"，只是孔子"托"之以言其"盛"，它不过是孔子理想的境界，而
不必古所实有。认为孔子之时为"乱世"，与《礼运注》"生当乱世，道难
躐等，虽默想太平，世犹未升，乱犹未拨，不能不盈科乃进，循序而行"
相发明。

康有为推演的上述"三世"系统，在其1898年6月所上《请尊孔圣为
国教，立教部教会，以孔子纪年而废淫祀折》中可以得到印证：

> 王者至尊，为天之子，宜祀天，人民虽卑，亦天之子也，亦宜

祀天也。不过古者尊卑过分，故殊其祀典，以为礼秩，岂所论于今升平之世哉？⑩

他说："岂所论于今升平之世哉？"则以中国两千多年的封建专制社会为"升平世"（"小康"），与《礼运注》所言相合。以为"今者中国已小康矣"，通过变法维新，就可逐渐达到他所想望的"大同"境界。这是康有为戊戌变法前的"三世"说，是和他当时的政治活动密切结合的。

康有为吸收了西方资本主义国家的社会政治学说和自然科学知识，在中法战争前后，"大同思想"逐渐形成。后来，又吸收了中国儒家今文学派公羊家的"三统""三世"学说和《礼运》中的"大同""小康"学说。但是产生那些学说的西方社会条件和中国古代社会条件，却没有和那些学说一同被康有为吸收过来。那些学说，失掉它的社会基础，再不像它的本来面目，而被融合在康有为的哲学幻想中。康有为用自己的观点去领会西方和中国古代的思想，愈讲愈玄远。可是，经过一番幻化，它又转向为另一个基础服务了。

如前所述，康有为的"大同思想"，是在帝国主义加紧侵略、中国民族危机日益严重的情况下逐渐形成的。为了爱国救亡，为了维新变法，构成了"三世"的形象，想望通过变法以渐入"大同之域"，具有丰富的想象力和深厚的爱国热情，无可否认，在当时的历史条件下，是极为不易的，他不愧为"先进的中国人"。

康有为反对"泥守旧方而不知变，永因旧历而不更新"，描绘出一个"乱世"、"升平"（"小康"）、"太平"（"大同"）的"三世"图景，说明"人道之进化"，必须通过改制变法，始能达到"大同"的一日。实现君主立宪的资本主义制度，正是他在戊戌变法前所想望的渐入"大同之域"。他把资产阶级所需要的措施，挂上孔圣人的招牌，把"述而不作"改变为"托古改制"，谓"大同"学说是"孔子旧方"，只是经过他的"窃用发明，公诸天下"⑪。因此，减轻了非圣无法的压力，冲击了封建的统治观念。"六经皆我注脚，群山皆其仆从"⑫，正是康有为的写照。它的积极意义是把资产阶级改良派所要争取的政治改革和远大的政治理想联结在一起，为其变法维新的政治目的服务，并提出了一个诱人的蓝图。

　　尽管康有为认为驯致"大同之域"，就得"内修政事，外攘夷狄"，对清政府存有幻想。"三世"又有无穷的阶梯，"据乱之后，易以升平、太平；小康之后，进以大同"，只能"循序而进"，不能"一跃超飞"，有着一定的局限。但在 20 世纪末，孕育的"大同"理想，却是他"哀国难，悲民生"的可贵想望。

注　释：

① 梁启超：《三十自述》，见汤志钧、汤仁泽编：《梁启超全集》（第四集），中国人民大学出版社 2018 年版，第 108 页。

② 梁启超：《万木草堂诗集·按语》，见康同环《康南海先生诗集》，香港九龙刊本，1966 年版，第 4 页。

③ 同注①。

④《康南海自编年谱》"光绪十七年辛卯，三十四岁"，见中国史学会编《戊戌变法》（四），上海人民出版社 1957 年版，第 477 页。

⑤ 同上书，第 124 页。

⑥ 同上书，第 126 页。

⑦ 陈千秋：《长兴学记·跋》，万木草堂刊本，1891 年版。

⑧ 同注①。

⑨ 梁启超：《南海先生七十寿言》，见《梁启超全集》（第十七集），第 477 页。

⑩ 梁启勋：《万木草堂回忆》，中国人民政治协商会议全国委员会文史资料研究委员会编：《文史资料选辑》第二十五辑，中华书局 1962 年版，第 62—64 页。

⑪ 康有为：《长兴学记》，万木草堂刊本，1891 年版，第 1—12 页。

⑫ 龚寿昌：《康有为桂林讲学记》，见《广西文史资料选辑》第一辑，1993 年版。

⑬ 同上。

⑭ 康有为：《桂学答问》，光绪年间广州双门底全经阁刊本。

⑮ 同上。

⑯ 据《康南海自编年谱》，康有为于 1896 年"讲学于广州学宫万木草堂"。次年在广西开圣学会，7 月（六月）还粤讲学，"时学者大集，乃昼夜会讲"。

⑰ 同注⑨，第 478 页。

⑱ 同上。

⑲ 康有为：《新学伪经考·序目》。

⑳ 康有为：《康南海自编年谱》"光绪四年戊寅，二十一岁"，见《戊戌变法》（四），第 113—114 页。

㉑ 同注⑪书，第 18 页。

㉒ 同上书，第 1—2 页。

㉓ 同注⑲。

㉔ 符定一：《新学伪经考驳谊·序》，商务印书馆 1937 年版，第 1 页。

㉕ 康有为：《新学伪经考·汉书刘歆王莽传辨伪》。

㉖ 《汉书·王莽传》，中华书局 1962 年版，第 4094 页。

㉗ 如廖平即以为《周礼》为古文学家的礼学纲领，《王制》是今文学家的礼学纲领，见所撰《今古学考》。

㉘ 《后汉书·儒林传》，中华书局 1965 年版，第 2550 页。

㉙ 《后汉书·王良传》，同上书，第 932 页。

㉚ 《后汉书·桓谭传》，同上书，第 956 页。

㉛ 郭沫若先生以为"《周官》一书，盖赵人荀卿子之弟子所为"，见《金文丛考》卷三，第 78—80 页；杨向奎先生以为《周礼》是战国中叶齐国的书，见《周礼内容的分析及其制作时代》，载《山东大学学报》，1954 年，第 4 期。

㉜ 梁启超：《清代学术概论》，见《梁启超全集》（第十集），第 272 页。

㉝ 皮名振：《皮鹿门年谱》，商务印书馆 1939 年版，第 27 页。

㉞ 康有为：《新学伪经考·秦焚六经未尝亡缺考》。

㉟ 康有为：《新学伪经考·经典释文纠谬》。

㊱ 《康南海自编年谱》"光绪二十年甲午，三十七岁"，见《戊戌变法》（四），第 128 页。又《翼教丛编》初刊本有《安晓峰侍御请毁禁〈新学伪经考〉片》，作安维峻，误，后已更改。

㊲ 王先谦：《致陈中丞书》，见《翼教丛编》（卷六），光绪二十四年（1898）八月刊本，第 10 叶。

㊳ 叶德辉：《輶轩今语评·序》，见《翼教丛编》（卷四），同上书，第 1 叶。

㊴ 叶德辉：《长兴学记驳义》，同上书，第 62 叶。

㊵ 苏舆：《翼教丛编·序》，同上书，第 2 叶。

㊶ 黄协埙：石印《翼教丛编·序》，同上书，第1叶。

㊷ 同注㊴，第37叶。

㊸ 叶德辉：《輶轩今语评》，见《翼教丛编》卷四，第9叶。

㊹《湘省学约》，见《翼教丛编》卷五，第14叶。

㊺ 同注㊵，第1叶。

㊻《太炎先生自定年谱》“光绪二十二年，二十九岁”，见《章太炎全集·文录补编》，上海人民出版社2017年版，第753页。

㊼ 朱希祖：《本师章太炎先生口授少年事迹笔记》，见《制言》第二十五期。

㊽ 康有为：《门人陈千秋、曹泰、梁启超、韩文举、徐勤、梁朝杰、陈和泽、林奎、王觉任、麦孟华初来草堂问学，示诸子》，见拙编《康有为政论集》(以下简称《政论集》)，中华书局1981年版，第87页。

㊾ 同注⑪，第17页。

㊿《康南海自编年谱》“光绪十八年壬辰，三十五岁”记：“是时所编辑之书甚多，而《孔子改制考》体裁博大，选同学高才助编纂焉。”壬辰，当1892年，梁启勋在《万木草堂回忆》也说：“康先生要写一部《孔子改制考》，由他指定一二十个同学把上自秦汉、下至宋代及各学者的著述，从头检阅。凡有关于孔子改制的言论，简单录出。”见《文史资料选辑》第二十五辑。康有为在1898年1月22日（光绪二十四年正月初一日）写的《孔子改制考序》也说：“乃与门人数辈，朝夕钩撢，八年于兹”，由此逆推，亦为1891年。

(51) 康有为：《桂学答问》，光绪年间广州双门底全经阁刊本。

(52) 同上。

(53) 康有为：《变则通通则久论》，系“朝考卷”，见《政论集》，第111页。

(54) 康有为：《上清帝第四书》，见《政论集》，第149页。

(55)《孔子纪年说》，《强学报》第一号，光绪二十一年（1895）十一月二十八日刊。

(56)《孔子改制考》，中华书局1958年9月重印本（下简称“重印本”，引用页数即据该本）“出版者说明”称：“《孔子改制考》于光绪二十三年丁酉刊行”，实误。查《孔子改制考》最初由上海大同译书局刊出，木活字印行，大同译书局创于丁酉年（1897）九十月间，《孔子改制考》卷帙繁多，绝非一两个月所能梓行。《孔子改制考》的出书广告，也始见《时务报》第五十一册“附送大同译书局目”，作《上古茫昧无稽考》等21种。谓：“此书为南海康长素先生所著，判中国四千年之教案，明孔子为生民未有之教王，创儒为国号，托古为前驱，称王为制法，礼义制度，皆出孔子，举天下万国有饮食人伦，莫不范围于孔子之教中，而受孔子之泽，一一考其实迹，传其真源，中国二千年第一部教书也，学者得而读之，如拨云雾见青天，知孔子之功与天地并，而孔子之道大明于天下矣。"（见顾廷龙、方行、汤志钧编：《强学报、时务报》，中华书局 1991 年版，第 3521 页。）继在光绪二十四年戊戌（1898）三月三十日起在《申报》登出《大同译书局新出各书》，不可能在丁酉即已出书。又，大同译书局本有《孔子改制考·序》署"《孔子改制考》成书，去孔子之生二千四百四十九年也，有清光绪二十四年正月元日"。知《孔子改制考》应于丁酉付梓，而刊成则在戊戌，即 1898 年。此后，康有为创办《不忍》杂志，自第一期起陆续登载《孔子改制考》，1920 年，又出万木草堂丛书本，删去序文，文字亦与大同译书局本有异。

　㊳ 梁启超：《清代学术概论》，见《梁启超全集》（第十集），第 273 页。

　㊳ 康有为：《孔子改制考》；皮锡瑞也说："中国重君权，尊国制，猝言变革，人必骇怪，故必先言孔子改制，以为大圣人有此微言大义，然后能持其说。"见《师伏堂日记》，《湖南历史资料》，1959 年，第一期。

　㊴ 见《大同书》，中华书局 1939 年本卷首；又，康有为：《共和平议》第一卷也说："吾二十七岁，著《大同书》，创议行大同者。"

　㊵ 按《康南海自编年谱》在"光绪二十一年乙未"后注"此书为光绪二十一年乙未前作，故叙事止于是岁"。光绪二十四年戊戌（1898）后记："九月十二日至日本，居东京已三月，岁暮书于牛込区早稻田四十二番之明夷阁。"则全书应成于 1899 年初。

　㊶ 见拙撰《关于康有为的〈大同书〉》，《文史哲》1957 年 1 月号；《再论康有为的〈大同书〉》，《历史研究》1957 年 8 月号；《论康有为〈大同书〉的思想实质》，《历史研究》1957 年 11 月号。均收入《康有为与戊戌变法》，中华书局 1984 年版。

　㊷ 见拙撰：《〈大同书〉手稿及其成书年代》，《文物》1980 年 7 月号，收入同上书。

　㊸ 同注⑪，第 17—18 页。

　㊹ 同注㊾。

　㊺《康南海自编年谱》"光绪十九年癸巳"，见《戊戌变法》（四），第 126 页。

　㊻ 康有为：《春秋董氏学》卷二《春秋例》第二《三世》。

　㊼ 按康有为《长兴学记》中《讲学》《说经》《补六艺之学》诸节，都没有标出《礼运》；提到"三统"，没有提到"大同""小康"。《桂学答问》于介绍应读书籍时，也仅

提到《公羊》（何休《解诂》）、《春秋繁露》、《孟子》、《荀子》、《白虎通》，没有提到《礼运》；就是在介绍大、小戴《礼记》时，也未突出《礼运》。可知康有为于 1981 年在长兴讲学、1894 年"游于桂林"时，还未深究《礼运》，还未将《公羊》"三世"和《礼运》"大同""小康"相糅合。

⑱　康有为：《礼运注叙》，见《政论集》第 193 页。

⑲　康有为：《请尊孔圣为国教主教部教会以孔子纪年而废淫祀折》，见《政论集》，第 281 页。

⑳　同注⑱。

㉑　梁启超：《南海先生传》第九章"人物及其价值"，见《梁启超全集》（第二集），第 382 页。

第四章 上书言事

公车上书

1894 年的中日战争，中国惨败。次年 4 月 17 日（三月二十三日）清政府与日本签订了丧权辱国的《马关条约》，除将台湾及所有附属各岛屿、澎湖列岛割予日本，开放沙市、重庆、苏州、杭州为通商口岸，允许"日本臣民在中国通商口岸城邑任便设立工厂、输入机器"外，还将赔款两万万两。

甲午战前，清政府的财政原已十分困难，据统计，这时每年收入为 8890 万千两，每年支出也相差无几①，要自行筹划这笔庞大款项，是根本不可能的事，因此，为了缴付此项赔款，清政府又陆续签订了《俄法借款》《英德借款》《美德续借款》。"瓜分大清帝国"的形势已经形成，幅员广阔的大好河山，被帝国主义践踏得血迹斑斑。

康有为趁入京应试的机会，联合各省应试举人于 5 月 2 日（四月初八日），联名上书请愿，这就是著名的《公车上书》。

关于《公车上书》的人数，记载不一，《自编年谱》"光绪二十一年乙未，三十八岁"称："合十八省举人于松筠庵会议，与名者千二百余人。"梁启超《戊戌政变记》附录一《改革起原》说：

> 既而合十八省之举人，聚议于北京之松筠庵，为大连署以上书，与斯会者凡千三百余人。时康有为尚未通籍，实领袖之。②

徐勤《南海先生四上书杂记》说：

> 先生于是集十八省公车千三百人于松筠庵（杨椒山先生故居），拟上一公呈，请拒和、迁都、练兵、变法。……属草既定，将以初十日就都察院递之，执政主和者恐人心汹汹，将挠和局，遂阴布私人入松筠庵以惑众志，又遍贴匿帖阻人联衔，尚惧事达天听，于己不便，遂于初八日趣将和约盖用御宝，同人以成事不说，纷纷散去，且有数省取回知单者，议遂散。

根据上述，除《自编年谱》外，都是"集十八省公车千三百余人"，而康有为自己也有不同说法。③又据袁祖志《公车上书记序》称："集聚千三百余人"，"检点所列姓名，独缺吾浙一省，反复推求，莫解其故"。经查《公车上书记》所附名录，凡吉林、直隶、江苏、安徽、山西、陕西、甘肃、福建、江西、湖北、湖南、四川、广东、广西、云南、贵州 16 省 602 人，连同领衔者康有为，共计 603 人，不及 1300 余人之半。沪上哀时老人未还氏《公车上书记》缕述上书经过说：

> 初则广东举人梁启超联名百余，湖南举人任锡纯、文俊铎、谭绍裳各联名数十，首谐察院，呈请代奏，既而福建、四川、江西、贵州诸省继之，既而江苏、湖北、陕、甘、广西诸省继之，又既而直隶、山东、山西、河南、云南诸省继之。盖自三月二十八、三十，四月初二、初四、初六等日（原注："都察院双日堂期"），察院门外，车马阗溢，冠衽杂沓，言论谤积者，殆无虚晷焉。书上数日不报，各公车再联十八省同上一书。广东举人康长素者，素有时名，……文既脱稿，乃在宣武城南松筠庵之谏草堂传观会议。……和款本定于四月十四日在烟台换约，故公呈亦拟定于初十日在察院投递，而七、八、九三日为会议之期，乃一时订和之使，主和之臣，恐人心汹涌，局将有变，遽于初八日请将和款盖用御宝，发使赍行。是日，天本晴丽，风日晴爽，忽于晌午后大雨震电，风雹交作，逾刻而止，即其时也。是时松筠庵坐中议者，尚数十百人，咸未稔用宝之笔。……是夕议者既散，归则闻局已大定，不复可救，于是群议涣散，有谓仍当力争，以图万

一者，亦有谓成事不说，无为蛇足者，盖各省坐是取回知单者又数百人，而初九日松筠之足音已跫然矣，议遂中寝。

照此说来，康有为等所集举人，除上述十六省外，还有山东、河南二省。各省举人聚集时，初有1300余人，等到听说《马关条约》已经签订，"涣散"和"取回知单"的，"又数百人"，以致现存名录，只有603人。

《公车上书》中，首先指出"塞和款而拒外夷，保疆土而延国命"。认为割台湾与日本，"弃台民"，即"散天下也"，"民心先离，将有土崩瓦解之患"。言和是"解散民体，鼓舞夷心，更速其亡"。它坚决反对《马关条约》，请求拒和、迁都、练兵、变法，提出了他的全部变法维新主张。

第一，"下诏鼓天下之气"。首先，应下"罪己诏"，如由皇帝"特下明诏，责躬罚己，深痛切至"，以"激励天下，同雪国耻"，使"士气耸动，慷慨效死"。其次，应下"明罚诏"，对主和辱国的、作战不力的、大臣尸位无补时艰的予以处罚；对将帅疆吏有功绩的予以旌赏。最后，应下"求才诏"，使"天下之士，既怀国耻，又感知遇，必咸致死力，以报皇上"。

第二，"迁都定天下之本"。主张迁都陕西，扼守函谷关、潼关，奠定丰、镐，这样，日本"既失胁制之术，即破旧京，不足轻重，必不来攻，都城可保，或俯就驾驭，不必割地，和议亦成，即使不成，可以言战矣"。

第三，"练兵强天下之势"。练兵着重在选将和购械。选将"贵新不贵陈，用贱不用贵"；再命各地绅士举办团练，"遇有警迫，坚壁清野"。假使有"忠义沉毅慷慨知兵之士"，要"不拘资格，悉令荐举"。购械则宜选精于制造操守廉洁的人，向外国广购枪炮，使"器械精利，有恃无恐"。

上述三点，还只是"权宜应敌之谋"，至于"立国自强之策"，则为"变法成天下之治"。应以"开创之势治天下，不当以守成之势治天下"。变法着重在富国、养民和教民三方面。

他提出富强之法有六，即：一、钞法。户部用精工造钞票，设官银行，以扩充商务。二、建筑铁路，收我利权。三、制造机器、轮舟，奖励新制造，并发展、保护民营工业。四、矿务。开设矿学，请比利时人教导勘测，选才督办，不要滥用私人。五、铸银。各省设铸银局，以塞漏卮。六、邮政。设邮政局。

以上六项是富国之法，而国以民为本，故需养民。养民之法有四：一、务农。设立农学会，鼓励用新去旧；开设丝茶学会，振兴丝茶事业。其他如东南种棉花、甘蔗，西北讲求牧畜，沙漠可以开河种树，海滨可以渔网取鱼，还可鼓励养蜂。二、劝工。各州县设立考工院，翻译外国制造之书，并分门肄习，如有新制造，国家"验其有用，给以执照，旌以功牌，许其专利"。三、惠商。各省设立商会、商学、比较厂，以商务大臣统之。商学要翻译外国商学书籍，选人学习。商会则合公股，有大会、大公司，由国家奖助，使"力量易厚"。比较厂则"广纺织以敌洋布，造用物以敌洋货"。与"洋货比较"，以夺其利。四、恤穷。恤穷之法，一种是移民垦荒；一种是在各州县设立警惰院。凡无业游民，教以工艺；一种是"养穷"，将鳏寡孤独和有废疾的由各州县设院收养。

"富国"和"养民"之外，还要教民。教民之法是：一、分立学堂，延师教习。改武科为艺科，各省州县遍开艺学书院，凡天文、地矿、医律、光重、化电、机器、武备、驾驶分立学堂，测量、图绘、语言、文字都要学习。试以经题及专门之业，县荐于省学，谓之秀才；省贡于京师，谓之举人；中选的谓之进士。如果有创著一书，发明新义，确实有用的，皆入翰林。进士授以检讨，举人授以庶吉士，诸生授以待诏。这样，"天下之士，才智大开，奔走鼓舞，以待皇上之用"。二、开设报馆，以"开拓心思"，"可通时务"。三、设道学一科，讲明孔子为经世之学，令乡落淫祠，改为孔子庙，以"化导愚民，扶圣教而塞异端"。

此外，他又指出当时法制的弊害，如：官制太冗、俸禄太薄，京官则闲散者多，徒靡俸禄；知县实掌乡治，职位较低，认为额外冗官宜裁，知县可升为四品，以便于通下情。

内弊既除，又须讲求外交，宜立使才馆，学习各国语言文字、政教法律、风俗约章，学成出国游历，归国后能著书者，始授政事。

最后，他指出中国贫弱的最大根源在于壅塞，以致君与臣隔绝，官与民隔绝，大臣小臣又相隔绝，请求颁行特诏，"令士民公举博古今、通中外、明政体、方正直言之士"，"准其随时请对，上驳诏书，下达民词"。凡是内外兴革大政，以及筹饷等事，均令会议于太和门，三占从二。这样，"上广皇上之圣聪，可坐一室而知四海；下合天下之心志，可同忧乐而忘公私"，做到"君民同体"。

康有为这一次上书，都察院以清政府已在《马关条约》上签字，无法挽回，拒绝接受。但它和第一次上书相较，却有几点值得注意：

第一，《公车上书》第一次援用《公羊》之义，说是"《公羊》之义，臣子之例，用敢竭尽其愚，惟皇上采择焉"。在"教民"之法中，强调设立道学一科，讲明孔子之道和设孔子庙。可知康有为的"明今学之正"，是在1888年《上清帝第一书》不达之后。这时康氏虽说"既不谈政事，复事经说"，实则聚徒讲学，从事变法理论的酝酿。《新学伪经考》的刊布、《孔子改制考》的拟撰，都在"辛卯、乙未间"，他从儒家今文学说中汲取材料，作为变法维新舆论宣传的张本，在《公车上书》首次向皇帝陈述了"《公羊》之义"。

第二，第一次上书主要指出变法的必要性，而这次却提出了变法的具体条例：有关开新的和除旧的、有关内政的和外交的各项措施。此后康有为的历次上书，大抵不出《公车上书》的范围。

第三，《公车上书》结合了18省1300多人，向皇帝上书请愿，这在封建统治时代，应该说是一件大事，也是资产阶级改良派正式登上政治历史舞台的第一幕。

《殿试策》

《公车上书》是康有为入京应试时联合各省举人上书请愿的。他这次考试，《殿试策》是"时事多艰，人才孔亟，期与海内贤能，力矢自强，殚心图治，上无负慈闱之训迪，下克措四海于乂安"，"尔多士来自田间，夙怀忠谠，其或直言无隐，朕得亲览焉"④。

康有为的对策是"方今时事艰难，宜明报仇雪耻之风，共图蹈厉发扬之治。寻百度败坏，在于泄沓，有司以奉行故事为贤，对策以楷法颂祷塞责，若不亟变，不可振救。变之之道，在辨取舍，取日新以图自强，去因循以厉天下而已"。

接着，他指出访求人才，要"不拘资格，不次擢拔"，才能得到"出济时艰"的"豪杰之士"。如循"资格"，只"可得庸谨，不可得异才"；任用"耆旧"，只可"守常"，不可"济变"。今日人才之所以缺乏，由于"教之非其道"，"教士以诗文楷法，试武以弓刀步石"，以致"习非所用，用非所习"，可以"令以专门自见"，凡是能够专著一书，发明新义的，可入翰林，以备顾问。武科可改为艺学，学习天算、制造、格致、武备等专门科，以"求人才而简军实"，以图自强。

再次，他指出统计国用，急需理财。矿产要开掘，荒地可开垦，海疆可捕鱼。再加"劝农以土化，考工以机器，讲求商学，募兴新艺"。这样，"财富可冠五洲"。又以为"垂意水利"，是"养民之急务"。

最后，他指出"今当数十年之变局"，"世变之机，决于今日"，必须及时变法。如果"因循守旧，坐失时会，后欲改作，恐悔无及，及今速图，犹可为治"。应该"慎选左右，无使大权之旁落"；应该"刚明独断，无使众说之动摇"。能够"通下情"，"尽人才"，日求新政，破除积习，那么，"自强可致"，国耻可雪了。

《朝考卷》是《变则通通则久论》⑤，康有为开宗明义说"孔子改制，损益三代之法，立三正之义，明三统之道以待后王"，"乃作为《易》而专明变易之义"。借用孔子的理论权威，阐述"变"的必要性。

接着，他说天有朝夕明晦，有春夏秋冬，"故至变者莫如天"。天之所以"久而不弊"，因为它能"变"。又说沧海可以成田，平陆可以为湖，"火山忽流，川水忽涸"，"故至变者莫如地"。地之所以"久而不弊"，也因为它能"变"。天地不变且不能长久，而况于人？它力破"天不变，道亦不变"的旧说，说明"变"是合乎自然规律的。

同时，他又从历史上说明制度递变，各有损益，遇到"时有不宜，地有不合"，就要修改。"若泥守不变，非独久而生弊，亦且滞而难行"，"当变不变，鲜不为害"。对"祖宗之法不能变"是有力的抨击。

最后，他提出"法《易》之变通，观《春秋》之改制，百王之变法，日日为新，治道其在是矣"。

《朝考卷》还有《汰冗兵疏》⑥，认为"兵多则不及精练，必至于冗，冗则不择老弱，必至于败"。当今时事艰难，民族危亡，"治兵之道，更与古异"。而八旗、绿营，"名虽百万，无一可用"，兵制必须更变，"更变之始，在汰冗兵"。认为"汰之之道，有立汰，有缓汰"，"缓汰则无弊而迫不及待，立汰则虑患而精神一新。若振作更革，非立汰不可"。"于是合营勇而为一，留散卒为民兵，民兵仍加训练而不给饷糈，营兵必选精强而厚其衣食"，每省得练兵万人，边疆倍之，再"立学堂以教图算，练兵营以固根本，厚海军以威海外，募新制以精器械"，那就可以御侮图强，雪耻保疆了。

康有为在殿试、朝考卷中反复说明，要自强，就要维新变法，就要改革旧制。他又强调访求人才，裁汰冗兵。可见他是在外患日逼、时事多艰的情况下呼吁救亡图存、维新变法的，是具有爱国意义的。他除发动《公车上书》外，在试卷中也不放弃进言机会，企求皇帝以至阅卷大臣接受"谠论"。康有为变法的勇气和决心，自属难能可贵。据《自编年谱》："殿试徐寿蘅侍郎树铭本置第一，各阅卷大臣皆圈矣，惟李文田不圈，并加黄签焉。降至二甲四十八名。朝考翁常熟欲以拟元，卷在李文田处，乃于闷炼等字，加黄签力争之，遂降在二等。"但康有为在光绪皇帝及其师傅翁同龢的心目中已留下了印象。

三次上书

《公车上书》后不久，榜发，康有为得中进士，授工部主事。又于同年5月29日（五月初六日）呈《上清帝第三书》[⑦]，提出了变法的步骤和《公车上书》的补充说明。

他指出自强雪耻之策是：富国、养民、教士、练兵，除前三策已见《公车上书》外，对练兵又提出具体办法。即：一、汰冗兵而合营勇；二、起民兵而立团练；三、练旗兵而振满蒙；四、募新制以精器械；五、广学堂而练将才；六、厚海军以威海外。这些在《汰冗兵疏》中也约略议及。

至于如何审端致力于上述四策，则在于"求人才而擢不次""慎左右而广其选""通下情而合其力"，以使人才得，左右贤，下情达。

这次上书，光绪皇帝看到了，命阁臣抄录副本三份，以一份呈送慈禧，

一份留在乾清宫,一份抄发各省督抚将军议处⑧。据《南海先生四上书杂记》称:

> 十六日抄就,呈懿览,留览十日,廿六日乃发下。闰五月发各省督抚会议奏复。……上召见裕寿田总宪德,面谕以康某人条陈,深通外务,惟钞法一条不可行,如此恐失人心,乱天下,顾此实日本已行之法,然若上下不通,仍如今法,则诚如圣训,故变法当全变也。后来举人才之诏已下,小轮船已开办,铁路、开矿亦定议举行,皆书中所言也。⑨

光绪皇帝确曾"发各省督抚会议奏复",并据以颁"举人才诏"。可知康有为的上书,对光绪皇帝起了很大影响。

查"举人才诏"颁于 7 月 5 日(闰五月十三日),谕曰:

> 为政之要,首在得人,前谕中外臣工保荐人才,业经次第擢用。当兹时事多艰,尤应遴拔真才,藉资干济。著各部院堂官及各直省将军、督抚等,于平日真知灼见、器识闳通、才识卓越、究心时务、体用兼备者,胪列事实,专折保奏。其有奇才异能,精于天文、地舆、算法、格致、制造诸学,必试有明效,不涉空谈,各举专长,俾资节取。该大臣等当念以人事君之义,一秉大公,详加考核。倘或苟且塞责,谬采虚声,甚至援引私人,瞻徇情面,滥保之咎,例有专条,定惟原保之人是问。⑩

至于发交各省督抚"会议奏复"的上谕,则颁于 7 月 19 日(闰五月二十七日),谕曰:

> 自来求治之道,必当因时制宜,况当国是艰难,尤应上下一心,图自强而弭祸患。朕宵旰忧勤,惩前毖后,惟以蠲除积习,力行实政为先。叠据中外臣工条理时务,详加披览,采择施行,如修铁路、铸钞币、造机器、开各矿、折南漕、减兵额、创邮政、练陆军、整海军、立学堂,大约以筹饷、练兵为急务,以恤商、惠工为本源,此应及时举办。至整顿厘金、严核关税、稽察荒田、汰除冗员各节,但能破除

情面，实力讲求，必于国计民生，两有裨益。著各直省将军、督抚，将以上各条，各就本省情形，与藩、臬两司暨地方官悉心妥筹，酌度办法，限文到一月内分晰复奏。当此创巨痛深之日，正我君臣卧薪尝胆之时，各将军、督抚受恩深重，具有天良，谅不至畏难苟安，空言塞责。原折片均著钞给阅看，将此由四百里各谕令知之。[11]

上谕中筹饷、练兵、恤商、惠工等，《上清帝第三书》都曾言及，知它是在光绪看到康有为上书，并表"嘉许"后发令的。上谕提到"因时制宜"，"图自强而弭祸患"，知光绪皇帝在甲午战争失败的刺激下，在资产阶级改良派的影响下，逐步加速变法的决心，所以改良派称这项上谕为"三百年之特诏"，能"破去拘牵之见，光大维新之命"，是"中国自强之基，天下臣民讲求时事之本"[12]。而它的发布，恰恰是在光绪看到康有为第三书之后，在命阁臣抄录副本三份，并呈慈禧"留览十日"之后，康有为的《上清帝第三书》，对光绪"毅然有改革之志"，是有促进作用的。

四次上书

6月30日（闰五月初八日），康有为又呈《上清帝第四书》[13]，"言变法曲折之故，凡万余言，尤详尽矣"。他说，前次上书："仅言通变之方，未发体要及先后缓急之宜"，再次吁请"尊贤而尚功，保民而亲下"，使"有情必通，有才必用"，进行变法，办法是：

第一，"立科以励智学"。士子著新书有创见的，予以奖赏；工人制有新器的，予以专利。使"国人踊跃，各竭心思，争求新法"。

第二，"设议院以通下情"。设立议院，则"人皆来自四方，故疾苦无不上闻；政皆出于一堂，故德意无不下达；事皆本于众议，故权奸无所容于私；动皆溢于众听，故中饱无所容其弊"。并请召问群臣，讲明国是，反复辩难，确知旧的积习必须全弃，单纯补漏不会成功，要根据先后缓急，"摧陷廓清"。这样，三年就成规模，十年就可大定，复地雪耻，也不难了。

他认为光绪皇帝能"深察时变"，使下情上达，其办法是这样的：

一、"下诏求书"。允许天下言事的人到午门递折，由御史轮值监收，谓之上书处，如果言有可采，则予褒嘉，或令召对。

二、"开门集议"。令各都邑凡十万户推举一人，凡有政事，令之会议，三占从二，立即施行，各省府州县也许收条陈，以通下情。

三、"辟馆顾问"。大开便殿，广陈图书，"皇上翻阅图书，随时向轮班侍值的顾问咨询，举凡中外之故，古今之宜，经义之精，民间之苦，吏治之弊，地方之情"，"令尽所知，能无有讳避"。这样，"上以启圣聪，即广所未闻；下以观人才，即励其未学"。顾问一取于翰林，一取于荐举，不能称旨的随时罢官，言词荒谬"罚其举主"。一取于上书，凡是条陈可采，召对称旨的，也令轮值；一取公推，"众议之员，郡县分举"，也令轮值。

四、"设报达听"。各省要郡设立报馆，州县乡镇也令续开，将报纸进呈，使"百僚咸通悉敌情，皇上可周知四海"。

五、"开府辟士"。中央开设幕府，略置官级，听其辟士，督抚县令，皆仿此制。并应免严刑长跪以恤民艰，厚俸禄养廉以劝吏耻。这样，可以"顺天下之人心，发天下之民气，合天下之知以为知，取天下之才以为才"。

上述五者，主要是使"有情必通，有才必用"，如果光绪皇帝断然施行，那就应该"先引咎罪己，以收天下之心"，再"赏功罚罪，以伸天下之气"，然后"举逸起废，求言广听，广顾问以尽人才，严议郎以通下情"。他认为当前非变法不可，而变法的主要关键，还是"断自圣衷"。

《上清帝第四书》正式向光绪皇帝提出了"设议院以通下情"的主张。但又被顽固派拒绝代呈。据《自编年谱》，他先交给都察院，都御史徐郙说是康有为"已有衙门，例不得收，令还本衙门代递"。康有为到工部递送，李文田适署工部，独挟前嫌，不肯画押⑧。再与梁启超、麦孟华联名"递察院"，仍不肯收；交袁世凯送督办处，荣禄也不收，"遂壅上闻"。

康有为在 1895 年，上书三次，《公车上书》影响散布全国。《上清帝第三书》为光绪皇帝赏识，而"毅然有改革之志"，但也遭到封建顽固派的猜忌，以致《上清帝第四书》各处投递，都未上达。

《上清帝第四书》是资产阶级改良派第一次向皇帝正式提出开设议院主张，尽管当时未能上达，但却自具意义。本来，中法战后，陈虬、陈炽、郑观应等在不同程度上谈到类似设议院建议，但都没有康有为那么具体全面，更没有直接上书。康有为在上书光绪的同时，又在北京、上海组织强学会，创办《万国公报》《中外纪闻》《强学报》（见下章），进行变法舆论的宣传鼓动，在全国范围内掀起了维新运动。康有为强调变法关键是"断自圣衷"，幻想争取没有实权的光绪皇帝，进行由上而下的改革，认为只要光绪发号施令，那么大有可为的时机就可来到，希望凭借光绪皇帝的谕旨条令来改变社会的面貌，实现从上而下的政治改革。

注　释：

① 何启、胡礼垣：《新政真诠》三编《新政始基》，引英人哲美森《中国度支考》，谓"是每年除支出而外，国家毫无余积也"。

② 梁启超：《戊戌政变记·改革起原》，见汤志钧、汤仁泽编：《梁启超全集》（第一集），中国人民大学出版社 2018 年版，第 598 页。

③ 康有为《汗漫舫诗集》谓"东事战败，联十八省举人三千人上书，次日美使田贝索稿，为人传抄刻遍天下，题曰《公车上书记》，诗云：'抗章伏阙公车多，连名三千毂相摩。'"梁启超《三十自述》也说"联公车三千人上书言变法"。说是"三千"，夸诞不可信。

④ 康有为：《殿试策》，见《南海先生四上书记》，上海时务报馆光绪二十一年（1895）石印本；见拙编《康有为政论集》（以下简称《政论集》），中华书局 1981 年版，第 109 页。

⑤ 见拙编《政论集》，第 110—111 页。

⑥ 同上书，第 112—113 页。

⑦ 查《康南海自编年谱》"光绪二十一年乙未，三十八岁"记："（四月）二十八日，朝考后无事，乃上拒和之论而增末节，于闰四月六日递之察院，以十一日上于朝，上览而喜之。"光绪二十一年（1895）无"闰四月"，应为"五月初六日"，与时务报馆石印本所署日期相同，则此书应于"五月初六日""递之察院"，"十一日上于朝"的。晚近撰著，未经细考，泛称"十一日"，不够确切。

⑧ 梁启超：《戊戌政变记》，第 1 页。而《康南海自编年谱》则谓："命即日抄四份"，"以一呈太后；以一存军机，发各省督抚将军议；以一存乾清宫南窗小箧；以一存勤政殿备览"。而徐勤：《南海先生四上书杂记》复言："即抄三份"，"一呈懿览，二

存御匣，三贮乾清宫北窗"。并录于此。

⑨ 徐勤：《南海先生四上书杂记》，上海时务报馆光绪二十一年乙未（1895）刊本，第 4 叶。

⑩ 朱寿朋：《光绪朝东华录》，中华书局 1958 年版，总第 3625—3626 页。

⑪ 同上书，总第 3631 页。

⑫《强学报》第一号刊录"光绪二十一年闰五月二十七日上谕"后跋语，顾廷龙、方行、汤志钧编：《强学报、时务报》，中华书局 1991 年版，第 3 页。

⑬《康南海自编年谱》误作"五月十一日"。查此书上于"闰五月初八日"，梁启超《戊戌政变记》、徐勤《南海先生四上书记》并言之。康有为以是年为"闰四月"，追忆有误，以致把《上清帝第三书》误系于"闰四月"，以此书误系于"五月十一日"，而把《第三书》的递上之期误为《第四书》。

⑭ 徐勤：《南海先生四上书杂记》谓康有为"时已授官分隶工部，于闰五月八日，在本部递之，部之五堂，悉画稿允奏。顺德李文田方摄部事，误中构扇之言，谓先生所著《广艺舟双楫》于其书法，颇有微辞，因抱嫌排挤，独梗僚议，甘为炀灶。实则先生于李某，向薄其人而爱其书，《广艺舟双楫》中未尝攻之也。本部既阻，乃移而之都察院、督办处，皆以李既阻阏不便，因此失欢，遂壅上闻"。（出处同注⑨）

第五章 设学会，办报刊

北京强学会和《万国公报》《中外纪闻》

康有为在不断上书光绪皇帝，以争取从上而下的政治改革的同时，又组织学会和创办报刊。他们最早组织的学会是强学会，最早创办的报刊是《万国公报》。

康有为等维新派对学会组织极为重视，他说：

> 中国风气向来散漫，士夫戒于明世社会之禁，不敢相聚讲求，故转移极难。思开风气、开知识，非合大群不可，且必合大群而后力厚也。合群非开会不可，在外省开会，则一地方官足以制之，非合士夫开之于京师不可。既得登高呼远之势，可令四方响应，而举之于辇毂众著之地，尤可自白嫌疑。故自上书不达之后，日以开会之义，号之于同志。①

他们重视学会，认为学会在维新运动中能发挥下述作用：

第一，"广联人才，创通风气"。

戊戌时期的维新人士认为，组织学会是挽救民族危亡，推动变法维新，使国家富强的一项大事。他们认为"泰西所以富强之由，皆由学会讲求之力"②。中国风气，"向来散漫"，自明末禁止结社以来，"士气大衰"，"国之日屡，病源在此"。应该"破此锢习"，提倡学会，"以雪仇耻"，"以修庶政"，所以"欲救今日之中国，舍学会末由哉"！

维新人士认为，要变法维新，要挽救危亡，就要广联人才，讲求自强，所谓"今欲振中国，在广人才；欲广人才，在兴学会"。这里所说的人才，是指学习西方社会学说或自然学知识的新型知识分子。通过学会，可以培养和团结一批通晓"西学"的知识分子，组织致力于维新事业的骨干队伍，从而"结群力厚"，以开风气而挽世变。

本来，可以通过新式学堂培养人才、振兴中华的。但一则学堂有限，且非短期即能培养出人才；再则学堂主要培养童蒙、青少年，而对那些受过封建教育的成年人，灌输新知识、转变旧思想，显得更是迫切。所谓"欲实行改革，必使天下年齿方壮志气远大之人，多读西书通西学而后可"③。学会的建立，团结志士，进而引进和吸取更多人加入维新行列，"以群为体，以变为用"，组织群众，推动变法。

应该指出，康有为是在"上书不达"以后，才悟出"合群非开会不可"的迫切性的。如前所述，他在1888年第一次上书时，曾对在朝的大臣，多方奔走，寄予厚望，结果没有达到预期的效果，位处高位者既无周公那样"吐哺握发"的接待，康有为还饱受各种各样的讥讽。衮衮诸公，"龌龊保位"，尸位素餐，壅塞隔闭，从而促使他找寻新的理论依附并感到"合群力厚"的重要。单是几个维新志士呼号吁恳，是办不成大事的。

康有为于旅京期间，在中层官僚中展开过一些活动，如帮侍御屠仁守草折上疏；在1895年中日战后第二次上书时联合了1300多名举人联名上书，然而，"是夕议者既散，归则闻局已大定，不复可救，于是群议涣散，有谓仍当力争、以图万一者，亦有谓成事不说、无为蛇足者。盖各省坐是取回知单者又数百人，而初九日松筠之足音已跫然矣，议遂中辍"④。本来有些人只是"随声应和"，一遇"执政者""阻人联衔"，"纷纷散去，且有数省取回知单者"⑤。过去没有结会立社没有组织一个带有群众性的政治团体，没有一个宣传自己政治主张的舆论阵地，临时凑集，既会"乌合兽散"，联衔上书，也易"形存实亡"。

上书的教训，人才的联系，愈益使他们感到组织学会的重要。康有为自己就说："故以上书不达之后，以开会之义，号之同志。"

第二，"兴民权"，"通上下之情"。

维新人士认为中国政治的弊病在于尊卑悬殊、上下隔绝。这种君主专

制统治，压抑民气，使不得伸，以致"血脉不通，病危立至"。还在 1888
年，康有为第一次上清帝书时，就提出了"通下情"的主张，说"今上下
否塞极矣，譬患咽喉，饮食不下，导气血不上达，则身命可危，知有害而
反之，在通之而已。……通之之道，在霁威严之尊，去堂陛之隔，使臣下
人人得尽其言于前，天下人人得献其才于上"。通隔阂，明下情，实为当务
之急。

维新人士提出"伸民权"，要求适当限制封建统治的特权和森严的等级
制度，在一定程度上予人们以某些政治权利。他们要求通过学会争取和扩
大这些权利，从而提高从事政治活动的能力。他们认为过去有人企图改变
上下隔阂，"用力非不勤，而卒于无效"。这是因为"未得其道，而鸟合兽
散，无会焉以为之联系也"。如能建立学会，情况即可改变。"凡会悉以其
地之绅士领之，分学会各举其绅士入总学会，总学会校其贤智才辩之品弟
以为之差。官欲举某事，兴某学，先与学会议之，议定而后行。议不合，
择其说多者从之。民欲举某事，兴某学，先上于分学会，分学会上总学会，
总学会可则行之。官询察疾苦，虽远弗阂也；民陈诉利病，虽微弗遏也，
一以关掭于学会焉"⑥。

他们所说的"民权"，实际上是"绅权"，主要是某些在地方上有一定
地位而有新型知识的绅士之权。他们认为："凡用绅士者，以其于民之情形
熟悉，可以通上下之气而已。"所以，欲兴民权，宜先兴绅权，欲兴绅权，
宜以学会为之起点。"欲用绅士，必先教绅士。教之惟何？惟一归之于学会
而已"⑦。

可见，维新人士对组织学会是异常重视的。

但是，他们积极宣传组织学会的重要性，却又是依托古制，说是中国
古已有之。康有为援引《易经》"君子以朋友讲习"、《论语》"百工居肆以
成其事，君子居学以致其道"为证，且谓：

> 昔曾文正与倭文端诸贤，讲学于京师，与江忠烈、罗忠节诸公，
> 讲练于湖湘，卒定拨乱之功。普鲁士有强国之会，遂报法仇；日本有
> 尊攘之徒，用成维新。⑧

引德国、日本以明设会之意，又以曾国藩、倭仁、江忠源等的"讲学"

"讲练"作为例证。这里，一方面可以看到维新人士对清政府文化钳制、束缚思想的不满；另一方面，他们把学会说成古已有之，正是他们"托古改制"的本色。

然而，当"民智"未通、风气未明之际，一些官僚士子，还不易认识学会的重要性，这就要依靠舆论宣传，创办报刊。

康有为的弟子梁启超专门写了《论报馆有益于国事》一文⑨，说：

> 觇国之强弱，则于其通塞而已。血脉不通则病，学术不通则陋。道路不通，故秦越之视肥瘠，漠不相关；言语不通，故闽粤之与中原，邈若异域。惟国亦然。上下不通，故无宣德达情之效，而舞文之吏，因缘为奸，内外不通，故无知己知彼之能，而守旧之儒，乃鼓其舌，中国受侮数十年，坐此焉耳。
>
> 去塞求通，厥道非一，而报馆其导端也。无耳目，无喉舌，是曰废疾。今夫万国并立，犹比邻也，齐州以内，犹同室也。比邻之事而吾不知，甚乃同室所为，不相闻问，则有耳目而无耳目，上有所措置，不能喻之民，下有所苦患，不能告之君，则有喉舌而无喉舌。其有助耳目喉舌之用而起天下之废疾者，则报馆之为也。

以报馆为"去塞求通"的"肇端"，能为民"喉舌"，"起天下之废疾"，他们有益于国是可想而知。"西人格致制造专门之业，官立学校，士立学会，讲求观摩，新法日出，故亟登报章，先睹为快"。中国则不然。尽管中国邸报"兴于西报未行以前，然历数百年未推广"，以致"裨益盖寡，横流益急，晦盲依然，喉舌不通"，急应大声疾呼，办报宣传。

创办报刊以启迪民智，抑扬舆论；组织学会以团结"士群"，联结人才；以学会为"兴绅权"之"起点"，以报刊为"去废疾"的"喉舌"；且利用报刊宣传设立学会的必要，依靠学会以办理、销行报刊。学会与报刊既有密切的关系，中日甲午战后，维新人士也以此两者为首要任务。

康有为在《公车上书》不达以后，就"日以开会之义号之于同志"，陈炽以为"办事宜先后，当以报先通其耳目，而后可举会"。于是在设会之初，先行办报，所办之报，曰《万国公报》。

晚近史籍，或以北京强学会最早创办之报叫《中外纪闻》，或以《中外纪闻》即《万国公报》，实误。《万国公报》创于 1895 年 8 月 17 日（光绪二十一年六月二十七日），《中外纪闻》则刊于同年 12 月 16 日（十一月初一日），前者创于强学会筹设之初，后者则刊于强学会已设之后。卫理《广劝捐输说》：北京强学会"所出之报，亦名曰《万国公报》，则更名《中外纪闻》"⑩。

晚近史籍之所以误系，是因为康有为、梁启超等追忆不够明确，或有疏漏，其实仔细爬梳，还是可以考出《万国公报》是在强学会筹组之初即已早刊。

梁启超在光绪二十一年五月《致夏曾佑书》中说：

> 顷欲在都设一新闻馆，略有端绪，度其情形，可有成也。⑪

康有为在《自编年谱》"光绪二十一年"说：

> 先是，自六月创报，吾独自捐款为之。后陈次亮、张君立皆来相助，而每期二金，积久甚多，至八月节尽典衣给之，得次亮助盘费而能行。

又说：

> 时报大行，然守旧者疑谤亦渐起，当时莫知报之由来，有以为出自德国者，有以为出自总理衙门者，既而知出自南海馆，则群知必吾所为矣。

照此说来，光绪二十一年五月间，即"公车上书"不久，已有"开设报馆之议"，当康有为"日以开会之义号之于同志"之时，采用陈炽的建议，在设会之初，先行办报，所办之报，曰《万国公报》。

《万国公报》，双日刊，每册有编号，无出版年月，刊式与《京报》相似，报名与英、美传教士所办之报相同，因为上海广学会编的《万国公报》在政府官僚中行销有年，故袭用其名，以利推广。由于它是北京强学会筹组时刊行的，因此可称为北京《万国公报》，以示与上海《万国公报》有别。北京《万国公报》共出 45 册，上海基督教三自爱国会存有全帙，第一册有英国传教士李提摩太亲笔英文批注，略谓："这四十五册，是最初三个月的全套刊物，一八九五年八月十七日创刊，隔天出报，这是中国维新派在北京出版的第一个机关报。大多数文章都是从广学会书刊上转载的，刊名与广学会机关报《万国公报》完全相同，后来经我建议更改，以免两相混淆。"

《万国公报》每册有论文一篇，长篇则分期连载，除转录广学会暨其他报刊外，撰文未署名，实际出自康门弟子梁启超、麦孟华之手。重要文章有《地球万国说》《地球万国兵制》《通商情形考》《万国矿务考》《万国邮局章程价值考》《各国学校考》《学校说》《铁路情形考》《铁路通商说》《铁路改漕说》《铁路备荒说》《铁路便行旅说》《铁路兴屯垦说》《铁路工程说略》《佃渔养民说》《农学略论》《农器说略》《铸银说》《西国兵制考》《印俄工艺兴新富强说》《报馆考略》等。这些文章，着重宣传"富强""养民""教民"之法，对开矿、铸银、制机器、造轮船、筑铁路、办邮政、立学堂、设报馆，以至务农、劝工、惠商、恤穷等都有论列，基本上是发挥康有为《上清帝书》中的变法主张。有的文章还认为"言富"不能止于"开矿、制造、通商"，"言强"不能止于"练兵、选将、购械"，而应该看到"国家富强在得人才，人才成就在兴学校"，"学校之盛"，是"西洋诸国所以勃兴之本原"。

《万国公报》刊行，"舆论渐明"，于是募资集款，筹议立会。《自编年谱》说：

> 报开两月，舆论渐明，初则骇之，继亦渐知新法之益。吾复挟书游说，日出与士大夫讲辩，并告以开会之故，明者日众。乃频集通才，游宴以鼓励之，三举不成，然沈子培刑部、陈次亮户部，皆力赞此举。

> 七月初，与次亮约集客，若袁慰亭世凯、杨叔峤锐、丁叔衡立钧，及沈子培、子封兄弟，张巽之孝谦、陈□□，即席定约，各出义捐，一举而得数千金。即举次亮为提调，张巽之帮之。张为人故反覆，而是时高阳当国，张为其得意门生，故沈子培举之，使其勿败坏也。举吾草叙文及章程，与卓如拟而公商之。丁、张畏谨，数议未定。吾欲事成，亦迁回而从之。于是三日一会于炸子桥嵩云草堂，来者日众，

翰文斋愿送群书，议开"书藏"于琉璃厂，乃择地购书，先嘱孺博出上海办焉。⑫

强学会的会址，设在北京宣武门外后孙公园，⑬即《万国公报》所在地。至于强学会的正式成立时间，以往一直根据上述"七月初"，但《自编年谱》又说："报开两月，舆论渐明"，那么，它的成立，应在"报开两月"之后。"报"，指的是北京《万国公报》。《万国公报》创于夏历六月二十七日，不应"七月初"即已组成。梁启超于光绪二十一年八月初三日《致夏曾佑书》说："此间数日内，袁慰亭、陈仰垣诸人开一会，集款已有二千（原注：'以后尚可通达官得多金'），拟即为译书刻报地步，若能成，亦大佳也。"同月二十七日，续函夏曾佑："前书所言学会事尚未大成，故淹留于此，将以俟之。"⑭知夏历八月底"尚未大成"。

查康有为于 1895 年 8 月间在北京创刊的《万国公报》，"遍送士夫贵人"，使之"渐知新法之益"，"告以开会之故"后，9 月中旬（七月底、八月初）"游宴小集"，筹资集款。等到规模初具，康有为即于 10 月 17 日（八月二十七日）出京，由津转宁，企图游说张之洞在"南北之汇，士大夫所走集"的上海设立上海强学会。至于北京强学会的成立则在 11 月中（十月初），亦即康有为离京以后，它是以强学书局的开设为标志的。上海图书馆藏《汪穰卿先生师友手札》中，汪大燮在《致汪康年·诒年书》有着明确记载：

> 京中同人，近立有强学会，亦名译书局，下月开局。先译日报，凡伦敦《泰晤士》《代谟斯报》，先日出一册（原注："约十页"）。等西书购到，即译书……同仁延兄及梁卓如为主笔。（九月二十四日）
>
> 兄初十左右，即移居强学书局。寄上《章程》一册、招股票一张，乞察阅。（十月初三日）
>
> 强学书局已开，兄于十月十一日移住局中，先以报事为主。（十月初八日）⑮

由上可知，强学会又名译书局，也叫强学书局或强学局，它的正式成立，应在光绪二十一年十月初，亦即 1895 年 11 月中。

北京强学会正式开局后，"先以报事为主"，把《万国公报》改名为《中外纪闻》⑩，以梁启超、汪大燮为主笔。

12月16日（十一月初一日），《中外纪闻》正式出版，双日刊，木活字印刷，每册注明出版年月，无编号，竹纸印刷，每册连封面约10页。封面《中外纪闻》4字，紫红色，似出康有为手笔。每面10行，每行22字。在他的《凡例》中说：

一、本局新印《中外纪闻》，册首恭录阁抄，次全录英国路透电报，次选译外国各报：如《泰晤士报》《水陆军报》等类，次择录各省新报，如《直报》《沪报》《申报》《新闻报》《汉报》《循环报》《华字报》《维新报》《岭南报》《中西报》等类，次译印西国格致有用诸书，次附论说。

一、《纪闻》两日一次，每月十五次，月底取回，装订成册。中西近事，略具于中。拟仿《西国近事汇编》之例，不录琐闻，不登告白，不收私函，不刊杂著。

一、此册所录近事，皆采各国各省日报，标明来历，务期语有根据；至其论说，亦采各书各报，间加删润。或有集采众书成篇者，不标来历，以省繁重。

一、购阅《纪闻》者，每月收京足银叁钱，票钱从便，照时价扣算。京外购者，按路程远近，酌加寄费。嗣后推广各省会、各城镇商埠，再设分局。

一、创办自十一月初一日为起，十日以内，报费由本局致送，嗣后愿购者，始行送阅，报费按月先付。如不及月，亦按册收费，免致亏折。

一、本局在京都宣武门外后孙公园，愿购书者，请至局中挂号，并由各京报房分售。

根据上述，参以《中外纪闻》原刊，知它创于12月16日（十一月初一日），即强学书局成立之后，这时康有为已离京，但他和《中外纪闻》的关系，却毋庸怀疑。因为：

第一，《凡例》注明"强学书局公订"，是其为北京强学会的机关报可知，所以发刊地点就在"宣武门外后孙公园"。强学会是康有为发起，疑在他离京前已筹组《中外纪闻》，报纸封面题字，亦似其手笔。

第二，《中外纪闻》的主持人梁启超是康有为的弟子，也是帮助他展开维新运动的最主要助手，他特地把康有为所撰《上海强学会序》刊于该刊"十一月十五日"。再则，《中外纪闻》在刊载"译印西国格致有用诸书"后，文末每有简论，所论亦秉承康有为旨意，为《英国幅员考》后"附论"曰：

> 地球面积，海多于陆，万国相通，舍海道未由也。英人以三百年间，尽扼海道之险要而守之。……五洲船舶，来往孔道，无不归其掌握如奕者。然统筹全局，择要著而争之，其余散著，不烦虑而定矣。……虽然，以土耳其跨三洲之地，而见逼六国；以英人处三岛之陋，而雄制五洲。盖边防之强弱，惟内治之兴替是视。《孟子》曰："国家闲暇，及是时，明其政刑，虽大国必畏之矣。"又曰："国家闲暇，及是时，般乐怠傲，是自求祸也。"万国强盛弱亡之原，无外此二途者，谋国者宜何择焉。⑰

《西国铁路考》刊毕，末加论曰：

> 以各国幅员方里之数，合其已有铁路里数，英、比利时、日诸国最多者无论矣。……若夫通士气、阜商务、恤贫民，一举数善，国本强弱，恒必由之，煌煌明诏，审法修废，挈领握枢，我皇其圣矣。⑱

《各国驻华师船考》后附论曰：

> 英国百年来，海上战争之事，皆为保护商务之计。然其所以战胜攻取，属地遍五洲者，实基于此。盖英国兵力之强弱，全球商务之兴衰系焉。各国兵船，游弋东方，保护商旅，犹英志也。顾来者愈众，其力愈厚，乃至变本加厉，于额足保护商务之外，又增倍蓰，竞多角雄，各不相让，识者于此，审时变焉。连群鸡而不飞，牵一发而即动。《孟子》曰："国家闲暇，及是时，明其政刑。"今夫闲暇者，时之难得而易失者也。⑲

《地球奇妙论》末谓：

　　　　大地行动，寂静无声，人故不觉。现有识者考知此事，使人得明
　　　地球之奇妙，正宜深思静察，以悉天地之奥妙也。⑳

　　这些"附论"，与康有为的维新主张也是一致的。

　　《中外纪闻》发刊时间虽仅月余，但它是资产阶级改良派继《万国公报》
以后的宣传刊物，是资产阶级早期政治团体的机关刊物，是北京强学会正式
成立后发刊的，它探讨"万国强弱"，提出言政敷治，在中国近代政治史、
新闻史上有一定地位，而康有为组织强学会和筹组报刊，也自有其贡献。

　　康有为在代张之洞作的《上海强学会序》中说："顷士大夫创立强学会
于京师，以讲中国自强之学，风雨杂沓，朝士鳞萃，尚虑未能布衍于海内，
于是江海散佚，山林耆旧，盍簪〔聚〕讲求。"㉑强学会在北京筹组时，究
竟聚集了一些什么人物？

　　根据《自编年谱》"光绪二十一年"的记载，先后提到康有为、陈炽、
沈曾植、沈曾桐、袁世凯、杨锐、丁立钧、张孝谦、陈□□（仰垣）、梁启
超、李提摩太、刘坤一、张之洞、王文韶、宋庆、聂士成、褚成博、张仲
忻等18人。《南海先生诗集》卷二《汗漫舫诗集》增加王鹏运、文廷式、
徐世昌、张权4人，而移褚成博于"议勦"之列。梁启超：《三十自述》《戊
戌政变记》语焉不详。蔡尔康《上海强学会序后按语》又增加洪良品、翁
斌孙、曾广钧、王之春、程文炳、龙殿扬6人㉒。此外，《天南新报》和赵
炳麟《陈炽传》均有增补㉓。

　　查蔡尔康、赵炳麟没有参加强学会，《天南新报》得自传闻，所言均未
能全信㉔，即康有为、梁启超所述，也未把创议者和赞助人加以区别。作
为资产阶级早期的政治团体，不会有严密的入会手续，不会有可靠的登记
表留存。这就需要爬梳考核。而《汪穰卿先生师友手札》（以下简称为《手
札》），却保存了不少当时有关人物的函札多件，它比康、梁所述更为原始。
探索北京强学会人物，就应以《手札》为主，参稽其他书刊，重加厘定㉕。
这里，将列名会籍、支持学会诸人列表如下（见表5-1、表5-2）：

表 5-1　列名会籍或参预会务者

姓名	字号	籍贯	职衔	备注
康有为	长素、广厦	广东南海	工部主事	创始人，正式开局时已离京
梁启超	卓如、任公	广东新会	举人	主《万国公报》《中外纪闻》编务
麦孟华	孺博	广东顺德	举人	《万国公报》编撰㉖
陈炽	次亮	江西瑞金	户部主事，军机处章京	任会中提调，有"正董"之名㉗
沈曾植	子培	浙江嘉兴	刑部郎中	有"正董"之名㉘
沈曾桐	子封	浙江嘉兴	编修	有"副董"之名㉙
文廷式	芸阁、道希	江西萍乡	翰林院侍读学士	有"副董"之名㉚
丁立钧	叔衡、恒斋	江苏丹徒	编修	用事人㉛
张孝谦	巽之		编修	用事人㉜
杨锐	叔峤、钝叔	四川绵竹	内阁中书	发起人之一㉝
张权	君立	直隶南皮	主事	张之洞之子
袁世凯	慰亭	河南项城	浙江温处道	
陈仰垣				
徐世昌	菊人	直隶天津		
汪大燮	伯唐、伯棠	浙江钱塘	内阁中书	与梁启超共理译报事，任主笔㉞
熊余波				办事人㉟
姚菊仙	子良			参加者㊱
杨楷				参加者㊲
韩樾堂				办事人㊳
褚成博	伯约	浙江余杭	礼科给事中	邀集者㊴
张仲炘	次山	湖北江夏	御史	
王鹏运	幼霞	广西临桂		

表 5-2　支持学会或与之有关者

姓名	字号	籍贯	职衔	备注
翁同龢	叔平	江苏常熟	户部尚书、军机大臣	
孙家鼐	燮臣	安徽寿州	尚书	
李鸿藻	兰孙	直隶高阳	大学士、军机大臣	
张荫桓[⑩]	樵野	广东南海	户部左侍郎	
王文韶	夔石	浙江仁和	直隶总督、北洋大臣	
刘坤一	岘庄	湖南新宁	两江总督	
张之洞	香涛、孝达	直隶南皮	湖广总督、时署两江	
宋庆	祝三	山东蓬莱	提督	
聂士成			提督	
郑观应[⑪]	陶斋	广东香山		
李佳白		美国	传教士	
李提摩太		英国	传教士	
毕德格		英国		
欧格讷		英国	驻华公使	

以上"列名会籍或参预会务者"22人，"支持学会或与之有关者"14人。另有"文献讹误或存疑者"，如谭嗣同，李提摩太《留华四十五年记》第十二章《中国的维新运动》有其名，而谭氏自称："嗣同于总会、分会均未与闻，己既不求入会，亦无人来邀。无论或开或禁，原与嗣同毫不相干。"[⑫]自应以谭氏自述为据。如江标、张元济，也有说他俩列名强学会的，实际均未参加。

在"列名会籍或参预会务者"的22人中，康有为、梁启超、麦孟华是改良派；汪大燮、王鹏运与康、梁较接近；文廷式、沈曾植、丁立钧、陈炽、陈仰垣则属帝党，或与翁同龢有一定关系；张权为张之洞之子，杨锐为张之洞亲信；袁世凯、徐世昌、褚成博、张仲炘，疑为张孝谦延入，而张孝谦尝主会务，又为李鸿藻的得意门生；熊余波、韩樾堂、姚菊仙，派系不一，意见各异。至于支持学会的 14 人中，翁同龢、孙家鼐、李鸿藻、张荫桓为中央官僚，翁为帝党首领，孙也曾倾向帝党；刘坤一、张之洞、王文韶是地方总督，宋庆、聂士成为武将；郑观应与李鸿章有关；李佳白、李提摩太、毕德格、欧格讷则为英美地区的人。可见强学会成员复杂，派系迷离。

上海强学会和《强学报》

北京强学会规模初具，康有为即于 10 月 17 日出京，经天津到南京，企图说服张之洞，成立上海强学会。

康有为之所以要在上海成立强学会，是有其理由的。

首先，上海自鸦片战争开埠以后，成为帝国主义文化侵略的中心，也是早期资产阶级比较集中的地区。康有为曾于 1882 年经过上海，亲眼看到西方殖民主义者所经营的租界上的街市繁荣，使他"益知西人治术之有本"。他又看到上海的出版物很多，其中有不少翻译本西书，于是"大购""讲求"，走向向西方寻找真理的历程。他自称：

> 顷士大夫创立强学会于京师，以讲中国自强之学，风雨杂沓，朝士鳞萃，尚虑未能布衍于海内，于是江海散佚，山林耆旧，盍簪〔聚〕讲求。士大夫所走集者，今为上海，乃群天下之图书器物，群天下之通人学士，相与讲焉。④

> 今者思自保，在学之群之。昔在京师，既与诸君子开会，以讲中国自强之学，朝士集者百数，然未足合天下之才，海内耆贤通学，捧手推襟，欲推广京师之会，择合群之地而益宏厥规，则沪上总南北之汇，为士夫所走集，乃群中外之图书器艺，群南北之通人志士，讲习其间，而因推行于直省焉。④

> 本会专为中国自强而立，以中国之弱，由于学之不讲，教之未修，故政法不举。今者鉴万国强盛弱亡之故，以求中国自强之学。总会立于上海，以接京师，次及于各直省。④

他以上海为"南北之汇,为士夫所走集",是"合群"和讲求自强的重要地区;组织上海强学会"以接京师,次及于各直省",可以扩大维新声势,推进变法运动。

其次,甲午战时,张之洞代刘坤一署两江总督,上海是他的辖地,马关签约,张之洞上疏阻和议。变法议起,张之洞请求改"积弊"。他还于6、7月间(闰五月)吁请"修养储才,急图补救"⑯。并于北京强学会筹组时,捐助五千金。⑰对这样掌握实际权柄,又以"谈新法为一极时髦之妆"⑱的地方督抚,康有为当然重视,于是"南赴江宁",进行"游说"。

康有为是在11月1日(九月十五日)到南京的,住了20多天,和张之洞"隔日一谈",张"颇以自任",但"不信孔子改制"⑲。张之洞的"自任",是想利用资产阶级改良派的宣传才能以扩张自己的声势,所以拨发经费,表示支持,除给北京强学会5000金外,又拨款1500两兴办上海强学会,成为当时捐款最多的一个。《上海强学会序》还由他署名,真像"颇以自任"的"维新"大员。张之洞的"不信孔子改制",表明了他和改良派政治主张的根本差异。改良派学习西方,是想把封建的中国变为资本主义的中国,张之洞却是主张"中学为体,西学为用",封建纲常,不容摇撼。上海强学会后来的人事递嬗,改弦易辙,与此有关。这时,康有为以"母寿须归",张之洞也想把上海强学会笼为己有,于是以"康主粤,汪主沪"⑳为名,准备把自己的旧僚汪康年调"主沪会"。当康有为到上海"设会"时,还派亲信幕僚陪康前往。

康有为曾在张之洞的授意下,于11月16日(九月三十日)致函汪康年:

> 不见经年,知欲开会,万里同心,百折不回,沉劲郁拔之气,安得如穰卿者哉?若得如穰卿者百数十,遍十八行省,事或有济也。南皮顷已许办上海、广东两会,知所乐闻,故先驰报。仆急须还粤,沪上事待之穰卿矣。明年乃始暇来,沧海横流,我心耿耿,饮建业水,未食武昌鱼。西望鄂云,只为惆怅。敬问动定。弟康有为再顿首。九月晦由江宁致。

> 卓如留在京,办报事,伯唐兄同办,并以闻。㉑

"穰卿"，汪康年；"卓如"，梁启超；"伯唐"，汪大燮。函中所谓"知欲开会"，指汪康年拟在湖北组织的中国公会。"沪上事待之穰卿矣"，正是张之洞邀汪"主沪"的原意；"明年乃始暇来"，却又表明康有为不肯放弃"南北之汇"的上海地盘。

康有为等是 11 月中旬（十月初）由南京来到上海的，陪同前来的有张之洞幕僚梁鼎芬、黄绍箕等 8 人，在旅馆住了 21 天②，乃"赁屋于张园旁"，在"上海跑马场西首王家沙一号"设会开局。③当时由康有为主持，"规模恢张"。并拟定章程，说明"专为中国自强而立"，"求中国自强之学"，着重说明设会的目的是通"声气"，聚图书，讲专门，成人才，广"圣教"，"周世用"。也就是说，利用学会组织，联结地主阶级出身的知识分子，讲求变法图强，挽救世变。

《章程》中认为当前最要者有四件事：一是译印图书，二是刊布报纸，三是开大书藏，四是开博物院。值得注意的是，他们强调学习西方，学习的目标是西方资本主义国家。译印图书，要"讲求西学之法"，以"通西学"，"去塞求通"。刊布报纸要仿林则徐节译《澳门月报》"以觇敌情"。开大书藏，则于中国旧籍，"先搜其经世有用者"，至于"西人政教及各种学术图书，皆旁搜讲求，以广考镜，而备研究"。开博物院则要提出置办仪器，讲求制造，"以为益智集思之助"。他们不仅要学习西方资本主义国家的社会政治学说，而且学习自然科学，以为西方资产阶级那些理论和知识可以救中国。他们在学习这些以后，就企图按照西方资本主义国家的模型来改变中国的国家制度和社会制度。强学会虽历时甚暂，但已反映了当时微弱的中国资产阶级要求改变自己国家命运、努力学习西方的意愿。

可是，改良派的学习西方，却又是以"托古改制"的态度出现的，他们要"合群"，要"立会"，就援引《易经》"君子以朋友讲习"，《论语》"百工居肆以成其事，君子学以致其道"④。引经据典，表示古有明训。《章程》中还专列一条："入会诸子，原为讲求学问，圣门分科，听性相近。今为分别门类，皆以孔子经学为本。"尊奉的还是孔子"圣教"。当然，改良派崇拜的孔子，已是讲"因革""损益"，资产阶级化了的孔子，和封建卫道者尊奉的孔子迥然有别。但它还是挂上孔圣人的招牌"托古改制"。再是张之洞"频劝勿言此学"，康有为还是不因"其供养而易其所学"，并在《强学报》上以孔子纪年，这也成为张之洞设会时请汪康年主持，办报后电嘱"勿办"的主要因素。

刊布报纸是上海强学会"最要者四事"之一，康有为也自称"急欲办报"，并在旅沪期间，电调门人徐勤、何树龄由粤来沪办报。徐、何二人于1896年1月上旬（十一月）即到上海。这时汪康年尚未到沪。⑤因此，他们所办之报，即《强学报》，主要反映了以康有为为代表的资产阶级改良派的观点。

《强学报》共出三号，创刊号于1896年1月12日（光绪二十一年十一月二十八日）出版，署"孔子卒后二千三百七十三年"，刊头右栏注明"上海强学书局现住跑马场西首王家沙第一号"，即上海强学会会址。可知它和北京强学会一样，是以"强学书局"开局作为正式成立的标志的。创刊号共8页，铅字排印，竹纸印刷，装订成册派送赠阅，并不收费。首载《本局告白》，次录"上谕"，继载"论说"，凡《开设报馆议》《孔子纪年说》《论会即荀子群学之义》3篇，次列学会文件，载《京师强学会序》《上海强学会序》（署张之洞名，实为康有为撰）、《上海强学会章程》《上海强学会后序》（署张之洞名，实为康有为撰）。

第二号刊于1896年1月17日（光绪二十一年十二月初三日），共4页，载论文4篇，即《毁淫祠以尊孔子议》《变法当知本源说》《论回部诸国何以削弱》《欲正人心先修法度说》，末附第一号《正误》。

第三号未见，但应刊于夏历十二月上旬。查《申报》光绪二十一年十二月十二日《强学停报》称：

> 昨晚七点钟，南京来电到本馆云：自强学会报章，未经同人商议，遽行发刻，内有廷寄及孔子卒后一条，皆不合，现时各人星散，此报不刊，此会不办。同人公启。

《强学报》虽仅出三号，但它对维新运动的推动，却起过很大作用。当康有为在北京创设强学会前，就创刊《万国公报》，后改为《中外纪闻》，这两份报刊，基本上表明了《上清帝书》中的变法维新主张。《强学报》的政治色彩更较《万国公报》《中外纪闻》鲜明，且以论说为主要内容。所列论说，虽未标明作者，但寻文绎意，知其出于康有为或康门弟子，因而它的影响，也就远较《万国公报》《中外纪闻》为深远，这主要表现为：

第一，《强学报》以孔子纪年，欲"托古"以改"今制"。《强学报》揭载"孔子卒后二千三百七十三年"，以之与光绪二十一年并列，并载《孔子纪年说》，称：

> 凡百世之义理制度，莫不曲成；凡异强殊教之精微，皆在范围者，其惟孔子乎？凡所称为尧、舜、禹、汤、文、武成功盛德，皆孔子所发也。孔子既损益而定制，弟子传其道，弥塞天下。……嗟夫！封禅七十二君，九皇六十四民，仍代递嬗，变灭不贯；至于圣道，与天下变。然今异教迫逼，务在密其条理，定其统宗，坚其执持，亦欲张皇圣道，光大延亘。前有千古，后有万年，横有大地，生有亿类，共尊持之。⑧

《毁淫祠以尊孔子议》又说：

> 夫开民志，在兴学校；兴学校，在定趋向；定趋向，在尊孔子。……呜呼！师道之尊，同于君父；为人臣者，背其君父，罪孰甚焉。今举天下之智愚、贤否、贵贱、长幼，皆曰在孔子范围之中，礼义之内，而不知尊奉之、考求之，是犹有君而不忠，有父而不孝也。……今宜继孔子之志，专孔子之祀，凡各淫祠，悉为焚毁，即海内感应劝世之文，歌谣小说之书，皆以援孔子之大义，明孔子之大道为主，违者以淫书论。所以一天下之耳目，定天下之心志，使之知孔子之名，求孔子之实，则四千年之种族，二千年之圣教，或有赖焉。不然，海外诸教，其能行于五洲，垂诸久远者，岂义理之奥妙，条理之精密哉？亦以其奉其祖师，既尊且亲，故至此耳。有志之士，竞共勉旃。⑨

认为古代制度不断损益，尧、舜、禹、汤、文、武的"成功盛德"，都是孔子发明以改当时的制度，应该"尊孔子"以"定趋向"，应该"继孔子之志，专孔子之祀"，以维系"圣教"。他把资产阶级需要的东西，挂上孔圣人的招牌，欲"托古"以改"今制"，借以减轻非圣无法的压力，从事维新变法的宣传。这就引起了封建官僚的不满，张之洞就反对"孔子纪年"，以"孔子卒后一条"，"未经同人商议"为"不合"。

第二，刊录当时未经公开的"廷寄"，并加"跋语"，阐明变法的必要性。《强学报》第一号，刊录光绪二十一年闰五月二十七日"因时制宜""蠲除积习，力行实政"的上谕，末载"附论"，赞扬它是"三百年之特诏"，以之为"中国自强之基，臣民讲求时事之本"，用以发挥维新之实，变法之宜，说：

> 故千年一大变，百年一中变，十年一小变。……若夫时有不宜，地有不合，则累朝律例典礼，未有数十年不修改者，此十年之变也。孔子作六经，而终以《易》，专言变通，盖穷则变，变则通，通则久，不变则不能久矣。……圣上深通天人之故，鉴中外之得失，首发纶言，颁示疆臣，变行新法，哀通激切，义与天通。《传》曰："诚则明矣。"呜呼！此为三百年之特诏，中国四万万之人类，托乐利焉。疆臣奉宣德意，承流宣化，其条陈虽未知何如，而薄海臣民，捧读王言，破去拘牵之见，光大维新之命，化行风被，人人可以昌言新法。⑧

末后又说："本会臣等敢敬纪之"，好比是强学会的"恭注"。他热望"光大维新之命，化行风被，人人可以昌言新法"。借"谕"发挥，宣传变法。张之洞等当然不满，因而"同人公启"也以"内有廷寄"为"不合"。

第二，宣传设会办报，倡导维新变法。《强学报》除刊载《强学会序》《上海强学会章程》外，又有《论会即荀子群学之义》，说是"考西之富强，虽由在上者之发愤，亦由在下者之切磋"，以为设立学会是"救败之道"，又刊《开设报馆议》⑨，说设立报馆，能"达民隐""开民智"，其利有六：

> 一、士夫可通中外之故，识见日广，人才日练，是曰广人才；二、公卿耳目渐广，兵事敌情渐熟，办事立约，不至大误，是曰保疆土；三、变法当顺人心，人人以为然，则令若流水，是曰助变法；四、士夫终日从公，余则酬酢，绝无暇日读书，有报则每日一张，各学皆有日日增长，是曰增学问；五、吏畏上闻，不敢作奸，是曰除舞弊；六、小民疾苦，纤悉皆知，是曰达民隐。有此大利，亟应举行。由此推广直省郡县，则天下一家，中国一人，其于风化，为益大矣。

宣传开设学会和创办报刊的重要性，认为西方资本主义国家之所以强盛，都与开会办报有关。创办报刊，是学会的首要任务；组织学会，又赖报纸的配合揄扬。两者本来是相互依联的。组织学会，可以联结一些地主阶级出身的知识分子和官僚，进而议政；创办报刊，又可利用这个宣传阵地浸渍舆论。这是康有为等改良派在维新运动时期首先注目的两件大事，然而，他们学习西方，却总离不开依托古制，说什么中国本来有"乐群""会友"之义，本来有采诗之风，只是后来湮没了，以致中国"积弱"，"民智"不开。不敢轻率提出，反映了他们的软弱性。

第四，阐明变法当知本源，提出了开议院的政治主张。《强学报》第二号《变法当知本源说》是一篇值得重视的文章。文章认为，科举制度锢蔽才智，以致"世变日亟，上下无才"，应该学习西方的"学校兴而积习变"。它还明确提出"明定国是"、开设议院的主张，说："向使中国幡然改图，士风一变，国是既定，然后开议院，立议员，以通上下之情，重官俸，疏官阶，以正吏治之弊，纲举目张，风行草偃，余事何足为哉！"⑩早在中法战后，郑观应、陈虬、陈炽曾经提出类似意见，但第一次直接向皇帝提出"设议院以通下情"的，是这年6月30日（闰五月初八日）的康有为《上清帝第四书》，至于公开在报刊上论及议院，则以这篇文章为最早。

《强学报》虽仅见三号，但它力言科举、法制的积弊，倡导维新变法的必要，并提出了开设议院"以通下情"的政治主张，表达了资产阶级改良派企图在不触犯地主阶级根本权利的基础上，求得一些发展资本主义条件的愿望。

如上所述，康有为对办报极为重视，由于自己急需返粤，特把他的弟子徐勤、何树龄调来。徐、何于1896年1月上旬前来沪，《强学报》则创刊于1月12日，终刊于1月22日左右，可知《强学报》是康有为及其门人经办的。汪康年的来沪，则在1、2月间，而1月20日，强学会即遭劾奏，1月26日，《申报》已有《强学停报》的报道。那么，汪康年到沪，《强学报》已停刊，这三号的论说，汪康年尚未插手。⑪

上海强学会从1895年11月中旬康有为等来沪，次年1月12日前设局办报，1月下旬，强学会被封禁，历时甚暂；即使上溯到康有为到南京"游说"张之洞，也不过 3 个月。在这短短时间内，他究竟联结了哪些人物？这些人物的政治面貌又是怎样？

关于上海强学会人物，康有为是这样说的：《自编年谱》"光绪二十一年"提到在南京筹议时，有康有为、张之洞、黄绍箕、梁鼎芬 4 人。《南海先生诗集》卷二《汗漫舫诗集》自注则称：

> 南还，与张孝达督部、黄漱兰侍郎及其子仲弢编修、梁星海太常、黄公度观察再办强学会。海内士夫，若屠梅君侍御、陈伯潜阁学、顾渔溪通政先生咸应焉。卒被御史杨崇伊所劾而封禁。

增黄体芳、黄遵宪、屠仁守、陈宝琛、顾璜 5 人。

《强学报》第一号《上海强学会章程》之末，列有发起人名单，凡黄体芳、屠仁守、康有为、梁鼎芬、黄绍箕、蒯光典、张謇、乔树枬、黄绍第、汪康年、邹代钧、黄遵宪、左孝同、志钧、沈瑜庆、龙泽厚等 16 人。查黄遵宪《人境庐诗草·己亥杂诗》自注：

> 乙未九月，余在上海，康有为往金陵，谒南皮制俯，欲开强学会，□□力为周旋。是时，余未识康。会中十六人有余名，即□□所代签也。㉚

□□，应为星海，即梁鼎芬。蔡尔康《上海强学会序后按语》（下简称《按语》）㊳云：

> 既而公定先从上海试办之议，名儒硕彦，噬肯来游。浙则有黄漱兰大银台暨哲嗣仲弢大史、从子叔镛太史、汪穰卿进士；鄂则有屠梅君侍御；粤则有黄公度观察、康长素工部、梁节庵太史；皖则有蒯礼卿太史；吴则有张季直殿撰；江西则有湘抚陈宝箴中丞之公子伯严吏部；桂则有岑襄勤公令子云阶太常；闽则有沈文肃公之哲嗣爱沧观察；楚则有左文襄公之少君子异观察、邹沅帆吏部；蜀则有乔茂萱部郎，皆入是会。并邀致陈伯潜阁学、黎莼斋观察、志仲鲁观察由闽、蜀、鄂等遥相唱和，此诚中国非常之盛举也。

与《强学报》相较，少龙泽厚一人，增岑春煊、黎庶昌、陈宝琛、陈三立等 4 人，共 19 人。

按《强学报》是上海强学会的机关报，列名于《上海强学会章程》之后，自属可信；《按语》撰于光绪二十二年（1896）三月，距强学会移交也只有三个月，蔡尔康当时在上海，与强学会有接触，所言当有依据。这两份数据，是钩稽上海强学会人物的重要数据。此外，《汪穰卿先生师友手札》藏有汪康年友僚当时往来函札多件，《申报》也有上海强学会的零星材料，都可补充。

我在《戊戌变法人物传稿》增订本附录《上海强学会人物》，以及《戊戌时期的学会和报刊》上卷第三册第三节《上海强学会的参加者、支持者和办事人员》均予记载，见表 5-3、表 5-4、表 5-5：

表 5-3 列名会籍或参预会务者[64]

姓名	字号	籍贯	职衔	备注
康有为	长素、广厦	广东南海	工部主事	创始人，曾来沪设会
黄体芳	漱兰	浙江瑞安	内阁学士	
梁鼎芬	星海、节庵	广东番禺	编修	张之洞幕僚，随康有为来沪设会
黄绍箕	仲弢、漫庵	浙江瑞安	翰林院庶吉士，编修	
黄绍第	叔颂、叔镛	浙江瑞安	编修	张之洞侄女婿
屠仁守	梅君	湖北孝感	编修转御史	1889 年因触犯慈禧被革职返鄂，与张之洞有交往
蒯光典	礼卿	安徽合肥	翰林院检讨	张之洞幕僚
张謇	季直	江苏南通	以状元入翰林	翁同龢门人，由梁鼎芬电邀入会
乔树枏	茂萱	四川华阳	刑部主事	与杨锐有深交，张之洞曾拟罗致
汪康年	穰卿、恢伯	浙江钱塘	两湖书院分教	张之洞幕僚，主会事
邹代钧	沅帆、甄伯	湖南新化		张之洞延主编绘湖北省地图
黄遵宪	公度	广东嘉应州	曾任驻日参赞、新加坡总领事	
左孝同	子异	湖南湘阴	道员	左宗棠之子
志钧	仲鲁	满洲镶红旗		

续表

姓名	字号	籍贯	职衔	备注
沈瑜庆	爱沧、霭沧	福建侯官	江苏候补道	两江总督沈葆桢之子
龙泽厚	积之	广西临桂		康有为门人，拟邀为《强学报》主笔⑥⑤
陈三立	伯严	江西义宁	吏部主事	湖南巡抚陈宝箴之子
岑春煊	云阶	广西西林	举人	云贵总督岑毓英之子
黎庶昌	莼斋	贵州遵义	曾任出使日本大臣	
陈宝琛	伯潜	福建闽县	内阁学士	
吴德潇⑥⑥	季清、筱村	四川达县	知县	
吴樵⑥⑦	铁樵	四川达县		德潇之子
顾璜	渔溪	河南	通政使	
章炳麟⑥⑧	太炎	浙江余杭		

表 5-4　支持会务或与之有关者

姓名	字号	籍贯	职衔	备注
张之洞	香涛、孝达	直隶南皮	署两江总督	
邹凌瀚	殿书	江西高安	部郎	捐银五千两⑥⑨
陆春江⑦⑩				
朱阆稚⑦①				
孙玉仙⑦②				
经元善⑦③	莲珊	浙江上虞	上海电话总局总办	
郑观应	陶斋	广东香山	署两江总督	

表 5-5　办事人员

姓名	字号	籍贯	职衔	备注
徐勤	君勉	广东三水	《强学报》主笔	
何树龄	易一	广东三水	《强学报》主笔	
杨葵园			账房⑦④	
杨子勤			书写⑦⑤	
马善子			翻译⑦⑥	

除上列三类外，梁启超曾撰《学会末议》寄沪，并于 1896 年 4 月由京来沪，旋任《时务报》主笔，与上海强学会有一定关系。又据孙宝瑄《日益斋日记》"光绪二十一年十月初十日"记："偕燕生、仲巽入城，至梅经

书院张经甫先生所居。……俄顷，客来益多，有汪颂谷、颂南、又吴铁樵，则所结之同志也。由《公会续增章程》示同人。都中此时，亦拟设强学会，穰卿欲合南北为一。"则宋恕（燕生）、胡惟志（仲巽）、张经甫、汪诒年（颂谷）、汪洛年（颂南），似亦与上海强学会有关。但宋恕《报王儒艅书》则称"上海强会，开局客冬，岭南康君，实尸其事"，"衡初闻斯举，亦拟与谋，嗣以列名诸公，品杂真伪，颇或势利情浓，诗书味浅，遂乃决然自外"。自称未参加。

又，经元善《居易初集》卷一《丙申正月复南海康主政书》谓："弟一面据实禀辞南皮，冀或垂念，准待鹤诸君勷襄，不致功败垂成。"⑰待鹤，郑观应，据吴樵在光绪二十二年（1896）二月初五日《致汪康年书》中称，北京强学会诸人，"于沪上交涉为郑陶斋"（《手札》）；同年二月二十一日《致汪康年书》：强学会购杨文会仪器，郑观应亦与其事。又郑观应在光绪二十一年（1895）十月十五日《致王韬书》中称："康长素主政，奉南皮命到沪，设立强学总会，约弟午后两点钟同谒先生，邀往格致书院一游。"⑱知郑观应与学会有关。

在上列三表中，列名会籍或预闻会事的，凡24人，除康有为外，黄体芳、陈宝琛与张之洞同属"前清流"；屠仁守、梁鼎芬、黄绍箕、黄绍第、蒯光典、乔树枏、汪康年、邹代钧，都是张之洞的幕僚或与之有往来；张謇由梁鼎芬电邀入会，志钧与梁鼎芬有旧；吴德潇父子与张之洞有旧；左孝同、沈瑜庆、岑春煊都是地方督抚的"公子"；就是黄遵宪，也曾晋谒张之洞，之洞因其"昂首足加膝，摇头而大语"⑲，乃置之闲散。章太炎这时还在杭州，顾璜于会务关涉不大，至于康有为的亲信，只有龙泽厚一人。但是，上海强学会停办，龙尚未来，康又返粤。那么，上海强学会人物几乎都和张之洞有关，难怪停办后的"余款"，终于移交给汪康年。

支持学会或与之有关的，主要是张之洞系，其余都是富绅、官僚；办事人员则有康有为电调来的徐勤、何树龄。因此，在人员组织上，张之洞是占绝对优势；在具体办事上，康有为门人则主《强学报》笔政。基于前者，强学会停办后，余款交给张之洞幕府中人汪康年；基于后者，《强学报》的言论，却反映了资产阶级改良派的意旨。

强学会的被封禁及其内部矛盾

北京强学会在"游宴小集"，筹资结会时，拟定陈炽、沈曾植为正董，沈曾桐、文廷式为副董。陈炽、沈曾植兄弟、文廷式都是帝党的中坚，翁同龢的门人在甲午战后都主张"清议"，反对李鸿章，可知强学会是资产阶级改良派和帝党相结合的一个政治团体。梁启超说是："盖强学会之性质，实兼学校与政党而一之焉。"⑳

由于他们想从后党手中夺取权力，便把一些和后党有矛盾、攻击过李鸿章的以至投机官僚也加以拉拢，这更加深了内部成员的复杂性。

强学会参加成员的复杂，促使了内部矛盾的深化；组织初期，表现为"互相争长"，各不相下；后党反击，表现为彷徨瞻顾，"人心已涣"；等到官书局"兴复"，又是"稍稍营求"，"趋之若膻"。这些，我已有专文论述，这里就不赘言了。㉑

后党对强学会自然不满。李鸿章起初"以三千金入股"，为帝党陈炽"屏之"，"已含怒矣"。这时，李奉命出国，"将行有言，若辈与我过不去，我归，看他们尚做得成官否？"㉒怂恿他的亲戚杨崇伊于1896年1月20日（十二月初六日）上疏弹劾，说强学会"专门贩卖西学书籍，并抄录各馆新闻报，刊印《中外纪闻》按户销售，犹复借口公费，函索外省人员，以毁誉为要挟，请饬严禁"㉓。强学会终遭封禁，上海强学会也随之停办。

于此，有几个问题值得注意：

第一，北京强学会的内部矛盾及其在被封禁时的表现。

强学会筹议之初，原定"总董"四人（陈炽、文廷式、沈曾植、沈曾桐），都是帝党。等到李鸿藻的亲信张孝谦和张之洞所赏识的丁立钧加入，就以陈炽、丁立钧、张孝谦、沈曾植为总董，而以张孝谦"主其事"㉔。张孝谦"作事无甚经纬"，又自恃有李鸿藻支持，"意见重，气焰大"，"群恐因此坏事"㉕。内部矛盾也随之激化。杨崇伊劾奏事起，当天中午，张孝谦从军机处得到消息，仓皇来会，"嘱速迁"。"顷刻闲人满院"。沈曾植还想"图复"，而"各人皆畏"；褚成博、张仲炘唯恐牵累，匿迹不出；丁立钧"泣下"，"欲将书籍、仪器缴还同文馆"；张孝谦要"往合肥献好"，熊余波"欲叩杨门求见"；"余人纷纷匿遁"⑧。1月23日（十二月初九日），"北城出示拿人，而人心于是逾畏"，丁立钧大呼"人心已涣，事无可为"，急得"出涕""垂泪"。

改良派和帝党仍图恢复，梁启超看到"与会各人纷纷匿遁"，和汪大燮"相号于人曰：'若属不言，听此澌灭，吾二人具呈，将悉言诸君所为，诸君不得阻我也。'于是诸人之甚"⑨。只是加深了各色官僚的嫉视，使改良派更形孤立。

这时，李鸿藻刚好"赴陵差未回"，翁同龢听到查禁强学会，竟"嘿不一言"，"见人推之两邸"⑧。等到1月29日（十二月十五日）李鸿藻回京，张孝谦"为之力陈于高阳（李鸿藻）"，刚好陈其璋上书请普开学堂，文廷式"请编洋务书"，御史胡孚宸又上《书局有益人才请饬筹设以裨时局折》，李鸿藻乘机将强学会改为官书局，使之"维系一线"。

张孝谦的"力陈"，李鸿藻的"维系"，又是各怀鬼胎。李鸿藻"欲仿八旗官学，请派官学大臣，意且在己"，也就是想使强学会在中央政府控制之下，成为官僚贵族子弟讲习之所，从而改变它的性质；张孝谦"则欲悉照官学办理，己可为提调，指挥如意，可以尽摒异己"⑧。等到官书局成立，由孙家鼐管理。孙家鼐看到风色不对，转过来向后党妥协，反噬改良派，在他上的《官书局奏定章程疏》所拟开办章程，写了藏书楼、刊书籍、备仪器、广教肄、筹经费、分职掌、刊音信七项⑧，恰恰删去了强学会"最先着手之事"的"刊布报纸"一项。官书局专欲"译刻各国书籍"，不准议论时政，不准臧否人物，不准挟嫌妄议，不准"渎乱宸听"，使之"渐讳时政"。在组织上，把官书局分为四门：一曰学务；二曰选书，文廷式、杨锐负责；三曰局务，管银钱，张孝谦、熊余波负责；四曰报务，沈曾桐、汪大燮负责⑧。除保存了几个帝党外，其余都是李鸿藻系、张之洞系的人物，报务中连梁启超也被排斥了。过去听到"封禁"而隐匿遁迹的，又一个个出来露面：褚成博、张仲炘插足局中，其余官僚也"稍稍出"，"稍出则稍稍营求"，"皆以此局为升官发财之快捷，趋之若膻，而明者反置于闲，或引去，或屏迹于门"⑨"专为中国自强而立"的强学会，至是已完全违失了它的原来意图。

　　强学会发始于改良派，而得到帝党的支持。改良派援帝党以自重，帝党也拉改良派以自固。帝党利用改良派反对后党的勇气及其变法才能，改良派也想利用帝党的地位作为进身之阶。在强学会组织和成立过程中，改良派和帝党经常"聚议"，联结一起。

　　但是，这些帝党，或闲处散秩，或未秉实政，从而又想吸引一些另有奥援的官僚，从而又引进李鸿藻系以至地方官僚和掌握军柄的，这样，加深了内部成员的复杂性。他们的活动，也只局限在地主阶级出身的知识分子和政府官僚中间，成为一个脱离群众的松散联盟，很容易被大官僚利用作为政争的工具，而削弱了它在维新变法运动中的促进作用。强学会被封禁，也并不是偶然的。

　　第二，上海强学会是怎样为张之洞操纵的？

　　北京强学会被劾奏，消息传来，张之洞立即嘱咐幕僚致电上海各报馆："现时各人星散，此报不刊，此会不办。"上海强学会随之解散，《强学报》也于第三号停刊。

　　在张之洞授意下的上述电文中，首称："自强学会会章，未经同人商议，遽行发刊。"那么，《章程》是否真的"未经同人商议"？不是，它是和张之洞幕僚商议过的，《自编年谱》"光绪二十一年"记："与黄仲弢、梁星海议章程，出上海刻之，而香涛以论学不合，背盟，电来嘱勿办，则以'会章大行，不能中止'告。"可知他和黄绍箕、梁鼎芬商量过。《章程》后的列名，也应征询过本人，梁鼎芬的电邀张謇列名，即其一证。且电文中明言："南皮主之，刊布公启。"说明梁鼎芬是看到《章程》的。《上海强学会序》署张之洞名，更应征得张的同意，且此序先登《申报》，早于《强学报》注销近一个月，张之洞也不会不知道⑩。查《申报》刊登张之洞署名的《序》，是在12月4日（十月十八日），是康有为、梁鼎芬等在上海设会时刊出的。上引《自编年谱》所谓张之洞"电来嘱勿办"，也应在康有为离沪返粤以前。问题是，1896年1月12日《强学报》的创刊，不仅把张之洞署名的《上海强学会序》再度刊布，把《上海强学会章程》公开登出，而且以孔子纪年和载录"廷寄"及《孔子纪年说》等论说，这就引起"江宁震动"，"处处掣肘"。这点，准备在后面"新旧斗争"关涉"孔子改制"的争论时再行剖析。

或者说，张之洞和康有为"论学不合"，为什么他的幕僚还参议章程呢？我以为：首先，前面说过，张之洞要利用康有为等改良派的变法才能及其勇气，在上海设立一个有利于自己获取声誉的政治团体，从而表示支持；其次，对康有为的孔子改制说，是"频劝勿言此学"的，他始终"不信"，也未妥协，因而预派汪康年主沪，准备康有为赴粤后，上海强学会即可"入我囊中"。殊不知康有为却以孔子改制为其变法的理论张本，且电召门人赶到上海办理《强学报》，这就引起张的"背盟"。

或者说，《上海强学会章程》和汪康年在鄂主草的《中国公会章程》不同，前者梁鼎芬等人曾参议，而梁鼎芬等的思想倾向却又是后者，这将做何解释？我以为，梁鼎芬等参议《上海强学会章程》时，不可避免地和康有为有过争论，但他们在上海住了21天就回南京，亦即12月上半月（十月下旬）即已离沪，而《强学报》的创刊，则在次年1月12日，这时徐勤、何树龄已来沪，汪康年尚留鄂。在此期间，改良派公布《章程》前，是会有所润饰的，也很有可能是康有为最后定稿留交徐、何的。另一方面，梁鼎芬等来沪的目的是办会，想的是把会办好，让汪康年来"主沪"，想不到他们返宁以后，《强学报》把《章程》刊出，且以"孔子纪年"，使他们感到"强学会被康长素糟坏"。

于此，可将吴樵《致汪康年书》引列说明：

> 昨（十月十五日）得公书，大有兴云之意，此最佳也。然吾鄂同志，诚有上下床之别。私心窃喜，甚愿早有成局。此间诸人，无可与有为，殊负吾辈在鄂盛心也。……康圣人能力甚大，人亦抗爽，在京为人所挤而出，鄂人建会，务与之联络为要。京中意见各不相沾，沪上办法毫无经纬，其为飘风坠绪，转瞬即见。鄂中诸贤，实心任事，虚衷共济，所最悉也。其所造必在此三处之上。第造端不可太宏，亦不可太泛，想公已筹之审矣。公其勇猛精进为之，与京、沪不即不离为善，不必望其助我也。环视各处之会，惟鄂中气象甚好，非自夸也。此扼要之言，亦实在情形也。㉘

汪立元《致汪康年书》亦云：

尊订《公会章程》与《沪上强学会章程》互有不同，元等之意，似宜与康长素先生商酌尽善，合并为一，著为定章，以昭划一。缘现在风气未开，游移者众。若见公等主持之人意见参差，章程歧出，势必迟回瞻顾，无所适从，则筹捐一节，更恐有呼无应。⑤

见其"飘风坠绪"，示意汪康年"与京、沪不即不离"，而对汪康年的"大有兴云之意"，则寄厚望。汪立元也看到两份章程"互有不合"，建议"合并为一"。因此，两份《章程》的不合，当时就有人看出梁鼎芬等参议时还和康有为有不同意见，而《上海强学会章程》的刊出，却又经过改良派⑥之手，《强学报》且以孔子纪年，则非梁鼎芬等始料所及。

张之洞本来想设立学会以捞取政治资本，他的电阻"此报不刊，此会不办"，是不允许改良派以"孔子纪年"，不允许改良派把学会纳入维新轨道，并不是不要设会。从而，促使强学会余款"移交"给汪康年，使之在原有基础上办报。此后，《时务报》的在沪创刊，以及报馆主理汪康年和主笔梁启超的争论，也是康、梁为首的改良派和张之洞系的又一次争论，虽有写作才能的改良派，终于难敌手握实权的地方督抚，其结果也就可想而知了。

第三，康有为组织学会、创办报刊，在当时究竟起了什么作用？

我以为强学会虽成立不久就被封禁，《强学报》也仅仅刊印三号，但它对维新运动的掀起，却起了很大作用。

首先，强学会的成立，标志着帝党和改良派的明显结合，为变法的实现准备了条件。

《马关条约》签订，"各直省莫不发愤"，"台湾举人垂涕而请命"⑦。康有为发动"公车上书"，资产阶级改良派正式登上历史舞台，"士气愤涌"，"遍传都下"。

帝党对康有为早有了解，1888年康有为第一次上书时，帝党黄绍箕、沈曾植"实左右其事"；上书不达，沈曾植惋惜地劝康有为"勿言国事，宜以金石陶遣"⑧。翁同龢也已心仪其人，加以垂青。

改良派对主张"整顿"的帝党也要争取团结。中日战争和战问题斗争激烈之时，改良派明确主战，投靠帝党。由于民族危机的空前严重，帝党中一部分逐渐倾向变法，改良派也寻求支持者。帝党要利用改良派的才能和勇气，改良派也是利用帝党的地位以扩张声势。这样，甲午战后，帝党和改良派逐渐结合，它的明显结合，则是强学会。无论是北京还是上海，强学会的成员中都有帝党，这就为变法的实现准备了条件。

其次，促使全国各地学会的成立和报刊的盛行，推动了变法的实现。

强学会虽成立不久即遭封禁，但当时"风气渐开，已有不可抑压之势"⑧。既有讲求变法"强学"的学会，也有各种专门学会。关于戊戌变法时期的学会情况，梁启超《戊戌政变记·改革起原》附《强学会封禁后之学会学堂报馆》⑩、胡思敬《戊戌履霜录》卷四《二十一省新政表》中都列简表，但失之过略，连发起人姓名和设会情况都未述及。晚近专章论及学会的，有台湾张玉法教授《清季的立宪团体》⑩、日本深泽秀男教授《戊戌变法运动史》上册⑩，我除在《戊戌变法人物传稿》附录中列表外，写了《戊戌时期的学会和报刊》一书⑩。今简列如下（见表 5-6）：

表 5-6　戊戌时期的主要学会和报刊⑩

地区	学会或报刊名称	地点	负责人（创办人）	成立年月
直隶	强学会	北京	康有为、文廷式、陈炽等	1895 年
	《直报》	天津	严复	1895 年
	知耻学会	北京	寿富	1897 年
	关西学会	北京	宋伯鲁、阎迺竹、李岳瑞等	1898 年
	《国闻报》	天津	严复、夏曾佑、王修植	1897 年
	《国闻学报》	天津	严复、夏曾佑、王修植	1897 年
江苏	上海强学会	上海	康有为等	1895 年
	《强学报》	上海	康有为、徐勤、何树龄	1896 年
	《时务报》	上海	邹代钧、汪康年、梁启超、吴德潇	1896 年
	地图公会	上海		1896 年
	务农会	上海	罗振玉、徐树兰、朱祖荣、蒋黼等	1897 年
	测量会	江宁	谭嗣同、杨文会、刘聚卿等	1897 年
	苏学会	苏州	章钰、张一麐、孔昭晋等	1897 年
	《集成报》	上海	陈念萱	1897 年
	《富强报》	上海	程霱	1897 年
	不缠足会	上海	谭嗣同、梁启超、汪康年、康广仁、吴樵等	1897 年

续表

地区	学会或报刊名称	地点	负责人（创办人）	成立年月
江苏	新学会和《新学报》	上海	叶耀元	1897 年
	算学会	上海	叶耀元等	1897 年
	《工商学报》和工商学会	上海	汪大钧	1898 年
	《萃报》	上海	朱克柔	1897 年
	《实学报》	上海	王仁俊、章太炎	1897 年
	《求是报》	上海	陈季同、陈寿彭、陈衍	1897 年
	译书公会和《译书公会报》	上海	恽积勋、恽毓麟、陶湘、董康、赵元益	1897 年
	蒙学公会和《蒙学报》	上海	叶瀚、曾广铨、汪康年、汪锺霖	1897 年
	《求我报》	上海	薛绍元、洪述祖	1898 年
	中西学社	上海	丁祖荫等	1898 年
	亚细亚协会分会	上海	文廷式、郑孝胥等	1898 年
	《时务日报》	上海	汪康年	1898 年
	《无锡白话报》	无锡	裘毓芬等	1898 年
	医学善会	上海	吴仲弢、龙泽厚	1897 年
	女学会和《女学报》	上海	黄谨娱	1897 年
湖南	南学会	长沙	谭嗣同、唐才常、黄遵宪、皮锡瑞等	1898 年
	《湘学报》	长沙	江标、徐仁铸、黄遵宪、唐才常等	1898 年
	《湘报》	长沙	唐才常、熊希龄	1898 年
	校经学会（湘学会）	长沙	江标等	1897 年
	浏阳算学会	浏阳	唐才常等	1897 年
	群萌学会	浏阳	唐才常、谭嗣同、黎宗銮等	1898 年
	龙南致用学会	龙南	江瑞清等	1898 年
	郴州学会（郴州舆算学会）	郴州	罗辉山、潘仁瑶	1898 年
	积益学会	长沙	张礽、饶霈	1898 年
	任学会	衡阳	陈为镐、杨概等	1898 年
	延年会	长沙	熊希龄、谭嗣同	1898 年
	湖南不缠足会	长沙	谭嗣同、唐才常、刘善涵等	1898 年
	学战会	长沙	黄蓉、何廷藻	1898 年
	公法学会	长沙	毕永年等	1898 年

地区	学会或报刊名称	地点	负责人（创办人）	成立年月
湖南	法律学会	长沙	施文焱、李延豫等	1898 年
	常德明达学会	常德		1898 年
	《湖南公忠报》	长沙	戴展诚	1898 年
浙江	兴浙会—兴浙学会	杭州	章炳麟、董祖寿、连文澂	1897 年
	《经世报》	杭州	章炳麟、宋恕、陈虬	
	化学公会	杭州	董祖寿	1897 年
	《利济学堂报》	温州	陈虬	1897 年
	瑞安务农支会	瑞安	黄绍箕、黄绍第	1898 年
	海宁树艺会	海宁		1898 年
	兴儒会	瑞安	孙诒让	1895 年
湖北	质学会	武昌		1897 年
	《正学报》	武昌	章炳麟等	1898 年
江西	奋志学社	南昌	李荣植	1897 年
	励志学会	南昌	周鹿坪	1898 年
福建	振兴学会	福州		1898 年
	《福报》		黄乃模	1896 年
四川	《渝报》	重庆	宋育仁、杨道南、潘清荫	1897 年
	蜀学会	成都	宋育仁	1898 年
	《蜀学报》	成都	宋育仁、杨道南、吴文英、廖平	1898 年
	威远农学会	威远	郭中元	1897 年
贵州	仁学会	贞丰	吴嘉瑞	1898 年
广东	农学会	广州	孙中山	1895 年
	《岭学报》	广州	黎国廉、朱淇	1898 年
	广州时敏学堂	广州	梁肇敏、邓家仁等	1898 年
广西	圣学会和《广仁报》	桂林	康有为、唐景崧、岑春煊、蔡希邠等	1897 年
香港	香港戒鸦片烟会	香港	潘飞声	1898 年
澳门	澳门不缠足会	澳门	张寿波、康广仁	1897 年
	《知新报》	其他	康广仁、何廷光、何树龄、刘桢麟等	1897 年
横滨	戒鸦片烟会	日本横滨	徐勤等	1898 年
新加坡	好学会	新加坡	林文庆、丘菽园	1896 年
	《广时务报》	吉隆坡	丘菽园	1897 年
	《天南新报》	新加坡		1898 年

由上可知，自康有为在北京、上海设立强学会、创办《万国公报》《中外纪闻》和《强学报》后，江苏、浙江、广东、广西、湖南、湖北、四川、江西、福建、贵州以至澳门、香港，还有华侨聚居的日本、新加坡都纷纷组会办报，既有政党雏形的学会，也有呼吁救亡、昌言改革的报刊；既有综合性的，也有专业性的，还有文摘性的，真是"风气渐开，已有不可抑压之势"。⑩

戊戌时期的学会和报刊，又是互为依存的，康有为说："思开风气，开知识，非合大群不可，且必合大群而后力厚也，合群非开会不可。"⑩为了"广联人才，开通风气"而组织学会；设会之初，又"先以报事为主"。他们以学会团结士子，以报刊抑扬舆论，有的学会自办报刊，如上海务农学会办《农学报》、新学会办《新学报》、算学会办《算学报》、译书公会办《译书公会报》、蒙学会办《蒙学报》，广西圣学会办《广仁报》等等；有的报刊，更刊登学会活动情况和讲演记录，如南学会讲义，就先后在《湘报》刊布。康有为等改良派在甲午战后创办报刊以启迪民智，抑扬舆论，组织学会以团结"士群"，联络人才。以学会为"兴绅权"之"起点"，以报刊为"去废疾"的"喉舌"，且利用报刊宣传设立学会的必要，依靠学会以办理、销行报刊。学会与报刊既有密切的联系，甲午战后，维新人士也以此两者为首要任务。从而团结"士子"，推动了维新运动。

应该指出的是，康有为不但是甲午战后组织学会、办理报刊的创议者，并且亲自在北京、上海组织学会和办理报刊；不但躬体力行，并且教导门人办会办报。凡是维新运动盛行的地区，都和康有为有关。例如：上海《时务报》的"销行至万余份"，得力于康有为的门人梁启超。梁启超自称所学出自康氏，即使遭到张之洞系统攻击时，他还是说："南海固不知有何仇于公等，而遭如此之形容刻画。"⑩湖南时务学堂成立，所延教师主要是康门弟子，梁启超、欧榘甲、韩文举、叶觉迈均任教习。南学会开讲以后，对康有为的"孔子改制"学说也曾宣扬，以为"孔子立教，本原后世"，在湖南起了很大影响。可知，凡是维新运动进展迅速的地区，都和康有为及其门人的宣传、活动有关。

戊戌时期的学会和报刊，加速维新运动的进展，而它都与康有为有关。康有为不愧为维新运动的领导人物，不愧为先进的中国人。

注　释：

① 《康南海自编年谱》"光绪二十一年"，见汤仁泽编《戊戌变法史》，中国人民出版社 2015 年版，第 98 页。

② 《上海强学会序》，康有为代张之洞作，见《强学报》第一号，又见拙编《康有为政论集》（以下简称《政论集》），中华书局 1981 年版，第 169 页。

③ 梁启超：《戊戌政变记》，见汤志钧、汤仁泽编：《梁启超全集》（第一集），中国人民大学出版社 2018 年版，第 503 页。

④ 沪上哀时老人未还氏：《公车上书记》，乙未石印本。

⑤ 徐勤：《南海先生四上书杂记》，上海时务报馆光绪二十一年乙未（1895）刊本。

⑥ 谭嗣同：《壮飞楼治学十篇》，见汤仁泽编：《戊戌变法史·谭嗣同卷》，第 330 页。

⑦ 梁启超：《论湖南应办之事》，见《戊戌政变记》卷二《湖南广东情况》，又见《梁启超全集》（第一集），第 619 页。

⑧ 康有为：《京师强学会序》，见《时务报》第一号，又见《政论集》，第 166 页。

⑨ 载《时务报》第一册，光绪二十二年（1896）七月初一日出版，见《梁启超全集》（第一集），第 107 页。

⑩ 见《中西教会报》第十四册，光绪二十二年（1896）正月出版。

⑪ 《梁任公先生年谱长编初稿》"光绪二十一年"，世界书局 1959 年版，第 25 页。

⑫ 《康南海自编年谱》"光绪二十一年乙未"，见中国史学会编《戊戌变法》（四），上海人民出版社 1957 年版，第 133—134 页。

⑬ 《都城官书局开设缘由》说："去年京师设立强学会于城南之孙公园，为诸京官讲求时务之地，已而改为强学书局，已购置书器，开刷报章，旋于十二月间由御史杨崇伊奏请封禁。"见《时务报》第一册，光绪二十二年（1896）七月初一日出版。《德宗景皇帝实录》卷三八一亦作"后孙公园"。

⑭ 两函见《梁任公先生年谱长编》"光绪二十一年乙未"，下简称《梁谱》。

⑮ 汪大燮：《致汪康年、诒年》，见《汪康年师友书札》，上海古籍出版社 1986 年版，第 714—718 页。

⑯ 梁启超《莅报界欢迎会演说辞》作《中外公报》，系追忆或记录之误，见《梁任公公牍》。苏特尔《李提摩太传》译文亦作《中外公报》，或译者参据梁氏所述，见《戊戌变法》（四），第 231 页。张元济《戊戌政变的回忆》谓"那时办了一个《强学报》"，

也系回忆或记录之误，见《新建设》一卷三期。

　　⑰《中外纪闻》，光绪二十一年（1895）十一月十一日。

　　⑱《中外纪闻》，光绪二十一年（1895）十一月十五日。

　　⑲《中外纪闻》，光绪二十一年（1895）十一月十九日。

　　⑳《中外纪闻》，光绪二十一年（1895）十二月初三日。

　　㉑初刊于光绪二十一年（1895）十月十八日《申报》，继载《中外纪闻》光绪二十一年（1895）十一月十五日，继载《强学报》第一号，孔子卒后二千三百七十三年（光绪二十一年，公元1895年）十一月二十八日出版，见《政论集》，第169页。

　　㉒见《中东战事本末》卷八，此文撰于光绪二十二年（1896）三月。

　　㉓《天南新报》另有"吴鲁、志钧、汪康年、汤寿潜、乔牟荫、李盛铎、陈三立、容闳、寿富、蔡希邠、胡孚宸、黄遵宪等名"，见《中外日报》，光绪二十四年（1898）十月十六日《逐臣踪迹记》引。《陈炽传》有江标、陈三立、文廷式、熊亦奇等人，见《赵柏岩集·柏岩文存》卷三。

　　㉔蔡尔康所称洪良品等六人，除梁启勋《梁启超补充资料》谓梁与曾广钧相识，梁启超在光绪二十一年（1895）八月初三日《致夏曾佑书》称："以重伯（曾广钧）之才，惜嗜欲太多，讲求太少，其言论有极深玄处，亦有极可笑处。"（《梁谱》"光绪二十一年"）没有说到曾广钧参与会务，其中五人更乏旁证，至《天南新报》所增，胡孚宸仅在强学会封禁后呈请解禁，本人未列会籍。寿富，则梁启超《饮冰室诗话》言："乙未秋冬间，余执役强学会，君与吴彦复翩然相过，始定交，彼此以大业相期许。其后君复有知耻学会之设。"只说寿富"翩然相过"。后来开设知耻学会，未能确证是强学会人物。蔡希邠为广西臬司，1897年春，帮助康有为在桂林设立圣学会，见《知新报》第十八册《圣学开会》，光绪二十三年（1897）四月十六日出版，《中外日报》是光绪二十四年（1898）十月十六日转录《天南新报》的，则蔡希邠之名应为圣学会之传讹。《汪穰卿先生师友手札》中藏有汤寿潜函札，没有说到加入强学会。容闳则据其自述，这年初夏抵沪，旋居刘坤一属下任交涉使者三个月，次年仍游沪上，但言"拟游说中央政府于北京，设一国家银行"，没有参加强学会；至于《西学东渐记》末后所称"中国强学会"，则为政变后唐才常等在上海组织的"国会"。乔牟荫疑为乔茂萱（树楠）之误，蔡尔康以为是赞助上海强学会者。吴鲁则更无明文可证。

　　㉕见拙撰《北京强学会人物》，《戊戌变法人物传稿》附录三；后又增订，见拙撰《戊戌时期的学会和报刊》，台湾商务印书馆1993年版，第40—55页。

㉖ 麦孟华，各书不载，查梁启超《戊戌政变记》附录《改革起源》称："于是自捐资创《万国公报》于京师，遍送士夫贵人，与梁启超、麦孟华撰之，日刊送三千份。"《万国公报》为强学会组设前汲取"舆论"之报，麦任撰述，应知会事。《康南海自编年谱》亦言，"议开书藏于琉璃厂，乃择地购书，先嘱孺博出上海办焉"。故补其名。

㉗ "提调"，见《康南海自编年谱》；"正董"，见汪大燮：《致汪康年、诒年书》光绪二十一年（1895）九月二十四日，又十月三日书即称为"总董"，见《手札》。

㉘ 汪大燮：《致汪康年、诒年书》光绪二十一年（1895）九月二十四日；十月三日函则称为"总董"。

㉙ 汪大燮：《致汪康年、诒年书》光绪二十一年（1895）九月二十四日。

㉚ 同上。

㉛ 汪大燮：《致汪康年、诒年书》光绪二十一年（1895）九月二十四日谓原为"总董"，实为"稍集有资"后，"相继入"，并"为政"者，见吴樵：《致汪康年书》光绪二十二年（1896）二月二十日，见《手札》。

㉜ 同注㉘。

㉝ 吴樵：《致汪康年书》光绪二十二年（1896）二月二十一日，谓为"京会之发始"者。

㉞ 同注㉘。

㉟ 同上书，又《赵柏岩集·柏岩文存》有熊亦奇，未知是否此人，《知新报》第七册则谓系编修。

㊱ 同上书，叶昌炽：《缘督庐日记钞》，光绪二十一年（1895）十一月初四日日记。

㊲ 杨楷：《致汪康年书》光绪二十一年（1895）腊月二十七日。

㊳ 汪大燮：《致汪康年书》光绪二十一年（1895）腊月二十七日；吴樵：《致汪康年书》光绪二十二年（1896）二月二十一日。

㊴ 同上书，叶昌炽：《缘督庐日记钞》，光绪二十一年（1895）十一月初四日日记；康有为：《汗漫舫诗集》，又移入"议劾"之列。

㊵ 汪大燮：《致汪康年书》光绪二十一年（1895）腊月二十七日。

㊶ 吴樵：《致汪康年书》光绪二十二年（1896）二月初二日谓北京强学会诸人，于沪上交涉为郑陶斋。

㊷ 谭嗣同：《致欧阳中鹄书》，见《戊戌变法史·谭嗣同卷》，第382页。

㊸ 同注②。

㊽ 康有为：《上海强学会后序》，见《政论集》，第172页。

㊺《上海强学会章程》，见《政论集》，第173页。

㊻ 张之洞：《吁请修备储才折》，见《张文襄公奏稿》卷二十四，第1—13页。

㊼《康南海自编年谱》"光绪二十一年"；汪大燮：《致汪康年书》光绪二十一年九月二十四日谓强学会经费，"香帅有五千金"；蔡尔康《上海强学会序后按语》也说："南皮尚书特拨五千金以济公用"，见《中东战纪本末》卷八，第46—47页。

㊽ 严复：《论中国分党》，见《国闻报汇编》卷上，第51页，光绪二十九年（1903）六月竞化书局排印本。

㊾《康南海自编年谱》"光绪二十四年"。1900年，康有为《与张之洞书》又追述其事，谓"昔者薄游秣陵，过承紫维，为平原十日之欢，效孟公投辖之雅，隔日张宴，申旦高谈，共开强学，窃附同心"。抄件。

㊿ 据《申报》光绪二十二年（1896）三月十一《强学会收支清单》（下简称《清单》）："收张香帅来银七百两"，"收张香帅来银八百两，申洋一千零三十九元六角四分"，其余为邹凌瀚五百两、陆春江二百两、黄遵宪一百两等。

○51 康有为：《致汪康年书》光绪二十一年（1895）九月三十日，见《汪康年师友书札》，上海古籍出版社1986年版，第1664页。

○52《张謇日记》光绪二十一年乙未（1895）十月十日记："得梁星海约兴强学会电"。下附原电："初十下午九点钟，宁局电张状元。现与中弢、长素诸君子，在沪开强学会，讲中国自强之学，南皮主之，刊布公启，必欲得大名共办此事，以雪国耻。望速复。鼎芬。蒸电。"星海，梁鼎芬；中弢，黄绍箕。知梁、黄当时同来上海。又此电由上海发出，知夏历十月初康有为等抵沪，与《康南海自编年谱》居宁"二十余日"相符。又查《申报》光绪二十二年（1896）三月十一日《强学会收支清单》"支泰安栈租八位一百六十八天，由宁来沪开局，共洋五十一元九角七分"，知来沪共8人，住21天。

○53《康南海自编年谱》"光绪二十一年"；又《强学报》第一号刊头右栏，标明"上海强学会书局"。梁启超《创办〈时务报〉源委》也说："康先生在上海办强学会，张南皮师首捐一千五百两为开办经费。沪上诸当道亦有捐助者，遂在王家沙地方开办。"见《知新报》第六十六册，光绪二十四年（1898）八月十一日出版；又见《梁启超全集》（第一集），第462页。

○54 康有为：《京师强学会序》，见《强学报》第一号；又见《政论集》，第166页。

○55《申报》光绪二十二年（1896）三月十一日《强学会收支清单》有"支主笔何

易一、徐君勉，另跟人由公司船来沪川资五十元”；又支“何、徐每月修金四十元”；末称：“所有余款数目、单据及自置书籍、木器物件，均去年腊廿五日，皆点交汪进士穰卿收存。”知徐、何到沪在“腊廿五日”以前。上有“每月修金”，则徐、何在上海强学会任职应在“腊廿五日”一月以上。再查《强学报》创于“十一月廿八日”，这时徐、何已经来沪，而稿件、排式，则康有为离沪前已有安排，至汪康年则在夏历十二月始到沪。

(56)《强学报》第一号，见顾廷龙、方行、汤志钧编：《强学报、时务报》，中华书局 1991 年版，第 5—6 页。

(57)《强学报》第二号，同上书，第 17—18 页。

(58)《强学报》第一号。

(59) 同上，光绪二十一年（1895）十一月二十八日。

(60)《强学报》第二号，光绪二十一年（1895）十二月初三日。

(61) 梁启超在《创办〈时务报〉源委》也说：“当时，康先生以母寿之故，不能久驻上海，因致穰卿一函两电，嘱其来沪接办。时穰卿犹在湖北就馆也。既而穰卿到沪，而京师强学会为言者中止，沪会亦因停办。”见《梁启超全集》（第一集），第 462 页。

(62) 黄遵宪：《人境庐诗草笺注》，古典文学出版社 1957 年版，第 301 页。

(63)《中东战纪本末》卷八。

(64)《上海强学会人物》，见拙著：《戊戌变法人物传稿》（增订本），中华书局 1982 年版，第 714—722 页。

(65)《申报》光绪二十二年（1896）三月十一日《清单》：“又主笔龙积之，乃董事经筱珊电邀，主笔未全。”那么《强学报》停刊时，龙泽厚尚未到沪，但《强学报》既列其名，且有邀为主笔之约，故系于此。

(66) 吴德潇，《强学报》《按语》均无其名，但《汪穰卿先生师友手札》藏有吴德潇《致汪康年书》，提到康有为自江宁来，德潇偕黄遵宪前往晤谈，言及兴办上海强学会事，那么，德潇是预闻上海强学会开办的，只以不久即遄津赴京，故未列名。梁启超《创办时务报源委》：“吴季清大令德潇，与公度、穰卿、启超皆至交，又与启超同寓京师，故《时务报》开办一切事，无不共之。”知德潇父子备悉上海强学会始末，且曾参加谋议。

(67)《汪穰卿先生师友手札》藏有吴樵手札多通，历志北京强学会始末，并抒述对上海强学会的意见，应该预闻会务。

⑱　章炳麟，《强学报》《按语》均无其名，朱希祖：《本师章太炎先生口授少年事迹笔记》称："乙未，康先生设强学会，余时年二十八岁。……至是，闻康设会，寄会费银十六元入会。"见《制言》第二十五期。《时务报》创刊，章亦一度任撰述。《太炎先生自定年谱》"光绪二十二年，二十九岁"记："祖诒后更名有为，以公车上书得名。又与同志集强学会，募人赞助，余亦赠币焉。至是，有为弟子新会梁启超卓如与穗卿集资，就上海作《时务报》，招余撰述，余应其请。"则章亦加入上海强学会。

⑲　邹凌瀚捐款之多，仅次于张之洞、黄遵宪，但他对设会、办报宗旨，与康有为等改良派并不相同，邹凌瀚在光绪二十四年（1898）八月十八日《致汪康年书》称："忆在沪时，与兄言康某必败，今果如所料，然亦不想如此之速也。弟初以议论宗旨不同，洁身而归江西，甫及两载，康即倾覆。前者告兄，以京师众怒必杀康某，斯语兄当忆之。"见《汪康年师友书札》，第2823—2824页。

⑳　《申报》光绪二十二年（1896）三月十一日《强学会收支清单》内有"收陆春江观察来银二百两，申洋二百八十五之三角八分"。

㉑　《清单》内有"收朱阆稚翁来银一百两，申洋一百三十二元五角"。

㉒　《清单》内有"收孙玉仙翁来银十两，申洋十三元一角"。

㉓　《清单》末称："又主笔龙积之，乃董事经筱珊电邀，主笔未全，译文仅译三纸。"查经筱珊为经莲珊之误，据经自述："迨乙未岁，制府署两江，则康主事兴强学会，电委仆为董事"。（《居易初集》卷二）可见其任强学会董事，系张之洞电邀。但经以"病甚，旋即禀退。"（同上）建议"宜速招汪穰卿来沪夹辅"，再请郑观应等"勖襄"〔《复康主政书》，光绪二十二年（1896）正月，同上书〕。又，经元善与龙泽厚相识，龙且拟介绍梁启超来沪帮助经元善办理经正书院，《申报》谓"电邀"龙泽厚来沪，知经亦与会务有关。

㉔　《清单》内有"账房杨葵园，修金五十元"。

㉕　《清单》内有"书写杨子勤，修金十五元"。

㉖　《清单》内有"翻译马善子，修金四十元"。又称"译人仅译五纸"。

㉗　经元善：《复南海康主政书》，见《经元善集》，华中师范大学出版社1988年版，第166页。

㉘　《手札》，常州博物馆藏。

㉙　康有为：《人境庐诗草序》，见黄遵宪《人境庐诗草笺注》。

㉚　梁启超：《莅北京大学校欢迎会演说词》，《梁任公书牍》卷上，见《梁启超全

集》(第十五集)，第 51 页。

⑧ 见拙撰：《汪穰卿师友手札中关于强学会的史料》《上海强学会和强学报》，两文收入《康有为和戊戌变法》，中华书局 1984 年版。

⑧ 汪大燮：《致汪康年、诒年书》，录自《手札》，《书札》似缺。

⑧ 《德宗景皇帝实录》卷三八一。

⑧ 汪大燮：光绪二十一年（1895）十月初三日《致汪康年、诒年书》，见《汪康年师友书札》，第 717 页。

⑧ 同上。

⑧ 吴樵：光绪二十二年（1896）二月二十一日《致汪康年书》，同上书，第 472 页。

⑧ 汪大燮：光绪二十一年（1895）腊月二十七日《致汪康年、诒年书》，录自《手札》，《书札》似缺。

⑧ 同上书，第 721—722 页。

⑧ 同上书，第 722 页。

⑨ 孙家鼐：《官书局奏定章程疏》，见《万国公报》第九十二册，光绪二十二年（1896）八月出版。

⑨ 同注⑧，第 472—473 页。

⑨ 同上书，第 473 页。

⑨ 张佩纶谓序文托诸张之洞，"犹刘歆之托周公"，可知时人也颇知悉，见《涧于集》书牍卷六。

⑨ 书于光绪二十一年（1895）十一月十二日，《汪康年师友书札》，第 461 页，《手札》录自原件，与《书札》稍异。

⑨ 此书无月日，应发于光绪二十一年（1895）十一月后，同上书，第 1020 页。

⑨ 《上海强学会章程》明确指出"本会专为自强而设"，《中国公会章程》则"讲求实用"；《上海强学会章程》表达了学习西方的愿望，《中国公会章程》则似是研究"贫弱"的学术性团体；而最主要的则在"孔子改制"。见《戊戌变法史》，第 151—153 页。

⑨ 康有为：《康南海自编年谱》"光绪二十一年乙未，三十八岁"，见《戊戌变法》（四），第 130 页。

⑨ 《康南海自编年谱》"光绪十四年戊子，三十一岁"，同上书，第 121 页。

㊾ 梁启超：《戊戌政变记·改革起原》后附，见日本铅印本，中华书局本。

⑩ 同上。

⑩ 台湾近代史研究所专刊第二十八种，1985 年 2 月再版本。

⑩ 日本四国学院大学文学部东洋史研究室发行，1978 年 4 月出版。

⑩ 台湾商务印书馆 1993 年 12 月出版。

⑭ 1898 年保国会成立时各学会未列入。

⑩ 梁启超：《戊戌政变记·改革起原》后附，见日本铅印本。

⑯《康南海自编年谱》"光绪二十一年乙未，三十八岁"，见《戊戌变法》（四），第 133 页。

⑰ 梁启超：光绪二十四年（1898）二月十一日《致汪康年书》，手迹，见《梁启超全集》（第十九集），第 450 页。

第六章　统筹全局

救亡图存，请定国是

甲午战后，资产阶级改良派组织学会，创办报刊，宣传变法，讲求新学，在知识分子中间，形成了一种社会风气，可以说在一定程度上变成了一个带有群众性的运动。

1897 年，以德国强占胶州湾为起点，帝国主义瓜分中国的阴谋日益加紧，国家命运危在旦夕，维新变法运动也就随之高涨。

1897 年，德国借口曹州教案，派军舰强占胶州湾。次年，清政府被迫订立条约，承认：一、德国租胶州湾为军港，"先以九十九年为限，德国于所租之地应盖炮台等事，以保地栈各项，护卫澳口"；二、德国在山东建筑铁路两条，一条是胶济路，一条由胶澳经沂州至济南，未动工；三、铁路附近三十里内开矿权。

帝俄借口德占胶州湾，派军舰占领旅顺、大连湾。1898 年 3 月，签订《中俄旅大租地条约》，清政府承认旅顺为俄军港，大连为俄商港，租期 25 年，中东铁路造支路一条，通旅顺、大连。

法国借口俄租旅顺、大连，强租广州湾为军港，期限 99 年，并要求修筑越南至昆明铁路，中国邮政局总管由法人充当。

英国强租威海卫为军港，期限 25 年，又强租九龙半岛、香港附近各岛屿、大鹏、深圳二湾，期限 99 年。

美国攫取了粤汉铁路。

　　帝国主义列强从各侵略基地出发，互认势力范围，长城以北属俄，长江流域属英，山东属德，云南、两广属法，一部分属英，福建属日。又各争夺铁路建筑权，瓜分形势已经造成，而帝国主义者仍不满足已有的势力范围，利害冲突愈益加剧。

　　中国人民绝不允许瓜分的实现，就在德帝国主义强占胶州湾的消息传出不久，康有为赶赴北京，于1898年1月第五次上书光绪皇帝，开头说了一番国际形势和目前中国处境的危险，随后提出三点具体计划：一、择法俄、日，以定国是；二、大集群才而谋变政；三、听任疆臣各自变法。并向光绪皇帝提出亡国危险的严重警告，说如果现在再不变法图强，"职恐自尔之后，皇上与诸臣，虽欲苟安旦夕、歌舞湖山而不可得矣！且恐皇上与诸臣，求为长安布衣而不可得矣"①。

　　在这次上书中，康有为正式提出了国事付国会议行，并请颁行宪法，说："伏愿皇上因胶警之变，下发愤之诏，先罪己以励人心，次明耻以激士气，集群才咨问以广圣听，求天下上书以通下情，明定国是，与海内更始。自兹国事付国会议行，纡尊降贵，延见臣庶，尽革旧俗，一意维新，大召天下才俊，议筹款变法之方；采择万国律例，定宪法公私之分；大校天下官吏贤否，其疲老不才者，皆令冠带退休；分遣亲王大臣及俊才出洋，其未游历外国者，不得当官任教；统算地产人工，以筹岁计预算；察阅万国得失，以求进步改良，罢去旧例，以济时宜，大借洋款，以举庶政。"

　　这个奏章，被工部尚书淞湘中途捺住了，没有被及时递上②，另由给事中高燮曾抗疏荐之，并请光绪皇帝召见。恭亲王奕䜣进谏曰："本朝成例，非四品以上官，不能召见，今康有为乃小臣，皇上若欲有所询问，命大臣传语可也。"③1898年1月24日（光绪二十四年正月初三日），光绪皇帝命王大臣延康有为于总理衙门，他的《上清帝第五书》这时才能上达。

　　这天，康有为被请到总理衙门的西花厅，出席问话的有李鸿章、翁同龢、荣禄、刑部尚书廖寿恒和户部左侍郎张荫桓。荣禄首先开口，他说："祖宗之法不能变。"康有为答："祖宗之法是用以治理祖宗的土地的，如今祖宗的土地都不能守卫了，还谈什么'祖宗之法'？就像这个总理衙门，也不是祖宗之法所有。根据当前的时势，制订适宜的新法，也是不得已的。"

　　廖寿恒问："变法从何处着手？"康有为答："应从改变法律制度开始。"

　　李鸿章质问："难道六部可以裁撤，规章制度都可以不要吗？"康有为答："今天是列强并列的时代，不再是过去的'一统之世'。现在的法律官制，都是过去的旧法，造成中国危亡的，都是这些旧法，理应废除。即使一时不能尽废，也应斟酌情形加以改变，新政才能推行。"

　　翁同龢生怕辩驳激烈，转开话题，问："变法需要的款项从何筹措？"康有为答："日本设立银行，发行纸币，法国实行印花税，印度征收田税，都有成效。以中国之大，只要改变制度，税收将比现在增加十倍。"接着，康有为详谈了他所设想的具体方案，并说日本明治维新，学习西方，最易仿摹。自己编有《日本变政考》《俄彼得变政记》，可以采鉴。④

　　第二天，翁同龢把延见康有为的情况告诉光绪皇帝，并加保荐。光绪又要召见康有为，奕訢再次拦阻，说是可叫他提出书面意见，如果确有可行办法，再行召见不迟。光绪命令康有为把所有建议书面递呈，并要他把《日本变政考》《俄彼得变政记》等书送上去。

　　1月29日（正月初八日），康有为上了《应诏统筹全局折》（第六书），吁请光绪皇帝决行变法，在这篇奏折中，他引述当时波兰、埃及、土耳其、缅甸等国，由于守旧不变，遭到分割或危亡的命运，认为世界各国的趋势，"能变则全，不变则亡；全变则强，小变仍亡"。中国面临危亡，就是由于保守旧法不知变革所致。

　　他说要推行新政，就要走明治维新的道路，认为明治维新的要义有三：一曰大誓群臣以定国是，二曰立对策所以征贤才，三曰开制度局而定宪法。以此为依据，他请求光绪皇帝尽快做好三件事⑤：

　　一、在天坛或太庙或乾清门召集群臣，宣布变法维新，"诏定国是"。

　　二、在午门设立"上书所"，派御史二人监收，准许人民上书，不得由堂官代递，以致阻挠；有"称旨"的，召见察问，量才录用。

　　三、在内廷设制度局，订立各种新章，下设法律、度支、学校以及农、工、商、铁路、邮政、矿务、游会、陆军、海军十二局⑥。

　　第一条是企图依靠皇帝的权力来推行新政，第二条是要使维新派参与政权，第三条是要在上述二者的基础上改革中央政府的行政机构。

　　此外，他又提出应在每道设一民政局，选才督办，准其专折奏事，体制与督抚平等；每县设民政分局督办，派员会同地方绅士治之。他认为，这样可以"内外并举",新政有效。

至于派员出国游历,翻译西书,变通科举,创造纸币,收印花税等办法,在这次上书中,也都提到了。

《统筹全局折》,可说是资产阶级改良派政治改革的全部要点,也是戊戌变法的施政纲领。

《统筹全局折》提到"取鉴于日本之维新",《日本变政考》疑呈于同时。据说,光绪皇帝看了这个奏折,"非常满意"[⑦],"置御案,日加披览,于万国之故更明,变法之志更决"[⑧]。

不久(正月),康有为进呈《俄彼得变政记》,主张效法俄国,进行变法,上了第七次书[⑨],略谓:"外侮迫矣,通商则不许,借款则阻挠,今虽欲变政,恐外人掣肘,况能从容待我十年教训乎?故非如彼得之举动奇绝,不能桓拨速成、雷轰电掣也。"

第六、第七次上书,康有为力言日本明治维新、俄国大彼得变法,请求借鉴俄、日,颁行新政,并"统筹全局",递呈译著。在民族危机的刺激下,在康有为等的积极活动中,政治改革空气日趋浓郁,终于促使了"诏定国是"的实现。梁启超说:

> 新政来源,真可谓会出我辈,大约南海先生所进《俄彼得变政记》《日本变政记》两书,日日流览,因摩出电力,遂于前月二十日,有催总署议复先生条陈制度局之议。[⑩]

保国会

"胶州事变"发生后,各地报刊抑扬舆论,极言时危。如《知新报》载有陈继俨《论德人据胶州湾》[第四十四册,光绪二十四年(1898)二月初一日出版],欧榘甲《泰晤士报论德据胶州事书后》(第四十八册,同年三月初一日出版);《湘报》《湘学报》都刊康有为《条陈胶州湾折》,文前且有谭嗣同按语,《湘报》又载《大局可危》(俄索旅、大)以至《汇录各报述胶事》等报道;《时务报》有汪康年的《论胶州被占事》;《国板报》也载有有关新闻和言论。这就更加激起广大人民对帝国主义侵略罪行的仇恨。

康有为"既上书求变法于上，复思开会振士气于下"，结合各省旅京人士纷纷倡设学会，"以继强学之旧"。如由康有为及其同乡组织粤学会，由杨锐等发起蜀学会，由林旭等发起闽学会，由杨深秀等发起关学会。意在团结维新志士，在全国各个地方推行变法维新。这时会试期近，各省举人云集北京，康有为等以为"自经割台巨创以后，我士大夫醉乐酣嬉，不识不知，三年于兹"。"乃及今岁胶、旅、大、威相继割弃"，需"成一大会以伸国愤"，使"爱国之忱，当为天下所共与"。⑪刚好御史李盛铎也有会合在京应试举人开会的主张，于是由康、李两人为主要发起人，组织保国会。

4月17日（三月二十七日），保国会在北京粤东会馆开第一次会议⑫，到有官僚士大夫二一百人，康有为在会上演说，历述帝国主义侵略日急，瓜分危机严重，"故鄙人不责在上而责在下，而责我辈士大夫，责我辈士大夫义愤不振之人，故今日人人有亡天下之责，人人有救天下之权者"。"故今日之会，欲救亡无他法，但激励其心力，增长其心力，念兹在兹，则爝火之微，自足以争光日月。基于滥觞，流为江河。果能合四万万人，人人热愤，则无不可为者，奚患不能救"。可知保国会是为了"救亡""保国"而设。

在第一次集会时，议定《保国会章程》三十条，今摘录于下⑬：

一、本会以国地日割，国权日削，国民日困，思维持振救之，故开斯会以冀保全，名为保国会。

二、本会遵奉光绪二十一年闰五月二十七日上谕，卧薪尝胆，惩前毖后，以图保全国地、国民、国教。

三、为保国家之政权土地。

四、为保人民种类之自立。

五、为保圣教之不失。

六、为讲内治变法之宜。

七、为讲外交之故。

八、为仰体朝旨，讲求经济之学，以助有司之治。

九、本会同志讲求保国、保种、保教之事，以为论议宗旨。

十、凡来会者，激励愤发，刻念国耻，无失本会宗旨。

十一、自京师、上海设保国总会，各省各府各县设分会，以地名冠之。

十二、会中公选总理若干人、值理若干人、常议员若干人、备议员若干人、董事若干人，以同会中人多推荐者为之。

十三、常议员公议会中事。

十四、总理以议员多寡决定事件推行。

十五、董事管会中杂事，凡入会之事及文书、会计一切诸事。

十六、各分会每年于春秋二、八月将各地入会名籍寄总会。

十七、各地方会议员，随其他情形，置分理议员约七人。

十八、董事每月将会中所收捐款登报。

十九、各局将入会者姓名、籍贯、住址、职业随时登记，各分局同。

二十、欲入会者，须会中人介之，告总理、值理，察其合者，予以入会凭票。

二十一、入会者若心术品行不端，有污会事者，会众除名。

二十二、如有意见不同，准其出会，惟不许假冒本会名滋事。

二十三、入会者人捐银二两，以备会中办事诸费。

二十四、会期有大会、常会、临时会之分。

二十五、来会者不论名位、学业，但有志讲求，概予延纳，德业相劝，过失相规，患难相恤，务推蓝田乡约之义，庶自保其教。

二十六、捐助之款，写明姓名、爵里，交本会给发收条为据。本会将姓名、爵里、学业、寄寓按照联票号数汇编存记。联票，皆有总、值理及董事图章。

二十七、来会之人，必求品行心术端正明白者，方可延入。本会所应办之事，大众随时献替，留备采择。倘别存意见，或诞妄挟私及逞奇立异者，恐其有碍，即由总理、值理、董事、诸友公议辞退。如有不以为然者，到本会申明，捐银照例充公，去留均听其便。

二十八、商董兼司账，须习知贸易书籍情形及刷印文字者充其选，必须考查确实，一秉至公。倘涉营私舞弊，照例责赔。经手之董事、会友，凡预有保荐之力者，亦须一律议罚。

二十九、本会用项，概由值、董核发。如有巨款在千数百金以上者，须齐集公议，方准开支。收有成数，择殷实商号存储，立折支取。如存数渐多，亦可议生利息。发票之期，按几日为限，由值、董眼同经理。

三十、总理、值理、董事均仗义创办，不议薪资。将来局款大盛，须专请人办理，始议薪水。惟撰报、管书、管器、司事、教习、游历、司帐，酌量给予薪水。

它以保国、保种、保教为宗旨，在北京、上海设两总会，各省府县设分会，略具政党规模。

此后，又在崧云草堂、贵州会馆开过两次会。康有为有《保国会序》"榜于会所"，说："我四万万同气同种之胄，忍回视其奴隶牛马哉？"只有"合群以救之""激耻以振之""励愤气以张之""奔走呼救""以保一大国"⑭。梁启超也在 4 月 21 日（闰三月初一日）演说保皇会开会大意，说明"瓜分"危机，强调"合群智以讲求之"⑮，所谓"八表离披割痛伤，群贤保国走彷徨。从知天下为公产，应合民权救我疆"⑯。它是御侮救亡的团体，具有爱国意义。

保国会成立后，保滇会、保浙会、保川会先后成立。从它们成立到无形解散，一直遭到后党的诬蔑、破坏。

这时，守旧的吏部尚书洪嘉与怂恿浙江人孙灏出面攻击康有为，并替孙灏撰写一篇《驳保国会章程》，依照《章程》三十条逐节驳诘，言词粗俚，杂以詈骂，什么"地方大光棍""厚聚党徒妄冀非分""形同叛逆""辩言乱政""邪说诬民""鬼蜮伎俩""诳骗人财"等毁辱之声，充斥纸端。最后说什么"《保国会章程》来而保浙会之奏稿亦来"，如果"依其所说行之，浙必糜烂，我等浙人，岂可坐视桑梓遭其剥削"。说什么"外衅迭至，犹未可危，内患交乘，若辈为巨，尽变成法以从海西，是谓客强而非自强"⑰，真是一篇不可多得的反面文章。

5 月 2 日（闰三月十二日），御史潘庆澜又上疏弹劾⑱，说是康有为"聚众不道"，顽固派主角之一刚毅准备查禁了，据说因为光绪皇帝说："会能保国，岂不大善，何又查禁耶？"才把这事搁置下来。

5月17日（闰三月二十七日），后党御史黄桂鋆参劾保滇会、保浙会、保川会⑲，说是"皆由保国会党，包藏祸心，乘机煽惑，纠合下第举子，逞其簧鼓之言，巧立名目，以图耸听，冀博准办之谕旨，便可以此为揽权生事之计"。说是"天下古今，权操于上则治，权分于下则乱"，如今"民主民权之说，日益猖獗，若准各省纷纷立会，恐会匪闻风而起，其患不可胜言"。如果各省自保，那将"从此分裂"，要求严禁⑳。这些守旧分子群起攻击改良派，并组织所谓"非保国会"，与保国会对立。

短短的一个月中，保国会连遭劾奏，但它终未被封禁，论者每每溢美光绪皇帝，康有为、梁启超更赞誉"圣主""盛德"，说光绪"虑西后见之，特抽出此片"，"不以白太后，乃得免，否则党狱先起矣"。事实上，保国会频遭参劾，会务无形解散，还是被后党破坏，至于它在参劾时未遭严办，也并不全如康、梁所言，出于光绪袒护。光绪是封建皇帝，要他真正开放民权，真正有民主思想，是不可能的。他即使有"会能保国，岂不大善"这样护持的话，也只是由于保国会"并非有碍国家，有碍君权"㉑。《保国会章程》第二条明明记载"遵奉光绪二十一年闰五月二十七日上谕，卧薪尝胆，惩前毖后，以图保全国地、国民、国教"。那么，保国会是拥护光绪皇帝的政治团体。再则，瓜分大祸的造成，在改良派看来，都是"顽固守旧所致"，而主其事者，实为后党。所谓"激励愤发，刻念国耻"，无形是反对后党。"会能保国，岂不大善"，或许缘由在此，所以没有明谕申禁。

保国会遭劾而未封，形存而实散，但它的规模较强学会为大，宗旨较强学会为显，并且厘定章程、会议例则等，略具政党规模，它又组织在瓜分祸急、民族危亡之时，要求保国保种，"合群结社"，"一举而十八行省之人心皆兴起矣"，表达了御侮图存的爱国愿望，促使了各省自保的救亡活动，无疑是有进步意义的。它又团结了一批地主、官僚以及知识分子，康有为说："集者数千人"，未免过夸，但集会三次，到会人数远超过强学会。㉒后来列为"四卿"、参赞新政的林旭、刘光第、杨锐就都是保国会会员，它是"合"了一些"群"的。保国会组设不到两个月，光绪皇帝就"诏定国是"，那么，它对戊戌变法的实施，也曾起了作用。

然而，保国会却暴露了资产阶级改良派的弱点。

保国会以保国、保民、保教相标榜，它在《章程》中首列"遵奉光绪二十一年闰五月二十七日上谕"，揭举"保"帝，而思"维持振救之"，说明它所"保"的国，还是以光绪为首的大清帝国，只是要求在不根本动摇封建统治的基础上进行政治改良。尽管康有为等鼓吹"民权"，说什么保国会"从知天下为公产，应合民权救我疆"。但"民权"，实际是"绅权"，也就是地主、资产阶级之权，不是真正民权。至于"保教"，则"保"的是孔教，原是中国封建社会的产物，不过经过改良派装饰，涂上一层资本主义的色彩。保国会标出的宗旨只能是"提倡一种不必消除旧有统治阶级的旧有基础的变更"。

保国会虽然"合"了一些"群"，而纠合的大都是地主、官僚出身的知识分子，其中有的也具有资产阶级倾向，但妥协动摇，彷徨瞻顾。这里试就几个人物略加剖析：李盛铎，同是保国会发起人之一，后"受荣禄之戒，乃除名不与会。已而京师大哗，谓开此会为大逆不道，于是李盛铎上奏劾会"[23]。等到听到潘庆澜"欲参倡会诸人，乃捡册自削其名，先举发之"[24]。李宣龚自称，保国会发起，"弟虽到过一两次，其实不过逐队观光，并不识有所谓政治思想"[25]，杨锐列名会籍，"偏当众假寐"[26]。乔树枏听到《国闻报》登载《京城保国会题名记》，写信责询梁启超："《国闻报》中列有保国会题名，贤师弟实司其事，贱名与焉，鄙人大惑不解"。说是"把臂入林"，"诬及鄙人"，"贤师弟本未声明保国会之名，而滥列多名，乘机作乱，居心狡诈，行同诳骗"[27]，愤愤不平，溢于言表。

即使是参与强学会，和梁启超在康有为创刊的《中外纪闻》共事过的汪大燮，身在京师，对保国会也不从挽救危亡的大局考虑，而从门户之见出发，坐视其败，他在光绪二十四年四月十四日写给汪康年的信中说：

> 康保国会开讲数次，兄皆未到。彼出知单，必有兄名，而知单从未至兄门，其奇如此！同人有赴者，闻其言自始至终，无非谓国家将亡，危亟之至，大家必须发愤，而从无一言说到办法，亦无一言说到发愤之所从。张菊生谓："其意在耸动人心，使其思乱，其如何发愤，如何办法，其势不能告人。"斯固然也。……今御史有劾保国会者，而

《国闻报》将所有赴会听讲之人姓名、籍贯尽刻之。兄指其用心有二端，非刻论也：一则借众人以自保，此浅说也；一则甚愿兴衣冠大狱，狱兴则人心去。又此辈率多豪杰，借国家以除之。（自注："既杀人，又可以罪国家。"）其有不尽者，则归彼矣。彼无成事之才，彼固不自量也。然其意中界限极分明，其门墙中之私党为一类，其平日来往知名之人，是面子之党为一类。（自注："叫人替他出官，可谓之官党。"）官党为之前驱，若能多死数人，便有生法，此深说也。此种人不必显与为难，亦何可为其所愚。㉘

汪大燮、张元济都和康、梁共事过，在维新运动中也做过一些事业，还不免背后讪议，这些知识分子不能始终团结在一起，无怪秋天政变发生，"春间入会诸人，无不人心惶恐"，以为"大祸将临"㉙。企图在清朝封建统治者的许可下进行改革，以达到"保"的目的的政治运动，毕竟是"软弱"的。

关于《日本变政考》

康有为从中西异同中选择俄国、日本为"采法"对象，他审慎地"学习西方"，并注视了中国的国情，本书第一章《学习西方诸问题》中已加探研。1898 年 1 月，他在《上清帝第五书》中又提出了"采法俄、日以定国是"，随后进呈了《俄彼得变政记》《日本变政考》。查《俄彼得变政记》，已载《南海先生七上书记》㉚，亦载《皇朝蓄艾文编》，而《日本变政考》却迄未印布，《戊戌奏稿》也仅有序文。它的原件发现较迟，以致论述维艰，有必要疏解说明。

康有为的弟子张伯桢在《万木草堂丛书目录》中收入《日本明治变政考》，说是康氏于"戊戌正月奉旨令进呈"，同年"八月抄没"，是以 1911 年出版的《戊戌奏稿》仅存《进呈日本明治变法考》的序文，于是有些学者以为原文已经抄没散佚了。

到了 20 世纪 70 年代，黄彰健先生就 1947 年玛丽·C·赖特博士

（Dr. Mary C. Wright）根据康同璧藏本在北平为美国胡佛图书馆摄制的微卷标校出版，收入《康有为戊戌真奏议》，由台湾历史语言研究所刊行。接着，1976 年，康氏晚年弟子蒋贵麟先生编印《康南海先生遗稿汇编》，共 22 卷。其中第十卷收入《日本变政考》。从而证实此书并未"抄没散佚"。

1980 年，大陆学者从故宫博物院（以下简称"故宫"）的藏书中发现了康有为进呈的《日本变政考》原件，包括序、跋凡十二卷，两大函，不是一个人的笔迹，是几个人分别缮录的。非但进一步证实此书未曾"散佚"，而且有力地证明康氏确曾呈送此稿。

然而，台湾根据微卷付印的《日本变政考》是十卷本，而故宫所藏的则为十二卷本（另《跋》《附录》一卷），两者是否同样一书？为何卷帙又有差异？

据《自编年谱》，光绪二十四年正月初三日三下钟（即三点钟），王大臣约见，"问及变法"，康即告以"近来编辑有《日本变政考》及《俄彼得变政记》，可以采鉴"。经光绪皇帝接见后，康有为"昼夜缮写"《日本变政考》，"删要十卷，以表注附焉"③。这就是第一次进呈本，台湾印本即据此本。

故宫所藏十二卷本，则据《杰士上书汇录》的《进呈〈日本变政考〉等书，乞采鉴变法以御侮图存折》前附有总理衙门代奏："康有为前至臣衙门呈递条陈、书籍，经臣等于本年二月十九日、三月初三两次代奏在案。兹于本月二十日复据该主事条陈二件，仍恳代为具奏，臣等未敢壅于上闻，谨将该主事续条陈二件及所递《日本变政考》《泰西新史览要》《列国变通兴盛记》共三种，恭折进呈御览。"知康有为呈送撰稿，不止一次。

康有为第二次进呈的《日本变政考》，是在《日本变政考》初稿的基础上，增补润色并详加按语，改编而成的。他的陆续进呈，是在"百日维新"之后，由于光绪催得急，所以康有为日夜赶写，分卷进呈，"一卷甫成，即进上。上复催，又进一卷"③。它是几人分别缮写送呈的，大约到 8 月中旬，才全部进呈。这部十二卷本（另附录一卷）《日本变政考》约十余万字，大约用了一个多月的时间，才陆续进呈完毕。

由此可知，台湾印行的是康有为《日本变政考》的第一次进呈本；故宫所藏，则为第二次进呈本，它是在第一次进呈本的基础上增订、修补而成的。

故宫的《日本变政考》藏本，不但比较完整地看出康有为采鉴明治维新进行变法维新的具体纲领外，并且从序言中可以看出它和《戊戌奏稿》所载有不少差异，说明《戊戌奏稿》晚出，曾有增衍。从字数来说《戊戌奏稿》就较故宫藏本增加了近 600 字。至于文字之差异，如故宫本"若中国变法，取而鉴之，守旧之政俗俱同，开新之条理不异，其先后次第，或缓或急，或全或偏，举而行之，可以立效"。而《戊戌奏稿》则作"若夫中国之广土众民，近采日本，三年而宏规成，五年而条理备，八年而成效举，十年而霸国是矣"。这是因为《戊戌奏稿》在 1911 年始出版，有的"奏稿"在此以后还在《不忍》发表，这时已是民国成立以后，康有为为了表示自己早已看到政治改革的作用，如果清政府能够采纳，那早已"八年而成效举，十年而霸国是矣"。那么，故宫本的发现，不仅可以看到康有为当时的真实奏稿和思想，而且可以考察《戊戌奏稿》的增衍及其作伪的缘由。而探寻《日本变政考》，也自然应该以故宫本为依据。本文下面所引，也都以故宫本为据。

《日本变政考》是一部编年体的史书，从明治元年（1868）起，至明治二十三年（1890）止。按照时间顺序，分条记述日本明治维新的重要事件。每卷记一年至数年的史事，着重记述明治维新后的各项政治改革措施，对一些法令、条例、章程有时大段译述。康有为书前有序，书末有跋，正文之后，有时加以"臣有为谨案"按语。这些按语既论述日本政治改革措施的原因、意义、成效，又结合中国实际情况提出变法的具体建议，自称："每日本一新政，皆借发一义于案语中。凡中国变法之曲折条理，无不借此书发之，兼赅详尽，网罗宏大。"㉝

《日本变政考》的主要内容和意义是：

第一，认为不能仅作"补苴之谋"，而应全面考虑，并提出"三权分立"的政治体制。

他说：

> 日本变政之始，不复为一二补苴之谋，将全国制度，全行变革。既有总裁局定之，又有制度局撰之，又选公卿、处士为参与，开局宫

中，议定新制，遂为维新所自始。董子曰："为政不调，甚者改弦更张之，乃可理。"譬犹陋室，栋宇敝坏。仅易桁楠一二，厦必终倾。故必改作新室，乃可居处；而改作新室，又必先选匠人，绘定图样，而复鸠工庀材，匠人又必其通土木学者，乃能为之，不能以贵人、不能以资格为之也。㉞

主张"对全国制度，全行变革"，并以建筑"必先选匠人"为例，说明用人不能"以贵人""以资格"，"匠人又必其通土木学者"。

康有为认为"维新之始，事事草创，无旧章可由。故必别开一司，谋议商榷"。并"应频有大举动以震耸之"。因为守旧的习惯还在，他们"以无动为大"，"骤与更张，其势颇难"，非雷霆发声"不可"。变法不能仅变枝节，而应全面改革；不能"以无动为大"，而应"频有大举动"。

他认为"泰西之强，在政法之善"，"今欲行新法，非定三权，未可行也"。他说：

　　实未知泰西之强，其在政法之善也。其言政权有三：其一立法官，其一行法官，其一司法官。立法官，论议之官，主造作制度，撰定章程者也；行法官，立承宣布政，率作兴事者也；司法官，主执宪掌律，绳愆纠谬者也。三官立而政体立，三官不相侵而政事举。夫国之有政体，犹人之有身体也。心思者，主谋议，立法者也；手足者，主持行，行法者也；耳目者，主视听，司法者也。三者立以奉元首而后人事举。而三者之中，心思最贵。心不思而信足妄行，不辨东西，不避险阻，未有不颠仆者。三官之中，立法最要。无谋议以立法，则终日所行，簿书期会，守旧循常，乘轩泛海，五月披裘，惟有沉溺暍死而已。《书》云："谋及卿士，谋及庶人。"上下局议事之义也，然既知有立法、行法二议矣。然心思虽灵，使之持行则无用；手足虽敏，使之谋议则无所知。各有其宜，不能兼用，亦不能互用，惟百体之中，以心为宜，故亦时有以心约束手足之处。以立法官兼行法者，必无以行法官兼立法之理。今吾中国百官，皆行法之官，无立法之官也。维新之际，由旧必蹶。而一切新政，交部议之，是以行法官为立法官，犹以手足而兼心思，虽竭蹶从事，而手足之愚，岂能思乎？惟有乱败而已。日本

> 变法之始，即知此义，定三权之官，无互用之害；立参与，议立法官，
> 故其政日新月异，而愈能通变宜民，盖得泰西立政之本故也。《书》之
> 立政，三宅三俊，《诗》称三事，皆三权鼎力之义。唐人中书谋议，尚
> 书行政，门下封驳，亦微有其意。但宗旨未大明，谋议未全归，用人
> 未征草茅，此其所以异欤？今欲行新法，非定三权，未可行也。㉟

康有为以政治体制的改革，作为一个国家强盛的根本，宣扬"三权鼎立之
义"，以为"今欲行新法，非定三权，未可行也"。他在戊戌时期，多次提
出效法西方的立法、行法、司法的"三权分立"，但有的奏稿刊布较晚，中
有改窜，有的仅存要点，未见细节。《日本变政考》却既刊布了日本学习西
方，进行政治改革的施政经过，又记录它根据自己国情实施的具体情况，
还针对中国的政制，指出过去的弊端，考虑今后的设施，效"泰西政体之
善"，进行变法维新。

第二，认为应该开学集才，"广集群议，博采舆论"。

《日本变政考》"按语"中说：

> 日本变法，汲汲于开学集才，尚虑筑室迟迟，玩时惕目，乃假
> 亲藩之邸，出梶井之宫，以为学舍，集天下之才而讲之，其兴学之
> 速如此。……维新之始，百事草创，焉能从容而待之哉！日不暇给，
> 规模阔远。呜呼！此汉高所以成大业欤？而下手之始，划定宏规，
> 非将议政、行政划为二事不可，无议政之局而遽谬然行政，仍属冥
> 行而已。㊱

开学校，集人才，"以成大业"。没有人才，不能议论新政，也不能推行
新政。他认为"日本改革之次第"，首需"开制度新政局"，开制度局，
需"征天下通才二十人为参与，将一切政事、制度重新商定"。用以代替
旧有权力机构。"参与"掌握议政之权，是"天下通才"，企图借鉴日本
明治维新时的"以新人行新政"之法，借以排斥守旧大臣，使变法顺利
进行。

欲行新政，贵在取才；"天下重才"，责在选拔。他说"吾今欲行新
政，贵在得才"，强调变法人才须从下层"草茅"人才中选拔，而不能"任

旧人以行新政"。说是"草创之际，非才不办；维新之始，难用旧人"㊲。因为"守旧大臣"，因循旧制，缺乏维新学识，只会"加力阻挠"，从而呼吁"妙选通才，拔用新进，与诹新政"㊳。要"选拔才贤"，要破除过去论资排辈的选拔方式，"夫百官，天职也，以待天下之贤能与共之，非以备资格耆老之历叙也。……后世资格之事深入人心，循资升转至大位者，虽愚迁谬妄，以为当然。若以才拔擢，反以为怪，经义为习俗所泪，久矣"㊴。他指出当时的论资格、用耆老的弊病，主张选拔支持新政的"草茅游士"，说是如果变法而不选拔贤才，"犹欲其入而闭之门也，必不可得矣"。

开办学校，培养人才，选拔贤能，不限资格，康有为奏稿中曾多次言及。《日本变政考》更以日本维新为借鉴，强调广集群才，博采舆论。为了说明"古有名训"，引用《诗》《书》外，还说：

> 君之言群也，主之言御也。众庶之中，必有君以群之，有主以御之，惩恶恤善，训教养育，其权甚大，其施甚广。故亿兆亲之如父母，尊之若师长。民之报其君也，尽其才力，无敢二心。是以为人君者，明四目，达四聪，以审利害、察得失犹恐不至，况高居远阔、少露面目哉？㊵

"君之言群也"，国君应该广收群见，接受众议，推行新政。

第三，提出"旧法全除"，以新代旧的变法主张。

鸦片战争以后，也有一些官僚、知识分子提出改革主张，随着外国侵略的加深，也曾由经济方面的改革发展到政治方面的改革，但康有为以为过去所提，不是"全变"，只是"变器""变事""变政"，还不能真正算是"变法"。他说：

> 购船制械，可谓之变器，未可谓之变事；设邮便，开矿务，可谓之变事矣，未可谓之变政；改官制，变选举，可谓之变政矣，未可谓之变法。日本改定国宪，变法之全体也。㊶

康有为阐述了"变器""变事""变政"和"变法"的关系，认为前三者不是"全变"，只有政治体制的改革才是"变法"。他的过人之处，就在于考察了中西的异同，综合了过去的经验教训，根据中国的实际情况，提出了"变法"的建议。它不是局部的、枝节的改革，而是"全变"，不是单纯的"变器""变事""变政"，而是要求改革根本制度的"变法"，它不是"渐变"，而是要求"全变"。

康有为认为"变法"应有总纲、次第，说：

> 变法之道，必有总纲、有次第，不能掇拾补缀而成，不能凌躐等级而至。经画土地之势，调剂人数之宜，学校职官之制，兵刑财赋之政，商矿农工之业，外而邻国联络钳制之策，内而士民才识性情之度，知之须极周，谋之须极审。施法有轻重，行事有缓急，全权在握，一丝不乱，故可循致而立有效。泰西变法，自培根至今五百年，治艺乃成者，前无所昉也。日本步武泰西三十年而成者，有所规摹也。我国自道、咸以来，已稍言变法，然成效莫睹，徒增丧师割地之辱者，不知全变之道。或逐末而舍本，或扶东而倒西，故愈治愈棼，万变而万不当也。夫我以日本十倍之地，十倍之人，使非有十倍之人才，数十倍之财赋，又加以百倍之勇猛智识，则变法诚极难矣。然苟得其道以治之，其效亦倍速。而变法之治，首贵得人，君臣相得，有非常之任，然后有非常之功。昔先主得诸葛如鱼得水，苻坚得王猛以为朕之子房，军国内外之务，莫不归之，故卒立大功。《书》曰："任贤勿贰，去邪勿疑。"又曰："知人则哲，惟帝其难之。"观日主之于伊藤，亦可得谓知而能任，任而勿贰者矣。④

他除指出变法需有总纲、次第，拟订具体方案外，还强调"变法之始，首贵得人"，以刘备之得诸葛亮、苻坚之得王猛，以至明治天皇之得伊藤博文为例，既引古以鉴今，又引日本以为鉴，"考其变政之次第，鉴其行事之得失，以为中国变法向导之卒"④，从而提出了"全变"的建议，以改变中国现状，救亡图存、变法图强。

康有为"学习西方"，是为了"图保自存"，是为了"改弦而雄视东方"。他汲取俄、日的变法经验，希望光绪皇帝能够像彼得大帝、明治天皇那样"以君权雷厉风行"，"广集公议，任用新人"，"君民共主"，进行改革，日本离中国既近，"变法三十年而大成"，康有为对之极为注视，就在 1898 年 3 月 16 日（光绪二十四年二月二十四日）写成《日本变法由游侠义愤考》，对日本"志士""封雄藩而扶王室"极为赞佩，说："日本为将军柄政千年矣，而处士浪人发愤变政，洒热血涕泪，剖心肝肾肠，以与幕政争，玉碎连车于前，而剑击弥挺于后，大狱数起而雄心不降，卒能封雄藩而扶王室，去武门而变大政，桓拔奋跃，波涌雪飞，龙战象踬，以成维新之治"㊹。日本之所以能与"泰西大国相颉顽"，就是由于维新变法。

康有为对日本明治维新极为注视，曾在"学习西方"的同时，尽心了解日本变法的经验，并在女儿、学生的协助下，编成《日本书目志》㊺。其中卷五"政治门"，列国家政治学 26 种、政体学 6 种，议政学、议院书 40 种，岁计书 6 种、政治杂书 51 种、行政学 27 种、警察书 11 种、监狱法书 3 种、财政学 34 种、社会学 21 种、风俗书 30 种、经济学 95 种、横文经济学 5 种、移住殖民书 8 种、统计学 20 种、专卖特许书 3 种、家政学 50 种等。卷六"法律门"列帝国宪法 28 种、外国宪法 7 种、国法书 5 种、法理学 17 种、外国法律书 5 种、法律历史 20 种、法律字书 1 种、现行法律 14 种、刑法书 21 种、外国刑法 2 种、民法 54 种、外国民法 18 种、商法 33 种、外国商法 10 种、诉讼法 7 种、外国诉讼法 9 种、民事诉讼法 34 种、刑事诉讼法 22 种、治罪法 9 种、裁判所构成法 3 种、判决例 5 种、国际法 9 种、条约 9 种、府县制郡制 12 种、市町村制 18 种、登记法及公议人规则书 5 种、租税法 6 种、学事法规书 8 种、矿业法 4 种、特许书 3 种、军律书 8 种、法规杂书 44 种等。此外，有农业门、工业门、商业门、教育门、文学门以至自然科学和文字等书籍。

这些书籍，康有为不会全都看过，也不可能全部阅读，有的恐怕也是只知书名，但他搜集之广、种类之多，在当时应该说是"空前"的。也正是由于他认真学习西方，又因为日本离中国既近，"和文汉读"比学习"西语"便捷，从而编出书目，以引起人们的注意。他的《日本变政考》，也正是在他"学习西方"，翻阅了不少日文典籍写成，自称："己未合议成，大搜日本群书，臣女同薇粗通东文，译而集成，阅今三年，乃得见日本变法曲折次第，因为删要十卷，以表注附焉。"㊻可知他在女儿康同薇的帮助下，翻阅日本书籍之勤，经过了解、消化撰成此书。该书把日本明治维新以来的大事逐年编绘，加以按语，可以说这是当时中国编辑、评议明治维新最全面的史书，无怪引起光绪的注视，命他迅速写呈。尽管他当时只是进呈光绪，全书到数十年后"再见天日"，但康有为当时用心之苦、搜撰之勤、议论之锐，却永远为人称道。

帝党与改良派

康有为的上书光绪皇帝，条陈《日本变政考》，引起光绪的注意，和翁同龢的推引有关。翁同龢是帝党的领袖，戊戌变法是在改良派和帝党结合推行改革的，于此，须将改良派和帝党的关系再做一简单的梳理。

帝党源自"清流"，"清流"的主要成员是封建统治阶级中的不当权派——官僚、文人、名士，是随着中国民族危机的加深和国内阶级矛盾的激化，而从封建统治阶级中分化出来的。中法战时，李鸿藻、张之洞、张佩纶、黄体芳、陈宝琛等指斥时政，震动朝野，然而，随着张佩纶在中法战争以"失败"谴斥，"清流"随之解体。

1887 年，光绪"亲政"，一些官僚、文人、名士不满后党腐朽，以拥帝相标榜。其中有过去的"清流"，也有"清流"游移观望，主张"旧学为体"的。"清流"有升沉，人员有变迁，翁同龢竭力接纳以清议见长的士大夫，发展为帝党。

帝党不可能认识帝国主义的侵略本质，以为外国侵略由于"内政不修"，他们在政权和军权为后党掌握的情况下，以为"延揽新进"为救时要务，利用科举考试，拔擢人才，文廷式、张謇就是翁同龢拔识的"人才"，他们也就成为帝党的中坚。

就在光绪"大婚"，册封瑾嫔、珍嫔那年，文廷式来京，文与盛昱、黄绍箕、王仁堪、王仁东等本有"清流"之号，又和瑾、珍二嫔的胞兄志锐和志钧相友善，早为翁同龢所注目。文廷式到京不久，帝党沈曾植、沈曾桐就专门招饮，同座有张謇、郑孝胥、叶昌炽等[①]。6 月，吏部请考内阁中书，由徐桐、翁同龢、李鸿藻、汪鸣銮主试，文廷式的考卷经汪鸣銮推荐，翁同龢也很赏识，说："或者江西名士文廷式中？"[②]徐桐并不同意，翁同龢力争，"持之良久乃定"④，取为内阁中书第一名，文廷式随即谒见翁同龢。次年，文廷式再度北上，偕同张謇往谒翁同龢⑨，中式恩科贡生，由户部引见，复试一等第一名，殿试第一甲第二名，赐进士出身。光绪看到文廷式的试卷，说："此人有名，作得好。"⑪他知道文廷式"有名"，不是出于瑾、珍二嫔的推毂，就是由于翁同龢的介绍。文廷式授职翰林院编修，旋充国史馆协修、会典馆纂修、本衙门撰文，成为帝党的中坚。

张謇也是翁同龢早已注视的人物。19 世纪 70 年代末，张謇还在吴长庆军中充当幕客时，翁同龢就加垂注。张謇科试时的江苏学政夏同善及其继任黄体芳，都是"清流"前辈。这样，张謇也想跻身"清流"，只是还未获得进入这个行列的社会身份。1885 年，张謇到北京参加顺天乡试，又结识了黄绍箕、沈曾植、盛昱、丁立钧等，这些人都是翁同龢、潘祖荫门下的"清流"名士，乡试发榜，张謇被录取为第二名。他在《自订年谱》中说："九月十一日，听录中第二，潘、翁二师期许甚至。翁尚书先见余优贡试卷，试前知余寓距其宅不远，访余于庙，余一答谢。潘师命为乡试录其序，翁师命为后序。"翁同龢对张謇"期许甚至"。此后，翁同龢一直利用手头的录取权力，想把张謇录为进士，都未成功。直到 1894 年，张謇又参加会试。殿试时，收卷官黄思永等候张謇缴卷，即"送翁叔平相国阅定，盖知张为翁所极赏之门生也"⑫。

翁以为"文气甚古，字亦雅，非常手也"⑬。竭力拔擢，张謇遂得"大魁天下"。"引见"时，翁同龢还对光绪说："张謇，江苏名士，且孝子也。"⑭目的使光绪留下印象。张謇因翁同龢的大力援引而取得"清流"的社会地位，竭智尽忠地投入帝党怀抱，帝党也得到一位重要谋士。

翁同龢注目"清流"，宏揽名士，以至引用新进，汇成帝党，予晚清政治，频起波澜。

1894 年，中日战争发生，翁同龢和帝党极力主战，并集矢对淮军统帅李鸿章进行攻击。战争失败，又反对割台。但帝党的政治地位决定了他们对后党的斗争很是软弱，他们也竭力想引用新人，以扩张自己的实力。

帝党对康有为是早有了解的。1888 年，康有为第一次上书时，黄绍箕、沈曾植"实左右其事"。上书不达，沈曾植惋惜地劝康有为"勿言国事，宜以金石陶遣"⑮。翁同龢也已心仪其人，加以垂青。

　　康有为等改良派对主张"整顿"、改革的帝党也争取团结。中日战时，在和战问题斗争激烈时，改良派明确主战，投靠帝党。梁启超在写给夏曾佑的信中说："前仆已面托通州君，若相见时，可再托之。但得常熟兄致电，其电语或由本人自定，或仆处代拟亦可耳。"⑧通州，即张謇；常熟，即翁同龢。他们想叫翁同龢劝说李鸿章抗战，设想很天真，但曾"托"过张謇，在主战这点上，有着与帝党联合的政治基础。

　　由于民族危机空前严重，帝党中一部分人逐渐倾向变法，改良派也寻求支持者。帝党要利用改良派的变法才能和勇气，改良派也想利用帝党的地位以扩张声势。这样，甲午战后，帝党和改良派就逐渐结合了。

　　帝党和改良派的明显结合产物是强学会，无论是北京、上海，强学会的成员中都有帝党。从北京强学会来说，帝党的主要成员沈曾植、沈曾桐、文廷式都名列其中，沈曾植且有"正董之名"。从上海强学会来说，黄体芳、黄绍箕、黄绍第、张謇等也是帝党，他们对强学会的成立起过作用，强学会被封禁，还力谋恢复。这在本书第五章中已有论述。

　　强学会的成立，改良派和帝党的结合，推动了各地设立学会和发行报刊，推动了维新运动的开展，也引发了后党的不满和反击。

　　康有为的上书，后党可以用"拒收""斥退"来阻挠，帝党的活动又引起后党的不安，后党决定削弱帝党，摧毁改良派，从而在1895年12月3日，先把翁同龢的亲信吏部右侍郎汪鸣銮、户部左侍郎长麟，以"上年屡次召对，信口妄言，迹近离间"⑤的罪名，革职永不叙用。翁同龢虽"固请所言何事"⑧，已来不及了。接着，又由李鸿章的亲信御史杨崇伊出面，劾奏强学会，迫使其解散。次年春，杨崇伊再次出面劾奏帝党的中坚、北京强学会的重要人物文廷式，以"遇事生风，常于松筠庵广集同类，互相标榜，议论时政"等罪名，迫使文廷式"革职永不叙用，并驱逐回籍"⑨。后党准备借此机会"尽逐"帝党骨干，制造大狱。

　　后党对帝党的打击，反而加速了变法的步伐。帝党为了自卫，只有联合改良派；改良派为了争取光绪，也只有依援帝党。张謇在听了李鸿章"请见慈宁，折列五十七人，请禁勿用"⑩的消息后，先后与沈瑜庆、郑孝胥等"纵谈周昌、贾谊、萧望之等以论常熟"，希望翁同龢尽力辅佐光绪，面对后党进攻。光绪在翁同龢的影响下，"颇诘问时事所宜先，并以变法为急"。

奕䜣默然不语，翁同龢"颇有敷对，谓从内政根本起"⑩。所谓"内政根本"，就是变法改制。翁同龢深知要变法，就要联合改良派，认为康有为、梁启超有"经世之才，谋国之方"，"冒万死而不辞，必欲其才能得所用而后已也"⑫。曾密荐康有为于光绪⑬。1898 年 1 月 24 日，光绪命王大臣延见康有为于总理衙门，荣禄、李鸿章责询康有为时，翁同龢为之回护。第二天，把康有为的奏议转交光绪，于是命康有为条陈所见，进呈《日本变政考》等书。康有为等改良派更是创办报刊，大造舆论，集会"保国"，大造声势，维新运动进入高潮。

后党破坏保国会，奏请查封保川、保滇、保浙等会，帝党和改良派也不示弱，保国会未遭封禁。5 月 20 日，奕䜣病死，于是"事皆同龢主之"，加速了变法的步伐。康有为等改良派鼓动帝党请求光绪"诏定国是"，翁同龢部署变法具体设施。6 月 10 日，张謇亲眼看到翁同龢"所拟变法谕旨"⑭。帝党和改良派结合起来，争取了一个没有实际权柄的光绪皇帝，"诏定国是"了。

注　释：

① 康有为：《上清帝第五书》，见拙编《康有为政论集》（以下简称《政论集》），中华书局 1981 年版，第 208—209 页。

② 《康南海自编年谱》"光绪二十三年"记："适胶州案起，德人踞之，乃上书言事，工部长官淞滮读至'恐偏安不可得'语，大怒，不肯代递。"梁启超在《戊戌政变记》中则谓："书上，工部大臣恶其亢直，不为代奏。"

③ 梁启超：《戊戌政变记》；又胡思敬：《戊戌履霜录》卷六《康有为构乱始末》言：给事中高燮曾上疏"密保"，为恭亲王奕䜣谏止；苏继祖《清廷戊戌朝变记》亦记："德宗欲召见面询"，为奕䜣所阻。

④ 《康南海自编年谱》"光绪二十四年，四十一岁"。政变后，康有为逃亡香港，对《中国邮报》记者述及"第一次在总理衙门的谈话"，载《字林西报》1898 年 10 月 10 日，译文见中国史学会编《戊戌变法》（三），上海人民出版社 1957 年版，第 503—504 页。《翁文恭公日记》卷三十七则称："传康有为到署，高谈时局，以变法为主，立制度局、新政局、练兵局、开铁路、广借洋债数条，狂甚。灯后归，愤甚悫甚。""狂

甚”以下，疑为事后自行增饰。

　　⑤ 康有为：《上清帝第六书》，见《政论集》，第 213—216 页。

　　⑥ 据《戊戌变法档案史料》谓原呈又称十二局为："一，法律局；二，税计局；三，学校局；四，农商局；五，工务局；六，矿政局；七，铁路局；八，邮政局；九，造币局；十，游历局；十一，社会局；十二，武备局。"

　　⑦《字林西报》1898 年 10 月 7 日，译文见《戊戌变法》（三），第 505—508 页。

　　⑧ 梁启超《戊戌政变记·改革实情》，见汤志钧、汤仁泽编：《梁启超全集》（第一集），中国人民大学出版社 2018 年版，第 478 页。欧榘甲谓这时光绪"日日催人条陈，毅然变法。皇上并谓：旧法只可治前日之天下，不可治今日之天下。现议开制度局，专办改制之事；开民政局，仿下议院之意；开议政局，仿上议院之意；旋经刚子良尚书之议，改议政局为统筹局。工部又在京师开办各省学会，即以各省会馆为之"云云。对变法有谤词的胡思敬则谓："窥其隐谋，意在夺枢府之权归制度局，夺六部之权归十二分局，夺督抚将军之权归各道民政局，如是则天子孤立于上，内外盘踞，皆康党私人，祸将不忍言矣。"[《戊戌履霜录》卷三《应诏陈言记》，见《戊戌变法》（一），第 385 页。] 可见此折对"诏定国是"既有关联，对新政颁行也具影响。

　　⑨《上清帝第七书》，见《戊戌奏稿补录》，系事后追辑。戊戌（1898）春三月上海大同译书局石印本《南海先生七上书记》和同年五月十八日出版的《湘报》第一〇四号都有案由："具呈工部主事康有为为译纂《俄彼得变政记》成书，可考俄国由弱致强之故，恭呈御览，以资采鉴，呈请代奏事。"可见《第七书》与《俄彼得变政记》同呈。

　　⑩ 梁启超：光绪二十四年（1898）五月十七日《致夏穗卿书》，见《梁启超全集》（第十九集），第 481 页。

　　⑪《京中士大夫开保国会》，《国闻报》光绪二十四年（1898）闰三月十七日。

　　⑫ 保国会开会三次，第一次会议记录有异，《康南海自编年谱》作"二十二日"，梁启超：《戊戌政变记》则作"二十七日"。查初会之日，康有为曾登台演讲，他的演说辞初载《国闻报》光绪二十四年（1898）四月初十、十一日，继刊同年五月二十一日《知新报》第五十八册，初刊题称《三月二十七日保国会演说辞》，知初会之期应为三月二十七日。又按《大公报》载有《京师保国会章程记》，光绪二十四年（1898）四月初五日《湘报》特予转录，《大公报》载："刻据京友函致本报谓，三月二十七日，都下各衙门京官及各省之公车萃集二三百人，在南横街粤东会馆创立保国会，……于

是南海康长素登焉。"亦作"二十七日"。知梁启超所记为可信。

⑬ 康有为：《保国会章程》，见《政论集》，第233—235页。

⑭ 康有为：《保国会叙》，见《知新报》第八十五册，光绪二十五年（1899）三月二十一日出版。见澳门基金会、上海社会科学院出版社：《知新报》（影印本），上海社会科学院出版社1996年版，第1209页。

⑮ 《国闻报》，光绪二十四年（1898）四月十二日。

⑯ 康有为："胶旅割后，各国索地，吾与各省志士开会自保，末乃合全国士大夫开保国会，集者数千人。累被飞章，散会谢客，门可罗雀矣。"（《南海先生诗集》卷四《明夷阁诗集》）。

⑰ 孙灏：《驳保国会章程》，《觉迷要录》卷四。

⑱ 潘庆澜的劾责日期，《康南海自编年谱》作"四月初七日"，误。查梁启超于闰三月十五日《致夏曾佑书》云："京中卧病，办保国会，昨十二日为潘庆澜所劾。今上神明，谓'会能保国，岂不大佳！'遂尔留中。"（《梁任公先生年谱长编》"光绪二十四年"）。《翁文恭公日记》本年闰三月十二日记："潘庆澜封奏（自注：三片内，一参康有为保国会）存。"十三日记："李盛铎封存奏立会流弊，未指各片。"（《翁文恭公日记》卷三十七）。知潘劾为"闰三月十二日"。又汪大燮时寓北京，四月十二日《致汪康年书》曰："近有潘安涛劾之，请封其万木草堂，全台诸子亦幡然欲与康敌，幸其门'大同学会'四字早刮去，否则牵连更甚也。"（《汪穰卿先生师友手札》）又本年《国闻报》闰三月二十九日《书保国会题名记后》已言"御史潘庆澜劾之"事。知"四月初七日"实误。

⑲ 据《康南海自编年谱》，黄桂鋆的参劾，也是"洪嘉与为之云"。

⑳ 黄桂鋆：《禁止莠言折》，见《觉迷要录》卷一。《翁同龢日记》光绪二十四年（1898）闰三月二十七日记："又折，总署收呈片即墨事。文悌，劾崧藩。黄桂鋆，保川、保汉、保浙等会，皆下第举人所为，请禁。"见《翁同龢日记》（六），中华书局1998年版，第3124—3125页。知上于"闰三月二十七日"。

㉑ 《国闻报》，光绪二十四年（1898）四月十六日。

㉒ 《申报》，光绪二十四年（1898）九月三十日《缕记保皇会逆迹》谓："来者先后数百人。"《国闻报》光绪二十四年（1898）闰三月二十九日《书保国会题名记后》谓："至之日，上自京寮，以及公车应试之徒来会者凡数百人。"而《国闻报》光绪二十四年（1898）闰三月二十四日《京城保国会题名记》则举186人。"数百人"之数，

亦系泛举；而所列名录中，也有"逐队观光"的。

㉓ 梁启超：《戊戌政变记·政变前纪》，见《梁启超全集》（第一集），第 545 页。又据刘禺生《世载堂杂忆》谓：李系入会以窃取情报的，且援"不入虎穴，焉得虎子"，以媚徐桐。

㉔ 胡思敬：《戊戌履霜录》卷二《康有为构乱始末》，见《戊戌变法》（一），第 374 页。

㉕ 李宣龚：《致丁在君书》，《梁任公先生年谱长编初稿》，世界书局 1959 年版，第 52 页。

㉖ 同上。

㉗ 《续记保国会逆迹》，《申报》光绪二十四年（1898）九月三十日。

㉘ 汪大燮：《致汪康年》，见《汪康年师友书札》，上海古籍出版社 1986 年版，第 783 页。

㉙ 《国闻报》，光绪二十四年（1898）九月初三日。

㉚ 《南海先生七上书记》，戊戌（1898）三月上海大同译书局石印本。

㉛ 康有为：《日本变政考序》，故宫本。

㉜ 《康南海自编年谱》"光绪二十四年戊戌"，见《戊戌变法》（四），第 150 页。

㉝ 同上。

㉞ 康有为：《日本变政考》卷一"按语"，见姜义华、张荣华编校：《康有为全集》（第四集），中国人民大学出版社 2007 年版，第 108 页。

㉟ 同上书，第 115 页。

㊱ 同上书，第 125 页。

㊲ 同上书，第 114 页。

㊳ 同上书，第 108 页。

㊴ 同上书，第 115 页。

㊵ 同上书，第 111 页。

㊶ 同上书，第 198 页。

㊷ 同上书，第 233 页。

㊸ 康有为：《进呈日本明治变政考序》，见《政论集》，第 223 页。

㊹ 康有为：《日本变法由游侠义愤考序》，上海大同译书局，戊戌（1898）春月版石印本。

㊺ 康有为：《日本书目志》第四卷，上海大同译书局石印本。

㊻ 同注㉛。

㊼ 叶昌炽：《缘督庐日记钞》“光绪十五年三月十七日”。

㊽《翁同龢日记》“光绪十五年五月二十九日”，中华书局 1982 年版，第 2289 页。

㊾ 同上书，“光绪十五年六月初一日”，第 2289 页。

㊿ 同上书，“光绪十六年三月初三日”，第 2356 页。

(51) 同上书，“光绪十六年四月二十四日”，第 2367 页。

(52) 王伯恭：《蜷庐随笔》。

(53)《翁同龢日记》“光绪二十年四月二十二日”，第 2693 页。

(54) 同上书，“光绪二十年四月二十四日”，第 2694 页。

(55) 康有为：《康南海自编年谱》“光绪十四年戊子”，见《戊戌变法》(四)，第 121 页。

(56) 梁启超：《致夏曾佑书》，见《梁启超全集》(第十九集)，第 471 页。

(57)《德宗景皇帝实录》卷三七八。

(58)《翁同龢日记》“光绪二十一年十月十七日”，第 2856 页。

(59)《德宗景皇帝实录》卷三八四。

(60)《张謇日记》“光绪二十二年四月初八日”。

(61)《翁同龢日记》“光绪二十三年十二月二十四日”，第 3081 页。

(62) 张子扬：《关于翁同龢与康梁关系的一件史料》，《光明日报》1955 年 7 月 21 日。

(63) 按：翁同龢曾密荐康有为于光绪皇帝；至于《翁同龢日记》中对康有为的“不满”言论，多在戊戌年，是他在政变后自己改动的，见拙撰《戊戌变法人物传稿》上册卷四《翁同龢传》。

(64)《张謇日记》“光绪二十四年四月二十二日”。

第七章　百日维新

"诏定国是"

自 1898 年 6 月 11 日（光绪二十四年戊戌四月二十三日）光绪皇帝"诏定国是"决定变法起，至同年 9 月 21 日（八月初六日）政变止，共计 103 天，历史上称为"百日维新"。

戊戌变法，是经过康有为的建议和活动，通过光绪皇帝"诏定国是"的。光绪为什么要变法？他是怎样决定改革的？

光绪接位，年仅四岁，由慈禧"训政"。随岁月的推移，慈禧卵翼下的光绪，逐渐年长了。1889 年，光绪"大婚"，慈禧表面上只好"归政"。这时正是中法战后不久，后党丧权辱国日甚，"国且不国"，不但西方帝国主义列强侵略中国，连东方的日本也侵犯"天颜"了。

甲午战时，光绪是主战的^①；战争失败，《马关条约》签订，光绪也感到"非变法不能立国"。1895 年 7 月 19 日（闰五月二十七日），光绪颁发了"因时制宜"的"上谕"：

> 自来求治之道，必当因时制宜，况当国事艰难，尤应上下一心，图自强而弭祸患。朕宵旰忧勤，惩前毖后，惟以蠲除积习，力行实政为先。叠据中外臣工条陈时务，详加披览，采择施行，如修铁路、铸钞币、造机器、开各矿、折南漕、减兵额、创邮政、练陆军、整海军、立学堂，大约以筹饷、练兵为急务，以恤商、惠工为本源，此应及时

举办。至整顿厘金、严核关税、稽察荒田、汰除冗员各节，但能破除情面，实力讲求，必于国计民生，两有裨益。着各直省将军、督抚，将以上各条，各就本省情形，与藩、臬两司暨各地方官悉心妥筹，酌度办法，限文到一月内分晰复奏。当此创巨痛深之日，正我君臣卧薪尝胆之时，各将军、督抚受恩深重，具有天良，谅不至畏难苟安，空言塞责。原折片均著钞给阅看，将此由四百里各谕令知之。[②]

这就是康有为等改良派欢欣鼓舞的"廷寄"，并以之登入《强学报》的。但后党环伺，官僚因循，仍是一纸空文，实效毫无。

光绪准备改革，而后党固步自封，对内封禁强学会，黜革汪鸣銮、长麟，驱逐文廷式；对外派李鸿章赴俄，签订《中俄密约》，出卖东北。他们抓紧政权、军权，冷视着帝党君臣对内政外交的焦虑。

此后，光绪又曾发过几次新政"上谕"，仍无实效，后党还时加干预，可知光绪的无权受制，客观上也使他感到"诏定国是"的必要。

从光绪来说，思想上是有矛盾的：决心变法，有挣脱后党束缚、巩固封建政权的可能性；也有政治改革后，对下层士子言论的开放，遭受后党反击的可能性。然而，如果毫不改革，统治权既难维持，政权独揽更属渺茫；进行改革，却对自身地位，对整个统治的巩固，还有若干希望。他也看到甲午战后，清朝政府内部纷纷议论变法，顽固派、洋务派也有"新政"条陈，连慈禧的亲信荣禄也在 1898 年 1 月上疏，"请参酌中外兵制，设武备特科"，"造就人才"，"每省设一武备学堂，挑入学习重学、化学、格致、舆地诸学"[③]，又提出整顿保甲。尽管他们只是老调重弹，用以"肃清内匪，固结人心"，但也反映当时的政治危机，不得不采取若干欺骗性的改革措施。于是光绪一则随时到慈禧处"请安"，借以窥探她的意向，防止后党的干预；再则援引改良派，排斥几个后党，逐步巩固地位，"以脱离太后之束缚"[④]，巩固政权。

照此说来，光绪之所以支持变法，是基于甲午战后清政府的经济危机、人民革命因素的不断增长；也是为了摆脱以慈禧为首的后党的束缚，巩固封建政权。正由于如此，光绪所"爱"的"国"，是封建的清政府。他援引改良派以自固，改良派也依靠光绪以自重，但他们的主张却不完全一致，特别是在究竟把中国"变"向何处去的关键问题上有着严重分歧。那么，在剖析"百日维新"时，就不能不考虑光绪皇帝变法和改良派变法间的区别。

1898年6月1日（光绪二十四年四月十三日），康有为代杨深秀拟了《请定国是而明赏罚折》⑤。一开始就说："窃近者外国交逼，内外臣工，讲求时变，多言变法，以图自保。然旧人多有恶为用夷变夏者，于是定旧开新之名起焉。"接着，批驳守旧不变的危害，说是"审观时变，必当变法，非明降谕旨，著定国是，宣布维新之意，痛斥守旧之弊，无以定趋向而革旧俗"。6月8日，代徐致靖拟《请明定国是疏》⑥，"请特申乾断，明示从违，以一众心，而维时局"。康有为自己也上了《请告天祖誓群臣以变法定国是折》，"请上告天祖，大誓群臣以定国是而一人心"。6月17日，宋伯鲁又上《请讲明国是正定方针折》⑦，认为"变法先后有序，乞速奋乾断，以救艰危"。宋伯鲁、徐致靖都是帝党，杨深秀也是改良派联络的"台谏"，他们都在这个时期次第上疏，折稿还经康有为代拟，可知"请定国是"的折稿，是帝党和改良派因"日言变法而众论不一"，从而经过策划，以正趋向的。康有为除早呈《日本变政考》和已经上疏"统筹全局"外，这时又专折呈请"变法定国是"，还代杨深秀等拟折稿，他起的作用是很显著的。

6月11日（四月二十三日），光绪根据御史杨深秀、侍读学士徐致靖等的奏章，召集军机全堂，"诏定国是"，决定变法。所谓"诏定国是"的内容是：

> 数年以来，中外臣工，讲求时务，多主变法自强。迩者诏书数下，如开特科、裁冗兵、改武科制度，立大小学堂，皆经再三审定，筹之至熟，甫议施行。惟是风气尚未大开，论说莫衷一是，或托于老成忧国，以为旧章必应墨守，新法必当摈除，众喙哓哓，空言无补。试问今日时局如此，国势如此，若仍以不练之兵，有限之饷，士无实学，工无良师，强弱相形，贫富悬绝，岂真能制梃以挞坚甲利兵乎？

> 朕维国是不定，则号令不行，极其流弊，必至门户纷争，互相水

火，徒蹈宋、明积习，于时政毫无裨益。即以中国大经大法而论，五帝三王，不相沿袭，譬之冬裘夏葛，势不两存。用特明白宣示，嗣后中外大小诸臣，自王公以及士庶，各宜努力向上，发愤为雄，以圣贤义理之学，植其根本。又须博采西学之切于时务者，实力讲求，以救空疏迂谬之弊。专心致志，精益求精，毋徒袭其皮毛，毋竞腾其口说，总期化无用为有用，以成通经济变之才。

　　京师大学堂为各行省之倡，尤应首先举办，著军机大臣、总理各国事务王大臣会同妥速议奏，所有翰林院编检、各部院司员、大门侍卫、候补候选道府州县以下官、大员子弟、八旗世职、各省武职后裔，其愿入学堂者，均准入学肄业，以期人才辈出，共济时艰，不得敷衍因循，徇私援引，致负朝廷谆谆告诫之至意，将此通谕知之。⑧

上述"诏书"，应为翁同龢所拟，前文谈到，张謇在"诏定国是"前一天，已"见虞山所拟谕旨"，《翁同龢日记》也有记载：

　　（二十三日）上奉慈谕，以前日御史杨深秀、学士徐致靖言国是未定良是，今宜专讲西学，明白宣示等因，并御书某某官应准入学，圣意坚定。臣对西法不可不讲，圣贤义理之学尤不可忘。退拟旨一道，又饬各省督抚保使才，不论官职大小，旨一道。⑨

康有为为帝党代拟折稿，帝党首领"拟旨一道"，可知"诏定国是"是改良派和帝党结合，明定改革的。

　　上述"诏书"，指出"五帝三王不相沿袭"，不能"徒蹈宋、明积习"，而须及时变法。特别提到练兵和兴学，前者用以"强国"，后者资以"励才"。它正反映了甲午战后海陆军覆灭，急需重练；洋务派所办"新政"无效，急需"聘才"。

　　"诏书"指出"以圣贤义理之学植其根本，又须博采西学之切于时务者实力讲求"，这与翁同龢应对时所说"西法不可不讲，圣贤义理之学尤不可忘"是一致的。他旨在"制梃以挞坚甲利兵"，说明要挽救瓜分危机，与洋务派的投降外交有别。

"诏书"指出首先举办京师大学堂,"为各行省之倡",没有提到政治改革,这也反映帝党变法有其局限。

但是,这是以皇帝的名义"定国是"的诏书,它的目的是"以变法为号令之宗旨,以西学为臣民之讲求,著为国是,以定众向,然后变法之事乃决,人心乃一,趋向乃定"。而此后"一切维新,基于此诏,新政之行,开于此日"⑩。

"诏定国是"是康有为1888年第一次上书以来,十年间不断上书请求的;是康有为组织学会、发行报刊、团结帝党,终于得到光绪皇帝的一纸"诏书"的。变法的实现,康有为功不可没。

新政建议

6月11日,光绪"诏定国是"后,13日,翰林院侍读学士徐致靖上折,"为国是既定,用人宜先,谨密保维新救时之才,请特旨破格委任,以行新政而图自强",以为康有为"忠肝热血,硕学通才,明历代因革之得失,知万国强弱之本原",所著各书,"善能借鉴外邦,取资法戒,其所论变法,皆有下手处"。"其才略足以肩艰巨,其忠诚可以托重任,并世人才,实罕其比,若皇上置诸左右,以备顾问,与之讨论新政,议其先后缓急之序,以立措施之准,必能有条不紊,切实可行,宏济时艰,易如反掌"。又保荐黄遵宪、谭嗣同、张元济、梁启超。⑪折上,光绪皇帝命康有为、张元济于6月16日(二十八日)预备召见,黄遵宪、谭嗣同送部引见,梁启超总理衙门察看具奏。

16日,光绪召见康有为。康有为首先陈述中国在外国的逼迫和分割下,已经到了生死存亡的关头,非尽变旧法不能自强。光绪表示同意,说"今日诚非变法不可"。

康有为接着向光绪指出,近年来不是完全没有变法的行动,但只是"少变而不全变,举其一而不改其二,连类并败,必至无功"。他认为所谓变法,需要把制度法律先行改订,否则只是变事,不是变法。他请求光绪统筹全局,"先开制度局而变法律"。并说他研究过各国变法的情形,西方各国经过了 300 年才富强起来，日本"维新"30 年就强了，中国好好变法，3 年就可以自立。光绪认为他讲的条理很详细。

康有为又问："皇上既然知道非变法不可，为什么长久没有举动，坐看国家危亡？"光绪防人偷听，注视一下帘外，然后叹息说："奈掣肘何！"康有为领会"上碍于西后无如何"，说："皇上可以就权力能够做到的先做，虽然不能尽变，如果扼要地做几件大事，也可以救中国。不过现在的大臣大都老朽守旧，不懂世界大势，要靠他们来变法，是没有希望的。"又说："这些大臣，位高年老，精力已衰，兼差又多，无从读书。即使叫他们办学堂、办商务，他们年轻时从来没有学过这些东西，实在不知所办。皇上决定变法，只有擢用有才干的小臣，给以官职，准许他们上条陈，观察他们是否有真才实学，予以破格擢用，办理新政。至于守旧大臣，可以保持他们的原有俸禄，使之没有失位的恐惧，他们便不会阻挠新政了。"光绪表示同意。

康有为又着重指出八股试士的危害性，"今群臣济济，然无以任事变者，皆由八股致大位之故"。光绪也说："西人皆为有用之学，而吾中国皆为无用之学，故致此。"

光绪问："当前财政困难，怎样筹款？"康有为举出日本发纸币、办银行，以及印度田税等，并说中国地大物博，资源丰富，不要患贫，可患的是"民智不开"。他又对答了译书、游学、游历等事，请求光绪多下诏书，以为皇帝的诏书一下，新政就可朝令夕行。

经过这次召见，光绪准备重用康有为，因荣禄、刚毅等反对，只给了他在总理衙门章京上行走的职位，准予专折奏事。

康有为抓着专折奏事的特殊待遇，不断地上奏折、递条陈，有的自己具名，有的为别人草拟，在短短的 3 个月中，上了不少新政建议，包括他在政治、经济、军事、文教各方面的除旧和布新的建议。今按照时间先后，将这些建议表列如下（见表 7-1）：

表7-1　"诏定国是"后康有为新政建议表

时间 （1898年）	奏折名称	变法理由	实施办法	备注
6月17日 （四月二十九日）	《请废八股试帖楷法试士改用策论折》	八股蔽锢人才，学非所用；而策论体裁，可以通古证今，并救空疏无用。	一、立废八股、试帖、楷法取士，"其今乡会童试，请改试策论，并罢试帖"，"勿尚楷法"，"庶几人士专研有用之学"。二、等到学校尽开，徐废科举。	《戊戌奏稿》仅署"四月"，查折称"即日面奏，荷蒙圣训"，知撰于16日召见以后。梁启超《戊戌政变记》称："于是康退朝告宋伯鲁，使抗疏再言之；康亦自上一书。"知拟于宋伯鲁所递之折同时，文亦相类。宋折上于"二十九日"，故系于此。
同上	《请改八股为策论折》	"科举为利禄之途，至今千年"，"为空疏迂谬之人所共托"。请改八股为策论，以作人才而济时艰。	一、特下明诏，永远停止八股，"自乡会试以及生童科岁一切考试，均改试策论"。二、详细章程，请饬部妥议，自庚子科为始，一律更改。	代宋伯鲁拟，见《戊戌变法档案史料》第215—216页。查《康南海自编年谱》记：十六日召见后，"于是发书告宋芝栋，令其即上废八股之折，盖已早为草定者"。似折早拟定，而于17日递上。又据《梁任公先生年谱长编初稿》中《致夏曾佑书》，梁氏似参加商议，此折文意与康折极似，又于同日递上，宜为康氏所拟。即胡思敬《戊戌履霜录》亦云："康有为为宋伯鲁代草一疏，请废制艺。""阳湖汪文溥闻伯鲁疏出有为手，因贻书有为"。

续表

时间 （1898 年）	奏折名称	变法理由	实施办法	备注
同上	《请催举经济特科片》	"因时审变，在得通才"。	一、请下总署，此次特科，专以得古今掌故、内政外交、公法律例之通才为主。 二、其他各科，请饬下各督抚，速立学堂教授，然后选用为教习。	代宋伯鲁拟，见《戊戌变法档案史料》第 216 页，为《请改八股为策论折》之附片。
同上	《请讲明国是正定方针折》	"国是未变，议论未变，人才未变，三者不变而能变法者，无之"。请"速奋乾断，以救艰危"。	一、大誓群臣，"申明采集万国良法之意，宣白万法变新、与民更始之方"。痛斥守旧、违旨者，"布告天下，咸令维新"。 二、泰西论政有三权鼎立之义，请"特开立法院于内廷，选天下通才入院办事，皇上每日亲临，王大臣派为参议，相与商榷，一意维新"。	代宋伯鲁拟，见《戊戌变法档案史料》第 3—5 页，此折与康有为折文结撰相同，即康氏经常援用之赵武灵王、秦孝公故事，也见于折中。《康南海自编年谱》谓自康氏"上制度局之折"后，杨深秀、宋伯鲁等"皆以制度为然，我为之各草一折"，也可参证。
6 月 17、18 日（四月二十九日、三十日）	《请停弓刀石武试改设兵校折》	整武备，养人才。	一、下诏停止弓刀步石之武试及旗兵习弓矢者。二、广设武备学校，先于京、津，遍于各省。科程仿照德、日制，必令入学，乃为将校。三、旧武举人生员，咸听入校，生童愿补练兵者听。	《戊戌奏稿》，署"四月"，未明日期，为 16 日召见时所上。

时间 （1898年）	奏折名称	变法理由	实施办法	备注
6月19日（五月初一日）	《敬谢天恩并统筹全局折》	枝节而为，牵连并败，请本末并举，首尾无缺，统筹全局，乃收成效。	一、统筹全局，以图变法。二、御门誓众，以定国是——使变法众志如一。三、开局亲临，以定制度——开设制度局，全体商榷，定行宪法。	《戊戌奏稿》"补录"，《知新报》第七十八册曾刊录。据《康南海自编年谱》，16日召见后，"将议诣宫门谢恩，以诸臣忌甚，又无意当差，于初一日乃具折谢恩，并再陈'大誓群臣，统筹全局，开制度局'三义"。查此折与《杰士上书汇录》有异。
同上	《请尊孔圣为国教立教部教会以孔子纪年而废淫祀折》	一、孔子为改制圣主，请定孔教于一尊。二、上谕废淫祠后，有司办理不善，宜再请民间庙祀孔子而废淫祠，以重国教。三、以孔子纪年，一以省记忆，一以起信仰。	一、京师城野、省府县乡皆独立孔子庙，以孔子配天，听男女皆礼谒之，必默诵圣经。二、所在乡会，皆立孔教会，公举士子通六经四书者为讲生，讲生为奉祀生。每县公举大讲生若干，并掌县司之祀。府曰宗师，省曰大宗师，令各省大宗师公举祭酒老师，为全国教会之长，命为教部尚书，或曰大长。三、以教主纪年。四、所有淫祠，立即罢废，或充孔庙，或作学校。	《戊戌奏稿》署"六月"，误。《康南海自编年谱》记：十九日上折谢恩后，又"陈请废八股及开孔教会，以衍圣公为会长，听天下人入会"，并进呈《孔子改制考》。查孙家鼐《奏译书局编纂各书请候钦定颁发并请严禁悖书疏》诋击《孔子改制考》，孙折上于"五月二十九日"，知《戊戌奏稿》之署"六月"为误。

续表

时间 （1898年）	奏折名称	变法理由	实施办法	备注
6月22日（五月初四日）	《请废八股以育人才折》	人民智慧，而愚暗无才者，"推原其故，皆八股累之"。	"明谕天下，罢废八科，自岁科试以至乡会试及各项考试，一律改用策论"。"务为有用之学，风气大开，真才自奋。"	代徐致靖拟，原折藏中国第一历史档案馆。《康南海自编年谱》记："又草《变科举折》，亦为二篇，分交杨漪川、徐致靖上之"。杨深秀折上于6月1日，徐折则较迟。
6月26日（五月初八日）	《请励工艺奖创新折》	劝励工艺，奖募创新，以"智民富国"。	一、下诏奖励工艺，导以日新，令部臣议奖。二、创新器者，酌其效用之大小，小者许以专卖若干年，大者予以爵禄。三、有开大工厂以兴实业，开专门学以育人才者，皆优兴奖给。	《戊戌奏稿》，仅署"五月"，据《康南海自编年谱》："时以愚民之害既去（按指废八股），当开民智。泰西文明，多由于有制新器、著新书、寻新地之赏，初八日上折言之，奉旨交总署议"。知上于"初八日"。
6月28日（五月初十日）	《请御门誓众折》	"明定国是"后，"守旧之徒，迂谬指摘，日夜聚谋，思变乱明旨"，请大誓群臣，大施赏罚，以"悚动观听"。	一、御乾清门，布告维新更始之意，严警守旧阻挠，造谣乱政之罪，"力图维新"。二、重罚"阻挠诋諆，首鼠两端"者，使群僚震动，"奉行新政"。	代杨深秀拟，见《戊戌六君子遗集》第六册《杨漪川侍御奏稿》。查《康南海自编年谱》记，"时新定国是，废八股，旧党谤甚沸"，"乃草折交杨漪川上之，请御门誓群臣，并请谤新政之律"。此折与十五日康氏所上《敬谢天恩并统筹全局折》亦多相似。
6月30日（五月十二日）	《奏请经济岁举归并正科并各省岁科试迅即改试策论折》	"重抡才而节靡费"。	一、"将正科与经济岁科合并为一，皆试策论。论则试经义，附以掌故；策则试时务，兼及专门"。二、再降谕旨，"除乡会试自下科为始改试策论外，其生童岁科试，即饬各省学政随按临所至，一经奉到谕旨，立即遵照前章，一律更改"。	代宋伯鲁拟，见《国闻报》光绪二十四年五月十八日，据《康南海自编年谱》，此折为康氏授意、梁启超起草的。

时间 （1898 年）	奏折名称	变法理由	实施办法	备注
6 月 30 日（五月十二日）	《请废八股勿为所摇片》	废八股为国家之大利，守旧无用之人所大不利。	"申下谕旨，如有奏请复用八股试士者"，"重则斥革降调，轻亦严旨申饬"。	《戊戌变法档案史料》第216—217 页，为上折之附片。
6 月	《请广译日本书派游学折》	一、通世界之识，养有用之才。二、日本已译就英、美各书，译日本书，费日无多。三、赴日本留学，道近而费省，速成尤易。	一、译日本书：（一）京师设译书局，专选日本政治书之佳者译之。（二）士人能译日本书者，予以奖赏晋秩。（三）应译之书，每月由京师译书局布告书目，以免重复。二、派人留学：（一）选人至日本留学，以收新法之益。（二）奖导私费自往留学。	《戊戌奏稿》，署"五月"。
6—7 月	《请开学校折》	广开学校，以养人才。	令各省府县乡兴学。一、乡立小学，七岁以上皆入学，八年卒业，其不入学者，罚其父母。二、县立中学，十四岁入学。初等科二年，高等科二年。三、省设专门高等学大学，凡农、商、矿、林、机器、工程、驾驶一事一艺者，为专门学。凡中学专门学卒业者可入大学，凡经学、哲学、律学、医学四科。	《戊戌奏稿》，署"五月"，无日期，查折称"臣以狂愚，请废八股，荷蒙圣明嘉纳，立下明诏施行"，则应上于 6 月 23 日废八股上谕颁布之后；7 月 10 日，谕改各地书院为学堂，则应上于 7 月 10 日之前。
7 月 3 日（五月十五日）后	《请饬各省改书院淫祠为学堂折》	自上谕开办大学堂、停八股、举行经济常科后，更应各地普设学校，废止淫祠，以广教育，以成人才。	一、将各直省现有之书院、社学、学塾改为兼习中西之学校，省会大书院为高等学，府州县之书院为中等学，义学、社学为小学。二、将乡邑淫祠改为学堂，以公产为学堂经费。	《知新报》第六十三册，署"五月"，无日期。折称："窃顷迭奉上谕开办大学堂，停止八股、举行经济常科。"查开学堂之谕，颁于 7 月 3 日，则应在是日之后。4 日，"奉旨允行"，应上于 7 月 3 日至 9 日之间。

续表

时间 （1898年）	奏折名称	变法理由	实施办法	备注
7月6日（五月十八日）	《请酌定各项考试策论文体以一风气而育人才折》	各项考试，请"明降谕旨，宣示一律更改。"庶风气可一而人才可出。	一、首场试时务策，二场试经史论，以两场试士。二场试艺以四书题为首艺，五经题为次艺，史学题为三艺。二、"各项考试，除考御史向用策论外，其考试差，军机总署章京中书学正满汉荫生教习誊录优拔贡朝考，请一律用时务策一道，经议论一艺，凡二篇。其论题四书、五经皆可出，其策论中外掌故皆可问"。三、试帖诗赋，不适于用，请各项考试一律停止。	代徐致靖拟。《戊戌变法档案史料》第223—224页。《康南海自编年谱》谓"自草一折，为徐学士草一折"。康氏自上之折未见，而此折内容，则与《自编年谱》所言相合。
7月15日（五月二十七日）前	《请裁绿营放旗兵改营勇为巡警仿德日而练兵折》	甲午战后，武备废弛，绿营未改，致有"胶、旅之割"，如不练兵，今后将无以应外敌、靖"内乱"。	一、裁绿营，改营勇为巡警。二、放旗兵，各省驻防，择业而从，优给三年之饷，听其改附所在民籍。三、仿德、日制训练新军，分马步工炮辎重之队，设学校，精器械，更教之以爱国。令每道练一军，可得百军，共七十万之兵。	《戊戌奏稿》，署"五月"，无日期。查7月15日，谕令各省将军督抚切实裁兵练军，力行保甲、整顿厘金，则应上于是日之后。
7月17日（五月二十九日）	《改时务报为官报折》	两年以来，民间风气大开，人才间出，以《时务报》之功为最多，请改为官报，以广耳目而开风气。	一、《时务报》改为"时务官报"，责成梁启超督同向来主笔人等实力办理。二、论说翻译各件，仍照旧核实。出报一本，先进呈御览，并饬各省督抚通札各属购阅。三、官报移设北京，以上海为分局，皆归并译书局中相辅而行。四、请饬下两江督臣，月拨五百两为京师时务官报局之用。	代宋伯鲁拟。原折藏中国第一历史档案馆，《觉迷要录》卷一收入。查《康南海自编年谱》，"时《时务报》汪康年尽亏巨款，报日零落，恐其败也，乃草折交宋芝栋上之。"

时间 （1898 年）	奏折名称	变法理由	实施办法	备注
7 月 19 日（六月初一日）	《条陈商务折》	立商政以开利源而杜漏卮。	一、利用中国原料，自制货物，免购洋货；利用中国特产，讲求制造，以资外销。二、饬商务局立商学、商报、商会，并仿日本立劝工场及农务学堂，讲求工艺、农学。	《知新报》第七十册，下注"六月十五日，第十五上书"误。应为"六月初一日"，见《康南海自编年谱》。
8 月 9 日（六月二十二日）	《恭谢天恩条陈办报事宜折》	《时务报》改为官报，当慎选主笔，遵旨昌言。	一、请饬两江督臣按月由洋务局拨交官报局经费一千两。二、请饬下各省督抚通核全省应阅报单数目，移送官报局，报款由善后局垫解。	《戊戌变法档案史料》第451—452 页。
同上	《请定中国报律折》	新旧相争，是非黑白，未有定论，请定报律，以防深文罗织。	一、译西国报律，酌采外国通行之法，参以中国情形，定为中国报律。二、报律经审定后，照会各国公使，租界内开设报馆，皆当遵此律令。	《戊戌变法档案史料》第453 页，为上折之附片。
8 月 13 日（六月二十六日）	《请禁妇女裹足折》	女子裹足，不能劳动，且伤国体；又满洲妇女均天足，法律宜一。	一、下诏严禁妇女裹足。二、已裹者一律宽解，违抗者科罚。	《戊戌奏稿》，署"六月"，无日期，据《康南海自编年谱》"时万寿，……同日，上《禁天下裹足折》。"查 8 月 13 日为光绪生日前期，同日，准令各省劝诱推行禁止妇女缠足，故系于此。
8 月	《请定立宪开国会折》	一、东西各国之强，皆以立宪法、开国会之故。二、我国之弱，由于专制政体，应根本改变。	一、上师尧、舜、三代，外采东西强国，立行宪法，大开国会，以庶政与国民共之，行三权鼎立之制。二、即下廷议施行，采酌东西各国宪法纲目、议院条例、选举章程成规，采酌行之。	代阔普通武拟，见《戊戌奏稿》。又阔续于 8 月 19 日上折请设议院，见《戊戌变法档案史料》第 172—173 页，思想内容，与此有异。查此折有改窜，见后。

续表

时间 （1898 年）	奏折名称	变法理由	实施办法	备注
8 月	《请君民合治满汉不分折》	略如上折。	一、立裁满、汉之名，行同名之实，考定立宪国会之法、三权鼎立之义。二、定国号为"中华"二字，尚统一而行大同。	《戊戌奏稿》。查此折有改窜，见后。
8 月 20 日（七月初四日）	《谢赏编书银两乞预定开国会期并先选才议政许民上书事折》	欧、日之强，皆以开国会、行立宪之故，宜定开国会期，选才议政。	一、即定立宪为国体，预定召开国会日期，明诏布告天下。二、在未开国会之先，请采用国会之意：（一）集一国之才而与之议定政制。（二）听天下人民而许其上书言事。三、下诏令群臣各荐才俊，府必一人，不问已仕未仕，先开懋勤殿选才议政。四、下诏许令天下人民上书，由所在有司长官代递，如抑压阻遏，以违制论。	《戊戌奏稿》，署"六月"，据《康南海自编年谱》，康氏于"七月初四日"接奉赏银，具折谢恩，故系于此。查此折有改窜，见后。
8 月 21 日（七月初五日）前	《请开农学堂地质局以兴农殖民而富国本折》	兴农殖民以富国本，并仿效外国农学会振兴农业。	一、令各省、府、州、县皆立农学局。令开农报以广见闻，令开农会以事比较。二、每省开一地质局，译农学书、绘农学图，延化学师考求各地土宜。三、通商口岸（如上海、广州），设地质总局。四、立农商局于京师，立分局于各省而统率之。	《知新报》第七十六册，署"七月"。《戊戌奏稿》存目有《请劝农折》，疑即此折。查 8 月 21 日（七月初五日）上谕："总理各国事务衙门代奏工部主事康有为条陈请兴农殖民以富国本一折"（《德宗景皇帝实录》卷四二三，第 3—4 叶），则此折应上于 8 月 21 日之前。

时间 （1898年）	奏折名称	变法理由	实施办法	备注
8月30日（七月十四日）前	《请开制度局议行新政折》	一、新政日颁，宜先立制度局以总裁之。二、守旧派阴谋阻挠，宜有以位置安全之。	一、"立开制度局，选一国之才而公议定之，统筹全局，乃次第施行"。二、今国会未开，急宜开法律局，附于制度局并设之。	《戊戌奏稿》，署"七月"。查8月30日，诏裁詹事府等衙门，与此折有关，系于此。此折有改窜。
同上	《请废漕运改以漕款筑铁路折》	漕运弊政太多，转运花费过大，改筑铁路，则调兵转饷，旦夕可至。	一、即废漕运，改以漕款广筑铁路。二、以漕运总督为铁路总督，运丁、仓丁、船夫、卫兵充车路工。尽裁漕官，其卫所官兵或改充巡警，或改充屯田。	《戊戌奏稿》，署"七月"。查8月30日，诏裁詹事府等衙门，并裁东河总督及不办运务之粮道，与此有关，系于此。
8月	《请裁撤厘金片》	泰西各国之富，由于保商，而内地之害商，莫重于厘金，宜决裁之，以嘉惠商民。	一、下诏豁免天下厘税。二、豁免厘税，不收寸款，但以厘额于坐地摊派，留作本地民间公业，听民间聚议，举行阜商、劝工、恤农、开学、筑场诸事。	《知新报》第八十册，末有注文："右片系戊戌年七月附奏者。皇上览奏，恻然动念，面谕维新诸臣，谓行新政就绪，即决裁厘金。经八月之变，事乃中辍。惜哉！"
9月5日（七月二十日）前	《冗官既裁请置散卿以广登进折》	行政之官不可冗，议政之官不厌多。	定立三、四、五品卿翰林院衙门，定立三、四、五品学士，不限员，不支俸。	代徐致靖拟，原折未见，仅据孙家鼐奏复拟具。

续表

时间 （1898年）	奏折名称	变法理由	实施办法	备注
9月5日（七月二十日）后	《请计全局筹巨款以行新政，筑铁路起海陆军折》	大筹巨款以举行新政，筑全国铁路，起海陆军以强中国。	一、全力经营海陆军，每道练一军，每军七千人，每道为百军，可得七十万人。 二、海军军费一万万两，陆军军费一万万两，铁路费三万万两，诸政并举，需六万万两。可大借公债，改定金币，发行公债纸钞，增其倍数，听民间银行以实业押款，则国有币十万万常行流通，民间得十万万灌输，则工业盛而商业荣，农林矿渔垦殖随之而兴。 三、除粤汉、津镇南北二道已议筑外，请分筑三大干路。	《戊戌奏稿》，署"七月二十后"。
同上	《请设新京折》	建设新京，控带江海，并多置陪京，以备巡运而阜财物。	一、重谋新京，设于江苏，于北京置留守。二、建十都，于新京、北京、盛京、兴京而外，以武昌为中京，成都为西京，广州为南京，立兰州或长安为西北京，拉萨为藏京，伊犁或迪化为西域京。	《戊戌奏稿》，署"七月二十后"。
同上	《请断发易服改元折》	决誓维新，宜大誓改元，以昭国是、定民志。	一、皇上身先断发易服，诏告天下，与民更始，令百官易服而朝。二、集群臣誓于天坛太庙，改今年为维新元年。	《戊戌奏稿》，署"七月二十后"。此折有改窜。

续表

时间 （1898年）	奏折名称	变法理由	实施办法	备注
9月11日（七月二十六日）	《密保袁世凯折》	边防日急，宜练重兵，密保统兵大员，请破格特简。	袁世凯"深娴军旅"，"智勇兼备"，请予破格之擢，俾增新练之兵，或畀以疆寄，或改授京堂，使之独当一面，永镇畿疆。	代徐致靖拟，《戊戌变法档案史料》第164—165页。据《康南海自编年谱》："先是，为徐学士草折荐袁，请召见加官优奖之。又交复生递密折，请抚袁以备不测。"《戊戌奏稿》存目也有《荐袁世凯折》。
9月12日（七月二十八日）	《议开懋勤殿以议制度折》		开懋勤殿以议制度，举黄遵宪、梁启超二人。	代宋伯鲁拟，未见，《康南海自编年谱》言之。
同上	《请惩办谭锺麟折》	疆臣昏老悖谬，阻挠新政，酿乱四起。	请严惩褫革。	代宋伯鲁拟，未见，据《德宗景皇帝实录》"上谕"所称。
9月14日（七月二十九日）	《请奖陈宝箴折》	重封疆而警贪酷。	一、湖南新政被胁制，固由守旧者破坏，亦因陈宝箴无真识定力。二、保举人员，分别加以黜陟，万勿一概重用。三、裁缺诸大僚擢用宜缓，特保诸新进甄别宜严。	代杨深秀拟，《戊戌变法档案史料》第181—183页，惟杨折与《康南海自编年谱》所称有不符处。

由上表可知，"诏定国是"后康有为的新政建议，是"诏定国是"前历次上书的补充和发展。

第一，"诏定国是"前的上书，主要说明变法的必要性和吁请变法，以及"富国""养民""教民"的一般原则。"诏定国是"后的奏疏，则是每项新政的具体办法而专折请求。"诏定国是"前的历次上书，概括地阐述了康有为政治改革的全套计划，如今则是根据过去上书加以扩大和具体化。

第二，"诏定国是"前，康有为联络帝党等不当权官僚，代拟奏稿，轮流递折，"耸动上听"，如 6 月 1 日代杨深秀拟《请定国是而明赏罚折》；6 月 8 日代徐致靖拟《请明定国是疏》等配合上书，"以正趋向"。"诏定国是"后，又广通声气，续为捉刀，很多关键性的新政建议，是出于康、梁之手，而由别人署名的。例如废八股改策论，废除束缚知识分子的旧习，开设兼习中西的学校，这是戊戌变法的大事。康有为既不断建议，又邀集帝党拟折递呈，如 6 月 17 日代宋伯鲁拟上《请改八股为策论折》，又附片请催举经济特科；6 月 22 日代徐致靖拟上《请废八股以育人才折》；6 月 30 日代宋伯鲁拟上《奏请经济岁举归并正科并各省岁科试迅即改试策论折》；7 月 6 日代徐致靖拟上《请酌定各项考试策论文体以一风气而育人才折》。又如《时务报》是维新运动时期影响最为深远的刊物，由于张之洞的操纵、汪康年的"经理"，改良派的宣传阵地几乎"易辙"，康有为又请宋伯鲁于 7 月 17 日上《改时务报为官报折》，上谕允准后，康有为自己也在 8 月 9 日上了《恭谢天恩条陈办报事宜折》和《请定中国报律折》。等到新旧斗争日趋激烈，后党阻挠日益显露，又代徐致靖拟《冗官既裁请置散卿以广登进折》《密保袁世凯折》，代宋伯鲁拟《请惩办谭锺麟折》，代杨深秀拟《请奖陈宝箴折》。可知"诏定国是"后，康有为等改良派联络侍读学士、御史等不当权官僚配合上书，抑扬舆论，对关键性的政治改革尤为注目。

第三，"诏定国是"前的上书，提出了变法的步骤；"诏定国是"后的新政建议，一步步地深入。如 6 月中旬，请废八股、试帖、楷法试士，改试策论，此后即请开学校，请各省改书院、淫祠为学堂。接着，又请尊孔圣为国教，立教部、教会，以孔子纪年。6 月中旬，请停弓刀石武试，改设学校，此后即请裁绿营、放旗兵、改营勇为巡警，仿照德、日两国兵制练兵。说明他的"扼要以图"循序渐进，以逐步达到他的政治改革要求。然而，"不变则已，要变全变"，8 月以后，即一再吁请开制度局。这里，一方面可以看到"诏定国是"后短短两三个月中，新政建议的迫切和新政上谕的迅颁；另一方面，又因为顽固派层层阻挠，迫使改良派的要求"全变"。当然，即使想望"全变"，在百日维新时期，改良派又存有妥协。这个问题，后面还将探索。

于此，根据上表内容，将康有为在政治、经济、军事、文化等方面关于除旧和布新的主要建议，列表 7-2 如下：

表 7-2   康有为关于除旧和布新的建议

类别	除旧方面的建议	布新方面的建议	时间（1898 年）
政治方面②	废缠足陋习。 裁冗官。 惩谭锺麟。	拟定开制度局。	6 月 19 日
		尊孔圣为国教，以孔子纪年。	同上
		御门誓众，力图维新。	6 月 28 日
		立宪法，设议院。	8 月
		禁止妇女缠足。	8 月 13 日
		开设制度局，议行新政。	8 月 30 日前
		置散卿以广登进。	9 月 5 日前
		建设新京。	9 月 5 日后
		议开懋勤殿以议制度。	9 月 13 日
		奖陈宝箴。	9 月 14 日
经济方面	废漕运。 裁撤厘金。	劝励工艺，奖募创新。	6 月 26 日
		立商政以开利源，而杜漏卮。	7 月 19 日
		开农学堂、地质局，以兴农殖民， 而富国本。	8 月 21 日 8 月 30 日前
		改以漕款建筑铁路。	8 月
		统计全局，大筹巨款，行新政， 筑全国铁路。	9 月 5 日后
军事方面	停弓刀石武试。 裁绿营，放旗兵。	广设武备学堂，仿德、日制。	6 月 17、18 日
		改营勇为巡警，仿德、日兵制练 兵。	7 月 15 日前
		统计全局，大筹巨款，以行新政， 练海陆军而强中国。	9 月 5 日后
文教方面	废八股试帖楷法 取士。 改书院，废淫祠。	改试策论，俟学校尽开，徐废科 举。催举经济特科。	6 月 17 日 6 月 30 日
		译日本书，派人留学。	6 月
		开学校，乡设小学，县设中学， 省设专门高等学大学。	6 月—7 月 7 月 3 日后
		酌定各项考试策论文体，以一风 气而育人才。	7 月 6 日
		改《时务报》为官报。7 月 17 日 请定中国报律。	7 月 17 日 8 月 9 日

从表中可知：

第一，康有为关于除旧和布新方面的新政建议，布新多于除旧，因为布新就是相当于除旧。

第二，康有为上述四方面的建议，在政治方面希望开制度局、立宪法、设议院；在经济方面要求保护工商业，予中国民族资本主义以适当的发展；在军事方面要求重练海陆军，挽救中国被帝国主义瓜分的危机；在文化教育方面提出废科举、办学校、译新书，以培养新的人才，这说明他要求变法的主要目的是企图挽救瓜分危机，要求在中国发展资本主义。

第三，康有为在"诏定国是"后的新政建议，在过去历次上书中大体涉及，而"百日维新"期间，则专折吁请。1898 年 7 月以前，以军事方面和文教方面的建议为多；此后，即侧重在政治和经济方面的建议（9 月，在军事方面又请练海陆军而强中国，但这是"统筹全局"，是由政治和经济方面的改革兼及军事方面的），说明改良派对政治、经济方面改革的迫切。

应该指出的是，《戊戌奏稿》代阔普通武拟的《请定立宪开国会折》，后来所上《请君民合治满汉不分折》《谢赏编书银两乞预定开国会期并先选才议政许民上书言事折》，都引用此折。但《戊戌变法档案史料》中所录阔普通武原折却与康有为《戊戌奏稿》在时间、文字以至思想内容上都有不同，从而有人怀疑康有为《戊戌奏稿》有伪，并专门编入《康有为戊戌真奏议》①一书。

关于《戊戌奏稿》的真伪问题，准备在下面一节专门探究，这里先就代阔普通武所拟折稿的不同，试予剖析。

康有为代阔普通武拟上之折，《戊戌奏稿》署"六月"，《戊戌变法档案史料》则作"七月初三日"。后者不称"国会"而称"议院"，也没有"自三权鼎立之说出，以国会立法，以法官司法，以政府行政，而人主总之"云云。这种情况，只有三种可能：一是阔普通武上了两个"立宪"的奏折；二是从拟稿到送上经过改写；三是《戊戌奏稿》有问题。如果说是两个奏稿，一般重申前折，不会自相矛盾；如果是阔普通武送上时改写过的，又不致全文几无相同。查《戊戌奏稿》是宣统三年辛亥五月在日本排印的，我曾看到此稿的清抄本，也是同年所抄，这时离戊戌已有 13 年，康有为自称奏稿"戊戌抄没"，此折来源不明，如果出自康有为后来追忆补苴，那就会有失原貌。

问题是，康有为在"百日维新"期间对"定宪法、开议院"的看法究竟怎样？故宫博物院珍藏的康有为《日本变政考》一书，有助于对康有为"立宪法、开议院"的理解。

故宫本《日本变政考》的写呈时间，正是"百日维新"期间，其中关于定宪法、开议院的主张，可以反映康有为这一时期的看法。

《日本变政考》认为开制度局是日本变法的一大关键。康有为在按语中说："日本所以能骤强之故，或以为由于练兵也，由于开矿也，由于讲商务也，由于兴工艺也，由于广学校也，由于联外交也。固也，然皆非其本也。其本维何？曰：开制度局，重修会典，大改律例而已，盖执旧例以行新政，任旧人以行新法，此必不可得当者也。故惟此一事，为存亡强弱第一关键矣。"⑭

《日本变政考》宣传"三权鼎立"的西方资产阶级政治学说。卷一就说"泰西之强"，在于"政体之善"。在于立法、行政、司法的三权分立，说："其言政体有三：其一立法官，其一行政官，其一司法官。立法官，论议之官，主造作制度，撰定章程者也；行政官，主承宣布政，率作兴事者也；司法官，主执宪掌律，绳愆纠谬者也。三官立而政体立，三官不相侵而政事举。"为了消除光绪对立宪法、开议会和"三权鼎立"的顾虑，康有为又引用日本宪法公布后"不但无减君权，且益增助君权而壮国威"为例，请求立宪法、开国会。

《日本变政考》以民选议院为"维新之始基"，说："日本变法，以民选议院为大纲领。夫人主之为治，以为民耳。以民所乐举乐选者，使之议国政、治人民，其事至公，其理至顺。"⑮认为设立议院可使君民相亲相爱，"君之保民如保其子女，民之爱君如爱其父母，互相爱也，互相保也，虽万年长存而不亡可也"⑯。可知他虽讲"民选"，而实质是尊君，要使政治改革后"增助君权"。当然，他这里所说的"民"，也不是真正广大人民，而主要是地主、官僚、富商出身而有资产阶级倾向的这些人，他强烈要求改变封建体制，使之通过政治改良，走向资本主义的道路。

然而，他又认为中国"民智未开"，还不能马上开议会，只能"以君权雷厉风行"，"乾纲独断"，并引日本为例，说"然民智未开，蚩蚩自愚，不通古今中外之故，而遽使之议政，适增其阻挠而已。令府、州、县开之，以奉宣德意，通达下情则可。日本亦至二十余年始开议院，吾今于开国会，尚非其时也"⑰。日本变法 24 年，而后"宪法大成，民气大和，人士知学，上下情通。而后议院立，礼乐莘莘，其君亦日益尊，其国日益安，此日本变法已成之效也"⑱。只是州县村乡的议会"不可不开"，而国议院则"未可先开"。他把全部希望寄托在"乾纲独断"的皇帝身上，而国家议院的设立，尚待循序渐进，这就反映了改良派的软弱性。

照此说来，《戊戌奏稿》中代阔普通武所上之折，讲"三权鼎立"，要求改变专制政体，是和《日本变政考》一致的；但要求"立行宪法，大开国会，以庶政与国民共之"，则与《日本变政考》有出入。《戊戌奏稿》印于政变以后，存有疑点，倒是《自编年谱》所说："内阁学士阔普通武尝上疏请开议院，上本欲用之。吾于《日本变政考》中，力发议院为泰西第一政，而今守旧盈朝，万不可行。上然之。"与《日本变政考》的思想相近。

尽管如此，"百日维新"，康有为还是吁请"立宪法、设议院"的，还不能因为代阔普通武所上之折有问题，不能因为对国家议院"未可先开"有妥协，而对立宪法、开国会的根本主张产生怀疑。

《戊戌奏稿》和《杰士上书汇录》

康有为的《戊戌奏稿》，刊行既晚，《凡例》又说"戊戌抄没，多所散佚"，《奏稿》中的日期、内容又和近年发现的《杰士上书汇录》有不同。如上揭代阔普通武所上之折，即有可疑之处。那么，《戊戌奏稿》是否都是伪作？是否毫无数据价值？于此，先将《戊戌奏稿》的编辑、出版及其内容作一简介：

《戊戌奏稿》，康有为撰，麦仲华编，宣统三年五月铅字排印本，首录徐勤序，次附《凡例》称：

> 戊戌数月间，先生手撰奏折，都六十二首，一代变法之大略在焉。亦有代作者。戊戌抄没，多所散佚，即篇目亦不能忆。内子同藏文衕，

先生女也，累年搜辑抄存，得二十篇，迟迟久待，终无由搜全，惧久而弥佚，先印之以应天下之望，余俟搜得陆续补印。

辑存《请告天祖誓群臣以变法定国是折》等17折，另《应诏统筹全局折》《呈请代奏皇帝第七疏》《敬谢天恩并统筹全局折》3折，分别上于戊戌正月、五月，列入补录，实得20折。又有目无文13篇，才及63首之半。

国家档案馆局明清档案馆编《戊戌变法档案史料》前言云：

> 但是这个运动的主角——康有为的条陈却很少，仅存他建议办报的二件。查军机处随手登记档中记载，康有为在光绪二十四年三、五、六、七等月先后上书四次，全是总理衙门代递的，只有三月二十三日递进的有摘由为"译纂日本变法政考等书"及"请照经济科例推行各省岁科"。其余的仅登记"条陈"二字，下注"递上"或"随事递上"等字样。不仅康折如此，七月十六日礼部代递主事王照的呈文三件，情形也是一样。这些文件当时递上去都没发下来，或即所谓"留中"了。然而今天在故宫的档案中，也没发现他们的文件。⑲

照它所说，原档今亦孑存其二。按百日维新，昙花一现，政变遽发，株连党人，康馆被抄，原稿无存，奏疏留中，档案鲜见（按《自编年谱》"光绪二十四年"记：五月初三日总署代递康有为折，光绪皇帝命"后此康有为折可令其直递来"，原件或即"留中"，未存档）。麦仲华所辑，内容既有窜易，辑目亦不完备。为此，我于20世纪60年代末，曾撰《戊戌奏稿辑目》试加疏解⑳。当时认为，考释康有为的《戊戌奏稿》，应该注意下列两点：

第一，康有为代拟各折，《自编年谱》既有记载，参以存折，大体可考。查《自编年谱》成于戊戌岁暮，距"百日维新"仅数月，记忆犹新，所言各节，即使有夸诞，仍属大体可信。稽寻康氏戊戌各折，应为重要素材。探寻代拟折稿，内容与《自编年谱》所示基本相同。如二月十七日代宋伯鲁拟《统筹全局折》，今藏故宫，与《自编年谱》所述类似；代杨深秀拟《请派游学日本折》《请派近支王公游历折》《请开局译日本书折》，《自编年谱》亦明志代拟；杨深秀《请明定国是而明赏罚折》之出自康有为，更属信而有征。那么，康有为代人所拟折稿，既是事实，《自编年谱》之具有史料价值，也可概见。

戊戌以前，康有为为台谏拟疏，如代屠仁守拟《钱币疏》《请开清江浦铁路折》，辑入《救时急言》，明确注明代作[21]。戊戌年则为杨深秀、宋伯鲁、徐致靖拟撰较多。《戊戌奏稿》刊于清末，并不讳言"亦有代作者"。《请定立宪开国是折》且明标代内阁学士阔普通武，那么，代拟代递折稿，理应辑入，究明原委，探索渊源。

然而，代拟折稿，也有与《自编年谱》所云不同的，如七月二十七日代杨深秀拟《请奖陈宝箴折》；有与后人收藏原稿不同的，如五月初四日代徐致靖拟《请废八股以育人才折》；或只见复议未见原折的，如四月十四日代李盛铎拟《请开馆译书折》；或代拟折稿有与康有为文体稍异的，如四月二十日代徐致靖拟《请明定国是折》。这些，应为康有为授意，或由其门人代草，中经递书时改缮所致，不能因为文体稍异而怀疑它与康有为无关。

康有为为杨深秀、宋伯鲁、徐致靖草拟各折，资产阶级改良派既有记录，即对维新变法有谤词的胡思敬也频频言之[22]，可知康有为的草疏代递，应成定谳。

那么，康有为为什么代人拟稿，不自行具奏呢？这是有意配合上书，表示"众议"，以"耸动上听"，使光绪能"纳众议"，颁上谕，表示"采纳众议"而已。康有为在中法战后即上书言事，甲午战后更开设强学会，以联络帝党，汲取舆论，倡导变法；割胶事起，又设保国会，团结官僚士大夫，推动维新。除不断上书变法外，又怂恿一些官僚代递，既表示请求变法的舆论来自各个方面，又可相互援用，表示"群论"。如请求"明定国是"，康有为曾先后代杨深秀、徐致靖、宋伯鲁拟撰奏稿。而这些代递的官员，或者是台谏，或者是学士，都不是当权官僚，他们也在外侮频仍、国势岌岌欲危之际，赞同变法改制，愿意代递。这些奏折虽是用别人的名义代递，但和康有为有很大关联，应补入《戊戌奏稿》。

第二，《戊戌奏稿》有的和故宫藏档复议折不同，如《上清帝第六书》维新"要义"、十二局名称与《总理各国事务奕劻等复议折》[23]不同。如"考其维新之始，为度甚多，惟要义有三：一曰大誓群臣以定国是，二曰立对策所以征贤才，三曰开制度局而定宪法"。《复议折》作"一曰大誓群臣以革旧维新，二曰开制度局于宫中，将一切政事重新商定，三曰设待诏所许天下人上书，以时见之"。又如"宜立十二局分其事"，十二局为法律局、度支局、学校局、农局、工局、商局、铁路局、邮政局、矿务局、游会局、陆军局、海军局，《复议折》则为法律局、税计局、学校局、农商局、工务局、矿政局、铁路局、邮政局、造币局、游历局、社会局、武备局。

《戊戌奏稿》中的奏稿，也有和当年报章刊登的不同的，如《敬谢天恩并统筹全局折》，曾载《知新报》七十八册，光绪二十四年（1898）十二月二十一日出版，文字略有不同。此后，梁启超《戊戌政变记》、沈桐生《光绪政要》、朱寿朋《光绪朝东华续录》、于宝轩《皇朝蓄艾文编》与《清议报》"蝉联一线"，而与《戊戌奏稿》有异⑳。

奏稿经过辗转传抄，再加刊印排校的失误，讹舛衍脱，在所难免，而《戊戌奏稿》与档卷报刊的不同，每每涉及文义，如上揭《敬谢天恩并统筹全局折》中十二局，以社会局为游会局，以武备局为海军局，以农商局、工务局为农局、工局、商局，改动就较显著。又如"若夫美、法民政，英、德共和"，改为"若夫美、法民政，英、德宪法"，也不是抄胥校勘的失误。《皇朝蓄艾文编》刊于清季，《光绪政要》印于宣元，谓"至于戊戌诸臣，所条奏等件，亦或有收入者，因其罪固当诛，而其言既经圣明采择，则遵不以人废之训，始存其说"，从而自当时报刊或传抄本中录入（《光绪朝东华续录》也是如此），自然比麦仲华所辑为原始。探索"戊戌奏稿"，也需按照刊本先后，会校勘覆，审视异同。

事实上，康有为自己拟撰的奏稿，戊戌前就有改易的。如《上清帝第一书》，手迹见《南海先生遗稿》，应该是可信的了，但以之与1894年所刊《救时刍言》、1896年所印《南海先生四上书记》相较，也有异同，其中涉及教会、教民等都加更改。如手迹"教民会党遍江楚河陇间"，《救时刍言》作"乱民会党遍江楚河陇间"，《四上书记》作"乱匪遍江楚河陇间"；手迹"设教堂以诱众"，"又多使神父煽诱我民"，《救时刍言》《四上书记》并作"设机谋以诱众"，"又多使货贿煽诱我民"；手迹"江楚教民从焉"，《救时刍言》《四上书记》作"川楚奸民从焉"；手迹"教民蓄乱于内"，《救时刍言》《四上书记》作"奸民蓄乱于内"。又如手迹"皆从天主教者"，《救时刍言》尚留六字空格，《四上书记》则删去；手迹"弼违责难者，忠臣也，逢上以土木声色者，佞臣也"，《救时刍言》《四上书记》并脱。《救时刍言》为康有为 1894 年讲学桂林时所刊，《四上书记》为康有为弟子龙泽厚、麦孟华、徐勤送交上海时务报馆代印，应都出自康手。那么，上述不同，不是抄校失检，而是经过改易修缮。即《救时刍言》和《四上书记》也有小异。又如手迹"我民出洋者千数万计"，《四上书记》则作"我民出洋者五百万"。那么，甲午、丙申年间，折稿也经润饰。

非但如此，《戊戌奏稿》刊落，而在报刊登载的，每每比较原始，与上谕也能相溯。如《请饬各省书院改淫祠为学堂折》，见《知新报》第六十三册，《戊戌奏稿》失载，折称："省府州县乡邑，公私现有之书院、义学、社学、学塾，皆改为兼习中西之学校，省会之大书院为高等学，府州县之书院为中等学，义学、社学为小学。"㉕5 月 22 日上谕："即将各省府厅州县现有之大小书院，一律改为兼习中学西学之学校，至于学校阶级，自应以省会之大书院为高等学，郡城之书院为中等学，州县之书院为小学，皆颁给京师大学堂章程，令其仿照办理，其地方自行捐办之义学社学等，亦令一律中西兼习，以广造就。"㉖谕奏相符，应该是根据康有为所上奏折而颁。《知新报》刊于政变前，且有上谕可覆，自属可信。而《戊戌奏稿》则辑于清末，疑有追忆补缀。康有为是戊戌变法的领导人，戊戌前所上奏稿，是研究变法史的重要文献，那么，考核各疏，检讨异同，探源溯赜，是有其必要的。

同时，康有为也有改易旧稿、倒填年月的情况，如《大同书》，《戊戌奏稿》原稿很少遗存，麦仲华所辑恐怕不是根据康有为的旧稿，其中是存在改窜增补的。

《戊戌奏稿》有改窜增补，且或追忆，可否废弃不顾、诋为"伪作"呢？也不可以。因为它即使有改窜，其中还是存有实迹，即使有追忆，其中也包含原折的要素，不能怀疑一切，全部弃视不顾。《戊戌奏稿》仍旧是探索戊戌变法史的一项重要数据。当然，严加甄别，考察改窜，也是必要的。

20 世纪 70 年代末，看到了台湾黄彰健先生所编《康有为戊戌真奏议》㉗中附《康有为戊戌奏稿》。先是黄彰健撰有《康有为戊戌奏稿辨伪并论今传康戊戌以前各次上书是否与当时递呈原件内容相合》，㉘说是：

由《凡例》^②看来，康有为《戊戌奏稿》应该是研究戊戌变法极重要的原始资料。故近人为文论康戊戌年事迹，即多据康《戊戌奏稿》。没有人想到《戊戌奏稿》所载奏折二十篇及进呈编书序五篇，其中仅《进呈俄彼得变政记序》及《呈请代奏皇帝第七书》见于光绪二十四年三月上海大同译书局石印本《南海先生七上书记》，系戊戌政变前公开印，真实可信，其余二十三篇都是假的。

康伪作的戊戌年奏稿，还不止《戊戌奏稿》所载。《知新报》所载戊戌年康的《条陈商务折》及《裁撤厘金片》，亦系康政变后伪作；今传康戊戌年所作《保国会序》，亦系康补作；而今传戊戌以前康各次上书与进呈本亦可能不同。

接着，他又编成《康有为戊戌真奏稿》一书，"将这些真的康折注明其来源，以按语说明其真，然后再附录康的那些假奏折，以按语说明其假，将真奏折假奏折一并刊行，以便读者比对，这对研究戊戌变法的历史将不无帮助。"

《康有为戊戌真奏稿》分两部分，一为《康有为戊戌真奏稿目录》，一为《康有为伪戊戌奏稿目录》。在《康有为戊戌真奏稿目录》中，分甲、乙两类。甲类《奏议》列：

《请开制度局折》戊戌正月

《呈请代奏皇帝第七疏》正月

《统筹全局，请再向美国借款，以相牵制而策富强折》二月十六日，代御史陈其璋

《呈请代奏乞力拒俄请，众公保疏》三月，代麦孟华

《请定国是，明赏罚，以定趋向而振国祚折》四月十三日，代御史杨深秀

《请正定四书文体，以励实学折》四月十三日，代杨深秀

《请派近支王公游历片》四月十三日，代杨深秀

《请译日本书片》四月十三日，代杨深秀

《请议游学日本章程片》四月十三日，代杨深秀

《请明定国是疏》四月二十日，代翰林院侍读学士徐致靖

《保荐人才折》四月二十五日，代徐致靖

《请变通科举，改八股为策论折》四月二十九日，代御史宋伯鲁

《变法先后有序，乞速奋乾断，以救艰危折》四月二十九日，代宋伯鲁

《经济特科以得通才为主片》四月二十九日，代宋伯鲁

《请饬查盛宣怀借户部款岁息拨充大学堂经费片》四月二十九日，代宋伯鲁

《礼臣守旧迂谬，阻挠新政，请立赐降斥折》五月二日，代宋伯鲁、杨深秀

《论废八股疏》五月初日，代徐致靖（节录）

《请开诚布公、宣示国耻片》五月四日，代徐致靖

《请御门誓众折》五月十日，代杨深秀

《请惩阻挠新政片》五月十日，代杨深秀

《请禁奏请复用八股试士片》五月十二日，代宋伯鲁

《祈酌定各项考试策论文体折》五月十八日，代徐致靖

《请饬各省改书院淫祠为学堂折》五月二十二日

《请改时务报为官报折》五月二十九日，代宋伯鲁

《恭谢天恩，条陈办报事宜折》六月二十二日

《请定报律片》六月二十二日

《遵旨复陈折》六月二十二日，代协办大学士孙家鼐

《请开农学堂地质局，以兴农殖民而富国本折》七月五日

《冗官既裁，请酌置散卿，以广登进折》七月二十日，代徐致靖

　　附：张元济《变法自强，亟宜痛除本病，统筹全局折》七月二十

《密保智勇忠诚统兵大员折》七月二十六日，代署礼部右侍郎徐致靖

《裁缺诸大僚，擢用宜缓；特保诸新进，甄别宜严折》七月二十九日，代杨深秀

《时局艰危，拼瓦合以救瓦裂折》八月五日，代杨深秀

《请速简重臣，结连与国，以安社稷而救危亡折》八月六日，代宋伯鲁

《荐马建忠片》八月六日，代宋伯鲁

乙类《进呈所编撰著》共二，即：

《俄彼得变政记》戊戌正月
《日本变政考》戊戌五月六日

在第二部分《康有为伪戊戌奏稿目录》为：甲、"宣统三年五月印行的《戊戌奏稿》"；乙、"《知新报》所载康有为《戊戌奏议》"；丙、"《万木草堂遗稿》所载康有为戊戌奏稿"。以宣统三年刊行的《戊戌奏稿》为"伪戊戌奏稿"。

在此之前，我于上海文物保管委员会检阅康有为家属捐赠的大批康有为手稿、手札、书籍时，发现两部《戊戌奏稿》抄本：一为宣统三年日本印行本的清抄稿，上面注有印刷规格、字体，是付印前的清抄本：一为另一抄本。两件抄本，都不是康有为笔迹，是别人抄写的。在康氏家属捐赠的书稿函札中，康有为早年代人拟撰的奏稿以至民国后上溥仪的书件都有存留，而"戊戌奏稿"却没有孑遗。可知麦仲华所称奏稿"戊戌抄没"、原件无存是可信的。另外，我在上海图书馆也看到一部"戊戌奏稿"抄本，内容与刊本相同。

"戊戌奏稿"原件没有存留下来，抄件显然是从各处过录汇集，与原件是会有出入的，抄件经由康有为增删修改，也是存在的。因为编者是康有为的女儿、女婿，编成付印之时，康有为又刚由香港到达日本，《戊戌奏稿》由康有为提供材料、亲自修增，自属可能。从《戊戌变法档案资料》看到的奕劻等复议件中，也发现《戊戌奏稿》存有问题，但我认为康有为虽然有改易旧稿、倒填成书年月等情况，《戊戌奏稿》也值得怀疑，但它毕竟还是一份研究戊戌变法的重要资料，即使其中有窜改，也不可能全是"伪作"。为此，我在编辑《康有为政论集》时，仍把《戊戌奏稿》录入，增加"说明"，并加考释、校录。至于康有为代人拟撰的稿件，也根据《自编年谱》等辑入。

《康有为政论集》编成，我看到《康有为戊戌真奏议》，感到黄彰健先生将康有为在戊戌年间代人拟撰进呈的奏稿录入作为"真奏稿"，和我的看法是一致的，尽管黄先生所辑，有的我已经辑入《康有为政论集》，选目也只是略有不同而已。至于把《戊戌奏稿》都视为伪《戊戌奏稿》，却还不敢完全赞同。因为：

第一，鉴别"戊戌奏稿"的真伪，似应看它的主要内容是否和当时康有为的思想相符。如果只是个别文字和内容上存有差异，那也不能视为"伪戊戌奏稿"。康有为"戊戌奏稿"遭抄没，原稿无存，原折未见（后来有的曾发现，见下）。只有从过去登载过的书刊中转录，书刊登载有异，那只是抄录、排校的不同，有的还是刊误，不能说是"伪戊戌奏稿"。如《上清帝第六书》（即《应诏统筹全局折》），在《知新报》第七十八册、梁启超《戊戌政变记》《皇朝蓄艾文编》《光绪政要》《光绪朝东华续录》《光绪大事汇编》以至《戊戌奏稿》都曾刊登，文字方面也有异同⑩，也只能说是抄校排版的不同，不能说是"伪《奏稿》"。

问题是，这次上书的内容和《戊戌变法档案史料》所载《总理各国事务奕劻等复议折》文字有异，主要是"十二局"中的名称。然而奕劻等的"复议"，只是部分引以"复议"，不是全部原文，《康有为戊戌真奏议》把奕劻等的复议所引录的少量词句作为"真奏稿"，而把载有全文的折稿作为"伪奏稿"。这种态度是谨慎的，但仅据三四百字的引文否认十倍以上的全文，似乎还得考虑。因为"十二局"名称的改动，极有可能是最后缮录呈上时修改的，折稿的主要内容仍属可信，不能称为伪作。近人写的文章，存底原稿和刊出时不同的情况也不是没有。抓住局部，否认全体，似乎不妥。

第二，奏稿手迹和上述存档或复议折不同，也不能全视为"伪作"。如五月初四日代徐致靖拟《请废八股以育人才折》，故宫博物院明清档案部藏有原折，当然是"真奏稿"；而徐氏后人藏有原稿，也不能说它不是"真奏稿"。但它们也有不同，经查校，不同之处有 12 处之多⑪，有的还改动较大：

> 伏望皇上上法圣祖，特旨明谕天下，罢废八股，自岁科试以至乡会试及各项考试，一律改为策论，以发明圣道，讲求时务，则天下数百万童生，数十万生员，万数举人，皆改而致力于先圣之义理，以考究古今中外之故，务为有用之学，风气大开，真才自奋，皇上亦何惮而不为哉！臣愚以为新政之最切要而成效最速者，莫过于此。

原稿则作：

> 伏乞皇上特旨明谕天下，废弃八股，各项考试，改用策论，发明圣道，讲求时务，务为有用之学，风气大开，群才自奋。臣愚以为新政之最要而成效者，莫过于此。

一个是故宫藏的进呈本，一个是底稿，都不能说是"伪"作。

这种情况，康有为戊戌前的奏稿，也是有的。我曾在康有为家属捐赠的书稿中，发现他在 1888 年代屠仁守拟的奏稿，经校勘，发现他和在《救时刍言》所载也有不同。如《请开清江浦铁路折》，从标题到内容都有不同[②]，后来编入屠仁守的《屠光禄奏稿》时，改动就更大了。这也只能说明奏折是有的，进呈稿和原稿有不同，不能全部否认。

第三，辨明古籍真伪，厘清写作年限，是研究历史时所必须注意的。但有时也会真中有假、假中有真。奏稿改动，似乎只能说是"真中有假"。原稿遗失，后来追记，说他是"假"吧，但也有"真"的因素，也只能说是"假中有真"。辨明真伪是必要的，似也不能全部扬弃。《戊戌奏稿》只要不违反当时的历史事实，不违反康有为当时的思想实际，即使它有"伪"的成分，也不要否认它"真"的因素。康有为戊戌时期的上书，主要是政治方面主张开制度局、立宪法、设议院；在经济方面要求保护工商业，予中国民族资本主义以适当的发展；在军事方面要求重练海陆军，挽救中国被帝国主义瓜分的危机；在文化教育方面提出废科举、办学校、译新书，以培养新的人才。凡和这些没有显著违反的，就不能不考虑它的"真"的因素。

正由于这样，我认为对《戊戌奏稿》提出怀疑，甄别真伪是有意义的，但也不要抓住一点，不计其余，把《戊戌奏稿》废弃不用。

20 世纪 80 年代初，《杰士上书汇录》经故宫博物院发现，并有专文介绍[③]。《杰士上书汇录》共三册，外有木夹板，书名刻于夹板中上方，为绿色楷书大字。三册书的封面都不提总书名，其中两册分别题"总理各国事务衙门代递工部主事康有为条陈共五件"和"工部主事康有为条陈"，另一册无题。前两册封面的纸张颜色一样，后一册色稍深，似为后来抄录装订，行款每半叶 7 行，行 14 字，墨笔楷书，字迹不一。从"杰士"书名、书的装潢、来历以及书中不避溥仪讳等特点，判断此书当为光绪二十四年（1898）内府所抄。

《杰士上书汇录》共收康有为戊戌年（1898）正月至七月条陈 18 件，其中 7 件从未发表过，6 件与过去发表的相同，5 件与过去发表的不同，如表 7-3、表 7-4、表 7-5：

表 7-3　前所未见的

奏折名称	时间（戊戌年）	备注
1.《为胁割旅、大，乞密联英、日坚拒勿许折》	三月二十七日	此折未署具奏日期，总理衙门谓于二月二十七日所递，三月三日，总理衙门以之与《上清帝第七书》一起上递。上于帝俄强占旅、大之时，以"密联英、日赫然而战"为上策；"不允画押，听其来攻，徐待英、日之解难"为中策；"布告万国，遍其通商"为下策。《康南海自编年谱》也谓"上折陈三策请拒之"。
2.《进呈〈日本变政考〉等书，乞采鉴变法折》	三月二十日	折谓"采鉴日本，开制度、民政之局，拔天下通达之才，大誓群臣以雪国耻"。随陈者有《泰西新史揽要》《列国兴盛记》。
3.《请照经济科例推行生童岁科试片》	三月二十日	为前折之附片。请改试策论，废除八股以推行新学、开发民智、培养维新人才。
4.《请商定教案法律，厘正科举文体，听天下乡邑增设文庙，并呈〈孔子改制考〉》	约五月初一日	《康南海自编年谱》谓五月初一日，曾具此折，请开孔教会议定教律，"凡有教案，归教会中，按照议定之教律商办，国家不与闻，以免各国藉国力而要挟"。
5.《请将优拔贡改试策论》	五月	为前折之附片。
6.《万寿庆典，乞许士民庆祝并刊贴新政诏书，嘉惠士农工商折》	原署七月初二日，应为五六月	"昭信股票皆作民间起业公债，国家但与保护，不取其利"，并下新政诏书。
7.《为厘正官制，请分别官差，以高秩优耆旧，以差使任才能折》	七月十三日	推行新政，先注意差使采用官差分途异用之法，以高秩优耆旧，以差使任才能。

表 7-4　与过去发表相同的

奏折名称	时间 （戊戌年）	备注
1.《请纂俄彼得变政记成书折》	二月二十日	按：即《上清帝第七书》，见《南海先生七上书记》，戊戌（1898）春三月上海大同译书局石印本；又载《湘报》第一〇四号，光绪二十四年（1898）五月十八日出版。
2.《请饬各省改书院淫祠为学堂折》	五月	《知新报》第六十三册，光绪二十四年（1898）七月十一日出版。
3.《条陈商务折》	六月初五日	按：载《知新报》第七十册，光绪二十四年（1898）九月二十一日出版，谓"六月十五日，第十五上书"。
4.《条陈办报事宜折》	六月十三日	按：见《戊戌变法档案史料》第451—453页，作"六月二十二日"。
5.《请定报律折》	六月十三日	同上。
6.《请开农学堂地质局折》	七月二日	《知新报》第七十六册，光绪二十四年十一月二十一日出版。

表 7-5　与过去发表不同的

奏折名称	时间 （戊戌年）	主要不同	
		《杰士上书汇录》	《戊戌奏稿》
1.《上清帝第六书》	总署于二月十九日代递，未署具奏日期。	考日本明治维新之始，凡有三事，一曰大誓群臣以革旧维新而采天下之舆论，取万国之良法；二曰开制度局于宫中，征天下通才二十人为参与，将一切政事制度重新商定；三曰设待诏所，许天下人上书，日主以时见之，称旨则隶入制度局。	日本明治维新之始，"要义有三：一曰大誓群臣以定国是，二曰立对策所以征贤才，三曰开制度局而定宪法。"
		"设待诏所"，用南书房会典馆之例，特置制度局于内廷，妙选天下通才十数人为修撰，派王大臣为总裁。	"设上书所"，"设制度局于内廷"，"略如圣祖设南书房，世宗设军机处"例，未提王大臣为总裁。

续表

奏折名称	时间（戊戌年）	主要不同	
		《杰士上书汇录》	《戊戌奏稿》
1.《上清帝第六书》	总署于二月十九日代递，未署具奏日期。	制度局下设十二局为：法律、税计、学校、农商、工务、矿政、铁路、邮政、造币、游历、社会、武备局。	制度局下设十二局为：法律、度支、学校、农、工、商、铁路、邮政、矿务、游会、陆军、海军局（与《汇录》"请御门誓众，开制度局以统筹大局折"相似）。
		"每道设一新政局"，"每县设一民政局。"	"每道设一民政局，每县设民政分局"。
2.《请御门誓众，开制度局以统筹大局折》	五月（即《敬谢天恩并统筹全局折》），见《知新报》第七十一册，光绪二十四年（1898）十二月二十一日出版。	"审时势而定从违，筹大局而定制度，誓群臣而明维新"。	"统筹全局以图变法，御门誓众以定国是，开局亲临以定制度"。
		陈明过去大一统之时，与当时诸国竞长之世不同，二者之治也各异。今日"宜全用诸国竞长之法，而不能毫厘用一统闭关之法"，即"审时势而定从违"。	本段无。
3.《请以爵赏奖励新艺新法新书新器新学，设立特许学堂折》	五月（即《请励工艺奖创新折》）	追溯历史较详，奖励工艺办法亦较《奏稿》为详。	
4.《万寿大庆乞宽妇女裹足折》	原署七月二日，应为五六月（《戊戌奏稿》署"六月"，应为六月二十六日）。	缠足使妇女不能自养，使民穷国贫等。	《戊戌奏稿》无。
		十二岁以下幼女，若有缠足者，重罚其父母。	光绪二十年（1894）以后生之女不准缠足。
5.《谢天恩并陈编纂群书请速筹全局折》（即《戊戌奏稿》《谢赏编书银两乞预定开国会期，并选才议政，许民上书事折》）	七月十三日	未提行立宪开国会之事，而是极陈变法之急。请光绪"大发雷霆之威，选通才于左右以备顾问，开制度局于宫中以筹全局"，对孙家鼐所劾《孔子改制考》进行申辩，谓原书无"孔子称王"，意在阐明孔子变法大义。	开国会行立宪。

根据上述三种情况，"前所未见"的 7 件，可发掘补充；"与发表相同"的 6 件，可参核雠校；"与发表不同"的 5 件，可勘复剖析。这些资料的发现，无疑对戊戌变法史，特别是"百日维新"的研究，有着极为重要的作用。

当然，也不能根据《杰士上书汇录》和代递日期，认为《戊戌奏稿》或以前报刊、书籍上发表的康有为"奏稿"都是"伪造"。例如，从上折日期来看，过去记载大体不错，而总署所列日期，却是代递日期，不是上书日期，如《上清帝第六书》，原定"正月初八日"，《自编年谱》本年记："七日，乃奏陈请誓群臣以定国是，开制度局以定新制，别开法律局、度支局、学校局、农局、商局、工局、矿务、铁路、邮信、会社、海军、陆军十二局，以行新法。各省设民政局，举行地方自治。"他的上书应为"正月"，而"二月十九日"，则为总署代递日期。《上清帝第七书》见《南海先生七上书记》，上海大同译书局本，也应上于"正月"，"二月二十日"也是代递日期。《万寿大典乞宽妇女裹足折》原署"七月初二日"，《奏稿》则署"六月"。查《自编年谱》："时万寿……同日，上《禁天下裹足折》。""六月二十六日"为光绪生日前期，曾诣宁寿宫慈禧太后处行礼，并御乾清宫受贺；同日，准令各省劝诱推行禁止妇女缠足。那么，此折应上于"六月"，而不是"七月初二日"。至于《条陈商务折》，则《知新报》作"六月十五"，此作"六月初五"，尚待再核。《谢天恩并陈编纂群书请速筹全局折》《戊戌奏稿》署"六月"，作"七月十三日"。查《自编年谱》："七月初四日，总理衙门传言来，谓当有旨到，令勿出门。既而章京李岳瑞来，口传谕旨，即令仆人将赏银捧出，此本朝未有之举，仓卒拜受，不知何以报也。时应诣宫门谢恩，以上未降明旨，知有曲折，恐为太后所忌，故亦不敢诣宫门请对，但具折谢恩。……时七月十二日也。"附片辨《孔子改制考》事，"辨孔子称王为历朝封典，非自我创造事"，则此折应上于"七月"，《戊戌奏稿》作"六月"是错的。另外，《条陈办报事宜折》和《请定报律折》，则据《戊戌变法档案史料》为"六月二十二日"，此作"六月十三日"，前者据军机处录副奏稿，或为军机处所录日期。

同时，《杰士上书汇录》在内容上确有和《戊戌奏稿》不同的，《戊戌奏稿》也确有改窜之迹，但也不能说是《戊戌奏稿》全不足信。除政变前发刊或单行的《奏稿》应属可信外，其余也不全是伪造。我还是认为"盖纵有改窜，内存实迹；纵或追忆，中含要素，固不可怀疑一切，悉予摒斥"，还得根据具体情况，参酌其他文献仔细考核。

尽管如此，《杰士上书汇录》毕竟是极为重要的原始档案，对戊戌变法和康有为思想有极为重要的参考价值，勘校探究，是很有必要的。

新旧斗争

"百日维新"期间，是新政陆续颁布的过程，也是新旧两党复杂斗争的过程。在这 103 天中，后党向帝党示威反攻，双方显著的冲突有 4 次。康有为也成为后党的主要攻击对象。

第一次是 6 月 15 日帝党翁同龢的被黜退和后党荣禄的被引进。

翁同龢是光绪的师傅，是帝党的中坚，也是密荐康有为给光绪的大臣。1898 年 5 月 29 日，奕䜣病死，少了一个干涉变法的当权派。光绪皇帝在翁同龢的影响下，倾向变法。6 月 10 日，翁同龢的门生张謇曾见翁所拟谕旨（见前）。次日，光绪颁布"明定国是"上谕，表示变法决心。又于 13 日，谕着康有为、张元济于 16 日预备召见，商谈变法步骤。这是后党所极不满意和竭力反对的，帝（新）、后（旧）两党的全面冲突，也就开始了。

光绪皇帝明言变法时，后党首先从人事安排上剪除光绪皇帝的羽翼。本来，"凡皇上有所亲信之人，西后必加谴逐"㉞。因为"翁是光绪的师傅，平素和光绪甚为接近，致为西太后所忌"㉟，就在"诏定国是"后的第 4 天，光绪预备召见康有为、张元济上谕发后第二天，即 6 月 15 日，由慈禧下令、光绪下谕，革翁同龢职，驱逐出京。革除翁同龢协办大学士、户部尚书职务的理由是"近来办事多未允协"，"每于召对时，谘询事件，任意可否，喜怒见于词色，渐露揽权狂悖情状"㊱。说明他是为"揽权"和"办事多未允协"而遭罢黜。帝党"揽权"当然为后党所不容，帝党"办事"也当然不能"允协"后党之意。

由于光绪皇帝一向信任翁同龢，所以"皇上见此诏，战栗变色，无可如何，此种谕实那拉氏与荣禄最毒之计，闻系出于荣禄私人李盛铎所拟云。翁同龢一去，皇上之股肱顿失矣"㊲。同时，慈禧太后又迫令光绪皇帝下谕：凡二品以上大臣授新职，要具折到皇太后前谢恩；又任命后党荣禄署直隶总督，统率董福祥（甘军）、聂士成（武毅军）、袁世凯（新建军）3军，于是荣禄"身兼将相，权倾举朝"。这是"诏定国是"后的首次冲突，结果是削弱了帝党，而后党更掌握了军政实权。

第二次是 6 月 20 日帝党宋伯鲁、杨深秀奏劾后党礼部尚书总理各国事务大臣许应骙，说他"庸妄狂悖，腹诽朝旨"，"守旧迂谬，阻挠新政"⑧。

先是，6 月 17 日，宋伯鲁上书请废八股，而许应骙却想将经济科归并八股，多方阻挠。当宋伯鲁、杨深秀劾奏后，光绪皇帝命许应骙明白回奏，在许应骙的回奏中对所参各节，尽量掩饰，而对康有为则肆意诋毁。说康有为"终日联络台谏，夤缘要津，托词西学，以耸听观"。又"私行立会，聚众至二百余人"，"逞厥横议，广通声气，袭西报之陈说，轻中朝之典章，其建言既不可行，其居心尤不可测。若非罢斥驱逐回籍，将久居总署，必刺探机密，漏言生事"。"长住京邸，必勾结朋党，快意排挤，摇惑人心，混淆国事"⑨。并公然宣称，嫉恶康有为如仇敌，表示后党的不甘屈服。但回奏后，"上谕"是"该尚书嗣后遇事务当益加勉励，与各堂官和衷商榷，用副委任"。这是帝党对后党第一次反攻。

第三次是 7 月 8 日后党御史文悌严参康有为及其被斥退。

文悌在保国会成立时，就担心改良派"聚集'匪徒'，招诱党羽"，因而"犯上作乱"。又假装与康有为往返，借以窃取情报。等到许应骙在宋伯鲁等参劾，回奏辩护，攻击康有为后，文悌认为宋伯鲁、杨深秀奏劾许应骙，是"言官党庇，诬罔荧听"，是"诬参朝廷大臣"。一方面替许应骙辩护，谓许应骙的驳斥康有为，"深合大臣之体"；另一方面，严参康有为，谓其"任意妄为，遍结言官，把持国事"。结果"上谕"说："台谏结党攻讦，各立门户，最为恶习，该御史既称为整饬规范起见，何以躬自蹈此。文悌不胜御史之任，著回原衙门行走。"⑩这是由于上次冲突引起后党不满而对帝党发动的攻击，结果仍是后党失败。

第四次是 9 月 4 日，因礼部尚书怀塔布、许应骙等阻挠主事王照条陈，将礼部尚书怀塔布、许应骙等革职。先是，王照曾上折请光绪皇帝游历日本及各国，并请立商部、教部。礼部尚书怀塔布、许应骙等不肯代递，特别对要求封建皇帝"巡历中外"一事表示反对。王照坚请代呈，"谓准与不准，出自圣裁"，"奈何壅于上闻"，礼部堂官怀恨在心，仍不代递④。王照又具呈劾奏，责以阻遏新政，且说如再不予递送，"吾当往都察院递之"。怀塔布等不得已乃允其代奏。许应骙退而作折弹劾王照"咆哮署堂，借端挟制"；又谓"其折请皇上游历日本，日本多刺客"，王照"置皇上于险地，故不敢代递"；王照"居心叵测，请加惩治"㊷。9月1日（七月十六日），光绪皇帝谕以"广开言路"，各部毋得"拘牵忌讳，稍有阻格"，早经降旨申明；今怀塔布等对"前奉谕旨，毫无体会"，"著交部议处"，并命一切条陈呈进原封，堂官"毋庸拆看"㊸。

这时，后党大学士徐桐极拟挽回，在他的《遵议礼部尚书怀塔布等处分折》中称：怀塔布等的迟递，是"狃于积习"，只是"应奏而不奏者私罪降三级调用例，议以降三级调用，系私罪，无庸查加级议抵"㊹。结果，9月4日（七月十九日）"上谕"，怀塔布等"故为抑格，岂以朕之谕旨为不足遵耶？若不予以严惩，无以儆戒将来"。将礼部尚书怀塔布、许应骙、左侍郎堃岫、署左侍郎徐会沣、右侍郎溥颋、署右侍郎曾广汉"均着即行革职"；而认为主事王照能"不畏强御，勇猛可嘉，著赏给三品顶戴，以四品京堂候补，用昭激劝"㊺。9月5日（七月二十日），赏杨锐、刘光第、林旭、谭嗣同4人四品卿衔，在军机章京上行走，参与新政事宜。表示帝党对后党的大反攻和大示威。因阻挠一个部员上条陈，竟将6个大臣革职，当然是后党所不能容忍的，于是加紧策划，积极准备，密谋政变。

在这四次斗争中，可以看出帝党掌握了起草上谕权（有时是慈禧下令光绪下谕的），任用新人，颁行新政，进行变法，并向后党反攻，而后党则掌握军政实权，在"诏定国是"后，首先从人事安排上黜退翁同龢，引进荣禄，以后即待机而动。在第二次至第四次的冲突中，帝党的反攻是一次激烈一次，先打击一下后党，批驳许应骙，又鼓励一下改良派，革走文悌，再大举排挤后党，而将怀塔布等6人革职。后党则先行试探，而有文悌的严参康有为，以后即暂告缄默，从容布置，准备在时机成熟时，扑灭新政。

后党对康有为当然仇恨，因为变法的实现和康有为有密切的关系。他既为光绪皇帝召见，还允许他专折上书，并为言官代拟奏折，制造舆论。在上述四次斗争中：第二次、第三次，后党就集矢攻击康有为；第三次、第四次，帝党虽然表面上取得胜利，黜退了守旧的后党，引进了赞成改革的新人，但后党的密谋，他们也不是不知道。当 9 月 4 日（七月十九日），光绪将怀塔布等 6 位大臣革职后，怀塔布、杨崇伊等先后到天津看荣禄，筹划政变，推翻新政。光绪害怕"今朕位几不保"，接连发出两次"密诏"，命康有为等"妥速相救"⑯。康有为等"跪诵痛哭激昂"，看到情况紧迫，决定拉拢袁世凯；又鉴于日本伊藤博文来华访问，又想"借重伊藤"。今先述后者。

伊藤博文是在 1898 年 9 月 8 日（七月二十三日）晨由朝鲜"仁川出帆"，次日在山东芝罘登陆，11 日（二十六日）"入天津"的。⑰次日晨，伊藤拜见荣禄。下午 6 时，荣禄在医学堂"张宴款待"，陪坐的有袁世凯、聂士成、王修植等。⑱9 月 14 日，伊藤至北京。15 日，拜见总署王大臣。18 日，康有为谒伊藤于日本公使馆。⑲伊藤询以变法数月"而推行未效何故？"康告以"奈皇上全权不属"。伊藤询以中国"君权专制无限，环地球之所知，今贵皇上无全权云何？"康告"实权在太后手里"，以及怀塔布等被革职后，满人相率"请禁皇上改革"，希望伊藤"入见太后，肯为剀切陈说一切情形，感动太后回心转意"。伊藤表示"必以尽心于敝邦者，移以尽忠于贵国"⑳。9 月 20 日，伊藤觐见光绪皇帝于勤政殿。光绪谓："我中国近日正当维新之时，贵侯曾手创大业，必知其中利弊，请为朕详晰言之，并祈与总署王大臣会晤时，将何者当兴，何者当革，笔之于书，以备观览。"并"愿嗣后两国友谊，从此益敦"。伊藤表示"敬尊宪命，他日猥承总署王大臣下问，外臣当竭其所知以告"㉑。次日，政变发生。

伊藤博文的来华，康有为等改良派是寄予厚望的，光绪皇帝也亲自接见，感到"快慰之至"。

康有为在 1898 年 1 月的《上清帝第五书》中，吁请"采法俄、日以定国是"。同月 24 日（正月初三日），光绪命总理衙门王大臣接见后，又呈上《日本变政考》。29 日，在《上清帝第六书》中，建议效法日本，变法维新。又嘱长女康同薇辑译《日本变法由游侠义愤考》，为之撰序，说是"视彼日人，其强有因，胡不嗣音"㉒。6 月 11 日，"诏定国是"，"百日维新"开始。16 日，光绪召见康有为，康又提到"日本施行（变法）三十年而强"。凡此种种，可知康有为是积极要求仿效日本，实行资产阶级性的改革的。

伊藤博文曾佐长洲藩主"勤王攘夷"，是明治维新的助成者。康有为早就对他怀有好感。如他在《日本变政考》中对裁汰冗员一点，就说"凡旧国积弊，必官吏纠纷，文书积压，冗员多而专任少。日本旧俗既然，我中国尤甚。……伊藤所改，亦切中吾弊，深可鉴也"③。又在"宫中置制度取调局，伊藤博文为长官，以其游欧洲回，命其参酌制度宪章也"下按语：

> 变政全在定典章宪法，参采中外而斟酌其宜，草定章程，然后推行天下。事关重大，每事皆当请上命核议，然后敕行，故非在宫中日日面议不可。日本选伊藤为之，至今典章皆其所定。我中国今欲大改法度，日本与我同文同俗，可采而用之。④

在"定议局官制，又废统计院，归为内阁中之一局"下按语：

> 变法之道，必有总纲，有次第，不能掇拾补缀而成，不能凌躐等级而至。……而变法之始，首贵得人。君臣相得，有非常之任，然后有非常之功。昔先主得诸葛如鱼得水，苻坚得王猛以为朕之子房，……观日主之于伊藤，并可谓知而能任，任而勿贰者矣。⑤

康有为对伊藤博文是这样的推崇，当得知伊藤博文来华的消息时，自然给予极大希望。康有为到日本使馆专门拜谒了伊藤博文，谈了"皇上在位虽二十余年，权实皆在太后之手"，以及慈禧专任奕劻、荣禄、刚毅等"绝无见识"之人，阻挠新政。并请伊藤谒见慈禧时，"极言皇上贤明，而改革之事，为诸外国之所深喜，以使慈禧'回心转意'"⑥。此外，还授意杨深秀、宋伯鲁先后上疏"先为借箸之筹"，"团结英、美、日本三国，勿嫌合邦之名之不美"⑦。请"速简重臣，结连与国"，派员往见伊藤博文等"与之商议办法"⑧。

光绪皇帝对伊藤博文同样存有幻想，当他召见康有为，听康谈到日本"施行三十年而强"时，深感兴趣。等到《日本变政考》陆续进呈，光绪曾参照康有为的建议，与明治维新的"成效"，颁布讨一些卜谕。例如《日本变政考》说："日人每立一法，必遣人游历欧西，采察各国法度、利害得失。故其立法精详，损益良善，能致富强，非偶然也。日人采择西法，骤行于东方，其势甚难。我今采东方同文同俗之法，行之甚易。"⑨光绪于 8 月 2 日（六月十五日）发出上谕："现在讲求新学，风气大开，惟百闻不如一见，自以派人出洋游学为要。"特别提出："游学之国，西洋不如东洋。"⑩《日本变政考》提出"冗员多而专任少"的流弊和伊藤所改"深可鉴也"⑪。光绪于 8 月 30 日（七月十四日）发出裁汰冗员的上谕，《日本变政考》说："各国岁出入皆有会计录，布告天下。日本昔无此制，至此乃行之。"⑫光绪于 9 月 16 日（八月初一日）发出诏编预算的上谕，谕旨和《日本变政考》康有为的按语很相似。梁启超在"上谕恭跋"中对此也说："康有为于进呈《日本变政考》，发明此事极详。西学大开，此义大明，上皆采用。"可知光绪的新政诏书是受到《日本变政考》的启发，对参与明治维新的伊藤博文，光绪当然早有印象。

9 月 20 日，伊藤觐见光绪时，光绪即说："贵国自维新后，庶绩咸熙，皆出贵侯手定，各国无不景仰，无不赞美，朕亦时佩于心。"又请将利弊、兴革"笔之于书"。

康有为等改良派对来华的伊藤博文寄予厚望，光绪皇帝见到伊藤表示"快慰"。这样，伊藤的来访成为"百日维新"中的一件大事，也就必然遭到后党的嫉妒和反对。伊藤觐见光绪的第二天，"政变"猝发，当不是偶然的。

伊藤来华之时，新旧斗争已十分激烈。9 月 18 日，后党御史杨崇伊上封事于慈禧，请即日"训政"。19 日，慈禧回宫，正是光绪准备接见伊藤的前夕。20 日，伊藤觐见光绪，杨深秀疏言伊藤"深愿联结吾华"，请为"借箸"。次日，宋伯鲁疏请与伊藤"商酌办法"，而政变已发。

于此，须将光绪是否欲请伊藤为顾问一事，稍加考核。

第一，康有为等改良派和光绪准备"借重"伊藤之说，当时确有传闻，且曾刊诸报章。如《国闻报》载："近日京朝大小官奏请皇上留伊藤在北京用为顾问官，优以礼貌，厚其饩廪，持此议者甚多。"⑬又说："闻本月初六日，皇上升勤政殿，将召见日本旧相伊藤，宠加擢用。是日东方未明时，忽为皇太后所闻，即在颐和园传懿旨启驾返海，于是伊藤之召，遂亦中止。"又据 10 月 7 日香港《士蔑报》说：9 月 21 日，"皇上登朝，正欲降旨传伊藤入觐，突有内监持太后懿旨，敦迫皇上往颐和园面见太后"，遂未果⑭。

第二，康有为等改良派确曾通过帝党拟请伊藤为顾问，上述杨深秀、宋伯鲁的奏折中，都提到"借箸之谋"。另据李提摩太回忆：9 月中旬，康有为和他"商量过变法的计划"，李提摩太曾建议"既然那样成功地改变日本成了一个强国，那么最好的办法，是由中国政府请他作一个外国顾问"⑥。可知康有为还和李提摩太商量过此事。

第三，从康有为和伊藤的对话中，以及光绪和伊藤的问答里，也可看出有着想请伊藤担任"顾问"的意愿。伊藤询问康有为："今贵皇上无全权云何？"康有为讲了慈禧的掣肘、后党的阻挠，特别强调"日前因王照条陈一事，遽治怀塔布等抗旨之罪，未请（示）太后，而日来怀塔布等数十满人，相率跪太后前大哭，请禁皇上改革，我皇上位地如此，改革艰难，愿君侯察其情也"⑥。这种宫廷斗争，告诉刚来北京的外国客人，应该是有所期望的。至于伊藤听了，"因太息曰：天无二日，民无二王，今国权出两途，革新诚难矣哉！"⑥姑无论这些话是否传到后党耳中，即伊藤对"权出两途"，也提出了自己的看法。至于伊藤觐见光绪时，光绪表示"久闻侯名，今得晤语，实为万幸"，认为日本明治维新后，"庶绩咸熙"，都由伊藤手定，表示"时佩于心"。接着，光绪又请伊藤详析利弊，于总署王大臣会晤时，将兴革事宜，"笔之以书"，垂询兴革，请予顾问。

尽管光绪没有正式任命伊藤为顾问官，而已有人上折疏荐；在实际接触中，光绪也对手创维新大业的伊藤表示关切。这些举动，当然不能为后党所容忍。

第四，从伊藤在华的言行，也可看到他"顾问"新政的迹象。伊藤初到天津，即行表示："中国如有咨询相助之处，甚愿竭诚相助。"天津知县宴请，王修植赋诗以答："谁防未然祸，尔我慎边筹。"当伊藤觐见光绪时，又祈求光绪"永保盛业，长享景福"，准备在王大臣问及改革事宜时，"竭其所知以告"，以使今后两国"邦交必能因之愈固"，对中国的维新事业是"深为垂注"的。

伊藤来华，康有为等改良派的推荐和光绪皇帝的"借重"，加深了后党的忌恨，慈禧太后是害怕他们同外国势力勾结起来的，终于在伊藤觐见的次日，发动政变。因此，伊藤来华和政变发生是有直接关系的。

至于康有为等改良派之所以拉拢袁世凯，是因为袁世凯在小站练兵，有"新建军"；更是因为袁世凯惯使两面派手法，迷惑了改良派。这点，下文还将论述。这里，先就政变前，改良派在后党环伺阴云密布之际，康有为、谭嗣同等筹商对策的具体情况，作一说明。

1983年至1984年，我去日本东京大学讲学和做研究。在日本外务省档案《各国内政关系杂纂》支那之部《光绪二十四年政变光绪帝ノ西太后，崩御袁世凯ノ免官》第一卷一门六类一项四—二—二号内，见有上海总领事代理一等领事小田切万寿之助上外务次官都筑馨六《湖南地方ノ近况及毕永年著〈诡谋直纪〉ノ送达件》，附毕永年《诡谋直纪》（下简称《直纪》），凡4纸，抄件，用上海日本总领事馆信笺，是毕永年在1898年9月12日（七月二十七日）至9月21日（八月初六日）的日记，亦即记至政变发生为止，书名则为清政府官僚所拟。《直纪》所载多为一般史籍所未载对研究中国近代史，特别是对康有为和戊戌变法有着重要的史料价值，特予引录阐解。《直纪》原文是：

> 七月二十七日，到京，暂寓广升店。
>
> 二十八日，上午九时，往见康，仆即移寓南海馆中，与湖南宁乡人钱维骥同室，旧友乍逢，欣慰之至。且得悉闻康之举动，盖钱亦有心人也。
>
> 二十九日，偕康至译书局，接见田山、泷川、平山、井上四氏，康但欲见井上，而不愿见平山，谓平山乃孙文党也，且责仆不应并约四人同来，殊可笑矣。夜九时，召仆至其室，谓仆曰："汝知今日之危急乎？太后欲于九月天津大阅时杀皇上，将奈之何？吾欲效唐朝张柬之废武后之举，然天子手无寸兵，殊难举事。吾已奏请皇上，召袁世凯入京，欲令其为李多祚也。"仆曰："袁是李鸿章之党，李是太后之党，恐不可用也。且袁亦非可谋此事之人，闻其在高丽时，自请撤回，极无胆。"康曰："袁前两日已至京，吾已令人往远处行反间之计，袁深信之，已深恨太后与荣禄矣。且吾已奏知皇上，于袁召见时，隆以礼貌，抚以温言，又当面赏茶食，则袁必愈生感激而图报矣。汝且俟之，吾尚有重用于汝之事也。"

　　八月初一日，仆见谭君，与商此事。谭云："此事甚不可，而康先生必欲为之，且使皇上面谕，我将奈之何？我亦决矣，兄能在此助我，甚善。但不知康欲如何用兄也。"午后一时，谭又病剧，不能久谈而出。夜八时，忽传上谕，袁以侍郎候补，康与梁正在晚餐，乃拍案叫绝曰："天子真圣明，较我等所献之计，尤觉隆重，袁必更喜而图报矣。"康即起身命仆随往其室，询仆如何办法。仆曰："事已至此，无可奈何，但当定计而行耳。然仆终疑袁不可用也。"康曰："袁极可用，吾已得其允据矣。"乃于几间取袁所上康书示仆，其书中极谢康之荐引拔擢，并云："赴汤蹈火，亦所不辞。"康谓仆曰："汝观袁有如此语，尚不可用乎？"仆曰："袁可用矣，然先生欲令仆为何事？"康曰："吾欲令汝往袁幕中为参谋，以监督之，何如？"仆曰："仆一人在袁幕中，何用？且袁如有异志，非仆一人所能制也。"康曰："或以百人交汝率之，何如？至袁统兵围颐和园时，汝则率百人奉诏往执西后而废之可也。"仆曰："然则仆当以何日见袁乎？"康曰："且再商也。"正谈之时，而康广仁、梁启超并入坐，梁曰："此事兄勿疑，但当力任之也。然兄敢为此事乎？"仆曰："何不敢乎？然仆当熟思而审处之，且尚未见袁，仆终不知其为何如人也。"梁曰："袁大可者，兄但允此事否乎？"仆此时心中慎筹之，未敢遽应，而康广仁即有忿怒之色。仆乃曰："此事我终不敢独任之，何不急催唐君入京而同谋之乎？"康、梁均大喜曰："甚善！甚善！但我等之意，欲即于数日内发之，若俟唐君，则又多需时日矣。奈何？"踌躇片刻，乃同至谭君之室商之。谭曰："稍缓时日不妨也，如催得唐君来，则更全善。"梁亦大赞曰："毕君沉毅，唐君深鸷，可称两雄也。"仆知为面谀之言，乃逊谢不敢焉。康曰："事已定计矣。汝等速速调遣兵将可也。"乃共拟飞电二道，速发之，而催唐氏。

　　初二日，早膳后，仆终不欲诺此事，又不知康氏如何令我见袁之法。且为时甚迫，而尚不令我见袁，则仓猝之间，彼此交浅，何能深言，又何能行事耶？心中不决，乃与广仁商之。广仁大怒曰："汝等尽是书生气，平日议论纵横，至做事时，乃又拖泥带水。"仆曰："非拖泥带水也。先生欲用我，须与我言明办法，我一命虽微，然不能胡涂而死也。且事贵审谋熟虑。先生既令我同谋，何以我竟不能置一辞乎？且先生令我领百人，此事尤不可冒昧。盖我系南人，初至北军，而领此彼我不识之兵，不过十数日中，我何能收为腹心，得其死力乎？即起孙、吴于九原，而将此百人，亦无十数日即可用之理。况我八岁即随父叔来往军中，我知其弊甚悉。我以一有母丧之拔贡生，专将此兵，不独兵不服，即同军各将，皆诧为异事也。"广仁不悦，冷笑而出。夜七时，忽奉旨催康出京。仆曰："今必败矣，未知袁之消息如何？"康曰："袁处有幕友徐世昌者，与吾极交好，吾将令谭、梁、徐三人往袁处明言之，成败在此一举。"仆乃将日中与广仁所言告康，康亦盛气谓仆曰："汝以一拔贡生而将兵，亦甚体面，何不可之有？且此事亦尚未定，汝不用先虑也。"仆知广仁谮我，盖疑我为利禄之徒，以为我欲得官也，可笑，可笑。

初三日，但见康氏兄弟等纷纷奔走，意甚忙迫。午膳时，钱君告仆曰："康先生欲弑太后，奈何！"仆曰："兄何知之？"钱曰："顷梁君谓我云：先生之意，其奏知皇上时，只言废之，且俟往围颐和园时，执而杀之可也，未知毕君肯任此事乎？兄何不一探之等语。然则此事显然矣，将奈之何？"仆曰："我久知之，彼欲使我为成济也，兄且俟之。"是夜，康、谭、梁一夜未归，盖往袁处明商之矣。

初四日，早膳后，谭君归寓，仆往询之，谭君正梳发，气恹恹然曰："袁尚未允也，然亦未决辞，欲从缓办也。"仆曰："袁究可用乎？"谭曰："此事我与康争过数次，而康必欲用此人，真无可奈何。"仆曰："昨夜尽以密谋告袁乎？"谭曰："康尽言之矣。"仆曰："事今败矣，事今败矣。此何等事，而可出口中止乎？今见公等族灭耳，仆不愿同罹斯难，请即辞出南海馆而寓他处，然兄亦宜自谋，不可与之同尽，无益也。"午后一时，仆乃迁寓宁乡馆，距南海馆只数家，易于探究也。

初五日，天甫明，仆即往南海馆探之，康已急出京矣。探谭君则已迁寓浏阳馆。午十二时，广仁及梁君两降阶迎仆，携仆手曰："兄来甚善，我等欲荐兄往李提摩太之寓，为其笔述之任，可乎？"仆诧曰："我非来京觅食者，因先生命我留京，欲令我助彼，故我滞此多时。今先生既出京，而前事已作罢论，则仆亦须东往日本，践徐君之约矣。

仆岂来京觅食者乎？"即愤然辞出。夜十时，即致一书与谭，劝其速自定计，无徒死也。并致一书与梁作别，梁复书欲仆于次日午十二时在寓候彼，尚有多事相商。并云："公行何神速也。"

初六日，早七时，仆急驰出京，而十时即有围南海馆之事。⑳

《直纪》是日本驻上海总领事代理一等领事小田切万寿之助在报告后面所附抄送日本外务省的，据小田切报告，这是戊戌政变后，自"湖南唐才常等改革党等处搜查"所得，抄件用的是"上海日本总领事馆"信笺，来源是有据的。从《直纪》的内容来看，也知它确是出于毕永年之手，不是他人所能"伪造"或"代笔"的。举例来说：

第一，《直纪》谓"七月二十七日到京"，次日"移寓南海馆中，与湖南宁乡人钱维骥同室"。查冯自由称：毕永年"闻谭嗣同居京得志，乃北上访之，嗣同引见康有为"㉑。谭嗣同于光绪二十四年七月五日到京，七月二十日"加四品卿衔，在军机章京上行走"，参预新政事宜。《直纪》载其"七月二十七日到京"，时日可信。钱维骥住北京南海馆，因与康有为同址，于"八月初六"捕去，也见《自编年谱》"光绪二十四年"条。

第二，《直纪》"七月二十九日"记："偕康至译书局，接见田山、泷川、平山、井上四氏，康但欲见井上，而不愿见平山，谓平山乃孙文党也，且责仆不应并约四人同来，殊可笑矣。"记康氏语气，情态逼真。又，井上雅二本年有日记，夏历七月二十九日，当公元9月14日，井上是日记："看到了康有为、梁启超、张元济、谭嗣同等改革派志士。"7天前（七月二十二日）记："同湖南有志之士毕永年乘英舰北行。"㉒平山周也说："平山抵烟台，曾一登陆，适毕永年自上海至，因同船至天津，偕进北京。"㉓此后，井上屡记唐才常、毕永年事，则毕永年导井上、平山等见康有为，凿凿可靠，可证《直纪》之真。

第三，《直纪》"八月初一日"记："夜八时，忽传上谕，袁以侍郎候补。"查光绪皇帝于"七月二十九日"召袁世凯至京师。本日，赏"以侍郎候补，责成专办练兵事务"，见《德宗景皇帝实录》卷四二六第1页。

第四，《直纪》"八月初一日"记，毕永年建议"催唐君（才常）入京而同谋之"，得到康有为、梁启超的赞同，"乃同至谭君（嗣同）之室商之"，于是"共拟飞电二道，速发之，而催唐氏"。查唐才常之弟唐才质回忆："时务学堂被顽固派勒令改组的前夕（1898 年 9 月下旬），先长兄应谭嗣同电召，将赴北京参与机要，才抵汉口，忽闻政变发生，万分骇愕，折回湖南。"㉜唐才质在政变前后追随唐才常，到过日本，所记自属可信，而《直纪》中所述电召唐才常，出于毕永年的推介，则为其他书籍所未载。

《直纪》所载康有为等对袁世凯的"幻想"，以及"劝袁兵谏"诸事，在《自编年谱》、梁启超《戊戌政变记》、袁世凯《戊戌日记》中也有印证。因此，《直纪》是毕永年赴京后的日记，来源是有据的，资料是可信的。

《直纪》可贵之处，在于它载录了政变前夕，资产阶级改良派在后党政变阴谋渐露的情况下筹商对策、拉拢袁世凯的具体情节，留下了一份当时的原始记录。

光绪二十四年四月二十三日，光绪皇帝下"定国是诏"，宣布变法后，新旧斗争一直十分激烈。只要看"百日维新"中，光绪皇帝曾十二次赴颐和园去见慈禧，说明光绪不敢公然违反隐持国家大权的慈禧的意旨，也说明了光绪的所以去"请安驻跸"，是为了去窥探慈禧的意旨，和担心变法的失败。例如：四月二十六日，光绪至慈禧处，次日，即谕将翁同龢开缺回籍，命王文韶入京，以荣禄暂署直隶总督。五月初四日，再至慈禧处，当天即授荣禄为文渊阁大学士，次日，实授荣禄为直隶总督兼北洋大臣。可见光绪之无权和后党首先从人事安排上作布置的活动。此后，光绪曾数度至慈禧处（五月十四日、二十二日、三十日、六月十三日、七月初一日），这时虽说是"太后方园居，厌其烦，遂谕帝但无违祖制，可自酌，帝稍稍得自行其志"㉝。实际上，后党正在从容布置，待机而动。所以"请安驻跸"后，仍即颁布新政"上谕"。七月初七日，光绪至慈禧处后，次日还宫，即谕知阅兵日程，这时后党的阴谋已渐暴露。七月十九日，光绪将礼部尚书怀塔布等 6 位大臣革职。二十日，赏杨锐、刘光第、林旭、谭嗣同加四品卿衔，在军机章京上行走以后，怀塔布、杨崇伊等先后到天津看望荣禄，阴谋筹划政变。光绪害怕"今朕位几不保"，于是在七月三十日、八月初二日接连发出两道"密诏"，交杨锐、林旭传出，嘱"妥速筹商，密缮封奏"。

康有为等看到"密诏"后，"跪诵痛哭激昂，草密折谢恩并誓死救皇上"。他们看到情况紧迫，决定拉拢袁世凯，《直纪》对筹商、拉拢经过，记录甚详，可供参考。

过去，康有为、梁启超对这段经历虽都提到，但语焉不详。《自编年谱》只记看到"密诏"后，"大众痛哭不成声，乃嘱谭复生入袁世凯所寓，说袁勤王，率死士数百扶上登午门而杀荣禄，除旧党"。梁启超《戊戌政变记》也只言谭嗣同"初三日夕"往访袁世凯，对如何筹商，筹商时的争论等都较缺略。只在冯自由《革命逸史》中看到下列一段记述：

> 有为方交欢直隶按察使袁世凯，有兵围颐和园擒杀清西后之阴谋。以司令艰于人选，知永年为会党好手，遂欲委以重任，使领兵围园便宜行事。永年叩以兵队所自来，则仍有赖于袁世凯，而袁与有为本无关系。永年认为此举绝不可恃，遂拒绝其请，且贻书嗣同历陈利害，劝之行，嗣同不果，于是径赴日本。㉔

这段记载，因乏旁证，致晚近治史者很少援用。但从《直纪》看来，冯自由的记载，倒是有根据的。

毕永年到了北京，移住南海馆，和康有为在一起，第二天就约日本人平山周等访问康有为。当天晚上，康有为告诉毕永年"今日之危急"，说是"太后欲于九月天津大阅时杀皇上"，准备发难勤王，"召袁世凯入京"。毕永年认为"袁是李鸿章之党，李是太后之党，恐不可用"，康则信而不疑。八月初一日，毕永年又与谭嗣同商量，谭也以为"此事甚不可，而康先生必欲为之"。晚间，"忽传上谕，袁以侍郎候补"，康有为以为"袁必更喜而图报"，要毕永年到袁世凯"幕中为参谋，以监督之"，幻想"袁统兵围颐和园时"，由毕永年"率百人奉诏往执西后而废之"。毕表示不能"独任"，提出催唐才常"入京而同谋之"。谭同意催唐，但主张"稍缓时日"。初二日，毕永年因"为时甚迫，而尚不令我见袁"，"心中不决"，和康广仁商量，康广仁责以"拖泥带水"，彼此不悦；毕永年又找康有为，有为说是"不用先虑"。初三日，谭嗣同夜访袁世凯，"说袁勤王，率死士数百扶上登午门而杀荣禄，除旧党"㉕，初四日，毕永年向谭嗣同询问，谭"气恹恹然曰：'袁尚未允也，然亦未决辞'"，并告以"尽以密谋告袁"。毕以为"事今败矣"，嘱谭嗣同"自谋"，自己也迁寓宁乡馆。初五日，康有为已"急出京"，康广仁、梁启超想介绍毕永年到李提摩太处"为其笔述之任"，毕见"前事已作罢论"，"即愤然辞出"。夜十时，致书谭嗣同"劝其速自定计，无徒死"。初六日，政变发生。

毕永年在叙述这段事迹时，有几点值得注意：

第一，资产阶级改良派在考虑拉拢袁世凯时，意见并不一致，且曾有过争论。到袁世凯处夜访的虽然是谭嗣同，但提出这项主张的却是康、梁。谭嗣同为此事"与康争过数次，而康必欲用此人，真无可奈何"。梁启超《戊戌政变记》没有记录当时密商细节，只言谭嗣同"径造袁所寓之法华寺"劝以"勤王"的经过，以致有人误以为拉拢袁世凯的想法是由谭嗣同提出，这是不对的。

第二，康有为等要拉拢袁世凯，是因为袁世凯惯使两面派手法，迷惑了改良派。当初强学会筹组时，袁世凯联系募捐，又主张"淘汰旧军，采用西法练兵"，假装"维新"。袁世凯对当时帝、后的争夺权力也是嗅觉很灵，一方面夤缘于荣禄之门，另一方面又到翁同龢那里"谈时局"，脚踏两条船，骗取双方信任。康有为也不是不知道袁世凯和荣禄的关系，但当光绪皇帝的处境日益危急的时候，康有为认为"拥兵权，可救上者，只此一人"，叫徐仁禄到小站去探视袁世凯虚实。袁世凯装着恭维改良派，徐仁禄用话激他："康有为等屡次向皇上荐举你，皇上说：'荣禄讲过，袁世凯跋扈，不可大用。'不知你为何与荣禄不洽。"袁世凯佯作恍然大悟的样子，说："昔常熟（翁同龢）欲增我兵，荣禄谓汉人不能任握大兵权。常熟曰：曾、左亦汉人，何尝不能任大兵？然荣禄卒不肯增也。"⑯康有为听到徐仁禄的报告，对袁世凯放心了，自拟折稿，请侍读学士徐致靖奏荐袁世凯，说什么袁世凯"深娴军旅"，"智勇兼备"，"请予破格之擢，俾增新练之兵，或畀以疆寄，或改授京堂，使之独当一面，永镇畿疆"⑰。光绪于七月二十六日发出上谕："电寄荣禄，著传知袁世凯，即行来京陛见。"八月初一日，光绪召见了他，暗示袁世凯，以后不必受荣禄节制，并破格提拔他为候补侍郎，办理练兵事宜。当晚，康、梁正在晚餐，"忽传上谕"，"乃拍案叫绝曰：'天子真圣明，较我等所献之计，尤较隆重，袁必更喜而图报矣。'"增加了对袁世凯的幻想，加速了"请袁勤王"的步伐。

袁世凯继续耍弄两面派手法，一方面对光绪的"特恩"表示感激涕零，另一方面又到礼亲王世铎、庆亲王奕劻、刚毅、裕禄、王文韶、李鸿章等旧臣处尽力周旋。

尽管如此，袁世凯的突然被召见和超擢，仍然引起后党的不安。他进京后，荣禄就制造"英、俄在海参崴开战"的谣言，借机调董福祥军驻长辛店，调聂士成军驻天津，"防袁有变"⑰。就在这时，光绪"十分焦灼"，发出"密诏"。康有为在八月初三日接到"密诏"后，决定由谭嗣同去"说袁勤王"。《直纪》记载："是夜，康、谭、梁一夜未归，盖往袁处明商之矣。"

谭嗣同深夜往访，袁已"探知朝局将变"，正赶写奏折，想提前请训回津，听到"新贵近臣，突如夜访"，立即"停笔出迎"。谭嗣同说："公受此破格特恩，必将有以图报，上方有大难，非公莫能救。"又说："荣某近日献策，将废立弑君，公知之否？"⑱他要"说袁勤王"。袁世凯看到谭嗣同"声色俱厉，腰间衣襟高起，似有凶器"，知道他"必不空回"，便诳说："你以我为何如人？我三世受国恩深重，断不至丧心病狂，贻误大局，但能有益于君国，必当死生以之。"⑲

袁世凯骗走谭嗣同后，"反复筹思，如痴如病"。感到光绪皇帝没有实权，改良派也是书生空谈；慈禧太后却是柄政多年，根深蒂固。投靠光绪，自身不保；投靠慈禧，高位易得。就在初五日请训后，立即乘车回天津，向荣禄告密，出卖改良派。次日，政变发生。

参稽《直纪》所载，对资产阶级改良派拉拢袁世凯的具体经过，可以得到比较清楚的认识。

第三，资产阶级改良派对袁世凯的两面态度，也不是没有觉察，毕永年既以"袁亦非可谋此事之人"，"极无胆"，"终疑袁不可用也"。谭嗣同也认为"说袁勤王"，"此事甚不可"。谭嗣同在"将奈之何"的情况下夜访袁世凯后，也是"气恢恢然"，感到"袁尚未允"，感到"康必欲用此人，真无可奈何！"

然而，康有为却对袁世凯幻想极大，一则曰："已令人往远处行反间之计，袁深信之，已深恨太后与荣禄矣。"再则曰：光绪召见"隆以礼貌，抚以温言"，"袁必愈生感激而图报矣"。三则曰："袁极可用，吾已得其允据矣。"四则曰："袁处有幕友徐世昌者，与吾极交好，吾将令谭、梁、徐三人往袁处明言之，成败在此一举。"梁启超也认为"袁大可者"。康广仁还责备毕永年的怀疑是"拖泥带水"。

　　这些,《直纪》不但逐日记录了筹商的情节,留下了一份研究政变史的绝好史料;而且对袁世凯的两面态度也有刻画。如记康有为"于几间取袁所上康书示仆,其书中极谢康之荐引拔擢,并云'赴汤蹈火,亦所不辞'",使康有为认为这是"允据",反诘毕永年:"汝观袁有如此语,尚不可用乎?"又记谭嗣同夜访袁世凯后,谭嗣同虽感"袁尚未允",又感"尚未决辞",难于捉摸。

　　其实,要说康有为对袁世凯完全深信不疑,也恐怕未必如此,他在"尽以密谋告袁"后,就"急出京",也感到事态的严重。只是因为后党阴谋已露,而"握兵权,可救上者,只此一人",终于幻想超过理智,信任超过防范,于是孤注一掷,铤而走险,也就是他自己说的"成败在此一举"。

　　那么,《直纪》的发现,对研究各该人物在维新运时期的表现,也有其参考价值。

　　伊藤博文的来华和对袁世凯的引用,加速了政变的发生,而康有为对他们的信任,也只是一场天真的幻想。

维新与守旧

　　"维新"之名,始见于《诗经·大雅·文王》"周虽旧邦,其命维新"。后来称改变旧制,推行新政为维新;守旧,自宜指因循旧习,故步自封。鸦片战争以后,西学东渐,伴随着中西文化的渗透、冲突,"维新"的概念也就和过去不同。近代的"维新",系指"维"资本主义之"新","守旧"也就指"守"封建主义之"旧"。

　　戊戌维新,是中国近代史上第一次思想解放运动,"维新"与"守旧"的斗争也就十分激烈。

　　康有为是戊戌维新的领导人物,他在维新运动时期最重要的撰著是《新学伪经考》和《孔子改制考》⑧,"守旧"的人除了在政治上推翻新政外,在学术上对《新学伪经考》和《孔子改制考》的诋毁也不遗余力。

　　《新学伪经考》出书不久,给事中余晋珊即劾以"惑世诬民,非圣无法,同少正卯,圣世不容。请焚《新学伪经考》而禁粤士从学"。《新学伪经考》

虽遭毁版，而"守旧"者的攻击仍然不止。连康有为早年在广州讲学的《长兴学记》也遭攻击，叶德辉还专门写了《长兴学记驳义》，说是：

> 此与所作《新学伪经考》《孔子改制考》同一宗旨，既有梁启超《春秋界说》《孟子界说》《读西学书法》《时务报》之类为之爪牙……复有徐学使《辅轩今语》为之羽翼，于是康有为之邪说乃大行于湘中，而吠声吠影之徒，竟不知圣教为何物？有世道之责者，其能嘿尔不语乎？⑳

由于《新学伪经考》以东汉以来经学多出刘歆伪造，是"伪经"；刘歆"饰经佐篡，身为新臣"，是"新莽一朝之学"，与孔子无涉，是"新学"。"凡后世所指目为'汉学'者，皆贾、马、许、郑之学，乃新学，非汉学也；即宋人所尊述之经，乃多伪经，非孔子之经也"。以当时学术界占统治地位的"汉学"（古文经学）和宋学为"新学"，不是孔子的"真经"；以古文经学所尊的"经书"只是"伪经"，对"汉学"、宋学以根本性打击。守旧者就想牵合各种经学流派抗击康有为所宣传的"今文学"。叶德辉就说，康有为等"煽惑人心，欲立民主，欲改时制，乃托于无凭无据之《公羊》家言，以遂其附和党会之私智"⑳。又将经学流派分为今文学、古文学、郑氏（玄）学、朱子（熹）学四派，说：

> 余尝言：自古以来，传孔子之道者，有四学。四学者，今文学、古文学、郑氏学、朱子学也。秦火之厄，汉初诸儒，壁藏口授，萌芽渐著于竹帛。当时读者以隶书释之，谓之今文。今文者，对古文而立名也。自后古文之学，则为大宗。门户纷争，互相攻驳，至有父子异学，同乡相非，如刘歆之于刘向、梁丘贺之于孟喜，甚可笑也。故终汉之世，师说愈甚，而经学愈衰。至郑康成出，始一扫而空之。于是集今古文之大成，破经生之拘陋。当时弟子遍于齐鲁，传衍递于三国。至南北朝时，其学尤大行于河洛间。故唐以前之经学，惟郑氏为一大宗已。五季之乱，图籍荡亡，北宋诸贤，如欧、苏、王、刘、永嘉诸公，五经皆有传注。其弊至吐弃一切旧文训诂，自创新义，以为得圣学之真传，而荒经残古之风于是乎益炽。迨朱子乃力纠其失，兼取汉、唐诸儒之长，其学洞贯

百家，往往求之古史子书，以补传注之未备。又喜校勘古书同异，搜罗遗文，……故近儒诸书之法，皆朱子之学也。⑧

为了维护封建秩序，他们调和汉、宋学，取郑玄、朱熹牵合为一事，以抗击维新派。这种"分派"，也可说是封建守旧势力在维新派利用今文学说掀起政治改良运动时，感到愤怒和恐慌的一种反映。

照此说来，守旧势力对维新学说从政治上加以扼杀，在学术上毫不放松，甚至纠合其他学术流派，群起反抗，在破坏新政的同时，也企图阻碍和消除维新思想的影响。

康有为鼓吹"孔子改制"，刊行《孔子改制考》，更加遭到守旧势力的围攻。

康有为宣传变法维新，标榜孔子改制；清朝封建势力对资产阶级维新派的攻击，恰恰也从"孔子改制"开始。

还在 1895 年，康有为于北京筹设强学会后，认为上海"为南北之汇，为士夫所走集"，是"合群"和讲求自强的重要地区，准备组织上海强学会，以扩大维新声势，推进变法运动。他于 11 月 1 日（九月十五日）先到南京，谒见署理两江总督张之洞，住了 20 多天，和张之洞"隔日一谈"，张"颇以自任"，但不信孔子改制⑧，并"频劝勿言此学"。康有为没有妥协。等到赴沪设会，刊出的《强学报》，赫然以"孔子纪年"，还要"尊孔子"以"定趋向"，要"继孔子之志，专孔子之祀"⑧，以维系圣教。张之洞本来反对"孔子改制"，看到《强学报》以孔子纪年更加"不悦"。这时，北京强学会被封禁的消息传来，张之洞即嘱幕僚，电致上海各报馆："自强学会报章，未经同人商议，遽行发刊，内有廷寄及孔子卒后一条，皆不合"⑧，申明"此报不刊，此会不办"。张之洞对孔子改制颇为敏感，上海强学会的停办，《强学报》的停刊，也都与"孔子改制"有关。后来，张之洞还专门写了《劝学篇》，以"辟邪说"，"绝康梁"。

1897 年，梁启超到湖南时务学堂担任中文总教习，伸张康有为孔子改制学说。在《湖南时务学堂学约》的最后一条，特别提到"传教"。《读西学书法》中说："当知六经皆孔子改定制度，以治百世之书。"《读春秋界说》中说："孔子改制之说，本无可疑。"立即遭到湖南顽固分子的攻击，说是

"狂悖骇俗"⑧，叫嚷"人之持异教也愈坚，则人之护圣教也愈力"⑨。你要传改制的孔教，我要护封建的"圣教"。还"联合函告湖南同乡官"，通过京官，诽谤康有为的孔子改制是"邪说"，还要参劾支持新政的湖南巡抚陈宝箴"紊乱旧章，不守祖宗成法"，要"据情揭参"⑩。陈宝箴在舆论的压力下，于1898年7月15日（五月二十七日），上了《厘正学术造就人才折》，说是康有为"所以召毁之由"，"徐考其所以然，则由于康有为平日所著《孔子改制考》一书"。这是因为"康有为当海禁大开之时，见欧洲各国尊崇教皇，执持国政，以为外国强盛之效，实由于此"。"是以愤懑郁积，援素王之号，执以元统天之说，推崇孔子，以为教主"，"以自成其一家之言"。"可否特降谕旨，饬下即将所著《孔子改制考》一书板本，自行销毁"⑪。尽管陈宝箴说《孔子改制考》"穿凿附会"，"伤理害道"，但叫他"自行销毁"，折中还"寓保全人才之意"。这样，王先谦嗅出来了，说是"如康因此疏瓦全，不可谓非厚幸，但恐留此祸本，终成厉阶"⑫。

就在陈宝箴上疏后两天，原属帝党的孙家鼐看到风色不对，反噬维新派，他在《译书局编纂各书请候钦定颁发并请严禁悖书疏》中说："《孔子改制考》第八卷中《孔子改制称王》一篇，杂引谶纬之书，影响附会，必证实孔子改制称王而后已。""窃恐以此为教，人人存改制之心，人人谓素王可作，是学堂之设本以教育人才，而转以蛊惑民志，是导天下于乱也。"⑬请将康有为书中，凡有关"孔子改制称王等字样，宜明降谕旨，急令删除"。结果，"军机大臣奉旨，著孙家鼐传知康有为遵照"⑭。《孔子改制考》终遭毁版。

由此可知，从资产阶级维新派展开政治活动到"百日维新"，"孔子改制"一直遭到封建势力的压制。从地方到中央，从洋务派到顽固派，无不视为"洪水猛兽"，务欲扼杀而后快。他们为什么这样嫉视"孔子改制"？为什么要"誓勠力同心，以灭此贼"⑮？他们之间的斗争，又是什么性质的斗争？

封建守旧势力集矢反对孔子改制说，不是单纯的学术争论，而是一场思想斗争、政治斗争。

清朝封建统治阶级"不信"孔子改制，反对孔子改制，因为康有为塑造的孔子，和他们崇奉的孔子不同；因为康有为讲孔子作六经，有微言大义，托尧、舜，演"太平盛世"，创教立制，"因时更化"。这种与封建传统不同的孔子，不能为他们所接受。

上面谈到，张之洞"赞助"强学会，却反对孔子改制。张之洞"频劝勿言此学"，始终"不信"，康有为专持改制，不为动摇。康有为坚持，张之洞"背盟"，可知双方以此为争执点。上海博物馆珍藏的康氏家属康同凝、康保庄、康保娥捐赠的文稿图书中，有康有为亲笔写给《强学报》主笔何树龄、徐勤的一封信，很能说明问题。函曰：

> 寄来星信悉。览邓仲果书，乃知为学术不同，疑我借局，以行其经学，故多方排沮（中国亡无日，生民无噍类，而彼尚如此，可哀可痛——自注，下同）。我向不知此意，则尚相敬也。不过意见不同，不能容耳。连书俱悉。君勉所拟利弊已详，开此与易一。今彼既推汪穰卿来，此人与卓如、孺博至交，意见亦同（能刻何启书三千部送人，可想是专持民主者，与易一必合）。张经甫亦住沪，二三子正好用忍辱负重之义，必留一二人（或邓元翊亦可）。有穰卿在，合穰卿举之，当得当。阅其章程，排斥者至收其书亦会嘲讪。此事非面商不能，即当来沪。今日还乡，如不改期，然十七恐不能候，恐久则生变，十七八必来（南京前已电告，廿前到，十二三行）。廿间到沪，不二日可电告星海，接我信，因病迟至十八来（章程带来面讪）。电仲果转告亦可，一切俟我到沪乃商。一到沪，即当入江宁矣。

> 纪年事，南皮原面许，今一切全翻，亦不足计。今不过主笔二人待面商后，去留乃定（未迟）。以忌我之故，并排及孔子，奇甚，孔教其衰矣！既排孔子纪年，则报不宜发，以重增其怒。若遽不书纪年，自我改之，亦不可，宜停后再举，乃可改也。吾不能力争，吾亦已孔子罪人。呜呼！岂料攻孔子不谈经学者，乃出于所谓清流者乎？孔子已矣。

> 张经甫原我所举，其人笃实，与莲珊至交，在城里梅溪书院（易一亦宜入去）。君勉亦可频入去，与之笔谈，彼必推服，甚要（去见可声明强学局，叙我交情及佩服之意）。书局无可办者。汪鸥客想已来，星复电欲（登报）除名停办，前电请电公度（仲果）力持，若能转移，

不除名，不停办，可急电来，俾我迟迟而行。此极要事，此与京师同。一言以蔽之，彼有不办之心，我有必办之意，自为所挟制也。幸彼疑专为托局以行其经学，尚可解也。死亡无日，此辈见地如此，大奇！大奇！（现在出屋甚好。见家人言，乃知日本震动时，一切皆易一坐镇料理，并及金钱，至交不复言感也。）⑥

星，星海，梁鼎芬；易一，何树龄；君勉，徐勤；卓如，梁启超；孺博，麦孟华；汪鸥客，汪康年弟洛年；莲珊，经元善。此书末署"十二日"，当为光绪二十一年十二月十二日，即 1896 年 1 月 26 日，亦即北京强学会被封禁后的第 6 天。从这封信中可以看出几点：一、上海强学会之散，关键是孔子改制；二、张之洞推汪康年到沪接管上海强学会，康有为却嘱留沪弟子《强学报》主笔何树龄、徐勤商筹对策，可知此后的《时务报》之争，伏端于此。三、信中说"岂料攻孔子不谈经学者，乃出于所谓清流者乎？"指的是张之洞，可证康有为和张之洞之间的分歧。至信中所说："以忌我之故，并排及孔子"，事实是因康有为用孔子纪年，谈孔子改制，而为张所忌。四、原函信封上有康有为后来拟的注语："此书明学会之散，由《伪经考》今古学意见不同。"他没有明确指出，不同的核心所在，其实是政见的不同。

　　1896 年，以上海强学会余款创刊《时务报》，康有为又叮嘱梁启超仍用"孔子纪年"，梁启超却"不复力争"。政变后，两广总督谭锺麟从康有为家中抄出的梁启超《致康有为第七书》曰：

　　　　孔子纪年，黄、汪不能用，后吴小村父子来，又力助张目，仍不能用。盖二君皆非言教之人，且有去年之事，尤为伤禽惊弦也。去年南局之封，实亦此事最受压力，盖见者以为自改正朔必有异志也。四月廿七书云：改朔为合群之道。诚然。然合群以此，招忌亦以此。天下事一美一恶、一利一害，其极点必同此例也。今此馆经营拮据，数月至今，仍有八十老翁过危桥之势（谓经费）。若因此再蹶，则求复起更难矣。故诸君不愿，弟子亦不复力争也。⑦

黄，黄遵宪；汪，汪康年；吴小村父子，吴德潚、吴樵。此信应发于光绪二十二年四月廿七以后，七月初一日《时务报》创刊以前。信中点出了"去年南局之封",即上海强学会解散,由于用"孔子纪年"。然而,康有为仍以"改朔为合群之道",矢志"改制",并以之为"合群之道"。合些什么群呢?出身地主、官僚、富商而有资产阶级倾向的人。"改朔"也可使维新派塑造的"改制"孔子合法化。

梁启超"不复力争",《时务报》也没有用"孔子纪年"。张之洞又授意汪康年压抑《时务报》言论。康广仁主持的大同译书局要在《时务报》登广告,也以有《孔子改制考》的书名而"见却"。张之洞却仍不罢休,特写《劝学篇》以"正人心""辟邪说",以辟康、梁而"保圣教"。说:"若不折衷于圣经,是朝夕不辨而冥行不休,坠入于泥,亦必死矣。"⑧他要"无悖于经义,无损于圣教",绝不容许康有为等称说的孔子。举例来说,康有为要尊孔圣为国教,以孔教名义变法维新;张之洞则说:"三纲为中国神圣相传之至教,礼教之原本,人禽一之大防,以保教也。"用封建礼教来反对"改制"孔教。康有为把"民权""选举"托之孔子;张之洞说是西方资本主义国家,"但欲民申其情,非欲民揽其权,译者变其文曰'民权',误矣。近日掇拾西说者,甚至谓人人有自主之权,益为怪妄"。又说:"使民权之说一倡,愚民必喜,乱民必作,纪纲不行,大乱四起。"⑨指为"召乱之言","不尽灭人类不止"。捍卫封建纪纲,反对民权学说。

由上可知,张之洞是站在封建卫道者的立场,维护"礼教之大防"而反对孔子改制的。他自己也不讳言,说要"辨上下,定民志,斥民权之乱政"⑩。

湖南的情况也是如此。苏舆《翼教丛编序》说:"邪说横溢,人心浮动,其祸实肇始于南海康有为。康为人不足道,其学则足以惑世,招纳门徒,潜相煽诱。……其言以康之《新学伪经考》《孔子改制考》为主,而平等民权、孔子纪年诸谬说辅之。伪六籍,灭圣经也;托改制,乱成宪也;倡平等,堕纲常也;伸民权,无君上也;孔子纪年,欲人不知本朝也。"⑩也算概括了双方的分歧。叶德辉说:"康有为之徒,煽惑人心,欲立民主,欲改时制,乃托于无凭无据之《公羊》家言,以遂其附和党会之私智。"⑩看到了康有为"欲改时制",而托之于古。这样,一场新旧斗争,就围绕"孔子改制"而展开。

反对派诋击"孔子改制",是因为其中掺有"民权""平等"等资产阶级改革内容，触犯了"圣人之纲常""天威之震肃"⑩，违碍了封建秩序。"人人平等，权权平等，是无尊卑亲疏也。无尊卑，是无君也；无亲疏，是无父也"⑭。"试问权既下移，国谁与治？民可自主，君亦何为？是率天下而乱也"⑮。以康有为等为"其说之至谬"，"辩言乱政之人"⑯。

　　反对派诋击"孔子改制"，是因为康有为要进行资产阶级性的改革，他们认为，这是"托尊孔之名，伏伪经之渐""欲托孔子以行其术"⑰。他们不承认康有为是"尊孔"，因为康有为所"尊"的孔子，和封建统治者所尊的孔子不同，它动撼了封建孔子的权威地位，于是谤毁康有为"上则欲散君权，下则欲行邪教"⑱。说是"离经叛道，惑世诬民"⑲。认为它"离"了封建政府"法定"的正经，"畔"了封建政府"法定"的孔孟之道。

　　反对派诋击"孔子改制"，又是因为康有为神化孔子，把它说成是改制"素王"。他们认为这是"影附西书，潜移圣教"⑳，土生土长的封建孔子，被西书"潜移"了。对这种"狂悖骇俗"，"心怀叵测"，当然深恶痛绝。用他们自己的话来说，叫作"人之持异教也愈坚，则人之护圣教也愈力"。康有为所奉只是"邪教""异端"，而封建顽固派所奉却是"圣教"，即孔子真传。叫嚷"翼教""护圣"，要"翼"封建孔子之教，"护"封建孔子之圣。他们之间的争论，已和过去经今、古文学派孔子真传之争迥然有别，因为前者只是封建社会内部不同政治集团、不同派系之争，而现在却是封建的孔子和神化了的资产阶级的孔子之争。明乎此，康有为之所以力持"孔子改制"，封建势力之所以力辟"孔子改制"，也易涣然冰释。

　　问题是，康有为等维新派既然要进行资产阶级性的改革，为何又把封建时代的圣人改扮？曰：这和中国封建社会的长期持续，儒家统治的长期存在有关。自从汉武帝采用董仲舒说、尊儒家为一统以后，儒家思想浸渍甚深，孔子偶像崇奉勿替。到了清代，统治学术界的是高踞堂庙的宋学和风靡一时的汉学（古文经学）。宋学高谈义理，每每脱离历史实际，形成空言；汉学专治历史而不讲义理，形成考据。宋学好空言而"离事言理"，汉学讲考据而流于枝节，实在各有所偏。但封建知识分子却又在入仕前必读宋儒《四书集注》，什宦后不是高谈性理，就是饾饤字句。汉学、宋学尽管治学方法不一，但崇奉孔子却又一致，既以儒家经籍为不可逾越的教条，又把孔子奉为神圣不可侵犯的偶像。

　　汉学家是主张"述而不作"的，宋学家"恋栈利禄"，也不敢有所兴革。他们挂着孔圣人的招牌，不准人们反抗，"述"的是维护封建制度的孔、孟之道，不准人们逾越。这种麻痹知识分子的封建毒品，使之失去头脑作用，驯服于腐朽的统治之下，当然适合清朝政府的需要，正所谓"积习深矣"。儒家思想的传统影响，孔子经书的朝夕熏陶，述遗经，袭旧制，循古法，惮改革，你要革新，就说是"圣人之法"不能"矫然易之"。既用"祖宗之制"来压人，也用孔子之经来骗人。这点，康有为是有切身体会的，1888年为了上书言事，三诣吏部尚书徐桐之门，"不获见"，请求代奏，结果"越日原书发回，以狂生见斥"⑪。这使"忧患闻道"的康有为"冥思苦索"，仍旧想从儒家经籍中找寻变法的依附。事实上，如果这时有人出来宣布，孔子不值得迷信，这在封建知识分子中恐怕是绝无仅有。即使偶有出现，也不会得到多数人的信仰。不如利用孔子迷信，进行改造。他自己就说："布衣改制，事大骇人，故不如与之先王，既不惊人，自可避祸。"⑫于是重搬儒术，利用当时迷信孔子的心理，把孔子乔装打扮，拼命神化，使迷信孔子的人，信奉改装了的孔子的神。正如马克思所说："他们战战兢兢地请出亡灵来给他们以帮助，借用他们的名字、战斗口号和衣服，以便穿着这种久受崇敬的服装，用这种借来的语言，演出世界历史的新场面。"⑬

　　然而，康有为主张"向西方学习"，又不能摆脱封建的束缚；要改变封建的中国为资本主义的中国，又和封建势力有着千丝万缕的联系。他对封建卫道者的借孔子以维护封建秩序极为不满，又想依援孔子儒经实行他的维新大业，从而塑造出"托古改制"的孔子，以对抗"述而不作"的孔子；把封建时代的大圣人，演为维新改制者。康有为要的是资本主义的新制，用的是封建主义的"旧方"，这就注定它"救中国"的办法，不是推翻封建专制制度的革命办法，而是采取在不根本动摇封建专制制度基础上进行政治改革的改良办法，演成了资产阶级改良运动，反映了一开始走上政治舞台的中国资产阶级经济上、政治上的软弱性。也说明中国封建传统影响是何等顽固，儒教的精神枷锁是何等严酷。那么，总结戊戌维新与孔子改制的历史经验，对了解儒教影响，也将得到教益。

　　戊戌时期，维新派利用《春秋》《孟子》等儒经鼓吹改良，揭橥变法，守旧分子也用儒经反击维新派。他们对"经典"的阐发和议论，就各自富有时代的特点，其分合"争辩"就与当时的政治有关。

守旧势力的反扑，是维新运动的一大逆流。但它不能阻止历史车轮的前进，旧的虽或得逞于一时，但它终究将为新的所代替。

然而，"新"也不是一成不变的，"新者，一人一代，不过一新而不可再"[114]。随着中国社会的发展，经济、政治的变化，思想领域也起变化，"昔日之新，已成今日之旧"，等到革命运动逐渐兴起，戊戌时期起过进步作用的维新思想，也就逐渐为革命所代替，由"新"变"旧"了。

注　释：

① 翁同龢于"光绪二十年六月十四日"记："上意一力主战，并传懿旨亦主战，不准借洋债。"（见《翁同龢日记》，中华书局 1997 年版，第 2708 页。）

② 朱寿朋：《光绪朝东华续录》，中华书局 1958 年版，总第 3631 页。

③ 同上书，总第 4016 页。

④ 濮尔德、白克好司著，陈冷汰译：《清室外纪》，中华书局 1915 年版。

⑤ 国家档案局明清档案馆：《戊戌变法档案史料》，中华书局 1958 年版，第 1—3页。《康南海自编年谱》《梁任公先生年谱长编》中《致夏曾佑书》均言杨深秀上折经过，说是康有为代拟。查折中辨守旧开新宗旨，以为"理无两可，事无中立，非定国是，无以示臣民之趋向；非明赏罚，无以为政事之推行"，与康、梁所言相泐。《康南海自编年谱》又言折中援引赵武灵、秦孝公等故事，兼及俄彼得变法及日本明治维新，也见原折。文中词句与康有为《上清帝第六书》《请告天祖誓群臣以变法定国是折》结撰相近，是此折出于康手，应无可疑。又，《康南海自编年谱》谓此折上于"十八日"，误。除《戊戌变法档案史料》系原折外，《翁文恭公日记》亦于"十三日"记"奏封杨深秀二件"，其一即"定国是"。

⑥ 中国第一历史档案馆藏原折，中国史学会编《戊戌变法》（二），神州国光社1953 年版，曾据徐氏后人所藏原稿录入，文中略有异同。据《康南海自编年谱》《梁任公先生年谱长编》中《致夏曾佑书》，谓是康有为代拟。查此折与杨深秀所递宗旨相近，《翁文恭公日记》"四月二十三日"也记"徐致靖折，外患已深，国是未定，略如杨御史之说"。文体与康稍异，疑为康氏或其弟子草疏而经徐致靖删润者。

⑦ 同注⑤书，第 3—5 页，查本文附片为《请催举经济特科折》，《康南海自编年

谱》明志代拟，宋伯鲁另有《请改八股为策论折》，上于同日，亦康有为代拟，此折疑出康手。

⑧《清实录·德宗景皇帝实录》卷四一八。

⑨ 翁同龢：《翁同龢日记》卷七，上海中西书局 2012 年版，第 318 页。

⑩ 梁启超：《戊戌政变记》，见汤志钧、汤仁泽编：《梁启超全集》（第一集），中国人民大学出版社 2018 年版，第 498 页。

⑪ 徐致靖：《密保人才折》，原件藏故宫博物院明清档案部。

⑫ 康有为《戊戌奏稿》中所称"立宪法、开国会"，"君民合治，满汉不分，以定国是，而强中国"，"预定召开国会日期，并先选才议政，许民上书"，以及"断发易服"等，同原折有窜改，均未列。

⑬ 黄彰健：《康有为戊戌真奏议》，附康有为伪戊戌奏稿，台湾商务印书馆 1974 年版。

⑭ 康有为：《日本变政考》卷二"按语"，见《康有为全集》（第四集），第 137 页。

⑮ 同上书，卷六"按语"，第 170 页。

⑯ 同上书，卷六"按语"，第 173 页。

⑰ 同上书，卷六"按语"，第 170 页。

⑱ 同上书，卷十二"按语"，第 274 页。

⑲ 同注⑤书，下同。

⑳《戊戌奏稿辑目》撰成不久，"文革"发生，直至 1980 年，始由《社会科学战线》编辑部于《中国近代史论丛》一书中发表。

㉑ 康有为代屠仁守所拟折稿，后来我在康有为家属捐赠给上海文物保管委员会的图书中看到底稿，更可证明确为康氏代拟。

㉒ 胡思敬撰《戊戌履霜录》卷一《政变月记》中记："康有为为宋伯鲁代草一疏，请废制艺"；"阳湖汪文博闻伯鲁疏出有为手。"卷四《宋伯鲁传》记："康有为初未进用，所拟变法章奏，未由上达，皆怂恿宋伯鲁言之。"

㉓ 同注⑤书，第 7—8 页。

㉔ 拙编：《康有为政论集》（以下简称《政论集》），中华书局 1981 年版，第 275—278 页。

㉕ 康有为：《请饬各省改书院淫祠为学堂折》，见《政论集》，第 312 页。

㉖ 同注②书，总第 4126 页。

㉗ 同注⑬书。

㉘ 黄彰健：《戊戌变法史研究》。

㉙ 指麦仲华编《戊戌奏稿》凡例。

㉚ 见《政论集》，第 211—217 页。

㉛ 同上书，第 285—287 页。

㉜ 同上书，第 41—46 页。

㉝ 见陈凤鸣：《康有为戊戌条陈汇录》，《故宫博物院院刊》，1981 年第 1 期；孔祥吉：《戊戌奏稿的改窜及其原因》，《晋阳学报》，1982 年第 2 期。

㉞ 佚名：《新党某君上日本政府会社论中国政变书》，见《戊戌变法》（二），第 602 页。

㉟ 张元济：《戊戌政变的回忆》，《新建设》，1949 年 10 月，1 卷 3 期。

㊱ 《清实录·德宗景皇帝实录》卷四一八。

㊲ 同注⑩书，第 537 页。

㊳ 《宋伯鲁等奏》，见注②书，总第 4099 页。

㊴ 《许应骙奏》，见注②书，总第 4101 页。

㊵ 见注②书，总第 4116—4121 页。

㊶ 《光绪帝严惩礼部六堂官》，见《国闻报》光绪二十四年（1898）七月二十五日刊。

㊷ 见注⑩书，第 518 页。

㊸ 《清实录·德宗景皇帝实录》卷四二四。

㊹ 同注②书，总第 4176 页。

㊺ 同注㊸。

㊻ 光绪皇帝的"密诏"，康有为在政变后发布，其中有窜改，见本书第八章。

㊼ 伊藤博文：《清国旅行日记》，见日本国立国会图书馆藏《伊藤关系文书》未刊部分。

㊽ 《中堂款待伊侯》，见《国闻报》光绪二十四年（1898）七月二十八日刊。

㊾ 查康有为谒见伊藤，《清国旅行日记》未载；《戊戌变法上谕》载《闽报》所译日本报，作"八月初一日"，又谓当公元"九月一号"，有误。按八月初一日，伊藤上午、下午都没有和康有为晤谈的时间。《康南海自编年谱》也系在八月初三日之后，今

据《游清记语》。

(50)《游清记语》,《台湾日日新报》明治三十一年（1898）十一月十三日、十五日刊。

(51)《清国皇帝陛下谒之次序》，明治三十一年（1898）九月二十日，手稿，共 7 页；又《昌言报》第八册转译日本《梅尔报》《伊藤觐见时间问答》，与此略同。以上译文，参《昌言报》光绪二十四年（1898）九月十六日出版。

(52) 康有为:《日本变法由游侠义愤考序》，见该书卷首，戊戌（1898）春月上海大同译书局石印本。

(53) 康有为:《日本变政考》卷九“按语”，见《康有为全集》(第四集)，第 222 页。

(54) 同上书，第 223 页。

(55) 同上书，第 223 页。

(56) 同注(50)。

(57)《山东道监察御史杨深秀折》，光绪二十四年（1898）八月初五日，见《戊戌变法档案史料》，第 15 页。

(58)《掌山东道监察御史宋伯鲁折》,《戊戌变法档案史料》，第 170 页。

(59) 康有为:《日本变政考》卷九“按语”，见《康有为全集》(第四集)，第 217 页。

(60)《清实录・德宗景皇帝实录》卷四二一。

(61) 同注(59)，第 222 页。

(62) 同上书，卷六“按语”，见《康有为全集》(第四集)，第 179 页。

(63)《伊藤至北京情形》，见《国闻报》光绪二十四年（1898）八月初二日刊。

(64)《京友再述国事要闻》，见《申报》光绪二十四年（1898）八月十七日刊，又见《知新报》光绪二十四年（1898）九月十一日刊。

(65) 李提摩太:《留华四十五年纪・被邀请去做皇帝的顾问》，译文见《戊戌变法》(三)，第 553 页。

(66) 同注(50)书。

(67) 同上。

(68) 明治三十二年（1899）二月八日，机密第 12 号，受第 276 号附件，总 491315—491318 号。《直纪》均用旧历，本节正文据此未改公元。

⑥⑨ 冯自由：《毕永年削发记》，见《革命逸史》初集，新星出版社 2016 年版，第 63 页。

⑦⓪ 井上雅二：《世路日记》第九册，手稿，日本明治文库藏。

⑦① 平山周：《中国秘密社会史》，商务印书馆 1912 年版，第 144 页。

⑦② 唐才质：《唐才常和时务学堂》，《湖南历史资料》，1958 年第 3 期。

⑦③ 金梁：《四朝佚闻》卷上《德宗》。

⑦④ 同注⑥⑨书，第 64 页。

⑦⑤ 《康南海自编年谱》"光绪二十四年，四十一岁"，见《戊戌变法》（四），第 161 页。

⑦⑥ 同上书，第 159—160 页。

⑦⑦ 《署礼部右侍郎徐致靖折》，见《戊戌变法档案史料》，第 164—165 页。

⑦⑧ 苏继祖：《清廷戊戌朝变记》，见《戊戌变法》（一），第 342 页。

⑦⑨ 袁世凯：《戊戌日记》，同上书，第 550 页。

⑧⓪ 同上书，第 552 页。

⑧① 见本书第三章。

⑧② 叶德辉：《长兴学记驳义》，见《翼教丛编》卷四，光绪二十四年（1898）八月刊本，第 61 叶。

⑧③ 叶德辉：《輶轩今语评》，见《翼教丛编》卷四。

⑧④ 叶德辉：《皮锡瑞六艺疏证序》，转引自皮名振：《皮鹿门年谱》，商务印书馆 1939 年版，第 64—65 页。

⑧⑤ 《康南海自编年谱》"光绪二十四年戊戌，四十一岁"。1900 年，康有为《上张之洞书》又追述此事，谓："昔者薄游秣陵，过承綮维，为平原十日之欢，效孟公投辖之雅，隔日张宴，申旦高谈，共开强学，窃附同心。"抄件，见《政论集》，第 433 页。

⑧⑥ 《毁淫祠以尊孔子议》，《强学报》第二号，光绪二十一年（1895）十二月初三日刊。

⑧⑦ 《同人公启》，《申报》光绪二十一年（1895）十二月十二日刊。

⑧⑧ 叶德辉：《与南学会长皮鹿门孝廉书》，《翼教丛编》卷六。

⑧⑨ 叶德辉：《明教》，同上书，卷三。

⑨⓪ 《国闻报》光绪二十四年（1898）四月初六日刊。

⑨① 《觉迷要录》卷一。

㊲ 王先谦：《致陈中丞书》，《翼教丛编》卷六。

㊳ 于宝轩：《皇朝蓄艾文编》卷七二。

㊴ 同注②书，第 136 页。

㊵ 《梁节庵太史与王祭酒书》，《翼教丛编》卷六。

㊶ 原函 7 纸，用 7 色信纸书写。信封上署"易一、君勉同览"，手稿藏上海博物馆。

㊷ 《觉迷要录》卷四。

㊸ 张之洞：《劝学篇》内篇《宗经》。

㊹ 同上书，内篇《政权》。

⑩ 康广仁：《致汪诒年书》，丁酉（1897）冬，无月日。其一曰："公兄弟至亲，何多责罪，专擅之议？至弟又何敢相让。弟受卓如之托，不得不稍竭言语以传诸耳。至可行与否，仍由裁定。截刊铅板散附，恐失价目；且非耶稣、佛、老，孔子改制，何至见却乃尔耶？"其二曰："回馆细思，此《告白》交阁下已久，如有应与令兄商之处，似应早商。且昨晚见告白，始知未刻。弟虽见前期报无告白可附，自无如何。今有告白，亦刻不下，只得另刊。当时阁下亦许之，今乃说令兄未之见，若昨日说出，或早发还，犹可及事。今年已迫，令兄又东行，此事究欲累足下一任其咎，不识可否耳？"可知"告白"以"孔子改制"而"见却"。后来，《大同译书局书目》虽在《时务报》第五十一册附送［光绪二十四年（1898）正月二十一日出版］，但不是专列"告白"，而是另纸"附送"，且将《孔子改制考》，改为《上古茫昧无稽考》等 21 种。

⑩ 苏舆：《翼教丛编序》，见《翼教丛编》卷一。

⑩ 同注㊳。

⑩ 叶德辉：《读西学书法书后》，同上书，卷四。

⑩ 《驳南学分会章程条议》，同上书，卷五。

⑩ 《宾凤阳等上王益吾院长书》，同上书，卷五。

⑩ 同注⑩。

⑩ 同上注。

⑩ 《梁节庵太史与王祭酒书》，同上书，卷六。

⑩ 《汨罗乡人学约纠误》，同上书，卷四。

⑩ 叶德辉：《读西学书法书后》，《翼教丛编》卷四。

⑩ 康有为：《与徐荫轩尚书书》，抄稿，末后康有为亲笔注语，上海博物馆藏。

⑫　康有为：《孔子改制考》。

⑬　《路易波拿巴的雾月十八日》，见《马克思恩格斯全集》第八卷。

⑭　章太炎：《论承用维新二字之荒谬》，《国民日日报》1903 年 8 月 9 日刊。

第八章 由维新到保皇

"密诏"的发布

1898 年 9 月 20 日（光绪二十四年八月初五日），康有为离京南下。次日，"政变"发生，慈禧太后再出"训政"，幽光绪于瀛台。

当康有为逃亡香港时，曾对新闻记者发表谈话，认为慈禧太后是"一个没有受过教育的人"，很是保守，他说：

> 慈禧太后是一个没有受过教育的人，而且性情非常保守，对于给予皇帝以统治帝国的实权，她是不愿意的。一八八七年曾经决定拨出三千万两银子作为建立一支海军的用处，但自从定造了定远、威远、致远、靖远等四舰，并且付清了价款以后，太后就把剩余的钱拿去修颐和园去了，不久以后，当拨付或筹聚另外三千万两银子作为修筑铁路之用的时候，她又滥用了其中的一大部分，这条铁路按照原来的计划，是要从北京修到奉天，但修到山海关以后，便不得不停止，因为太后把其余的钱拿去装饰颐和园去了。每一个有头脑的人都知道铁道与海军，是国家富强的必需要的东西，但太后却不顾一两个人的忠告，只图满足自己个人的欲望，拒绝实现预定的计划，她对于西洋文明之介绍，是一贯地反对的，除了宫廷中的几个太监，以及几个可以觐见她的大臣以外，她对于外面的人是很少看到的。[①]

对光绪皇帝则极为推崇，而慈禧则要"废黜他"：

自从皇帝对国事表示自己的兴趣以来，太后便在计划要废黜他。过去两年的大部分时期中，事实上，皇帝仅仅是一个傀儡，但这是与他自己的愿望违背的。太后经常和他玩牌，而且把烈性的酒给他喝，使他纵情娱乐，不问国事。自从德国人占领胶州湾以后，皇帝是非常生气的，因此他向太后说，除非我有真正的权力，否则我情愿逊位，不做皇帝了。其结果是太后向他作相当让步，告诉他可以按照自己的意思去作，但这不过是太后嘴里如此说，她心里的想法不是这样的。②

在香港对记者问时，康有为宣告了政变前夕，光绪皇帝给他的两道"密诏"。由于"密诏"是研究维新运动的重要资料，也是康有为后来保皇活动的重要凭借，而有人又对"密诏"发生怀疑，甚至认为"伪作"③。近年来，还有对"密诏"的来源、时间、内容诸问题反复论辨的。④在此有必要对"密诏"提出自己的看法。

"密诏"是怎样露布的？刊发中又有哪些变动？这是首先要弄清的问题。

较早提到"密诏"的是 1898 年 9 月 27 日（光绪二十四年八月十二日）的《字林西报》，谓："闻本月初二日，皇上曾密谕康有为作速出都，此间怨家太多，不宜久处。"提到"密诏"。接着，香港《孖剌报》（即《中国邮报》China Mail）刊载该报记者 10 月 6 日（八月二十一日）与康有为的谈话。⑤10 月 17 日（九月初三日）的《字林西报》简述谈话内容后，录有"密诏"英译。10 月 19 日（九月初五日），上海《新闻报》的《国事续闻》二十六载康有为的《公开信》，中附"密诏"，并于 10 月 24 日（九月初十日）由《字林西报》译出。10 月 25（九月十一日），《台湾日日新报》有《清帝密谕》，谓"从友人处抄得康主事有为所奉密诏两道，乃洞明是事之源委，爰急刊布以告天下"，下有诏文。12 月 21 日（十一月九日），日本外务省收到日本驻上海总领事代理一等领事小田切万寿之助抄送《康有为事实》和康有为《奉诏求救文》，录有两道"密诏"⑥。《台湾日日新报》在 1898 年 1 月 29 日（十二月十八日）又将《奉诏求救文》刊出。5 月，梁启超《戊戌政变记》印出，在第二篇第三章《戊戌废立详记》中也将"两谕揭载"⑦。

　　至于康有为在旅日期间也多次谈到"奉诏求救"，如《戊戌八月国变纪事四首》的第三首谓"吾君真可恃，哀痛诏频闻"，第四首谓"南宫惭奉诏，北阙入无军"⑧。在《保救大清皇帝会例》第一条称"遵奉圣诏"⑨，后面附有谕文。《保皇歌》亦云："痛衣带诏之求救兮，伊中外而求索。"⑩1900 年 10 月（庚子九月）还写《上皇帝书》："历陈奉诏出行，开会筹救，万国尊信，公请复辟情形。"⑪慈禧死后，杨锐之子杨庆昶于 1909 年（宣统元年）将第一道"密诏"呈缴都察院，赵炳麟"疏请宣付实录"⑫，并将此诏录入赵氏所编《光绪大事汇编》卷九。后来罗惇曧《宾退随笔》也录两诏。⑬康有为去世后，《康南海先生墨迹》印行，中有"密诏"两道，但它是抄件。

　　"密诏"刊布情况，略如上述。

　　如今看到的"密诏"，来源不一。一是杨锐之子杨庆昶缴呈的第一诏，即《光绪大事汇编》卷九所载；二是报刊上登出的两道"密诏"全文，如《新闻报》《字林西报》《台湾日日新报》；三是罗惇曧之由王式通、赵熙"录以见示"的；四是康有为、梁启超记述的，如《保救大清皇帝公司序例》《奉诏求救文》《致英国驻华公使照会》⑭《戊戌政变记》《康南海先生墨迹》。

　　在这四类中，罗惇曧所录来自杨庆昶所缴呈，文字稍异（见后），第二诏或据报刊传抄。至于报章所载，最早刊登的《新闻报》，前有康有为的信件，日本外务省档案和《台湾日日新报》也是附在康有为《奉诏求救文》之后。那么，两道"密诏"的来源，实际是两个：一是杨锐之子，一是康、梁。前者只有一道，后者则有两谕。

　　这两道"密诏"，第一道由杨锐之子缴呈都察院，赵炳麟据以录入，这时慈禧、光绪刚死不久，在他的呈文中，述及手诏"令其珍藏"及杨锐"复奏大纲"经过，⑮自有根据，赵炳麟据以录出，当为可靠。两诏全文之用中文刊出，则最早为 1898 年 10 月 19 日的《新闻报》。这样，要探索"密诏"的真伪及其演变，就得首辑赵炳麟所录及《新闻报》刊出的"密诏"。

　　今先论第一诏。诏文据赵炳麟所录为：

　　　　近来朕仰窥皇太后圣意，不愿将法尽变，并不欲将此辈老谬昏庸之大臣罢黜，而用通达英勇之人令其议政，以为恐失人心。虽经朕屡次降旨整饬，而并且随时有几谏之事，但圣意坚定，终恐无济于事。即如十九日之朱谕，皇太后已以为过重，故不得不徐图之，此近来之实在为难之情形也。朕亦岂不知中国积弱不振，至于岌危，皆由此辈所误；但必欲朕一旦痛切降旨，将旧法尽变，而尽黜此辈昏庸之人，则朕之权力实有未足。果使如此，则朕位且不能保，何况其他？今朕问汝：可有何良策，俾旧法可以全变，将老谬昏庸之大臣尽行罢黜，而登进通达英勇之人，令其议政，使中国转危为安，化弱为强，而又不致有拂圣意。尔其与林旭、刘光第、谭嗣同及诸同志妥速筹商，密缮封奏，由军机大臣代递，候朕熟思，再行办理。朕实不胜十分焦急翘盼之至。特谕。

罗惇曧的《宾退随笔》即源自杨锐之子所缴。[16]

关于第一次密诏的情况，据《新闻报》1898 年 10 月 19 日《国事续闻》二十六所载则为：

朕维时局艰难，非变法不能救中国，非去守旧衰谬之大臣不能变法，而太后不以为然，朕屡次几谏，太后更怒。今朕位几不保，汝可与杨锐、刘光第、谭嗣同、林旭诸同志妥速密筹，设法相救。朕十分焦灼，不胜企望之至。特谕。

日本外务省档案《奉诏求救文》后所附，除"非去守旧衰谬之大臣"下加"而用通达英勇之士"；后面"汝可与杨锐、林旭、谭嗣同、刘光第"下加"及"字。1898 年 10 月 25 日《保救大清皇帝公司序例》在"今朕位几不保"下，作"汝康有为、杨锐、林旭、谭嗣同、刘光第与诸同志"，其余与《奉诏求救文》所附相同。

《致英国驻华公使照会》作"而用英勇之士"下为"汝可与谭嗣同、林旭、杨锐、刘光第及诸同志"。

《戊戌政变记》第二篇《戊戌废立详记》所附，则为"而太后不以为然"作"而皇太后不以为然"，下面也作"汝康有为、杨锐、林旭、谭嗣同、刘光第可与诸同志"。

　　《康南海先生墨迹》抄录此诏，作"汝可与谭嗣同、林旭、杨锐、刘光第等及诸同志"，与《台湾日日新报》同。又"而用通达英勇之士"，则添加于右侧。

　　此外，苏继祖的《清廷戊戌朝变记》则"而用通达英勇之士"作"而用通达少年之士"，下作"汝与康有为等同心设法相救"。

　　根据上述，第一次"密诏"来源不一，内容有异，除杨庆昶所缴外，余几都出康、梁之手，而文字也有不同。

　　杨庆昶所缴"密诏"（下简称"杨本"），既有缘由，语气亦合；而出自康、梁的"密诏"（下简称"康本"），则与之不同。主要差异是：

　　一、"杨本"是"仰窥皇太后圣意，不愿将法尽变"，感到自己"权力实有未足"，既想改变旧法，"而又不致有拂圣意"，从而颁诏，嘱"妥速筹商"的，词意婉转，内容近实。而"康本"则一开始就从"朕维时局艰难，非变法不能救中国"着眼。"杨本"只说如果"痛切降旨"，将"旧法尽变"，则"朕位且不能保"。"康本"则作"今朕位几不保"，语句大有差别。

　　二、"杨本"作"尔其与林旭、刘光第、谭嗣同及诸同志妥速筹商，密缮封奏"，而"康本"初刊时作"汝可与杨锐、刘光第、谭嗣同、林旭诸同志妥速筹商，密缮封奏"。查"密诏"交杨锐传出，谕中"尔"应指杨锐，不应再有"杨锐"之名，下面为林旭、刘光第、谭嗣同三人，则传谕军机四卿，原无康有为之名。"康本"在《新闻报》初刊时，"尔"作"汝"，说是"汝可与杨锐、刘光第、谭嗣同、林旭"云云，变为"密诏"是交给康有为的了，后来且写成"汝康有为……"，把康有为的名字都写上去了。显然，这是中经窜改。[17]

　　照此说来，"杨本"和"康本"的不同在于："杨本"只说变法危机，嘱军机四卿想出既能"转危为安"，又不"有拂圣意"的"良策"；而"康本"则明言"朕位几不保"，嘱"设法相救"（"设法相救"四字即为"杨本"所无）。"杨本"的"尔"指杨锐，谕交四卿；"康本"的"汝"指康有为，后来且径添康名[18]。显然，"杨本"是真诏，而"康本"则经改窜。它不是一般传抄错误，而是另缮重写，不是稍有增删，而是改易谕意。关键之处是"设法相救"和把"密诏"说成是写给康有为的。

　　至于光绪皇帝的第二道"密诏"，《新闻报》作：

朕今命汝督办官报，实有不得已之苦衷，非楮墨所能罄也。汝可速出外，不可迟延。汝一片忠爱热肠，朕所深悉。其爱惜身体，善自调摄，将来更效驰驱，朕有厚望焉。特谕。

《台湾日日新报》为"汝可迅速出外"，"将来更效驰驱"，下增"共建大业"四字。

《保救大清皇帝公司序例》《戊戌政变记》《宾退随笔》有首三句，下与《台湾日日新报》同。

日本外务省档案则作"汝可迅速出外国求救"，下有"共建大业"[19]。

《康南海先生墨迹》"共建大业"四字则添加于右侧[20]。

第二道"密诏"是给康有为的，与第一诏之另有杨庆昶缴呈之本不同。它既乏原件，又只有康有为一个来源，无法判定是否为"真诏"。但即就康有为历次所说，也有不同。如最初只有"汝可速出外"，后来在《奉诏求救文》下加了"国求救"三字，意义就大不相同。至少可说"国求救"三字是初刊没有，后来出现的；"共建大业"四字也值得怀疑[21]。

照此说来，两道"密诏"，均有改窜，其关键之处，除表示写给康有为外，是在"设法相救"和"出外国求救"的差异，而第二诏之加上"国求救"三字，又是在《奉诏求救文》后添加上去，作为"奉诏""出外国求救"的张本的。

由于康有为将"密诏"改窜，王照又称为"伪作"，引起了人们怀疑，甚至怀疑光绪皇帝是否曾有此诏书，而予根本否定的。我认为，这还得具体分析。

第一，光绪皇帝是曾经发下两道"密诏"的，第一道"密诏"交由杨锐带出。宣统元年（1909），杨锐之子缴呈都察院，说明确有其事。又据《谕折汇存》："三十日，召见军机及崇礼、杨锐。"七月三十日，即第一诏发出之期。第二诏于八月初二日由林旭传出，同日，光绪颁布明谕："著康有为迅速前往上海，毋得迟延观望。"[22]"密诏"首言："朕今命汝督办官报，实有不得已之苦衷。"明谕饬其迅速离京，"密诏"再予慰勉，合乎情理。再查《谕折汇存》："八月初二日，召见军机及袁世凯、成勋、周莲、陈春瀛、林旭。"与《自编年谱》"初三日早，暾谷持密诏来"，梁启超《南海先生诗集·明夷阁诗集》下"按语":"第二次乃八月初二日,由四品卿衔军机章京林旭传出者"相合。即袁世凯在八月初三日见谭嗣同持来墨笔所书"密诏",也说"仿佛亦上之口气",知"密诏"是确实有的。

第二,王照称之为"伪作",但他并未说没有"密诏"。政变发生,王照和康有为、梁启超同往日本,在他和犬养毅的笔谈中,就承认有此"密诏"。他说:

> 皇上本无与太后不两立之心,而太后不知,诸逆贼杀军机四卿以灭口,而太后与皇上遂终古不能复合。今虽欲表明皇上密诏之实语,而无证矣。惟袁世凯亦曾见之,而军机之家属亦必有能证者。然荣禄、刚毅谮皇上以拥太后,此时无人敢代皇上剖白作证,天下竟有此不白之事。㉓

这件笔谈,甚为重要。它不但说明确有"密诏",还说"诸逆贼杀军机四卿以灭口"。他提到的袁世凯、四卿家属"必有能证者"也有根据。袁世凯《戊戌日记》既有记载,杨锐家属又持以缴呈,可见王照是承认光绪发过"密诏"的。

王照"笔谈"主要说明光绪"本无与太后不两立之心"。据杨庆昶缴呈第一诏,也言"仰窥皇太后圣意",对变法"以为过重",想望能有"使中国转危为安、化弱为强,而又不致有拂圣意"的办法,但它恰恰承认有"皇上密诏之实语"。

再看王照所说"伪作",见后来发表的他和木堂翁(即犬养毅)的笔谈㉔,原文是:

> 皇上密谕章京谭嗣同等四人,谓朕位今将不保,尔等速为计划,保全朕躬,勿违太后之意云云。此皇上不欲抗太后以取祸之实在情形也。另谕康有为,只令其速往上海,以待他日再用,无令其举动之文也。……今康刊刻露布之密诏,非皇上真密诏,乃康伪作者也。

这里,他还是承认有"密谕",是有"真密诏"的,而说如今康、梁所传播的,则为伪作,这也是符合事实的。他说"皇上密谕章京谭嗣同等四人",与杨庆昶缴呈第一诏既相一致,上揭《新闻报》最初露布时的第二诏,也只有"迅速出外"，没有"令其举动之文"，即《康南海先生墨迹》在致李提摩太书后抄附密诏，也无"求救"二字。康、梁在政变后传播的"密诏"，是可以称之为"伪作"的。

又查陈少白《兴中会革命史要》："而在康有为此次来京的时候，都说是奉了光绪皇帝的衣带诏，要他到外国请兵求救的。人问他要密诏看时，他又说临出京时，因某事之必要，已经烧掉了。"康有为连光绪给他的第二诏也拿不出来，增加了人们对光绪要他到"外国请兵求救"的怀疑。

康有为把第一诏改为写给他自己的，无非表示他奉有衣带之诏，是"奉诏"，是能代表光绪旨意的；至于加上"设法相救""出外国求救"，又是他为政变后流亡海外、保皇复辟作舆论准备，表示他是"奉诏求救"。

康有为最早在报刊登出"密诏"时，就有了"奉诏求救"的设想。当时，他曾分函中、西各报，要求"遍告天下"。中文报中，《新闻报》说是"本馆虽用华文，本系西报，故将原函不易一字，并所抄之密谕二道照录于后"。康有为的原函是：

> 善长大人足下：天祸中国，际此奇变，吕、武临朝，八月五日遂有幽废之事，天地反覆，日月失明，天下人民，同心共愤。皇上英明神武，奋发自强，一切新法次第发行，凡我臣庶，额手欢跃。伪临朝贪淫昏乱，忌皇上之明断，彼将不得肆其昏淫，而一二守旧奸民复环跪泣诉，请其复出（以革怀塔布之故，此事皆荣与怀赞成之者）。天地晦冥，卒至幽废，伪诏征医，势将下毒。今实存亡未卜，诚人神之所共愤，天地之所不容者也。伪临朝毒我显后，鸩我毅后，忧愤而死我穆宗，今又幽废我皇上，罪大恶极，莫过于此。仆与林、杨、谭、刘四君同受衣带之诏，无徐敬业之力，只能效申包胥之哭，今将密诏呈上，乞登之报中，布告天下（中文报不能登，西文报亦可）。皇上上继文宗，帝者之义，以嫡母为母，不以庶母为母，伪临朝在同治则为生母，在皇上则先帝之遗妾。再《春秋》之义，文姜淫乱，不与庄公之念母，生母尚不能念，况以昏乱之宫妾而废神明之天子哉！若更能将此义登之报中（中西文皆可），遍告天下，则燕云三十六州，未必遂无一壮士也。专候近妥。弟某叩首。㉕

信中称慈禧为"伪临朝"，称幽废光绪"罪大恶极"，提出"无徐敬业之力，只能效申包胥之哭"，表示要"奉诏"出外求救。

这时，康有为避居香港，他对香港《中国邮报》记者的谈话中也说："皇上命我到外洋去为他设法求援，因此我打算立即动身到英国去。英国是以世界上最公正的国家驰名的……依据我个人的想法，英国如果能利用这个机会支持中国皇帝和维新党，是于他本身有利的，因为这样去做，就无异乎同时也协助了中国人民，而中国人民则会视英国为他们最好的、最可靠的朋友。如若英国不能及时而起，那么，西伯利亚铁道一旦竣工，恐怕俄国势力就会在全国各地取得压倒一切的优势。如果英国能协助皇帝复辟，我将毫不踌躇地说，皇帝和维新党的领袖们都不会忘记他的盛情。"㉖说是光绪命他到"外洋去为他设法求援"，表示要动身到英国"求救"了。

"勤王"求救与日本、英国

1898年9月，维新变法运动失败，康有为由京逃沪转港。曾电告日本驻华公使矢野文雄："上废国危，奉密诏求救，敬请贵国若见容，望电复，并赐保护。"㉗经日本驻香港二等领事上野季二郎抄呈日本外务大臣大隈重信。10月19日，在宫崎滔天的陪同下出发赴日。25日下午入神户，同行者有梁铁君、康同照、何易一、叶湖南、李唐、梁伟，连同康有为共7人㉘。平山周、宗方小太郎来迎，旋入东京，入牛込区市个贺加町三番地㉙。

梁启超则于9月25日由塘沽乘轮逃亡日本。康有为抵日后，他们共同计划"勤王求救"。直到1899年4月3日（二月二十三日），康有为离开日本，自横滨乘和泉丸渡太平洋，赴加拿大。当年10月，康有为自加拿大还香港，23日，经过日本时，"始终监视"，拒绝上陆，被留难㉚。

康有为自1898年10月25日"入神户"，而次年4月3日由横滨东渡，滞留日本共5个月10天。在此时期，刊布"密诏"，发出《奉诏求救文》㉛。

如前所述，两道密诏均有改窜，其关键之处除表示此诏写给康有为外，是在"设法相救"，"出外国求救"；而第二诏最初发表只有"迅速出外"，《奉诏求救文》添加了"国求救"三字，作为奉诏"出外国求救"的根据。

《奉诏求救文》历述光绪"忧勤图治，发愤自强"，是"通万国之故、审时变之宜"的"圣主"；指摘慈禧"不恤国家""失地失权"，是"谬改宪政"，"废君篡位"的"伪临朝"；说她是"废我二十四年之圣主，实亡我二万里之大清"，"亡我四千年之中国"。仿效徐敬业《讨武曌檄》的笔法，列举了慈禧"进食加毒""刻吏虐民""性成奢侈"等十大罪状，说是：

> 呜呼！朱虚不作，平、勃谁人？狄仁杰之女姑，耻立牝朝；徐敬业之良家，宜兴义愤。玄黄血战，应共兴故国之思；金翅鸟飞，宜共哀小龙之食。昔晋文复国，则御人之赏遍及；中宗复辟，则五王之伐最高。圣主重兴，共兹大业，则尔公尔侯，自有前例。若屈膝以为伪主，甘心而立牝朝，则万国攘臂而仗义，天下裂眦而公愤。冰山必难久倚，狐鼠岂可同群。中兴有日，难逃斧钺之诛；风尘既扰，同遭瓦玉之碎。衣冠囚虏，皆投浊流；青史简书，同编逆籍。岂若同举敌忾勤王之义，咸厉奔问官守之心。名义正则天助其顺，圣主存则国赖以兴。逆顺既明，去就易审，共除武、莽，力赞中兴。有为过承知遇，毗赞维新，屡奉温室之言。密受衣带之诏，艰难万死，阴相于天，奔走四方，精诚贯日，彷徨宇域，涕泣陈词，未能输张柬之之孤忠，惟有效申包胥之痛哭。普天洒血，遍地飞霜。皇天后土，哀忠臣义士之心；圣祖神宗，佑子孙神明之胄。凡大地数十友邦，吊吾丧乱；我中国四兆民庶，各竭忠贞。受诏孤臣，为此普告。

《奉诏求救文》缕述慈禧"大罪"十条，称誉光绪"勤政爱民，大开言路"等"圣明"。号召"凡我大夫君子、志士仁人，咸为大清之臣民，其忍戴异姓之淫子乎？""若屈膝以事伪主，甘心而立牝朝，则万国攘臂而仗义，天下裂眦而公愤。"至于康有为自己"过承知遇，毗赞维新，屡奉温室之言，密受衣带之诏"，准备"效申包胥之痛哭，普天洒血，遍地飞霜"，请求"大地数十友邦吊吾丧乱"。文字铿锵，词意激昂，后面附有改窜的"密诏"，表示"奉诏求救"，他散发各地，"普告民庶"，流传国内，日本驻上海总领事代理一等理事小田切万寿之助还专门抄送日本外务大臣㊲。

　　由于《奉诏求救文》说是康有为奉有光绪皇帝的"密诏"，它附录的"密诏"，又有"汝可迅速出外国求救"，"不可迟延"的话语。"求救"既系"奉诏"，"出外"不忘"求救"。康有为为了扶植光绪复辟，不惜把"密诏"改窜，表示"奉诏求救"。这时，赞助变法的光绪被幽禁，推动维新的志士被株连。从国内到国外，对维新变法的遭遇、光绪的被禁厄表示同情的大有人在；扶植光绪重新上台，排阻腐朽顽固势力，有这种想法的也不乏其人。在一些人对光绪存有幻想的情况下，揭露清政积弱，控诉慈禧"训政"，拥护变法的皇帝，反对守旧的后党，"勤王求救"，自然能起一定影响。

　　康有为、梁启超流亡日本后，不忘"求救"。梁启超、王照于 9 月 27 日（八月十二日）在大岛军舰上就上书伊藤博文，请他与英、美诸公使商议，揭破慈禧"欲杀寡君之阴谋，诘问其幽囚寡君之何故？"并请营救谭嗣同等③。康有为也请犬养毅予以"支持"④。10 月 2 日，康有为又上书近卫笃麿，说是"受衣带之诏，万里来航，泣血求救"⑤。10 月 26 日，梁启超等更上书大隈重信，"为秦廷之哭，呼将伯之助"⑥。

　　在这些信件、笔谈中，他们认为，政变之所以发生，由于"帝、后之争"。梁启超说："敝国此次政变之原因，约有四端：一曰帝与后之争，二曰新与旧之争，三曰满与汉之争，四曰英与露之争。然要而论之，实则只有两派而已。盖我皇上之主义，在开新用汉人。联日、英以图自立；西后之主义，在守旧用满人，联露西以求保护。故综此四端，实为帝、后两派而已。"⑦认为变法之没有成功，关键在于光绪无权，以致"未能行其志"，而西后"事事掣肘"。于是有的"经多少之勉强，始能准行"，有的"或准其末节而不准行其本原"。或者"准其一端而不准行其全体"。光绪又无"黜陟之权"，从而"三令五申，听之藐藐。自恃为西后所用之人，而皇上卒不能治其不奉诏之罪，此所以改革数月而不能大见其效也"。非但如此，"守旧之徒，纷纷诉于西后，请禁止皇上之改革"，终使变法"废于半途"。

　　"帝后之争"，光绪无权，康有为是早向日本透露的。早在伊藤博文访华之时，康有为就向伊藤"慨然"陈言："皇上嗣位，虽阅二十余年，其实权在太后手里。"康天真地希冀伊藤谒见慈禧时，"极言皇帝贤明，行改革事，为诸外国所深喜。"⑧然而，没有几天，政变发生。如此再次说明光绪无权，以明变法是被慈禧为首的后党所扑灭。

反言之，若光绪有权，若不是慈禧掣肘，那么"变法可成，中国可以重振"。"但使皇上有复权之一日，按次第以变法，令行禁止，一二年间，一切积弊可以尽去，一切美政可以尽行"。所以"支那之自立与否，全系乎改革不改革；支那之能改革与否，全系乎皇上位权之安危"。只有光绪复权，中国才有希望；要中国有希望，就要光绪复权。

怎样使"皇上复权""变法可成"呢？他们认为，要依靠外力，即改窜的"密诏"所谓"出外国求救"。依援的外国是谁呢？主要是英国和日本。康有为逃经香港，曾经表示"皇上命我到外洋去，为他设法求援，因此我打算立即动身到英国去"[39]。如今到了日本，"勤王求救"也就积极展开了。

康有为对英国、日本存有幻想，是和当时国际、国内的政治形势有关的。由于慈禧亲俄，帝俄在华势力的扩大，英国、日本与之有矛盾，曾想支持一个符合英、日利益的政府。康有为等也想英、日支持维新运动，曾不止一次地鼓吹与英、日联盟[40]。新、旧斗争激烈之时，康有为还授意杨深秀、宋伯鲁先后上疏，拟请李提摩太、伊藤博文为顾问，"先为借箸之筹"，"固结英、美、日本三国，勿嫌合邦之名为不美"[41]。

英、日两国对维新运动也曾表示关注。政变发生，英国驻华公使窦纳乐在北戴河度假，立即电告英国外交大臣索尔兹伯里，说是"这件事可能引起严重的后果，它暗示着光绪最近颁布的新法不为西太后所赞同。"还向英国驻华海军司令西摩表达过，"迫切需要他带着舰队开到大沽"。梁启超也是在日本的帮助下潜逃的。

英、日与帝俄在争夺中国过程中有矛盾，清政府也存有"帝、后之争"。康有为、梁启超反对亲俄的慈禧，强调帝俄"直以我政府为傀儡"，渴望英、日"抵制"，利用逃亡日本的时机反对亲俄、攻击慈禧，吁请"求救"、加紧"勤王"。

第一，他们幻想日本、英国派使"请见西后"，兴"问罪之师"。说"若执事念兄弟之邦交，顾东方之大局，望与英、米诸国公使商复，连署请见女后，或致书总署，揭破其欲杀寡君之阴谋，诘问其幽囚寡君之何故，告之曰：'若大皇帝有大故，某等各国将下国旗，绝邦交，兴问罪之师，代支那讨君贼'云云，则彼等或有所惧，而不敢肆其荼毒"[42]。

第二，指出慈禧为首的清政府，"直以我为傀儡"，"不是日本之利"。

说："今诸邦虽恃均势主义，各谋在我邦得额外之利益而抵制之。然我之伪政府，惟露人之言是听，露人直以我政府为傀儡，而暗中一切举动，将悉阴持之，此他日必至之势也。故使伪政府不更易，主权不能复，则于东方之局，各邦常为客而露人常为主。以客敌主，常处于不能胜之势。恐支那之全折而入于露，为时甚近矣，何均势抵制之可言？且即使能均势、能抵制，而亦非日本之利也。支那苟为诸国所分割，日本惟福建一省，或可染指。然尚在不可必得之数，即能得之，抑亦甚微矣。欧力既全趋于东方，亚洲大陆必狼藉糜烂，日本能免其虞乎？露人可杀克之兵队，长驱以入关，蹂踏支那东北，日本能高枕无忧乎？故今日为日本计，支那安则日本安，支那危则日本危，支那亡则日本亦不可问矣。"⑬

第三，希望日本洞察帝俄的侵略野心，慈禧的亲俄积弱，能"仗义执言"，联合英、美，"以成日、清、英、米四国联盟之局"⑭。如果日本政府"肯相助"，准备"再航米、英而乞之"⑮。

他们危言耸听，说是不能"畏露如虎"，而要认识"露之为东方患"，"必及露人羽翼未成，庶几尚可以止之"⑯。

他们要求日本"请见西后"，"仗义执言"，以至揭露帝俄的侵华野心，无非因为慈禧亲俄，想利用英、日与帝俄的矛盾，"痛陈利害"，在英国和日本的支持下，扶植光绪重新掌握政权，从而在"密诏"中加成"出外国求救"，并在逃亡日本时不断上书，呼吁"勤王"。

康有为、梁启超在政变后鼓吹"勤王"，为什么幻想依靠外援，"求之于海外"呢？除了由于上述英、日与帝俄在争夺中国过程中的矛盾，以及英、日对维新运动表示"关注"外，还考虑到"今内地督抚无可望，民间受压制，不敢小行其志，欲扶危局难矣"⑰。事实确也如此。维新运动时期，湖南巡抚陈宝箴是督抚中推行新政最力的一员，湖南新政也为全国各省之冠，但政变后仅半月（八月二十一日），清政府发出上谕："湖南巡抚陈宝箴以封疆大吏，滥保匪人，实属有负委任，陈宝箴着即行革职，永不叙用。"⑱其他"督抚皆西后所用，皇上无用舍之权，故督抚皆藐视之，而不奉维新之令也"⑲。这些督抚在"百日维新"中，或者藉词推托，或者粉饰应付，或者彼此观望，政变发生，当然更"无可望"。至于"民间"，康、梁虽曾组织学会，发行报刊，团结了一批官僚和知识分子，但就在保国会成立迅遭劾奏的情况下，有的"检册自削其名，先举发之"㊿，有的自称开会"不过逐队观光，并不识有所谓政治思想"，甚至有人签了名，也说是"把臂入林"，"诬及鄙人"㊽。政变发生，更纷纷如鸟兽散，唯恐"大祸及身"。梁启超所说"不能小行其志"，也非虚语。当然，维新思潮的传播，促使知识分子觉醒，其伟大影响，康、梁不会看到，也难于估计。他们看到的只是"督抚无可望"，"民间不得小行其志"，把希望放在外援，幻想向英、日"求救"了。

但是，英国、日本和帝俄在侵华过程中尽管有矛盾，但他们侵略中国的本质却是一致的。英、日对变法改革虽曾"支持"，要他们真正"请见太后"，"仗义执言"，却并不那样简单。政变后三天，李鸿章设宴招待来华访问的伊藤博文，请将康有为"执获送回惩办"，伊藤推诿未见，随员大冈育造询以康有为"究犯何罪？"李谓："议其罪状，无非煽惑人心，致干众怒。"㊼示意日本不要"保护"康有为。梁启超逃日后，托柏原文太郎等请求大隈重信告以"赐见之期"，也"数日未得闻命"㊾。和志贺重昂晤谈时，志贺谓："仆谓康先生先航英国，以图英人之间，而贵下淹留敝邦施后图。"㊿又意存推托。而清政府对康、梁的追缉，却毫不放松。12月5日（十月二十二日），电寄李盛铎："闻康有为、梁启超、王照诸逆，现在遁迹日本，有无其事？该逆等日久稽诛，虑有后患，如果实在日本，应即妥为设法密速办理。总期不动声色，不露形迹，预杜日人借口，斯为妥善。果能得手，朝廷亦不惜重赏也。"㊿日本政府在清政府的交涉下，不准康有为居住日本。次年4月3日，康有为终于离日，赴日求救已成泡影。

康有为没有抛弃向外国"求救"的愿望，仍想赴英伦"布吾丧乱"。先有《致英国驻华公使照会》，也引"密诏"，说是"游走万里，涕泣陈辞"，请求英国政府"主持公义，调兵会议，速为救援"㊿。1899年春，在加拿大发表演说："欲将中国危亡之故，陈说于英女皇前，请英皇能开导中国西太后，令其勿复死心庇俄，以误其国。"㊿到了伦敦，还想运动英国干涉中国内政，扶助光绪"复权"。

然而，英国这时的态度已经改变。如上所述，政变发生，英国驻华公使窦纳乐立即电告英国外交大臣，担心政变"可能引起重要的后果"，还通知西摩"带着舰队开往大沽"，对清政府也持批评态度。但9月25日，清政府发出光绪"自四月以来，屡有不适，调治日久，尚无大效"的谕旨⑧。9 月 27 日，窦纳乐又通知西摩："可以相信不久皇帝就要死去了，但是当皇帝死后，慈禧有足够的力量来镇压任何颠覆她的企图，因此继承一事，用不着流血就可以办理了。"⑨以为通过政变，慈禧的统治已经巩固。他们对此做了判断后，为了英国的侵华利益，转而支持"巩固"了政权的慈禧，而对"病重"的光绪以至康有为等由"关注"而讥议。10 月 13 日，窦纳乐在给索尔兹伯里的报告中说："我认为中国的正当变法，已大大被康有为和他的朋友们的不智行为搞坏了。"⑩10 月 19 日，索尔兹伯里在与日本驻英公使加藤高明谈话时就说："不必担心外国利益会因反对改革运动而受到特别的损害，中国的政治将如以往那样发展下去。"⑪

英国对政变态度的改变，在英国人所办华文报刊中也有反映。《字林西报》11 月 7 日就有如下"评论"："维新党的计划是不合实际的，光绪皇帝可能把中国弄得不成样子，太后是宫廷中唯一头脑清晰的人，而她之及时干涉是有裨于时局的。"⑫对慈禧"及时干涉"，发动政变，以为"有裨于时局"。他们态度转变得如此"急剧"，连帝俄驻北京代办巴甫洛夫也已觉察，他在给俄国外交部的报告中说："英国迅速地改变了对北京的政策的方向，最近急剧地转向慈禧太后及其同党一边。"⑬

英国态度的改变，主要是考虑光绪只是"采纳热心变法的年轻一派的建议，从事改革"，他们只是极少数，而触犯的人却是不少，像保国会"志在保中国，而不保大清"，势必遭到慈禧和"旗人派"的反对，连汉族官僚也担心"危及自己的地位"。主张改革的只是"极少数"，而触犯的却是多数。如今慈禧既已"听政"，光绪又已"病重"，为了维护其侵华利益，也就不支持"极少数"的改良派，转而支持他们认为统治地位已经巩固的慈禧了。英国既无意"帮助"康有为"逐去西后而复扶皇上"，康有为的向英国"求救"也就成为泡影。

康有为、梁启超不重视人民的觉醒，不重视民间的潜在力量，而把希望寄托在日本、英国身上，想依靠外国势力来达到自己的政治目的。事实上，日本、英国并不是真正支持中国的"维新事业"，也不可能真正支持改良派，而只是想进一步扩展他们的侵华利益，到头来日本、英国还是没有协助康、梁"勤王"。康有为、梁启超不知道，中国的事只有依靠中国人才能办好，不能把赌注放在外国人身上。他们向英、日求救的失败，又一次证明了这点。

康有为、梁启超"舍身于万死一生，冀救圣主"，"出外国求救"，说是只向外国"求救"，只向英、日"求救"，也不尽然。他们还想在海外活动，从海外侨胞那里得到帮助。梁启超致犬养毅的信中就说：

> 西欧之人，常谓敝邦人无爱国之性质，欺言，仆几无以辨之也。然仆敢谓敝邦人非无爱国之性质也，其不知爱国者，因未与他国人相遇，故不自知其为国也。然则观之于海外之人，则可以验其有爱国性与否矣。今内地督抚无可望，民间受压制，不敢小行其志，欲其扶危局，难矣。故今日惟求之于海外，庶几有望也。⑥

海外侨胞热爱祖国，渴望祖国振兴。康有为对海外侨胞也确曾注视，当其流亡日本时，两年前筹议的横滨大同学校，于 1899 年 3 月 18 日（二月初七日）正式开校，创大同志学会，将以"集环宇之知识，拯宗国之危阽"⑥。又设想在神户开办学校，"教育清国人养才选贤，以谋改革清国宿弊"。他们认为"今清国人在日本者，虽不过数千人，合散在北美、南洋及欧洲各国而算之，大约有六百万人，皆从事诸商工业，广东人居十分之七，若有大才贤智教育之，以改革我清国非难也"⑥。海外华侨，广东人居多，康有为又正是广东籍。在华侨中开展"勤王"，也成为他逃亡时期的主要活动了。

保皇会和自立军

保皇会是康有为在日本、英国"勤王"活动失败后，在加拿大成立的。

当初，康有为、梁启超在变法失败后逃亡日本，此时孙中山、陈少白也在日本，"以彼此均属逋客，应有同病相怜之感，拟亲往慰问，藉敦友谊"，曾托日人宫崎寅藏、平山周等向康有为示意。康有为表示自己奉有光绪皇帝的"密诏"，不便同他们往来，拒绝会晤。孙中山又通过日本人的关系，组织了一次孙、陈、康、梁的会谈，商讨合作方法。康有为不到会，派梁启超为代表，没有谈出什么结果。孙中山复派陈少白往访，梁启超导陈见康，陈少白反复辩论三小时，请康有为"改弦易辙，共同实行革命大业"。康答曰："今上圣明，必有复辟之一日，余受恩深重，无论如何不能忘记，惟有鞠躬尽瘁，力谋起兵勤王，脱其禁锢瀛台之厄，其他非余所知。"⑨拒绝合作。

此后，康有为由日本抵加拿大，在温哥华、鸟喊士晚士叮等地演说"惟我皇上圣明，乃能救中国"，希望华侨"齐心发愤，救我皇上"⑩。康旋渡大西洋赴英国，企图通过前海军大臣柏丽斯辉子爵的关系，运动英国政府干涉中国内政，扶助光绪皇帝重掌政权，然未能实现。又重回加拿大，于 7 月 20 日（六月十三日），与李福基等创设保皇会，亦称中国维新会（Chinese Empire Reform Association）。

保皇会在《会例》中指出"专以救皇上，以变法救中国、救黄种为主"；"凡我四万万同胞，有忠君爱国救种之心者，皆为会中同志"。准备在美洲、日本、南洋以及港澳各埠设会，推举总理，总部设于澳门，以《知新报》和横滨《清议报》为宣传机关。会中捐款作宣传、通讯、办报之用，并拟集资建铁路、开矿股份。说是"苟救得皇上复位，会中帝党诸臣，必将出力捐款之人，奏请（照）军功例，破格优奖"，"凡救驾有功者，布衣可至将相"⑪。循名责实，保皇会以保救光绪，"忠君爱国"为宗旨。

1899 年印布的《保救大清皇帝公司序例》说：要保国保种非变法不可，要变法"非仁圣如皇上不可"，凡是有"忠君爱国救种之心"的，都是会中同志。他把"忠君"和"爱国"联系起来，把光绪和变法联系起来，"救圣上而救中国"⑫，颇有一些号召力。这时，资产阶级革命派虽已酝酿起义，但革命的声势还不大，舆论宣传也远不如保皇会。当一些人对光绪还有幻想的情况下，揭露清政积弱，控诉慈禧"训政"，拥护改革变法的皇帝，反对顽固守旧的慈禧，还曾起过影响。

今将康有为的海外活动和保皇会组设前后情况，按地区、时间、内容简述如下：

一、日本，1898 年 10 月 25 日至 1899 年 4 月 3 日。

康有为抵日后，展开"勤王求救"活动，刊发"密诏"和"奉诏求救书"，认为光绪皇帝"忧勤图治""发愤自强"，是"通万国之故，审时变之宜"的"圣主"，指斥慈禧太后"失地失权"，是"谬改宪法""废君篡位"的"伪临朝"，表示"奉诏求救"。曾到伊藤博文、犬养毅等人处活动，希望日本"仗义执言"。

康有为在日本"勤王求救"未达目的，1899年4月3日由横滨乘船去加拿大，由"勤王"改而"保皇"⑦。

二、英国，1899年5月至6月。

戊戌政变后，康有为有《致英国驻华公使照会》，引用"密诏"，请求英国政府"主持公义，调兵会议，速为救援"。1899年抵加拿大后，康氏曾发表演说，"欲将中国危亡之故，陈说于英女皇前，请英皇能开导中国西太后，令其勿复死心庇俄，以误其国"⑫。但英国驻华公使窦纳乐表示，"我认为中国的正当变法，已大大被康有为和他的朋友们的不智行为搞坏了"。英国对华外交政策已经改变，康有为通过前海军大臣柏丽斯辉子爵运动英国政府干涉中国内政的设想没有成功。不久，康有为重返加拿大。⑬

三、加拿大，1899年4月至10月，其间5月至6月有一段时间曾去英国活动。

4月20日，康有为在鸟喊士晚士咛演说，认为"三十年来之积弱，皆由西太后一人不愿变法之故"，呼吁"齐心发愤，救我皇上"。5月去英国"勤王求救"，失败后重返加拿大，决意组会，原拟定名为"保商会"，黄宣琳以为"保商不如保皇为妙"，遂定名为保皇会。7月20日，保皇会成立，有康有为、李福基、卢仁山、李仙涛、林立晃、陆进、黄宣琳、徐维新、徐福、叶恩等人。⑭10月，康有为离加拿大返香港。

四、新加坡，1900年2月1日至1901年11月。

康有为于1900年1月26日离开香港，2月1日到新加坡，曾住侨商丘菽园寓所，并得到丘家资助。丘氏曾在1898年5月26日创办《天南新报》支持维新运动，政变发生后仍支持康、梁。1899年10月后，丘氏发动新加坡侨商500余人上书，要求光绪皇帝"亲政"⑮。康有为到达新加坡后，丘氏尽力支持康有为和保皇会的活动，曾捐助巨款支持自立军起义，⑯康有为旅居新加坡时曾策划自立军起义（见后），新加坡为康有为海外活动的主要地区之一。新加坡是否有保皇会组织未见明文记载，但保皇会的活动得到《天南新报》的宣传和丘氏资助则有案可查，丘氏和美国、加拿大等地保皇会也多有书信往来。⑰

五、美国，1899 年 10 月起。

至迟在 1899 年 10 月，保皇会在美国已有酝酿活动，主要负责人为谭张孝、黄亮锺等。据《复谭朝栋书》附件称，"今遣义士谭朝栋携《保皇会序例》诣贵埠相告。救国如救火，贵埠义士想有同心，幸接待谭朝栋指示一切"。此函发于 1899 年 10 月 2 日，可知此时康有为已派人至美国活动，主要联系人为谭张孝，谭氏后为保皇会洛杉矶分会负责人。当时康有为正酝酿"起兵勤王"，保皇会曾和美人荷马李（Homer Lea）合作，拟训练"维新军"，在美筹办军事学校，后未果。在美国的保皇会组织，除旧金山外，有西雅图、蒙大拿州的海伦娜、加利福尼亚州的默塞德等地亦设立分会⑱。

根据上述内容，在政变以后，康有为等分别在日本、英国、加拿大、新加坡和美国等地活动，并组织保皇会，短短的两年间，进展非常迅速。事实上，他们的活动恐远不止此。举例来说：

第一，据《丘菽园家藏康有为和保皇会史料》，保皇会在澳洲也有活动，有的材料还说澳洲也有保皇会。又如香港、澳门，是保皇会和海内外联系的重要枢纽，康有为去日本经过香港，徐勤等赴新加坡活动也由澳门转道。当时鼓吹"勤王""保皇"的主要刊物《清议报》既以港、澳为经销点，《知新报》又在澳门刊行。港、澳应是保皇会活动地区之一。港、澳是否有保皇会，目前尚未找到直接资料，但据《会例》"总部设于澳门"，《加拿大保皇会致康有为书》提到"后又接澳门总局电"⑲，澳门被称为"总部""总局"，可见其重要。

第二，上述各地，有的没有说明有无保皇会，因为目前尚无确证。事实上，有的国家是很可能有保皇会组织的，如英国。《英国等埠商民请慈禧归政折》称"为中国分危，皇上神圣康强，中外感戴，请皇太后归政皇上，退养颐和，以全强祚，而保国土"，完全是保皇会语气，末署"□□埠商民，□□埠商民"，似乎英国"□□埠"等也有组织⑳。又如《陈国镛致谭张孝》称"本埠则冯紫珊为总理，此人极热心，义愤捐题会金二千余元，真不可多得也。现年为《清议报》总理"㉑。《清议报》后面所附旅日华侨捐款甚多，康有为旅居新加坡时，冯紫珊也有信来。另外，保皇会在日本活动是毫无疑问的，是否组有"保皇会"，也有待续考。尽管还有种种待考的问题，戊戌政变以后，康有为组织保皇会之勤、影响之大，已可概见。

戊戌政变以后，康有为及其弟子等在亚、欧、美以至澳洲各地，广泛活动，组织保皇会，发动"勤王"。这些国家和地区，都是华侨最为集中的地区。在 1900 年以前短短的两三年间，究竟有多少人参加保皇会的活动，目前已难确实统计。张玉法教授曾列表统计"庚子勤王"的保皇会人物凡315 人㉜。如果把各地保皇会成员或参预会议、捐助款项的人加入，当远不止此数。那么，为什么在这短短的时间内，组织了这么多的侨民，筹集了这么多的款项，汇成这么大的声势呢？我以为主要原因有如下述。

首先，保皇会的活动地点，主要是海外侨民聚居之地，如日本的东京、横滨、神户，加拿大的温哥华，美国的旧金山、洛杉矶、西雅图，南洋的新加坡。华侨在海外谋生不易，迫切渴望祖国振兴、富强。康有为领导的维新变法运动，反对帝国主义侵略，拥护光绪皇帝变法，要把腐朽保守的旧中国改变为维新改革的新中国，在当时的历史条件下是进步的。而康有为及其弟子梁启超又长于舆论宣传，因此，康有为和保皇会的活动得到许多侨民的支持，他们认为"如我圣主崛起而行新政，康先生佐之，诚救时之急急，莫急于此者也"㉝。

另一方面，康有为等人为开展勤王保皇活动，也注意到在侨胞中寻求支持。他们于 1899 年 3 月 18 日正式开办了横滨大同学校，并创立大同志学会，以"集环宇之知识，拯宗国之危阽"㉞为号召，又设想在神户开设学校，"教育清国之养才选贤，以谋改革清国宿弊"。他们认为"今清国人在日本者，虽不过数千人，合散在北美、南洋及欧洲各国而算之，大约有六百万人，皆从事诸商工业，广东人居十分之七，若有大才贤智教育之，以改革我清国非难也"㉟。海外华侨，广东人居多，康、梁也是广东籍，因此重视宣传和组织华侨，从而深得侨胞的信仰和支持。

康有为甫抵加拿大，华侨"迎者纷至，夹道拥观，至数百人"。康有为"告以皇上爱民之德意"，鼓吹"皇上复权"。后又到温哥华演说，使华侨"知维新政变之由"，所经各埠，告以"今中国虽危弱，而实篡后权臣一二之故耳，皇上复位，则吾四万万同胞之兄弟皆可救矣"㊱。希望侨胞"齐心发愤，救我皇上"。他对维多利亚《泰晤士报》记者说：不日当转往伦敦，"望英皇开导中国西太后，令其勿复死心庇俄，以误其国"㊲。这些言论、主张为当地侨商所推戴，保皇会也由此逐渐组成。

康有为到新加坡后，丘菽园创办的《天南新报》，本来支持变法、同情康氏，这时更以康"为今上所识拔之人，大力资助"⑱。

本来，当康有为抵达新加坡时，南洋报纸曾有抵制言论，反对"勤王"。如历史悠久的《叻报》就在 2 月 14 日（正月十五日）载文主张华人"或工或商，均觉安居乐业，谁能为此无益之举"，但《天南新报》依然支持康有为，认为"康有为抱忠君爱国之心，具济世匡时之略，为光绪君所大用"⑲。《天南新报》还在 6 月 9 日（五月十三日）刊出《旁观纵论》，认为清政府悬赏缉拿康有为会影响"中英外交"。这些宣传当然都对康有为开展保皇活动大为有利。

康有为这时正组织自立军起义，经费即主要来自丘菽园⑳。丘菽园邀请康有为住在他家中，康有为感到丘菽园"真有回天之力"㉑，从而共同策划"勤王"，并赋诗示意："丘生奇气世无有，登皋横眺八表久。看云慷慨难袖手，披发问天天听否？"㉒至今新加坡丘氏家属还珍藏酝酿自立军起义前后康有为写给丘菽园的信件多封。

从上述康有为政变后流亡海外的一系列活动中，既可以看到海外侨胞爱国心切，渴望祖国改革，从而支持"勤王"；也可以看到康有为组织保皇会，短期内得到这么多地区华侨的支持，并非偶然。

其次，华侨旅居海外，主要从事工商业，康有为早就呼吁"商政施行"，政变后又宣传保商保国，关怀侨胞是在海外活动获得支持的一大原因。

早在 1898 年，康有为就向光绪皇帝上了《条陈商务折》，说是"若夫英之得美洲、澳洲，荷兰之得南洋，皆以商会之故。英人之举印度万里之地，乃十二万金之商会为之，即其来犯广州，亦皆出于其商会所为，而国家遂藉以收辟地殖民之利，吾南洋商民数百万家，若有商会，增力无穷"。他提出"每商局皆令立商学、商报、商会、保险公司、比较厂，其有能购轮船驶行外国者，予以破格重赏"㉓。政变后流亡海外，康在演说中也经常提到保商。保皇会创设人之一李福基在《谨将本会自始至今各情形向我政党同志之前略陈之》中说："此时黄宣琳、林立晃、陆进等，日与康先生周旋左右，畅谈国家时局。一日卢仁山、林立晃、陆进、黄宣琳、福基，均在嘉祥楼上会晤，宣琳对康先生起言，倡保商不如保皇为妙。康有为闻言，起立拱手称谢。先生即对各人宣言云'我先倡保商为名，实行保皇政策起见'，此保皇会实起点于此。"

照此说来，保皇会原拟定名为保商会。尽管正式定名时会名改了，但保商的原则未变。此后保皇会开设银行、散发股券、投资交通、经办工商、发展经济。康有为曾发表《物质救国论》和《金主币救国论》等，说是："吾既遍游亚洲十一国、欧洲十一国，而至于美。自戊戌至今，出游于外者八年，寝卧寝灌于欧、美政俗之中，较量于欧、亚之得失，推求于中西之异同，本原于新世之所由，反覆于大变之所至，其本原浩大，因缘繁伙，诚不可以一说尽之。欧洲百年来最著之效，则有国民学、物质学二者，中国数年来亦知发明国民之义矣。但以一国之强弱论焉，以中国之地位，为救急之方药，则中国之病弱，非有他也，在不知讲物质之学而已。"㉞

此文虽是 5 年后所撰，但康有为重视工商，发展经济，把封建的旧中国改变为资本主义中国的意愿，却是由来已久。政变后他又遍游各地，随加考察，自非固守成章的封建官僚可比，也非空言洋务不明底细者可比。因此，可以认为康氏为各地侨胞所欢迎，自有渊源。

海外侨胞之参加保皇会，支持康有为，当然还有其他因素，但在 1900 年前，保皇会的"保商"主张和发展资本主义倾向，符合海外侨胞的愿望，这应是保皇会日益扩张的主要原因。

保皇会早期的主要活动，是组织自立军，酝酿起兵"勤王"。

保皇会成立不久，国内发生了义和团运动，恰恰慈禧、荣禄利用过义和团，八国联军又乘机武装干涉。保皇会认为这是反击后党、"决救皇上"的大好时机，从而宣传"顷者拳匪作乱，杀害各国人民，因及公使，祸酷无道，闻之愤怒，令人发指，此皆由西太后、端王、庆王、荣禄、刚毅通联拳匪之所为也。其所以结通拳匪，出此下策者，为废弑皇上，绝其根株起也"㉟。"欲拳之平，非去主使拳匪、任用拳匪之人不可。主使任用拳匪之人为何？则那拉后、端王为首，而庆王、荣禄、刚毅、赵舒翘为其辅也"㊱。主张"助外人攻团匪以救上"㊲。"先订和约自保南疆，次奉劲旅以讨北贼"㊳。说是光绪复位就能"辑睦邦交"，"中国可安，亿兆可保"㊴。酝酿"讨贼勤王"，实际活动的唐才常在汉口事泄被杀，演成自立军悲剧。

　　自立军起义，是保皇会成立后的一件大事，在起义过程中，海外的康有为和沪、汉活动的唐才常，有共同点，也有不同点。他们主张"勤王"，反对慈禧为首的政府，而对帝国主义和封建官僚存有幻想，对义和团运动表示不满，这是他们的共同点。即使如此，康、唐之间，在程度上也有差异，康有为说："先布告各国，保护西人洋行教堂等事，义军一赴，即与各国订约通商，复我维新之治。"⑩ "新党立政，必能和亲各国，保护教人"，以示报答帝国主义"拯救之德"⑩。还请李鸿章"抚保皇会数百万人而用之"，"大发讨拳贼之名以谢外国"⑩，与虎谋皮，迅告失败。唐才常呢？尽管他对帝国主义存有幻想，但在政变后反对帝国主义的"瓜豆剖分"，主张"抵御外洋"⑩，在《正气会章程》中也说"因中土人心涣散，正气不萃，外邪因之而入"⑩，对"中""外"还有一些界线。

　　康有为和唐才常的不同点最重要的是对待革命派的态度。唐才常和革命派有着一定程度的思想联系，自立军既有兴中会员参加，且和惠州起义相呼应。⑩康有为却拒绝和革命派合作，着眼于清军防勇的"反正"。1900年春，宫崎寅藏商请孙中山，往新加坡和康有为再谈"抛弃保皇"，"联合革命"，康有为竟指控其为刺客，宫崎被英国殖民当局逮捕⑩，经孙中山营救始得释放。康有为在海外组织保皇会，也和兴中会争夺实力，"吾党""彼党"，自有鸿沟⑩。应该指出，这时革命派与改良派思想界线尚未明确，自立军的斗争锋芒还是针对清朝封建统治，对唐才常和自立军必须慎重估计；而从康有为来说，却是坚持保皇复辟，抵制兴中会，且迭函康门，"屡引法国大革命为鉴"⑩。甚至说："今日但当开民智，不当言'兴民权'"，思想右倾，连梁启超都"不禁讶其与张之洞之言甚相类也"⑩。等到此后推翻清朝逐渐成为时代主流，革命和改良的界线逐渐明确分家，保皇会也就渐渐与时代不适应了。

　　自立军起义在组织领导上，既受资产阶级改良派康有为、梁启超的牵制，又有兴中会会员参加；在行动纲领上，既有"不认满洲政府有统治之权"，又说"请光绪皇帝复辟"。自立军成员复杂，宗旨模糊，以致学术界聚讼多年，评价不一。过去我们虽从《正气会章程》以至上海愚园会议章太炎"割辫与绝"中看到一些迹象，但康有为究竟怎样对待这次起义？自立军和孙中山为首的革命派宗旨不同，康有为又是如何对待的？还是不得其详。后来，我在新加坡看到丘菽园家属珍藏的大量函札、文稿（下简称为《丘藏》），始能进一步了解自立军起义、保皇会活动，以至革命派和改良派关系等种种迹象。这些资料，大都出自康有为及其弟子的亲笔，自属最为原始的素材。

康有为是 1900 年 1 月 26 日（光绪二十五年十二月二十六日）离开香港，2 月 1 日（光绪二十六年正月初二日）到新加坡。7 月 16 日（六月十二日），《致各埠保皇会函》谓"南方义勇"将"分兵北上勤王，助外人攻拳匪以救上"。8 月 9 日，新加坡总督邀康有为去槟榔屿，住总督署中。8 月 21 日（七月二十七日），唐才常自立军汉口事泄失败，次日死难。1901 年 11 月（光绪二十七年十月），康有为离槟榔屿，计居住新加坡凡 1 年又 9 个月。在他留居新加坡前后的函札、文稿，无疑是研究自立军起义前后孙、康关系和康有为当时思想的重要资料。

康有为写给丘菽园的信中，多次提到"井""井上"，如云"井上东北行，已详二号书"[无月日，写于光绪二十六年（1900），约三月后]；"井上甚称林圭才"；"井同办一路"；"井上屡请添械，仆以井上不欲西，故不欲添之，若欲东则添械"[无月日，写于光绪二十六年（1900）自立军起义前]；"井上有书来言，品虎狼也，今以供应不足，几有胁制反噬之心"[署廿二日，写于光绪二十六年（1900）七月自立军失败后]；"井不待粤中电乎？井不往高丽则易举"[署十一月十五日，写于光绪二十六年（1900）]。"井""井上"是谁？查即井上雅二，日本兵库县人，曾学习中国语，任职台湾总督府。后入东京专门学校英语政治科（早稻田大学前身）。1898 年 7 月，以东亚会干事资格到中国旅行，经上海、杭州、苏州、武汉、南京、天津而入北京，到北京没有几天，政变发生，协助梁启超、王照脱逃。1899 年毕业，毕业论文是《支那论》，旋任东亚同文会上海支部干事，经营《同文沪报》。1900 年，井上参加唐才常自立军活动，并随唐一起到南京（他的生平见永见七郎《兴亚一路·井上雅二》一书）[⑩]。井上留下一份日记，藏日本东京大学明治文库[⑪]，记载唐才常自立军颇为具体，它不但可以纠正过去文献记载的错误，如上海"国会"召开的时间、地点问题，且对它的章程以至会议的争论都有报道。还附有《汉口自立军宣言》的英文原件以及自立军各地兵力的布置等，是一份研究自立军的重要文献。以之与康有为《致丘菽园书》互勘对读，对信中的讳涩隐语既可理解，对他们的幕后策划也可补近代史乘之不足。

例如上揭"井上不欲西，故不欲添之，若欲东则添械"，在其他地方也有几次提到"西"和"东"，其中两封信谈得最多，一为光绪二十六年（1900）七月自立军起义前所写：

> 仆意今专注于西，而办事人所用者皆东人也（数月相牵，致两无成功，在办事皆东人想东故，以此故处之甚难），以西中人地不宜，皆不欲西而欲东，又有含怒之心也，仆以西人虎视于东，汉事可鉴。即得之，恐为他人作嫁耳。又攻坚非宜（彼备既严，吾实力未足），不若攻虚。累书劝告，而井上未以为然也。以东故费极多矣，今更难继，公谓如何？若以绝东专西为宜，亦望公发一长书劝井上。井上甚称林圭才（林已归，并同办一路），公知人之明，诚过人也。井上屡请添械，仆以井上不欲西，故不欲添之，若欲东则添械，不知如何乃为止境，甚恐虽添亦复不足，仍无用。而累月以来，劳师糜饷，未得一当，况即得当，尚恐西人不允借为定乱而取之乎？秦西亦极以此为言，戒勿浪举，俟其往英伦订约后乃可行。仆深然其说。然仆此非数年不可，数年之费饷无数变，又无限，安能久待，故不如先西之为愈也。若西既得，遂而取东，其于订外交易矣。望同苦劝之，以彼日间迫于举也，公谓如何？

一为自立军失败后所写，中云：

> 吁！大通之先起，致累江汉之大举，此事自败之；今则粤事大局，翼、刚两大路皆为惠局所累，而今败之。其为以小累大，则一也（得翼之武官李世贵报之，见报出走免）。幸翼尚无恙，仅停其轮而免（幸存此一将才，然梧州以其频上下，缉之极严云）。然部下因此有散者（叶湘南自莞查出，其所练一支，恐遂散）。井上尚固持欲办，仆则决意令停办东事（日间已累飞书停绝东事）。专意西机，非决意绝之，则饷累无穷（粤累饷最大），终为所牵。仆前后俱注意于西（自正月发策），而以江、粤辗转相牵，西事未成（如不如意之事，调度未尽之故，不

待言）。今当绝意于东耳。且东事有外人窥伺，虽得亦不易守乎（汉事可鉴）？但觉归西事，不知如何。

这两封信是康有为手笔，写于自立军起义前后，他又是自立军的幕后指挥者，自属重要。且谓他自是年正月即已"发策"，"注意于西"。究竟"西"指什么？"东"又是指什么？

信中多隐语，如"秦西"，指容闳，时被推为自立会会长。"翼"为陈翼亭，是自立军联络的"广东南关游勇大头目"⑫。"刚"为梁子刚，是和张智若一同"主持粤事"的⑬。函中所言"西""东"，如以"东"为日本人，"西"为英、美吧！的确好多日本人和自立军有关联，有的还直接参加了一些活动，如宗方小太郎、井上雅二、甲斐靖、福本日南、原江闻一，等等，信中又有"办事皆东人想东故"的话语；至于英、美，自立军对他们也曾有过幻想。但前函云"办事皆东人想东故"，下面一个"东"字又难理解。如以"想东故"，作为"考虑日本利益"解释吧！下文"西人虎视于东"，这里西人倒是指西方帝国主义国家，又不能说他们"虎视"于日本，况且后面又说"若西既得，遂而取东"，那"西""东"更不是指国家，而是国内的某一地区。或者以为"西"指光绪皇帝"西逃"，但慈禧挟光绪西逃是 8 月 14 日（七月二十日），10 月 26 日（九月初四日）才逃到西安。前面一信，写在"西逃"之前，那"西"就不能指"西逃"，也不是什么"北上西指"。

究竟"西""东"指的什么？参考《井上雅二日记》，才得出一个可信的结论。"西"是指的广西。《井上雅二日记》8 月 7 日记："广西一派与康党接近"；又说和原江闻一有关的：

唐景崧 ┤ 王庆延，在郁林、浔州、平乐等地有根据地
　　　　王颖祁
　　　　王　第

他们要拥戴唐景崧为团练：进口兵器，发起行动。

原江认为平山等在惠州开始的行动是不行的，表示反对。他自己想在广西地方巩固根据地，以发起行动。

梁启超从日本秘密来到上海，与井上雅二相晤，井上又看出"似乎在两广的唐景崧等已经联系好了"（8月22日日记）。

也就是说，康有为想训练团练，以广西为根据地，以"发起行动"，"西"指广西。

然而，在保皇会内部，却对此有不同意见。梁启超在光绪二十六年（1900）三月初十日写给梁君力的信说："现时刚团已开练，紫云、翼亭在南关：大开门面，丘仙根进士倡率屋闻，而佛臣在上海，联络长江一带豪杰，条例俱备，所欠者饷与械耳。"[114]刚，梁子刚；翼亭，陈翼亭；佛臣，唐才常。他们注意"训练团练"，"联络长江一带豪杰"。三月十三日，梁启超又写信给康有为，指出"先取粤"的理由：

> 先取粤与否，为一大问题也。据来信之意，则所最足恃者，为南关一路，以为正兵，到桂、湘窥鄂，此诚第一着。然广东之布置，则未有闻焉。弟子以为未得广东，而大举进取，终是险着；洪秀全之事，其前车也。[115]

梁启超以为"湘、桂绝非开府之地，无粤则桂必不能守，无鄂则湘必不能守"[116]，并以洪秀全为例，"坐困永安几一年，攻桂林而不能破"，不能蹈其覆辙。那么，梁启超是主张"开府于粤"，也就是说注意广东的；而康有为却"注意于西"。康有为写给丘菽园的信说是"自正月发策"，而梁启超写给康有为的信则是"三月十三日"，可知他们对起义的策略、步骤、地点上有过磋商，有过争议，《丘藏》对此提供了原始函札，透露了策划信息。

康有为为什么在发动自立军起义时，专"注意于西"，而有些人却"不欲西而欲东"，这就关涉到他们的具体策略和资产阶级革命派与改良派的关系问题。对此，《丘藏》也有反映。

自立军酝酿之初，孙中山也在酝酿起义。当初，康有为、梁启超在维新运动失败后逃亡日本，孙中山以"彼此均属逋客，应有同病相怜之感，拟亲往慰问，借敦友谊"，曾托日本人宫崎寅藏、平山周等向康有为示意，康有为表示奉有光绪皇帝的"密诏"，以为光绪皇帝"必有复辟之一日"，只有"起兵勤王"，"其他非余所知"[117]，几次谈判未成。而唐才常流亡日本后，却经毕永年介绍，"谒中山，筹商长江各省闽、粤合作事"[⑪]。他也知道单靠几个知识分子宣传鼓动是不够的，还得联合其他方面，从而考虑到活跃在长江流域的会党。1899 年春夏间，毕永年偕日人平山周等赴湘、鄂各地联络哥老会，提出兴中会和哥老会联合反清的建议。回到日本后，平山周报告孙中山："所见哥老会各龙头多沉毅可用，永年所报告都属事实。"[⑪]从此，孙中山有了湘、鄂、粤三省同时大举的方案，他再派毕永年内渡，邀约哥老会各龙头赴香港与陈少白等商谈合作办法。等到工作就绪，兴中会邀哥老会、三合会各首领集会于香港，与会者有杨衢云、陈少白、郑士良、毕永年、杨鸿钧、李云彪、张尧卿、宫崎寅藏、平山周等十余人，议定三会组成兴汉会，公推孙中山为统领。由上可知，孙中山是主张联合各方面力量从事革命事业的，他对自立军注目哥老会的举措是支持的。自立会领导人之一林圭也曾随毕永年联络哥老会，主张"我们大家一齐起来造反"[⑫]。他在《致孙中山代表容星桥书》中说："满事未变以前，中峰主于外；既变而后，安兄鼓于内。考其鼓内原始，安兄会中峰于东而定议。平山周游内至汉会弟，乃三人同入湘至衡，由衡返汉。其中入湘三度，乃得与群兄定约，既约之后，赴香成一大团聚。"[⑫]"中峰"，指孙中山；"安兄"，指毕永年。谈到"安兄会中峰而定议"和三会联合的"大团聚"，可见孙中山与自立会的关系。

由于唐才常和康有为有不同的思想倾向，孙中山对唐的活动表示支持，当唐才常回国时，孙中山还出席宴会，日本留学生归国协助其活动的有林圭、秦力山、吴禄贞、戢元丞、沈翔云、黎科、傅慈祥、蔡锺浩、田邦濬等 20 余人，他们大都是兴中会会员，"醉心革命真理"。1900 年，义和团运动发生，革命派、改良派都想利用"此时此机"，发动起义，郑士良在惠州领导，毕永年再去长江联络会党。当自立军组织拟分中、前、后、左、右各军，以唐才常总持各军事宜，林圭副之，以及各地设立公馆机关时，"与广东郑士良密约，郑在广东惠州同时起义，互相应援"[⑫]。那么，自立军起义，可说是与惠州起义相呼应，它是香港兴汉会组织后的一次"联合行动"。

由于自立军既依援康有为等改良派的饷糈，又有兴中会会员的参加，徘徊于革命、改良，摇曳于"排满""勤王"，形成它本身的复杂性，造成宗旨模糊，组织蒙昧，但孙中山却对唐才常是关怀、支持的，想"共同大举"的⑫。

然而，唐才常和康有为毕竟不同，康有为对孙中山和兴中会的插手，却不能同意，在《丘藏》中就可看出其中迹象。康有为写给丘菽园的信中说：

> 史坚如及区兆甲（惠事），皆孙党也，而冒仆弟子，致诸报辗转登之，望贵报辨明，否则同门之见疾于人，而致祸益剧矣。史率攻吾党四十余人，可恶甚，致今防戒极严，查搜益密，攻击更甚。罗□□今竟被拿，必死矣。此子勇猛无前，惜哉痛哉！于是翼大为其乡人所攻，致共寄顿之械多致发露，轮不能行，械不能运，皆惠事及焚抚署一事所牵致，然此祸恐日益剧烈，与江无异，故惠与抚署一事，皆彼党欲图塞责，且以牵累吾党，遂致吾党大为其累。今粤中党祸，大索麦舍，亲家已没，余皆束缚，不能举事，恐此与江事无异。……
>
> 自汉事一败，百凡坠裂，尚有惠事相牵诬，致败乃公事。呜呼！汪、孙之罪，真中国蠹贼也。某既决为之弃粤，纯老已首途往英、美、日办汉事，并与英外部订明，想公必以为然也。粤中人心极震——以惠及抚署事，恐连累益甚。望速登报言：某人保皇，专注意北方，以粤为僻远而不欲。且自以生长之邦，尤虑乡人之蒙祸，决不惊粤，且从彼之士夫，多在各省，与孙之除粤人无所为不同。今孙自抚粤而造谣影射，不知保皇与扑满相反，望吾乡人切勿误信谣言，安居乐业。要之，某人绝不惊动故乡云。

这封信极重要，末署"明夷，廿九日"，"明夷"即康有为，他在政变后流亡初期的诗，即收在《明夷阁诗集》，信亦系其亲笔，无年月，谈郑士良、史坚如，自应写于1900年10月28日（光绪二十六年九月初六日）以后，"麦"是麦仲华，康有为婿，"纯老"即容闳，"翼"是陈翼亭，"刚"是梁子刚。信中说"惠与抚署一事，皆彼党欲图塞责，且以牵累吾党，遂致吾党大为其累"。惠州起义是孙中山领导发动，"抚署一事"，也是史坚如为策应惠州起义而谋炸两广总督德寿。康有为以为他们"皆孙党也"。由于他们的失败，"查搜益密，攻击更甚"，以至"累"及"粤事大局"。信中又提到"翼""刚"，陈翼亭、梁子刚也曾"主持粤事"，上面已经谈到。然而，康有为却把广东起兵的失败，归之于孙中山为首的革命派，说是"累"及了自立军。

康有为以"前后俱注意于西"为理由，而说"粤辗转相牵，西事无成"。他以前确曾"注意于西"，但保皇会并没有放弃广东，陈翼亭、梁子刚不是也没有"绝意于东"吗？康有为却把责任都推到孙中山为首的革命派身上了。

事实上，孙中山对惠州起义和自立军都表重视。他在 7 月间曾致函陈少白"郑士良努力把握局势，千万不可灰心"，日本人还认为"孙先生更有绝望于南方，另向华中活动的观念"⑫。7 月 24 日，即上海自立会筹组的"国会"召开前两天，孙中山和陈少白、杨衢云、郑士良、史坚如等兴中会骨干，联名致书港督卜力，请求英国"助力"，以"改造中国"，并提出《平治章程六则》。

为了集结反清力量，酝酿起义，孙中山不顾日本人头山满、平冈浩太郎等劝阻，于 8 月 22 日由横滨秘密乘轮赴上海。他计划先由江苏、广东等南方六省宣布独立，全国各省响应，建立共和国。和他登轮同渡的内田良平曾透露这一计划说："孙逸仙及其徒众，计划目的江苏、广东、广西等南清六省作根据独立共和体，渐次〔向〕北清伸扬，爱新觉罗土崩瓦解，支那十八省从之，东洋大共和创立。"⑫8 月 28 日，孙中山抵达上海，自立军起义已失败，唐才常等已就义，孙中山在沪难以活动，只得重返日本。1个多月后，即 10 月 8 日，郑士良以会党为主力，在惠州三洲田起义；10月 28 日，史坚如谋炸两广总督德寿未遂，次日被捕。那么，自立军失败在前，而"惠与抚署一事"在后，当时可能交通阻塞，消息欠通，康有为却对两个月内发生的大事，飞短流长，偏听偏信了。

值得注意的是，孙中山和康、梁"合作"未成时，对改良派和革命派的分歧是清楚的，并分清"他的党派"和"我们党派"。他曾说过："清政府在康有为公开致力种种运动或采取恐吓政府的手段之际，对他的党派抱有严重警惕，并因而对我们党派的注意逐渐放松，这在某种程度上还是我党的幸事。"⑫由于形势的发展，他在 8 月中旬又说："在中国政治改革派的力量中，尽管分成多派，但我相信今天由于历史的进展和一些感情因素，照理不致争执不休，而可设法将各派很好地联成一体。"⑫由于过去曾有联合会党的举措，而唐才常和康有为又有不同的思想倾向，从而对自立军的活动表示支持，并有"湘、鄂、粤三省起义"的部署。而康有为呢？对孙中山却始终存有戒心，说"汪、孙之罪，真中国之蟊贼也"⑬。"今孙自扰粤而造谣影射"，视孙中山对自立军的支持与惠州起义的"联合行动"为"为人作嫁"，说是"惠与抚署一事，皆彼党欲图塞责，且以牵累吾党，遂致吾党大为其累"。还要登报申明"某人保皇"，最后指出"保皇与扑满相反"，他的"保皇"立场是很明显的。

事实上，康有为对孙中山是早就存有戒心的，还在政变前夕，康有为即对孙中山不满，并牵连到和孙中山接近的日本人不满。毕永年《诡谋直纪》⑭光绪二十四年（1898）七月二十九日记：

> 偕康至译书局，接见田山、泷川、平山、井上四氏，康但欲见井上，而不愿见平山，谓平山乃孙文党也，且责仆不应并约四人同来，殊可笑矣。

康有为这时"但欲见"井上雅二，直至自立军起义前夕，还屡次在信中提到井上。至于平山周"则不愿见"，政变发生，流亡日本又拒绝平山周所示意的与孙中山合作，平山周与毕永年等联络长江一带会党，康有为又表反对。革命派组织惠州起义，原江闻一复认为"平山等在惠州开始的行动是不行的，表示反对，他自己想在广西地方巩固根据地，以发起行动"⑮。由此可知日本人内部也有不同意见，而原江的"注意于西"，却和康有为一致。那么，康有为对孙中山的防范，由来已久，自立军起义前后猜忌日深，嫉视频起。

由上可知，从《丘藏》中不仅可以看到自立军起义和惠州起义前后改良派的密谋布置，并且可以从中透露改良与革命两派的分歧及其后来愈演愈剧、争战不休的端倪。

康有为在政变后组织的保皇会，初期得到海内外侨胞的支持，在当时自有相当影响。但自立军徘徊于革命、改良之间，康有为对孙中山为首的革命派又坚持反对合作，对此，又该如何评价？

变法失败，康有为以"维新志士"而"遁逃海外"，光绪皇帝以"诏定国是"而"幽禁瀛台"，保皇救国和政治改良，自有一些人表示同情。1899年印布的《保救大清皇帝公司序例》说"保国保种非变法不可，变法非仁圣如皇上不可"，凡是"有忠君爱国救种之心"的，都是会中同志。康有为把"忠君"和"爱国"联系起来，把光绪和变法联系起来，"救圣主即救中国"⑬，有一些号召力。次年，义和团运动爆发，八国联军入侵，进一步暴露了清政府"量中华之物力，结与国之欢心"的真面目，慈禧一伙的卖国原形暴露无遗，康有为利用这个时机，酝酿自立军起义。应该说，对这时的康有为和自立军是应当肯定的，它在历史上还是起过积极作用的。

对康有为和保皇会早期活动的评价存有异议，主要有下列两个方面：

一是保皇会主张"保皇"，是改良，康有为坚持改良，反对革命，不能评价过高。

或者说，在当时的历史条件下，革命形势尚未形成，革命要求尚未提出，康有为领导的戊戌变法运动，代表了中国社会发展的趋势，不能因为它是改良运动而漠视它的进步意义；但变法的失败，"注定了改良主义的破产"。时隔几年，康有为仍旧坚持改良，坚持保皇，并且组织了保皇会，又怎能"不加批判"？

我认为，改良与革命的分野，自有一定过程，当革命形势尚未成熟，改良派未曾明显反对革命时，不能简单地视为只有革命正确，凡是改良都错误。革命派和改良派之间明确划分界线，是自立军起义失败以后的事，是 1901 年以后的事，它是以章太炎在 1901 年 8 月 10 日在东京《国民报》中发表《正仇满论》为嚆矢，从此革命派才针锋相对地对改良派进行斗争。1902 年，革命派的书刊比较广泛地刊布，坚决驳斥保皇党"革命、保皇二事，决分两途"⑮，也是 1903 年后的事（见下章）。在它们未曾明确分野以前，不能简单地判定它们的进步与否。康有为这时的政治主张是和革命派不同的，但他当时仍旧反对以慈禧为首的清政府顽固派；他们在海外扩张政治势力和筹募饷糈时和革命派虽有矛盾，但和革命派尚未公开决裂，尚未将斗争矛头直接指向革命。

有人以为，改良派反对义和团，义和团是革命运动，反对义和团就只能说它是"反动"。这样的推论，是不适当的。

康有为和保皇会确曾指斥义和团为"拳匪"，还主张"助外人攻团匪而救上"⑬。康有为等以为支持义和团的是他们反对的慈禧、荣禄、刚毅等人，认为这是反击后党，"决救皇上"的大好时机，从而宣传"欲拳之平，非去主使拳匪、任用拳匪之人不可；主使、任用拳匪之人为何？则那拉后、端王为首，而庆王、荣禄、刚毅、赵舒翘为其辅也"。他们主张"先订和约以定南疆，次率劲旅以讨北贼"，认为光绪复位就能"辑睦邦交"，"中国可安，亿兆可保"，酝酿"讨贼勤王"。应该说，康有为这时对时局的看法、对帝国主义和义和团的看法，是有问题的。但他是因为慈禧为首的当权派支持义和团而主张"讨伐"的，是想借机"讨贼勤王"，是因为帝国主义侵华过程中有矛盾而想依靠几个帝国主义国家帮助他的"勤王"大业的。义和团有其反帝的一面，也有愚昧落后的另一面，资产阶级革命派也对义和团表示了不满态度。所以不能因为康有为反对义和团就简单地加以否定。

二是戊戌政变后康有为拒绝和孙中山为首的革命派合作，进而组织保皇会，发动自立军，是"反动的勤王"，不能肯定。

变法失败后，康有为逃亡日本，确曾拒绝过和孙中山、陈少白的合作⑭，进而组织保皇会，发动自立军。但他是否已把斗争矛头指向革命派了呢？没有。尽管改良派和革命派的分歧是清楚的，"他的党派"和"我的党派"自有界线。但孙中山由于过去曾有和康、梁联合的举动，自立军负责人唐才常又和康有为有不同的思想倾向，所以当唐才常回国时，孙中山还出席宴会欢送他，回国参加自立军的就有不少是"醉心革命思想"的兴中会员。自立军酝酿在长沙一带起事，还和孙中山湘、鄂、粤三省大举合拍，和惠州起义相呼应。因此，自立军非但没有把主要矛盾指向革命派，并且还得到孙中山支持，不能说它是"反动的勤王"。

应该指出，在自立军起义时，康有为和唐才常在思想上是有距离的，对自立军宗旨和攻取地区是"东"还是"西"，以至"先取粤与否"是有分歧的，但康有为毕竟是改良派的负责人，他在海外筹集款项，指点战事，自有劳绩，不能因为他是"勤王"而全部否定。

有人说，康有为组织自立军，又上书李鸿章，而李鸿章是清政府当权派，又为慈禧所信任，这种"认贼为友"是不妥的。事实上，即使是革命派，这时也有对清朝封建官僚存有幻想的现象。例如1900年6月，由香港总督卜力出面，通过何启拉拢兴中会，拥护李鸿章在两广独立时，兴中会也一度为其利用。即使在上海"国会"第二次会议后，"割辫与绝"的章太炎在此之前也曾上书李鸿章，以为"事机既迫，钧石之重，集于一人"，要他"明绝伪诏，更建政府，养贤致民，以全半壁"⑬。可见这种情况，不是个别的，应该根据当时的历史条件，予以实事求是的评价。

只是到了自立军失败以后，革命派和改良派才"各张旗帜，亦自兹始"⑭。"士林中人，昔以革命为大逆不道，去之若浼者，至是亦稍稍动念矣"⑮。自立军失败，血的教训促使革命派和改良派明确划分界线，在此以前，我们应当承认，康有为组织保皇会，发动自立军，是为了救中国，在历史上是起过进步作用的。

注　释：

①《中国的危机》（转载香港《中国邮报》10 月 7 日），译文见中国史学会编：《戊戌变法》（三），上海人民出版社 1957 年版，第 501 页。

② 同上书，第 502 页。

③ 如《深山虎太郎与康有为书》云："独闻足下去国，因奉有衣带密诏，故出疆求救云云，则仆未足解天下之惑。"并以康有为"迟迟而去，悠悠而行"，和在烟台购物，不径去外国而去上海，疑"密诏"为伪。又王照《与木堂翁笔谈》："今康刊刻露布之密诏，非皇上真密诏，乃康伪作者也。"（见《关于戊戌政变之新史料》，天津《大公报》，1936 年 7 月 24 日《史地周刊》。）

④ 见黄彰健《戊戌变法史研究》一书。

⑤ 同注①书，第 506—511 页。

⑥《康有为事实》和《奉诏求救文》，均见日本外交史料馆：外务省档案《各国内政关系杂纂》支那之部一一六一一一四一七一二，前者编号为 491183—491211，后者编号为 491222 起。又，此项档卷，曾编入《日本外交文书》第三十一卷第二册，有"密诏"全文。

⑦《戊戌政变记》初在《清议报》连载，自第一册至第十册而止，当 1898 年 12 月 23 日（光绪二十四年十一月十一日）至 1899 年 4 月 1 日（光绪二十五年二月二十一日），没有第二篇。1899 年印行单行本时始补入，《出书广告》见《清议报》第十三册，光绪二十五年（1899）三月二十一日出版。又日本外务省档案秘甲二〇四号，有

《清国人书籍出版□件报告》，专门报告《戊戌政变记》出版。报告为 5 月 28 日，知 5 月已出，但《饮冰室合集》本则有删改，内容亦有更动。

⑧ 康有为：《戊戌八月国变记事四首》，载《清议报》第一册，见拙编《康有为政论集》（以下简称《政论集》），中华书局 1981 年版，第 379 页。

⑨《亚东时报》第二十一册，1900 年 4 月 28 日出版，见《政论集》，第 415 页。

⑩ 见《政论集》，第 419 页。

⑪《清议报》第六十七册，光绪二十六年（1900）十一月一日出版。

⑫ 赵炳麟：《谏院奏事录》卷六《请宣布德宗手诏编入实录及再疏》。

⑬ 见《庸言》第一卷第三号。

⑭ "署光绪二十四年"，见蒋贵麟《万木草堂遗稿外编》下册，台湾成文出版社 1978 年版，第 512 页。

⑮ 黄尚毅：《杨叔峤先生事略》，见《杨叔峤文集》卷首，成都昌福公司刷印本。

⑯ 罗惇曧：《宾退随笔》"通达英勇"作"英勇通达"；"全变"作"渐变"；"熟思"下增"审处"二字，余尚略同。

⑰ 即第二次"密诏"，也作"汝"，未见康有为之名。

⑱ 即袁世凯《戊戌日记》亦谓谭嗣同见到"密诏"后，至袁世凯处出示"墨笔"所书，也说"亦仿佛上之口气"，下云："饬杨锐、刘光第、林旭、谭嗣同另议良法"，只有四卿，没有康名。

⑲《日本外交文书》第三十一卷第一册载此诏，"求"下落"救"字。

⑳《康南海先生墨迹》所载两道"密诏"，旁边均有增添，第一诏增"而用通达英勇之士"，第二诏增"共建大业"，《台湾日日新报》、日本外务省档案并同，可知同一来源。第一诏所讲，杨庆昶缴呈之件中有此句，想来是康有为后来忆及补上；而第二诏是否原有"共建大业"，则值得怀疑。

㉑ 据《康南海自编年谱》说：康有为接"密诏"后，曾草疏谢恩，并"誓死救皇上，令暾谷持还缴命"［见《戊戌变法》（四），第 161 页］。查康有为《谢奉到衣带密诏折》作"迅速出外"，有"共建大业"，无"国求救"，仅折后谓"臣奉诏求救"，见康同璧编：《万木草堂遗稿》卷三。又康有为未刊文稿《请钦派督办官报折》也无"国求救"，但有"共建大业"。《康南海先生墨迹》在致李提摩太第三书后所附诏文也作"迅速出外"，"共建大业"则添加右侧。《台湾日日新报》、日本外务省档案等也就有了"共建大业"。查《墨迹》两诏添加两句，均涉传本有无，自滋疑窦。

㉒《德宗景皇帝实录》卷四二六。

㉓ 王照与犬养毅笔谈，日本冈山木堂纪念馆藏，手迹一件，边注："王照，北京人，礼部主事"。下揭"木堂翁笔谈"，木堂即犬养毅，但它是后来刊发在《大公报》上的。

㉔ 又此项笔谈，以《关于戊戌政变之新史料》在天津《大公报》发表。谓"录王照与木堂翁笔谈"，是香港某君邮来，盖辗转抄传者，但日本冈山木堂纪念馆未见此件。

㉕《新闻报》1898 年 10 月 19 日，光绪二十四年九月初五日。

㉖ 译文见《戊戌变法》（三），第 512—513 页。

㉗ 日本外务省档案《各国内政关系杂纂》支那之部《光绪二十四年政变，光绪帝及西太后崩御，袁世凯免官》机密十八号，编号 500057。

㉘ 同上书，兵库县兵发秘一八〇号报告；又甲秘一五七号，警视总监西山志澄报告，编号 500087。

㉙ 同上书，11 月 5 日副岛种臣上鸠山外务次官函，编号 500092—500099。

㉚ 同上书，内务大臣西乡从道上外务大臣青木周藏函；又 1899 年 10 月 19 日兵库知事之通牒，机密送第三十五号，编号 500167—500169。

㉛《奉诏求救文》，见日本外务省档案《各国内政关系杂纂》支那之部编号 491222 起，曾编入《日本外交文书》第三十一卷第二册，有"密诏"全文。

㉜ 同上。

㉝《伊藤博文关系文书》，见《外国人书简》卷一，日本塙书房 1980 年版，第 413—414 页。

㉞《康有为与犬养毅笔谈记录》，日本冈山木堂纪念馆藏，见拙著《乘桴新获——从戊戌到辛亥》，江苏古籍出版社 1990 年版，第 401 页。

㉟《近卫笃麿日记》第二卷，日本鹿岛研究所出版，昭和四十三年（1968）六月版，第 184—185 页。

㊱ 梁启超、王照：《致大隈重信书》，日本外务省档案《各国内政关系杂纂》支那之部《清人梁启超、王照大隈伯ノ上书并志贺参与官卜梁启超卜ノ笔谈》，编号 500828—500300，共 18 页，手迹，并附日文译件。见《乘桴新获——从戊戌到辛亥》，第 642—648 页。

㊲ 同上书，第 643 页。

㊳《游清记语》，见《台湾日日新报》明治三十一年（1898）十一月十三、十五日。

㊴ 康有为对香港《中国邮报》记者的谈话，译文见《戊戌变法》（三），第512—513页。

㊵ 如唐才常：《论中国宜与英日联盟》，谓："联俄则燃眉噬脐，旦夕即成异类；联日以联英，则皮肤之癣，犹可补救于未来。"见《湘报》第二十三号。光绪二十四年（1898）三月十一日出版。康广仁也有《联英策》，见《知新报》第十五册，光绪二十四年（1898）二月十一日出版。

㊶《山东道监察御史杨深秀折》，光绪二十四年（1898）八月初五日；《掌山东道监察御史宋伯鲁折》，见《戊戌变法档案史料》，中华书局1958年版，第15、170页。

㊷《伊藤博文关系文书》，见《外国人书简》，第413—414页。

㊸ 梁启超、王照：《致大隈重信书》，见《乘桴新获——从戊戌到辛亥》，第647页。

㊹《梁启超与志贺重昂笔谈记录》，同上书，第651页。

㊺ 同上。

㊻ 梁启超：《致大阪日清协会山木梅崖书》，《台湾日日新报》明治三十一年（1898）十一月二十日，同上书，第653页。

㊼ 梁启超：《致犬养毅书》，同上书，第654页。

㊽《德宗景皇帝实录》卷四二八。

㊾ 梁启超：《戊戌政变记》，见汤志钧、汤仁泽编：《梁启超全集》（第一集），中国人民大学出版社2018年版，第514页。

㊿ 胡思敬：《戊戌履霜录》卷二，《康有为构乱始末》，见《戊戌变法》（一），第374页。

(51)《缕记保国会逆迹》，《申报》光绪二十四年（1898）九月三十日。

(52)《李傅相与日本伊藤侯问答》，《昌言报》第八册，光绪二十四年（1898）九月十六日出版。

(53) 梁启超、王照：《致大隈重信书》，见《乘桴新获——从戊戌到辛亥》，第642页。

(54)《梁启超与志贺重昂笔谈记录》同上书，第651页。

(55)《德宗景皇帝实录》卷四三二，另见《戊戌变法》（二），第112—113页。

(56) 蒋贵麟编：《万木草堂遗稿外编》下册，第521—522页。

(57)《清国逋臣行踪》，见《清议报》第八册，光绪二十五年（1899）五月一日出版。

⑤⑧《德宗景皇帝实录》卷四二六，另见《戊戌变法》（二），第 100 页。

⑤⑨《英国蓝皮书》1899 年中国第一号第三九四号文件附件。

⑥⑩《英国蓝皮书》1899 年中国第一号第四〇一号文件。

⑥①《日本外交文书》第三十一卷第一册。

⑥②译文见《戊戌变法》（三），第 520 页。

⑥③见齐赫文斯基：《中国变法维新运动和康有为》。

⑥④梁启超：《致犬养毅书》，见《乘桴新获——从戊戌到辛亥》，第 647 页。

⑥⑤梁启超：《大同志学会序》，《清议报》第十三册"各埠近事"栏，光绪二十五年（1899）三月二十一日出版。

⑥⑥《神户清人将开大同学校》，《清议报》第十九册"万国近事"栏，光绪二十五年（1899）五月二十一日出版。

⑥⑦冯自由：《革命逸史》初集《戊戌后孙康二派之关系》，新星出版社 2016 年版，第 47 页。

⑥⑧康有为：《在鸟喊士晚士叻埠演说》，《清议报》第十七一十八册，光绪二十五年（1899）五月初一日出版。罗裕才笔记，见《政论集》，第 407 页。

⑥⑨《保救大清皇帝公司序例》，光绪二十五年（1899）印行己亥冬铅字排印本，另见《政论集》，第 415—417 页。

⑦⑩1899 年《告各埠保皇会书》，原件，康有为家属捐赠，上海博物馆藏，下简称《康档》。

⑦①《康有为与犬养毅笔谈记录》，日本冈山，木堂纪念馆藏。

⑦②《清国逋臣行踪》，《清议报》第八册，光绪二十五年（1899）十月一日出版。

⑦③《英国蓝皮书》1899 年中国第一号，三九四一四〇一号文件。

⑦④见李福基：《宪政会记始事略》，清末铅印本，另见《政论集》，第 403—407 页。

⑦⑤丘菽园：《星洲上书记》，新加坡铅字排印本。

⑦⑥《丘菽园家藏康有为和保皇会史料》（未刊）。

⑦⑦同上。

⑦⑧见谭张孝后人谭精熹、拉森女士家藏保皇会资料，其中 10 件已由阮芳纪、黄春生整理发表，见《近代史资料》总八〇号，1992 年出版。

⑦⑨《加拿大保皇会致康有为书》，庚子（1900）四月三十日，见《丘菽园家藏康有

为和保皇会史料》。

⑧ 上海市文物保管委员会编：《康有为与保皇会》，上海人民出版社 1982 年版，第 3 页。

⑧ 阮芳纪等：《有关保皇会十件手稿》，《近代史资料》第八〇号。

⑧ 见张玉法：《清季的立宪团体》，1985 年 2 月版。

⑧ 《舍路保皇会致丘菽园书》，新加坡丘氏家属藏。

⑧ 梁启超：《大同志学会序》，《清议报》第十三册"各埠近事"栏，光绪二十五年（1899）三月二十一日出版。

⑧ 《神户清人将开大同学校》，《清议报》第十九册"万事近国"栏，光绪二十五年（1899）五月二十一日。

⑧ 康有为：《游域多利温哥华二埠记》，见《政论集》，第 398—399 页。

⑧ 《清国逋臣行踪》，见《政论集》，第 399 页。

⑧ 丘菽园：《答粤督书》，见《菽园赘谈》新订本。

⑧ 转引自李元瑾《一九〇〇年康有为在新加坡的处境》，见新加坡《亚洲文化》第四册，1986 年 1 月出版。

⑨ 据冯自由：《华侨革命开国史》和《中华民国开国前革命史》，谓丘捐 10 万元，并向华侨募款；而康有为在 1900 年 7 月 16 日《致各埠保皇会公函》则云："丘君菽园，再捐十万，共二十万"（见《政论集》，第 413 页）；康有为后来写给谭张孝的信也说："此次大事，全借，菽园乃有所举"（《近代史资料》总八〇号）；康有为：《丘菽园所著诗序》则云："捐施十余万，冒险犯难，以事勤王"，疑以"十余万"为宜。

⑨ 康有为：光绪二十六年（1900）二月后《致丘菽园书》，手迹，新加坡丘氏家属藏。

⑨ 康有为：《庚子三月题丘君看云图》，手迹，同上。

⑨ 康有为：《条陈商务折》，见《政论集》，第 329 页。

⑨ 康有为：《物质救国论》，见《政论集》，第 565 页。

⑨ 康有为：《致濮兰德书》，1900 年七八月间，手稿，上海博物馆藏，见《政论集》，第 424 页。

⑨ 《拳匪买王培佑升京尹说》，1900 年手稿，上海博物馆藏。

⑨ 康有为：《致各埠保皇会公函》，见《政论集》，第 414 页。

⑨ 康有为：《上粤督李鸿章书》二，《知新报》第二一六册，光绪二十六年（1900）

六月十五日出版。

⑨ 康有为：《托英公使交李鸿章代递折》，《知新报》第一三三册，光绪二十六年（1900）十二月一日出版。

⑩ 康有为：《致各埠保皇会公函》，见《政论集》第 413 页。

⑩ 康有为：《致濮兰德书》，同上书，第 426 页。

⑩ 康有为：《上粤督李鸿章书》，《知新报》第一二六册。

⑩ 唐才常：《砭旧危言》，《亚东时报》第十六册，光绪二十五年（1899）十月十八日出版。

⑩ 唐才常：《正气会会章》，《亚东时报》第十九册，光绪二十六年（1900）正月二十九日。

⑩ 康有为：《致办事诸子书》二，1900 年 6 月 20 日，原件，上海博物馆藏。

⑩ 冯自由：《中华民国开国前革命史》上编第六章《革命保皇两党之冲突》。

⑩ 梁启超：《致南海夫子大人书》，谓："此间（檀香山）保皇会得力之人，大半皆中山旧党，今虽热而来归，彼心以为吾党之人才势力，远过于彼党耳。若一旦归来，吾党之人既已如此，而彼党人在港颇众。……彼辈一归，失意于吾党而不分，返檀必为中山用。"光绪二十六年（1900）四月一日，见《梁任公先生年谱长编初稿》，第 124 页。

⑩ 同上注，第 125 页。

⑩ 同上注，第 127 页。

⑩ 日本刀江书院铅字排印本，昭和十七年四月出版。

⑪ 《井上雅二日记》最重要一部分，封套"大学一一一"，棕黑色封面一册，钢笔书于洋纸笔记簿上，横格直写，用纸六十张，首有"明治三十六年，男儿三十未平国，后世谁称大丈夫"语，起明治三十三年五月，迄明治三十六年二月。译本见拙著《乘桴新获——从戊戌到辛亥》，江苏古籍出版社 1990 年版。

⑫ 《井上雅二日记》，明治三十三年七月三十日。

⑬ 梁启超：光绪二十六年二月二十八日《上南海先生书》，见《梁任公先生年谱长编初稿》，第 108 页。

⑭ 梁启超：光绪二十六年三月初十日《致梁君力书》，见《梁任公先生年谱长编初稿》，第 112—113 页。

⑮ 梁启超：光绪二十六年三月十三日《上南海先生书》，见《梁任公先生年谱长编初稿》，第 113 页。

⑩ 同上书，第 114 页。

⑰ 同注⑰。

⑱ 冯自由：《中华民国开国前革命史》第九章《正气会及自立会》。

⑲ 吴相湘：《孙逸仙先生传》上册。

⑳ 吴良愧：《自立会追忆记》，见《自立会史料集》，岳麓书社 1983 年版，第 101 页。

㉑ 同上书，第 322 页。

㉒ 赵必振：《自立军纪实史料》，见《自立军史料集》。

㉓ 拙撰：《孙中山和自立军》，见《历史研究》，1991 年第 1 期。

㉔ 日本外务省档案《各国内政关系（支那）革命党》，福冈县知事报告，高秘八二一号，机受第七一三二号。

㉕ 日本外务省档案《各国内政关系（支那）革命党》，福冈县知事报告，明治三十三年（1900）八月二十六日，高秘八四八号，外务省机受第五九三二号。

㉖ 孙中山：《离横滨前的谈话》，见《孙中山全集》（第一卷），中华书局 1981 年版，第 189—190 页。

㉗ 孙中山：《与横滨某君的谈话》，《孙中山全集》（第一卷），第 198 页。

㉘ 汪，指汪康年，在自立军起义前和唐才常、容闳意见不一致，见《井上雅二日记》。由于自立军为张之洞所扑灭，康有为称之为"洞贼"；而汪康年原为张之洞幕僚，故牵连攻汪。

㉙ 日本外务省档案《各国内政关系杂纂》支那之部《光绪二十四年政变光绪帝及西太后崩御袁世凯免官》第一卷一门六类一项四一二一一号内。

㉚ 《井上雅二日记》明治三十三年（1900）八月七日。

㉛ 1899 年《告各埠保皇会》原件；另见《政论集》，第 415—419 页。

㉜ 孙中山：《敬告同胞书》，见《孙中山全集》（第一卷），中华书局 1981 年版，第 233 页。

㉝ 同注㉗。

㉞ 同注⑰。

㉟ 章太炎：《庚子拳变与粤督书》，见拙编《章太炎政论选集》，中华书局 1977 年版，第 145 页。

㊱ 支那汉族黄中黄（章士钊）：《沈荩》。

㊲ 孙中山：《革命源起》。

第九章 《政见书》和《大同书》

《政见书》的发表

自立军起义以后，资产阶级革命派和改良派逐渐划分界线，开始展开斗争。

自立军起义是 1900 年 7 月发动的，在它的"宗旨"中，既说"不认满洲政府有统治中国之权"，又说"请光绪皇帝复辟"。自立军中既有兴中会会员参加，又不能挣脱康有为的束缚，导致宗旨模糊，反映了革命、改良两派没有明确划分界线的混沌迹象。然而，自立军的失败，却促使知识分子逐渐从康有为的思想影响下解放出来，促使了革命派的觉醒和改良派的分化。

这里特别要提出的是，参加过自立军愚园会议、"割辫与绝"的章太炎。他本来是同情康、梁，同情改革的，即使在政变以后，仍与"尊清"者游。但在参加"愚园"会议时，当场批判"不当一面排满，一面勤王"，而"宣言脱社，割辫与绝"，写《解辫发》以明志。还写了《请严拒满蒙人入国会状》①，表示"不臣满洲之志"。次年，他看到康有为及门弟子梁启超在主编的《清议报》上，连续发表《戊戌政变记》《光绪圣德记》和其他反对慈禧、荣禄，拥护光绪的言论。《清议报》第七十七册至八十四册[光绪二十七年（1901）三月十一日至五月二十一日]又发表了《积弱溯源论》，说是中国"积弱""分因之重大者，在那拉一人"，而"今之皇帝（光绪）"则"忘身舍位，毅然为中国开数千年未有之民权，非徒为民权，抑亦为国权也"。

实际是企图从慈禧、荣禄等人手中夺取政权，拥护光绪复辟。这种主张显然是反对革命的。章太炎看到后，立即驳斥，以为"梁子迫于忠爱之念，不及择音，而忘理势之所趋，其说之偏宕也亦甚矣"。此文（《正仇满论》）发表于旅日留学生主编的《国民报》月刊第四期，1901 年 8 月 10 日在日本出版。是对改良派公开论战的第一枪，章太炎后来公开发表的《驳康有为论革命书》，即多次引录此文。

革命形势的发展，连梁启超、欧榘甲等都有些"摇惑"，作为保皇会首领的康有为，则坚持保皇不变。主要表现为：

第一，鼓吹保皇保教，反对反清革命。康有为在海外组织保皇会时，把保皇和保教连在一起，在新加坡集款 20 余万建立孔子庙，每逢光绪"圣诞"，各埠也要庆祝，单"横滨一埠，戊己庚辛四年，每年费二千余金"，虚文浪费。奉孔子为"改制"的圣人，奉光绪为神明的"圣主"，仍想以孔子的权威和光绪的"圣德"感化会员。说是革命要有"流血之惨"，革命要引起分裂。他说："当今时势，即洪秀全亦不能复起，李自成、黄巢、陈涉更无论矣。……今日而欲言革命者，不起京师而起自近地，不问其事理，但可一言决之，以必败灭、必无成而后已。"②反对"革命者开口攻满洲"，以为"立宪可以避革命之惨"，说："今欧、美各国所以致富强，人民所以得自主，穷其治法，不过行立宪法，立君民之权而止，为治法之极则矣。"认为"戊戌时，皇上即欲开议院、行立宪以予民权"，"今天之言革命者，其极亦（不）过欲得成立宪政治，民有议政权耳。若皇上复辟，则自然而得之，不待兵革；若必用革命军起，则各省各府各县人人奋起，谁肯相下，吾四万万人自相荼毒，外国必借名定乱而入取吾地。……我中国若革命军起，必不能合而为一，是我有万里之大国而自分裂之也。"③

第二，对门人施加压力，宣布保皇宗旨"无论如何万不变"，凡言"革命扑满"者以"反叛"论。梁启超、欧榘甲"摇惑"革命，康有为"切责"梁启超之函不下数十次，不准"叛我""背义"，以"迫吾死地"相威胁，以"断绝""决裂"相诋詈。从他 1902 年 6 月 3 日写给欧榘甲的信中，可以看出康有为愤激之情。书曰：

近得孟远书，决言革命，头痛大作，又疟发。复得汝书，头痛不可言。汝等迫吾死地，欲立绝汝等又不忍，不绝汝又不可，汝等迫吾死而已。记己亥汝责远之决绝，且安有身受衣带之人而背义言革者乎？……且今译局成，次望商会，岂不言革，则无啖饭处耶？议民权政权，制立宪，无不可言，何必言革？《新民报》原甚好，但不必言革耳。余详前函。总之，我改易则吾叛上，吾为背义之人。皇上若生，吾誓不言他；汝改易，则为叛我，汝等背义之人。汝等必欲言此，明知手足断绝，亦无如何，惟有与汝等决绝，分告天下而已。

就在 1902 年春，康有为发出《答南北美洲诸华商论中国只可行立宪不可行革命书》和《与同学诸子梁启超等论印度亡国由于各省自立书》，两封公开信，合刊为《南海先生最近政见书》。

《南海先生最近政见书》（下简称《政见书》）刊录两文后，附录康有为《书后》有云："当国之权臣及保位之疆臣，无以吾言为喜幸也，无以革命者难举，无所惮而益肆也。"等到"庚、辛大变，皇上无恙，人望回銮，可以复辟。今回銮数月，不闻复辟，薄海内外骤然失望，即向之竭忠于本朝者，多已翻然变政矣"。所以"勿谓戊戌以来，四年之变不急而轻视之"，此后变患，将更深重。如今最为重要的是"速请皇上复辟，以强中国"，希望王大臣"无忘庚子京师之祸，无忘元世庚申之变，无忘明世甲申之剧"，并引"英国杀其王查理士，法杀其王路易"为例，吁请拥护光绪复辟，抵制行将兴起的革命运动。

《答南北美洲诸华商论中国只可行立宪不可行革命书》认为："今欧、美各国所以致富强，人民所以得自主，穷其治法，不过行立宪法、定君民之权而已，为治法之极则矣。""统计欧洲十六国"，只有"法国一国为革命"，"其余十余国，无非定宪法者，无有行革命者"。而法国革命，"大乱八十年，流血数百万，而所言革命民权之人，旋即藉以自为君主而行其压制"了。法国的地与民，"不得中国十分之一"，"而革命一倡，乱八十年。第一次乱，巴黎城死者百廿九万，中国十倍其地，十倍其民，万倍于巴黎，而又语言不通，山川隔绝，以二十余省之大，二百余府之多，二千余县之众，必不能合一矣。若有大乱，以法乱之例推之，必将数百年而后定，否亦须过百年而后定"。只有拥护光绪皇帝复辟，进行改良，才能避免"流血"，才能使中国富强。

他又认为"倡革命者，必以民权自立为说"，其实"倡言民权自由可矣，不必谈革命"。还说法国拿破仑，"始则专倡民权"，后来"复自为君主矣"。拿破仑第三"事事必言利民"，"以买人心"，"已而夜宴，一夕伏兵擒议员百数，民党头目及知名士千数，尽置于狱，流于而美嵌监绝地中，拥兵五十万而称帝矣"。以为"为中国计，为四万万之同胞计"，"何如望之已有已现已效之皇上乎？"

他又说，谈革命者，以为"中国积弊既深，习俗既久"，"非大震雷霆、大鼓风雨"不可。事实上，中国自甲午战争以后，"变法议倡，积极而有戊戌维新之事"，以后也有改变，"及去年旧党渐诛，回銮日闻，天下人人侧望，咸以为皇上立即复辟，异说渐静"。只是因为"回銮后不闻复辟"，于是"天下复嚣然愤然而言革命自立"，而"广西之乱又起矣"。况且"既动之后，不能复静，变乱滋生，不可复止"，中国目前是不可行革命民主的，"必须历立宪君主，乃可至革命民主"。

他认为，主张革命的人，"开口攻满洲，此为大怪不可解之事"，"革命者日言文明，何至并一国而坐罪株连之；革命者日言公理，何至并现成之国种而分别之，是岂不大悖谬哉！"

文章最后说："考之欧洲之事，则各国皆行立宪而国势安固，民权自由之乐如彼；法国独为革命，印度分省自立，而国势陵夷丧乱灭裂之害如此。"根据历史的经验，中国目前只能立宪。自己"受衣带之诏，躬受筹救之责"，是不能"中道变弃"的。如今光绪"挟于西后、荣禄之手，虽回銮而无权如故，荣禄自挟天子而令天下，于今五年矣"。而"天下臣民莫不归心皇上"，如果"一旦归政，天下当阳，焕然维新"，那么，"上定立宪之良法，下与民权之自由，在反掌耳"。

《与同学诸子梁启超等论印度亡国由于各省自立书》则是针对梁启超等的"摇于时势"，"妄倡十八省分立之说"予以驳斥的。主张"今合举国之力，日以攻荣禄请归政为事，则既倒政府之后，皇上复辟，即定宪法变新政而自强，是则与日本同轨而可望治效耳"。如果"移而攻满洲，是师法印人之悖蒙古而自立耳，则其收效亦与印度同矣"。

他认为"印度亡国由于各省自立"，"皆吾国之明镜，吾国之前车也，若明知而故蹈之，则乐于绝吾种而亡吾国"，应该"考印度以为鉴"。

这两封公开信——《政见书》，反对革命者"开口攻满洲"；主张"皇上复辟，即定宪法、变新政而自强"，是高唱复辟、压制革命的文字，说明康有为的思想已渐落于形势之后了。反过来说，为什么康有为要写这两封公开信呢？也正是由于当时革命形势的发展，甚至梁启超、欧榘甲等都有些"摇于形势"，于是才"慷慨陈言"的。这时的康有为已逐渐失去过去"拉车向前"的风貌了。

改良和革命，是甲午战后民族危机日益深重的情况下产生的两大派别，随着形势的发展，主张改良的人也有逐渐走向革命的，主张革命的人也有先前受过改良的影响的。而康有为却在政变以后，由勤王而保皇，对革命派也就由拒绝合作而反对革命了。

这里可以用改良、革命两派的首领康有为和孙中山在 19 世纪末 20 世纪初思想上愈来愈显著的差距，来诊视康有为日渐不能适应时势的发展。康有为和孙中山思想上的差距，是在"联合"和斗争中逐渐扩展的。

根据记载，孙、康之间的"联合"，显著的就有两次，都是孙中山发起的。一次是 1898 年政变发生后，康有为流亡日本，当时孙中山也在日本，孙曾托宫崎寅藏、平山周向康有为示意，"商讨合作办法"，康有为没有到会，孙中山派陈少白往访，请康"改弦易辙，共同举行革命大业"，为康所拒。一次是 1900 年夏，宫崎寅藏商请孙中山往新加坡和康有为再谈"抛弃保皇"，"联合革命"，康竟指控其为"刺客"。此后，就不再谈"联合"了。

孙中山为什么一而再地争取联合康有为？是否认识到他和康有为之间的思想差异？既然认识到，为什么又要求联合？我认为，孙中山对康有为的争取，是基于维新运动时期他们思想上有共同点；政变发生后，又"彼此均属逋客，应有同病相怜之感"④。康有为之所以拒绝，则因他自认"今上圣明，必有复辟之一日"，自以为"受恩深重"，要起兵勤王，"脱其禁锢瀛台之厄"⑤。孙中山因康有为是"维新志士"而渴望联合，而康有为热衷于"勤王复辟"而拒绝联合。

其实，孙中山是知道康有为的保皇立场的。据宫崎回忆，"孙先生之所以要见康，并非在主义方针上有任何相同之处，而只是对他当前的处境深表同情，意在会面一慰他之亡命异乡之意，这实在古道热肠，一片真诚。"⑥他们同为清政府侦缉，都是"逃亡逋客"，这是相同的；而"主义方针"却不相同。孙中山劝康有为"放弃保皇"，正因为保皇和反清并不一致，是两种不同的"主义方针"。1900 年 6 月，孙中山在《离横滨前的谈话》中说："清政府在康有为公开致力于种种运动或采取恐吓政府的手段之际，对他的党派抱有严重警惕，并因而对我们党派的注意逐渐放松，这在某种程度上正是我党的幸事。"⑦对"他的党派"和"我们党派"是加以区分的。

尽管如此，孙中山没有放弃对康有为的争取，他在《与斯韦顿汉等的谈话》中说：

> 我认为康指控宫崎和清藤是犯了严重错误。当康等与我来往时，他们的行动便是不寻常的。皇太后悬赏十万两购缉康的头颅，他那头颅的价值三倍于我。中国政府派人处处监视我的行动，我来这里的目的在于会见康，并增加我的中国追随者。⑧

又说：

> 不错，我志在驱逐满洲人，而他支持年轻的皇帝。我希望与他磋商，为我们在共同路线的联合行动作出安排。⑨

那么，孙中山对康有为"支持年轻的皇帝"和自己"志在驱逐满洲人"之互分泾渭是认识清楚的。但他仍要与之"磋商"，即便康有为"指控宫崎"时，仍想联合。这固然是孙中山的政治远见和豁达大度，还因为：第一，康有为也是"逋客"，尽管"他支持年轻的皇帝"，但对慈禧则示反对；康有为也说："今日即孙文议论，亦不过攻满洲，而未尝攻皇上。"⑩尽管孙中山主张以革命的方式推翻清朝封建统治，而康有为只是反对以慈禧为首的清政府当权派，他们反对的对象和方式不同，而斗争锋芒却又是针对清朝封建统治。第二，革命派和改良派当时也不是完全没有联合的可能。只要看赞成或参加维新运动的人流亡日本后，就有好多人受到孙中山的启发和影响。如章太炎于 1899 年 6 月，由台湾"渡日本"，经过梁启超介绍，"始识孙中山于横滨旅次，相与谈论排满方略"⑪。同年秋，唐才常经香港、南洋重赴日本，因毕永年的介绍，见到孙中山，"讨论湘、鄂及长江一带的起兵计划"⑫，唐才常受其启发，而自立军中，就有兴中会会员参加，说明有"联合"的可能性。第三，这时资产阶级革命派虽已酝酿起义，但革命的声势还不大，舆论宣传还不如改良派，当一些人对光绪还存在幻想的情况下，揭露清政积弱，控诉慈禧"训政"，拥护改良变法的皇帝，反对顽固守旧的慈禧，还曾起过影响。"联合"这股力量，对反清斗争不是无利。

这些反映了当时革命和改良尚未明确划分思想界线，而孙中山对康有为没有放弃"磋商"，他说："在中国的政治改革派的力量中，尽管分成多派。但我相信，今天由于历史的进展和一些感情因素，照理不致争执不休，而可设法将各派很好地联成一体。"⑬

这种情况，在 20 世纪初发生了变化，他们不但再没有"联合"，而是争论愈演愈烈了。

康有为既无视孙中山的争取，又坚持保皇不变，而且把斗争的矛头由针对清政府当权派转向资产阶级革命派了。他拼命说革命要有"流血之惨"，革命要引起分裂，说："当今时势，即洪秀全亦不能复起，李自成、黄巢、陈涉更无论矣。……今日而欲言革命者，不起京师而起自近地，不问其事理，但可一言决之，以必败灭、必无成而后已。"⑭反对"革命者开口攻满洲"，以为"立宪可以避免革命之惨"。"若皇上复辟，则自然而得之，不待兵革。若必用革命军起，则各省、各府、各县人人奋起，谁肯相下？吾四万万人自相荼毒，外国必借名定乱而入取吾地。……我中国若革命军起，必不能合而为一，是我有万里之大国而自分裂之也"⑮。"布告同志"，表示"死守此义"。

这样，孙中山在部署武装斗争的同时，对为清政府张目的康有为也就展开了斗争。孙中山一方面指出，只有"革命为惟一法门，可以拯救中国出于国际交涉之现时悲惨地位"，"必要倾覆满洲政府，建设民国"⑯。以"驱逐鞑虏，恢复中华，创立民国，平均地权"为四大事⑰，其推翻清廷，旗帜鲜明。另一方面，揭露康有为"施诈术以愚人"，以"破其庇谬""清除康毒"⑱。经过了革命和保皇的一场大论战，1903 年 12 月，孙中山发表了《敬告同乡书》，指出"革命、保皇二事，决分两途，如黑白之不能混淆，如东西之不能易位。革命者志在扑满而兴汉，保皇者志在扶满而臣清，事理相反，背道而驰"⑲，号召划清革命与保皇的思想界线。自此以后，康有为保皇臣清的面目日露，终且为清政府"预备立宪"摇旗呐喊，与革命为敌。康有为是日趋沦落了，革命已成为时代的主流，孙中山也成为时代的巨人。

如果说，康有为和孙中山过去有共同点，后来又有一度联合的举措的话，这时"扑满""臣清"已经根本对立了。为什么在这短短的几年内，孙、康之间由"大同小异"到根本相异呢？还得从时代背景来考察：1900 年八国联军的入侵和自立军起义的失败，是促使孙、康分野的主要因素。

义和团运动的失败，《辛丑和约》的签订，资产阶级革命派的惠州起义也失败了，整个局势似乎沉寂。但沉寂只是表面现象，人们正从巨创深痛中考虑祖国的命运和出路，许多人深感再也不能把希望寄托在反动腐朽的清政府身上了，不能把希望寄托在枝节的改良上了。中国的现状，需要一个根本的改革。孙中山在 1901 年的谈话中说："凡是了解包围和影响皇帝的那些人物的，谁都应当知道，清朝皇帝没有能力去有效地实行中国所需要的激烈改革。"[20]后来他在《自传》中也说："庚子以后，满清之昏弱，日益暴露，外患日益亟，士夫忧时感愤负笈于欧、美、日本者日众，而内地变法自强之潮流，亦遂澎湃而不可遏。于是士林中人昔以革命为大逆无道，去之若浼者，至是亦稍知动念矣。"[21]此后，革命、改良也就正式叛离了。

自立军起义是 1900 年 7 月发动的，在它的"宗旨"中，既说"不认满清政府有统治中国之权"，又说"请光绪皇帝复辟"。自立军中既有兴中会会员参加，又不能挣脱康有为的束缚，导致宗旨模糊，反映了当时革命、改良没有明确划分界线的混沌迹象。然而，自立军的失败，却促使知识分子逐渐从康有为的思想影响下解放出来，促使了革命派的觉醒和改良派的分化。例如参加自立军的秦力山、陈犹龙在起义失败后投身革命，向改良派"算帐"，使保皇会的"信用渐失，不复再谈起兵勤王事"。此后，许多知识分子逐渐从改良主义的思想影响下解放出来，感到"天下大势之所趋，其必经过一趟之革命"[22]，从而走向革命的道路。如刘敬安的另创日知会、吴良愧的参加同盟会、龚春台的响应萍浏起义，他们本来都是自立会员或参加过自立军的。此后，革命派、改良派的"各张旗帜，亦自兹始"[23]。当时就有人说，自立军的失败，"固可断为勤王、革命之一大鸿沟也"[24]，也就是说，自立军的失败，促使了革命派的逐步明确界线。

《辛丑和约》的签订，暴露了清政府媚外辱国的真面目，再不能幻想它实行"激烈的改革"了；自立军起义的失败，又使一部分受康有为影响的人觉醒出来，投身到革命的行列。20世纪初的时代潮流，已是革命而不是改良，是反清而不是保皇，孙中山顺应了历史的发展，康有为则凝滞不前。这样，他们之间的差距也就愈来愈大，终致"理不相容，势不两立"，而互为水火、各张旗帜了。

《大同书》的成书及其评价

康有为较早孕有大同思想，后来撰写《大同书》。他的大同思想孕育较早，而《大同书》的成书却迟。

近代中国发展迅速，在这复杂的社会里，反映在一些思想家论著中，每每有改易旧稿，甚至倒填成书年月的情况。这样，对近代人物及其思想进行评价，就不能不留心考核他们撰著的成书年代。

当今学者对《大同书》的评价不一，有誉有毁，其主要症结是把康有为早期的"大同思想"和后来撰述的《大同书》混同评价，从而不可能对《大同书》做出正确的结论。

康有为的《大同书》究竟撰于何时？他自称1884年就已撰有是书了，《大同书题辞》说：

> 吾年二十七，当光绪甲申（1884年），清兵震羊城，吾避兵居西樵山北银塘乡之七桧园澹如楼，感国难，哀民生，著《大同书》。以为待之百年，不意卅五载而国际联盟成，身亲见大同之行也。此书有甲、乙、丙、丁、戊、己、庚、辛、壬、癸十部，今先印甲、乙二部，盖已印《不忍》中取而印之，余则尚有待也。己未（1919年）二月五日，康有为。㉕

《大同书》甲部《入世界观众苦·绪言》说：

　　康有为生于大地之上，为英帝印度之岁，传少农知县府君及劳太夫人之种体者，吾地二十六周于日有余矣。……游学于南海滨之百粤都会曰羊城，乡于西樵山之北曰银塘。……已而强国有法者，吞据安南，中国救之，船沉于马江，血躁于凉山，风鹤之警误流羊城，一夕大惊。……康子避兵，归于其乡。延香老屋，吾祖是传，隔塘有七桧园，楼曰澹如，俯临三塘，吾朝夕拥书于是，俯读仰思，澄神离形。……

　　按康有为生于公元1858年（咸丰八年戊午），至1884年，正是他的二十六周岁。《绪言》所称："吾地二十六周于日有余矣"，与《题辞》"吾年二十七"相符；中法战起，南洋水师在福建溃败，也是1884年，与《绪言》所云"船沉于马江"亦合。再参以康有为的《自编年谱》"光绪十年甲申，二十七岁"：

　　　　春夏间寓城南板箱巷，既以法越之役，粤城戒严，还乡居澹如楼。……秋冬独居一楼，万缘澄绝，俯读仰思，至十二月，所悟日深，因显微镜之万数千倍者，视虱如轮，见蚁如象，而悟大小齐同之理。

所述"俯读仰思"诸事，也与《入世界观众苦》所言相似。这些记载，都出自康有为的自述，应该是可信的。

　　但是，细绎上引，却有罅漏：《大同书题辞》是他在1919年重印《大同书》甲、乙两部时题的，依据《绪言》，时日相符，自无足怪，但《自编年谱》却只说是年"悟大小齐同之理"，未说撰有《大同书》。《自编年谱》完成于1899年初，而"光绪二十一年"以前的《年谱》，却是1895年前所作[⑩]。为什么离1884年只有11年的《自编年谱》会将这一重要著作遗漏？而离1884年已达35年的《大同书题辞》反而言之凿凿？《大同书题辞》又谓："今先印甲、乙二部，盖已印《不忍》中取而印之，余则尚有待也。"按《大同书》于1913年始于《不忍》杂志发表甲、乙二部，其余八部，经过六年，"尚有待也"。那么《大同书》究竟是哪一年完成的呢？

　　早在20世纪50年代，我就撰文认为《大同书题辞》《绪言》是倒填年月。康有为在1884年没有《大同书》的撰述，而梁启超在《大同书成题辞》

下脚注所说："辛丑、壬寅（1901—1902 年）间避地印度，乃著为成书"，倒是可信的[㉗]。接着，又就《大同书》的内容、思想来源，以及载有 1884 年以后的事例，"政变"后游历欧、美的见闻等，再次考辨《大同书》应撰于 1901 至 1902 年，"定稿更迟"[㉘]。文章发表后，引起了一场争论，我还是坚守前说。

我以为《题辞》《绪言》是倒填年月，康有为在 1884 年并没有《大同书》的撰述。因为：

第一，《大同书》中以"太平世"（大同）的社会组织形式，是全世界设立一个统一的整体，最高的中央统治机构叫作"公政府"。他认为要达到这个"理想"，需要通过"弭兵会"来解决。他说：

> 俄罗斯帝之为万国平和会也，为大地万里联邦之始也。（中华书局 1958 年版，下同。第 75 页）

> 夫近年以大同纪年，当以何年托始乎？凡事必有所因，端必有所指。大同因之所托，必于其大地大合之事起之，近年大地万国大合之纪事，其莫如荷兰喀京之万国同盟矣。是事也，终于己亥，终于庚子。庚者，更也；子者，始也；庚子之冬至为西历一千九百零一年，耶纪以为二十世开幕之一年者，当即以庚子春分为大同元年托始之正月朔日。（第 90 页）

按此指 1899 年 5 月 18 日由俄皇尼古拉二世倡议，在荷兰首都海牙召开的"海牙和平会议"。这一类的"国际和平机构"，实际为一些帝国主义大国利用的工具，而康有为却把资产阶级的虚伪民主，把资产阶级专政的联邦及其所操纵的"国际和平机构"看作"大同之先驱"。除从上引"是事也，起于己亥，终于庚子"，可以确证是他 1900 年以后的记载外，更重要的是，这一观点贯穿在"去国界合大地"的全部。作为"大同之进化"的"略不出此"的《大同合国三世表》也载该部。其他如丙部《去级界平民族》、辛部《去乱界治太平》亦有阐发。《去国界合大地》是《大同书》中最重要的组成部分之一，他的社会政治理想以此为最具体；而立"公政府"，"欲去国害必先弭兵破国界始"，更为全部的枢纽。那么，康有为不是在 1884 年即有《大同书》的撰述，再经 1900 年以后的增补，而是撰于 1900 年"海牙和平会议"以后。它是康有为受了帝国主义所宣扬的"世界主义"理论影响以后的撰著，是 1901 年至 1902 年间的作品。

第二，《大同书》中记载 1884 年以后的事例甚多，康有为不可能在 1884 年即已撰有此书。《大同书》中有记 1885 年事者：

> 自十三世祖涵沧公丁明末之难，全族亡尽。涵沧公以幕营业，创此老屋，前年崩倒，倾压一人。而吾行经洋城华德里，飞砖压顶，幸隔寸许，不然，吾死于光绪乙酉岁矣。（第 24 页）

乙酉为公元 1885 年。有记 1887 年事者：

> 若光绪丁亥香港华洋船之惨祸，先自火焚，焦头烂额，中于烟毒，船客尽焚，已而沉下，予几不免焉。（第 25 页）

丁亥为公元 1887 年。有记 1888 年事者：

> 吾妹琼琚静贞好学，生有三子，夫丧中年，以贫自伤，数载而殒。（第 28 页）

按：康有为的妹婿游湘琴卒于 1887 年，他的三妹琼琚卒于 1888 年，均见《自编年谱》。有记 1895 年事者：

> 吾门人陈千秋通甫者，绝代才也，为吾门冠，年二十六，以肺痨卒。（第 14 页）

按：陈千秋卒于 1895 年，即光绪二十一年乙未。有记 1897 年及 1898 年后事者：

> 故弱冠以还，即开不缠足会，其后同志渐集，舍弟广仁主持尤力，大开斯会于粤与沪上，从者如云，斯风遂少变。戊戌曾奏请禁缠足，虽不施行，而天下移风矣。（第 141 页）

按：康广仁经理之上海不缠足会，于 1897 年 7 月成立；《大同书》又称："戊戌曾奏请禁缠足"，则应记于 1898 年戊戌以后；称"虽不施行，而天下移风矣"，则应为戊戌政变以后的词句。有记 1898 年政变以后事者：

吾弟幼博（主事，名有溥，字广仁），戊戌之难，戮于柴市，携骸而归，身首异处，至今思之心痛。（第 38 页）

按：康广仁是"戊戌六君子"之一，康有为明记"戊戌之难"，又称"至今思之心痛"，必历政变后若干岁月了。

第三，《大同书》中有不少游历欧、美后的见闻记录，提到印度或印度史事的记载尤多，可知《大同书》是政变以后，康有为游历欧、美，避居印度时的撰述。《大同书》中所载游历欧、美后的见闻记载有：

即欧、美诸国，近号升平，而吾见其工人取煤熏炭则面黑如墨，沾体涂足则手污若泥，自以其所耕之地大于中国。（第 16 页）

试观巫来由及烟剪之器物，无不丑恶，其与进化之害莫大焉。（第 37 页）

以吾所见，檀香山人、巫来由人，皆棕黑者也，印度人则黑如鬼者也，皆怪丑者也。而欧人、华人多娶其妇，美人、英人多娶烟剪女者。盖凡人久居其地，则心目移易，视为固然，虽有恶者不知其恶也。吾尝问一娶檀山女、印度女者皆云然。（第 121 页）

吾昔入加拿大总议院，其下议院诸女陪吾观焉。吾谓："卿等具有才学，何不求为议员？"议长诸女胡卢大笑，谓："吾为女子，例不得预。"目吾为狂。此外频与欧、美女子言之，皆笑吾之狂愚也。（第 130 页）

而观欧、美之俗，男女会坐，握手并肩，即艳质丽人，衣香满座，虽忘形尔汝，莫不修礼自持，鲜有注目凝视，更无妄言品评者。（第 160 页）

乃至至无知之腊鱼，则亦有母子之亲焉。是鱼也，生于北美加拿大之海滨，腹大如鲤，生子百数十，群从其母出而游泳焉，既而复入母腹而宿焉。昔吾从者尝猎得狨之母子，群狨列树而长号，及将烹其子也，其母号哭甚哀，啮从者之手而俱死焉。吾欲放之而不及也。（第 168 页）

一欧人闻吾言中国父子之道而极慕叹羡之。一美妇与吾论人伦，谓但须得富，不必子女，有子女无益，反增累耳。吾所识英星架坡两巡抚皆不娶妻。而近年法国妇女皆不愿产子，下胎无算，否则弃之于婴堂者不可胜数。故数十年来法国丁口日少，昔者在四千万外，与德战争时民数过德，方今德人几增半而法人不加，今反不及四千万焉。法、美妇人尝语吾，已有一子，不再须矣，皆以多子为不可，其薄父子之效可见矣。（第177页）

吾与欧、美人游，寡见有抚其孙者，况曾玄乎？（第178页）

上述记载，清楚地说明是康有为在戊戌政变以后，远涉欧、美的亲历见闻⑫。他自己也明明记着："吾见""以吾所见""吾尝问""吾昔入""而观""吾所识"，以及欧、美人"闻吾言""与吾论""尝语吾"。所述事实，且多可考稽。如康有为于1899年游历美洲，当时报纸曾记其事，谓："康有为同李西庚游历美洲，美洲官绅商民与之谈洽者颇多。"⑬康有为说是"昔入"，说明《大同书》不可能成于1899年前。又如康有为于1900年2月1日（光绪二十六年正月初二日）至新加坡后，即正式接受英国的保护。8月，英国新加坡代理总督J. A. 斯韦登汉（J. A. Swettenham）邀往槟榔屿，住总督署中。1901年9月，英政府正式任命J. A. 斯韦登汉的兄弟F. A. 斯韦登汉为新加坡总督。《大同书》中所谓"吾所识英星架坡两巡抚皆不娶妻"，即指新加坡总督斯韦登汉兄弟⑭。可知他不可能记于1901年9月以前。书中述及法国"妇女"，则为1905年游历法国以后所补。又如"美国总统麦坚尼，……其死之遗嘱也，以其遗财二十余万镑尽与其妻，仅以千镑赠其母……且观麦坚尼，一切大会皆与其妻同之，不闻其母与焉"。按：麦坚尼（William Mckinley）卒于1901年，则应记于1901年以后。

同时，又以康有为在印度定居，对印度情况的了解，也较欧、美各国更多，因而在《大同书》中，关于印度情况的记载，也就更较欧、美各国为多。我曾将《大同书》里有关印度的记载做过统计，发觉提到印度或记述印度史事等情况的，共有40余次，其中如"以吾观英人之久居印度二三世者，面即黄蓝，华人亦然"（第116页），应为居住印度时所"观见"。又如：

　　若夫印度之抑女尤甚，虽极贫贱，必有红布数尺以蔽其首面，出
行则以手持之，目仅见足，曳踵圈豚，盖目为布蔽，不见前面也。间
有操作，一见男子，辄复蔽面，故终日以右手执操作之物，左手牵蔽
面之布。尤甚焉者，全身全面皆有布掩，仅露双目，而眉间布缝以小
锁之，夫持其钥，惟夫命乃开，身有穷裤，扃锁亦同，皆惟夫持钥。
此则狱吏之待重囚不若是矣。印中妇既孀守寡，则独处高楼，去其下
梯，绳缒饮食，如此终身，此则欧、美杀人之罪终身监禁者不过此矣。
印度富贵家女，有看演剧者，以布帷之，时穿小孔，仅露双目，外人
不得见焉。（第139—140页）

这种记载，不是亲历，是不会写得如此具体的。

　　为什么《大同书》中有不少欧、美见闻呢？为什么《大同书》中有关
印度的记载特多呢？因为他在政变后，亲历欧、美，避居印度。

　　第四，康有为的"大同"三世说，源于儒家今文学说，而他的"明今
学之正"，渗透今文，是1888年以后的事；康有为以《公羊》"三世"学说
和《礼运》"大同""小康"学说相糅则在更后。康有为不可能在"明今学
之正"之前的4年，已经撰有《大同书》。

　　根据《自编年谱》的记载，康有为在1880年曾著《何氏纠缪》，专门
攻击西汉今文经学大师何休。直到1888年第一次"上书不达"以后，既不
谈政事，复事经说，发古文经之伪，明今学之正。那么，在今文经学中汲
取他所需要的思想资料是1888年以后的事。要说康有为在未曾信奉今文以
前，即已撰有《大同书》，这是不可能的。这点，下面还将述及。

　　第五，康有为的弟子在政变以前都没有看到《大同书》。梁启超在1901
年撰《南海康先生传》时，介绍了康有为的"大同学说"，最后说"先生现
未有成书"；介绍"先生所著书"中关于"孔教"时，谓《政学通议》（《教
学通议》），今已弃去；有《新学伪经考》，出世最早；有《春秋公羊传注》
《孟子大义述》《孟子公羊相通考》《礼运注》《大学注》《中庸注》等书，皆
未公于世"，也未说撰有《大同书》。直到后来梁启超手写《延香老屋诗集》，
在《大同书成题辞》下加以脚注，始云：

　　启超谨案：先生演《礼运》大同之义，始终其条理，折衷群圣，

> 立为教说，以拯浊世。二十年前，略授口说于门弟子，辛丑、壬寅间
> （1901 至 1902 年）避地印度，乃著为成书。启超屡乞付印，先生以今
> 方为国竞之世，未许也。

梁启超这一记载，倒是真实的。康有为每每倒填成书年月，以明"一无剿袭"，梁启超却不为师讳，能道其实。

梁启超手写的《延香老屋诗集》在刊行前，康有为是为他撰序的，《大同书成题辞》的梁启超脚注，刊在该书的第 1 页，康有为不会没看见，假使不是事实的话，康有为为何不予"更正"？

正由于康有为在政变前"未有成书"（《大同书》），所以梁启超于 1901年撰的《南海康先生传》中，只有"大同""大同境界""大同学说"等称谓，没有《大同书》的记录。"大同"不等于就是《大同书》；政变前的"大同境界""大同学说"，也不等于他在 1901 至 1902 年所撰的《大同书》。

如果将"大同"和《大同书》混同看待，对《大同书》的评价，也不可能得出正确的结论。综上所述，《大同书》不是康有为早期的著作，以致在《大同书》中有不少是康氏自称撰写《大同书》的 1884 年以后，甚至1898 年戊戌变法以后的记载；有不少他在政变后游历欧、美，避居印度的见闻记录。康有为援用儒家今文学说以论政事，以《公羊》"三世"学说和《礼运》"大同""小康"学说相糅合，都是 1884 年以后的事情，康有为的弟子在政变以前，没有看到他的是项撰著，而《新学伪经考》《孔子改制考》却是参与辑校的。因此，康有为不可能在 1884 年即撰有《大同书》，梁启超所说到"辛丑、壬寅（1901—1902 年）间"，康有为"避地印度，乃著为成书"，是可信的。

这样，我对《大同书》成书年代的论文发表后，虽有一些人反对，有的还语气很重，我仍岿然不动。

20 年后，我终于在康有为家属康保庄、康保娥捐赠给上海市文物保管委员会文物图书中，发现了《大同书》手稿 5 本 4 册（其中第四、第五本合订一册）②，手稿尘封已久，但纸张、字迹却很完整。

手稿用毛笔字写在四开元素纸上，是康有为亲笔。将上海市文物保管

委员会所存 5 部 4 册和古籍出版社 1956 年版（下简称"今本"）对照，存乙部、戊部、庚部的全部和己部、辛部的大半。

康有为家属捐赠的文稿、图书中，另有《大同书》抄本，红格竹纸，每面 12 行，每行 34 字，中缝有"游存簃"三字，是康有为晚年请人缮抄，其中己部 18 页（正反两面）刚好是己部的前半部分，相当于"今本"第 168—191 页（文字略有异同），与手稿可以配全③。

手稿有如下几个特点：

一、手稿基本上不分章节，也不分段，"今本"则分段分节。如"今本"戊部第二章《论妇女之苦古今无救者》、第三章《女子最有功于人道》，手稿就连在一起，并无"第二章""第三章"的分目。每本开始，也没有"去界"的总标题。又如"今本"戊部论妇女之苦，讲了"第一，不得仕宦"到"第八，不得自由"（"今本"第 127—136 页），手稿则作"一曰""二曰"中有两个"五曰"，显为拟稿时信手所写。手稿字迹潦草，中多涂改，可知它确是最初属草时的稿本，要探索康有为写作《大同书》的经过及其内容，这是最原始的文件。

二、手稿和"今本"不但在分章分节上不同，即内容也有差异，如"今本"乙部《欲去国害必自弭兵破国界始》中"而德、美以联邦立国，尤为合国之妙术，令诸弱小忘其亡灭。他日美收美洲，德收诸欧，其在此乎，此尤渐致大同之轨道也"（"今本"第 70 页），即为手稿所无。这类事例很多，可知他屡经修改，定稿更迟。从手稿和"今本"的异同，可据以考核《大同书》的修改迹象和康有为的思想递变。

更重要的是，《大同书》手稿的发现，使我们无可怀疑地认定它是 1901 至 1902 年间所撰。

我在《论〈大同书〉的成书年代》中，曾列举五证，以明康有为不可能在 1901 年前即已撰有《大同书》，其中三点，在手稿中均有反映：

第一，《大同书》中以"太平世"（"大同"）的社会组织形式是全世界设立一个统一的整体，最高的中央统治机构叫作"公政府"；他以为要达到这个"理想"，需要通过"弭兵会"来解决，前面所引（"今本"第 75 页、第 90 页），手稿都有，可知它是撰于"起于己亥、终于庚子"的海牙和平会议以后，即 1901 至 1902 年间的作品。

第二，手稿中记载 1884 年以后的事例很多，康有为不可能在 1884 年即撰有《大同书》。

例如前文所引"今本"戊部《去形界保独立》中有"故弱冠以还，即开不缠足会，其后同志渐集，舍弟广仁主持尤力"，以至"虽不施行，天下移风矣"（"今本"第 141 页），应为戊戌政变以后的词句。这段记载，见于手稿正文中。此类词句还能举出很多。

第三，手稿中有不少游历欧、美后的见闻记录，提到印度或印度史事的记载尤多，可知《大同书》是政变以后，康有为游历欧、美，避居印度时的撰述。

手稿中记述政变后游历欧、美的见闻记录，如前文所引"吾昔入加拿大总议院……"（"今本"第 130 页），"而观欧、美之俗，男女会坐……"。（"今本"第 160 页）这些记录，不是亲历是不会写得如此具体的，其中尤以记录印度的事迹为多。如"今本"戊部《论妇女之苦》，举了印度的抑女事例（第 139 页），它见于手稿。这些记载，都写在正文之中，不是旁注，不是添加。手稿中所以有欧、美见闻，印度事例，正因为康有为政变后曾经游历、定居。

因此，手稿的发现，有力地证明康有为不可能在 1884 年即已撰有《大同书》，而是政变后游历欧、美，避居印度时所撰，梁启超所说"二十年前，略授口说于弟子，辛丑、壬寅间避地印度，乃著为成书"（见前引），是可信的。

《大同书》手稿为康有为 1901 至 1902 年间所撰，还可从稿本装帧、笔迹、纸色等方面得到证明。

康氏家属康保庄、康保娥等捐赠的文稿、图书中，尚有《政见书》《论语注》《孟子微》等手稿。《政见书》即《答南北美洲诸华商论中国只可行立宪不能行革命书》，此书撰于 1902 年，《新民丛报》曾予摘录，题称《南海先生辨革命书》，注明"壬寅六月"㉞，后与《与同学诸子梁启超等论印度亡国由于各省自立书》合辑为《南海先生最近政见书》。《政见书》稿本也是用毛笔字写在四开元素纸上，开本大小、纸张色泽、字体笔迹和《大同书》手稿完全一致，封面则为 1917 年补配，上题："此书作于居印度时，为壬寅年作，光绪二十八年也，于今十六年矣。"《政见书》既是"壬寅年作"，和它字体等一致的《大同书》，也应撰于同时。

康有为在 1901 至 1902 年所著各书，还有多种，《论语注》《孟子微》是其中重要部分。《论语注序》为"光绪二十八年"序于"哲孟雄国之大吉领大吉山馆"。《孟子微序》写于"光绪二十七年冬至日"，即 1901 年 12 月 22 日。这两份手稿也是用毛笔字写在四开元素纸上，开本大小、纸张色泽、字体笔迹也与《大同书》手稿完全一致。《论语注》手稿，引用《论语》原文，是用《论语》刊本剪裁；康氏自撰注文，则在剪裁下的刊本两侧，显是原稿。《孟子微》手稿字较潦草，且多修改，而修改的字体、墨色都和正文一样，说明是当时润色，而不是后来修缮。《论语注》《孟子微》和《政见书》一样，都是《大同书》同一时期的撰著。

或者说，康有为自称 1884 年写有《大同书》，是否原稿在戊戌政变时被抄没？目前发现的手稿确非 1884 年所写，是否原稿抄没后另行缮述？我认为不可能。因为：

第一，戊戌政变后，康有为故居确经"抄没"，但他在戊戌前的手稿，很多仍旧保存，如早年的《教学通议》全稿都存。即他在 1888 年代屠仁守所拟奏稿也有抄件。像《大同书》那样"秘不示人"的重要著作不应该会"遗失"。我认为康有为被"抄没"的，主要是奏稿，特别是戊戌年的奏稿。这些奏稿应为北京南海馆被抄时"抄没"，而早年家居时所写旧稿，反有保存。

第二，手稿第四、第五本封面，注明要加入杜甫的"三吏""三别"。"今本"《大同书》己部《去家界为天民》第二章《人本院》中所引《大戴礼记·保傅篇》大段引文（第 195 页），手稿只有《大戴礼记·保傅篇》篇名，引文下空，说明它是稿本，引文是他在定稿时嘱人补抄的。它不是"抄没"后另行缮述，而是最初稿本。

或者说，《大同书》手稿不是 1884 年所撰，虽有本证、旁证，但它的下限又该如何判定？我认为《大同书》是康有为"辛丑、壬寅间"所撰，后来又经增补，如"今本"乙部《欲去国害必自弭兵破国界始》中两项小注："吾作此在光绪十年，不二十年而俄立宪矣"（第 73 页），"吾作此在光绪十年，不二十年而高丽亡"（第 75 页）。光绪十年后二十年，为 1904 年，这两项小注，手稿都无，却是 1902 年后增补。又如"今本"庚部《去产界

公生业》"或亦能倡共产之法，而有家有国，自私方甚"（第 235 页），手稿
也无，显为后增。

至于"今本"中 1902 年后增补之迹，也可鉴别。如"吾观意国奈波里
之古城，犹可见惨状焉"（第 22 页），是 1904 年至 1906 年游意以后补加。
如记："试观东伦敦之贫里，如游地狱，巴黎、纽约、芝加哥贫里亦然。"
（第 32 页）记："美国之南科罗拉市，一夕为海水没，吾尝观其影戏焉，惨
哉！"（第 21 页）是 1905 年事。1906 年康有为重游西班牙，《大同书》谓
"今在西班牙之可度犹见之也"（第 10 页），疑亦游历所见。

上述都是手稿所无而见"今本"的，那么，不但可证手稿为 1901 年至
1902 年所撰，且知"今本"确是历经增补。

因此，《大同书》手稿的发现，不但使我们看到原稿的真相，并可据以
考核它的成书年代和此后增改之迹。

《大同书》是康有为在 1901 至 1902 年避居印度时所撰，还可从他"大
同三世"说的前后演变进行考察。

康有为在撰写《大同书》的同时，又写了《孟子微》《论语注》《春秋
笔削微言大义考》，说是两千年的中国，只是"笃守据乱之法以治天下"，
是"乱世"，而以资本主义君主立宪制度为"升平世"（"小康"）。"乱世"
的中国，要经过"公议立宪"，才能符合世界潮流，进入"升平世"；至于
"太平"（"大同"），还不能"一蹴而就"，和他政变前的"三世"说大相径
庭了。

如前所述，戊戌政变前，康有为把《公羊》"三世"和《礼运》"大同"
"小康"相糅，基本上构成他的"大同"三世系统，以中国封建社会为"小
康"，即"升平世"，实现君主立宪的资本主义制度才能渐入"大同之域"。
以为"今者中国已小康矣"，通过变法维新，就可逐渐达到他所想望的"大
同境界"。现在却以典型的资本主义社会为蓝本，和政变前的"三世"说不
同了。

康有为在《春秋笔削微言大义考》的《自序》中说：

　　孔子之道，其本在仁，其理在公，其法在平，其制在文，其体在
　各明名分，其用在与时进化。夫主乎太平，则人人有自主之权；主乎

文明，则事事去野蛮之陋。主乎公，则人人有大同之乐；主乎仁，则物物有得所之安；主乎各明权限，则人人不相侵；主乎与时进化，则变通尽利。故其科指所明，在张三世。其三世所立，身行乎据乱，故条理较多，而心写乎太平，乃神思所注，虽权实异法，实因时推迁。故曰："孔子，圣之时者也。"若其广张万法，不持乎一德，不限乎一国，不成乎一世，盖浃乎天人矣。汉世家行孔学，君臣士庶，劬躬从化，《春秋》之义，深入人心。拨乱之道既昌，若推行至于隋、唐，应进化至升平之世，至今千载，中国可先大地而太平矣。不幸当秦、汉时，外则老子、韩非所传刑名法术、君尊臣卑之说，既大行于历朝，民贼得隐操其术以愚制吾民；内则新莽之时，刘歆创造伪经，改《国语》为《左传》，以大攻《公》《谷》，贾逵、郑玄赞之。自晋之后，伪古学大行，《公》《谷》不得立学官而大义乖。董（仲舒）、何（休）无人传师说而微言绝。甚且束阁三传，而抱究鲁史为遗经，废置于学而嗤点《春秋》为断烂朝报。此又变中之变，而《春秋》扫地绝矣。于是三世之说，不诵于人间，太平之种，永绝于中国，公理不明，仁术不昌，文明不进，昧昧二千年，瞀焉惟笃守据乱之法以治天下。㉝

照此说来，孔子之时，"身行乎据乱"，是"乱世"，如果能循"孔子之道"，"推行至于隋、唐"，应该进化到"升平世"（"小康"）了；隋、唐以后，"至今千载"，中国应该"可先大地而太平矣"。但因秦、汉的崇"刑名法术"，王莽、刘歆的"创造伪经"，晋代以后的"伪古学大行"，以致"微言散绝"，"三世之说，不诵于人间，太平之种，永绝于中国"。而两千年的中国，只是"笃守据乱之法以治天下"。那么，中国两千多年的历史，不过是"乱世"，并非"小康"，与《礼运注叙》所称"吾中国二千年来，凡汉、唐、宋、明，不别其治乱兴衰，总总皆小康之世也"不同了。

在康有为同一时期的撰著中，也有这样的记述，如：

老子以不仁为道，故以忍人之心，行忍人之政。韩非传之，故以刑名法术督责钳制，而中国二千年受其酷毒。盖源之清浊既异，则其流有不得不然者。㊱

故诚当乱世，而以大同平世之道行之，亦徒致乱而已。⑰

此章（按：指《学而》有子曰："其为人也孝弟"一节）为拨乱世之义，孔子立教在仁，而行之先起孝弟，有子立教之意。以孔子生非平世，躬遭据乱，人道积恶……⑱

孔子生当乱世之时，则行据乱小康之义；若生平世之时，则行太平大同之义。⑲

又说：

故自晋世《公》《谷》废于学官，二家有书无师，于是孔子改制之义遂湮，三世之义几绝，孔子神圣不著，而中国二千年不蒙升平、太平之运，皆刘歆为之。⑳

以中国两千年来的封建社会是"乱世"，那么，"升平世""太平世"又是怎样呢？康有为在《孟子》"所谓故国者，非谓有乔木之谓也"节下注曰："此孟子特明升平授民权开议院之制，盖今之立宪体君民共主法也。"㉑在"民为贵，社稷次之，君为轻。"节下注曰："此孟子立民主之制，太平法也。"㉒显然，他是以资本主义君主立宪制为"升平世"（"小康"），而以资本主义民主共和制为"太平世"（"大同"）。

他说："孔子生当据乱之世。今者，大地既通，欧、美大变，盖进至升平之世矣。"㉓以为欧、美已经"大变"，进至"升平世"了。具体说来，英、德、日本，是"民权共政之体"，是"升平世"㉔；而美国、瑞士则"近于大同之世"㉕。中国则两千年来仍是"据乱"，与欧、美的"升平"不同。他说："今当升平之时，应发自主自立之义、公议立宪之事，若不改法则大乱生。"㉖即指当前世界潮流已当"升平"，应该"公议立宪""自主自立"，"若不改法，则大乱生"。可知 1901 年至 1902 年间，他仍然坚主君主立宪㉗，所谓"其志虽在大同（'太平世'），而其实在'小康'"。康有为政变后的"三世"说，已和戊戌前的不同，他以当时的中国为"乱世"，认为经过"公议立宪"，才能符合"世界潮流"，进入"升平"；至于"太平"，还不能"一蹴而就"。

《大同书》是和《中庸注》《论语注》《孟子微》《春秋笔削大义微言考》是同一时期的撰著，他的"大同三世"说，也和这些撰著相同，它不是康有为政变以前的"三世"说，而是政变以后的"三世"说。

《大同书》说：

> 欧、美略近升平，而妇女为人私属，其去公理远矣，其于求乐之道亦未至焉。……吾既生乱世，目击苦道，而思有以救之。⑱（第 8 页）

> 即欧、美诸国近号升平，而吾见其工人取煤熏炭而面黑如墨，沾体涂足则手污若泥，自以其所耕之地大于中国。（第 16 页）

> 伤矣哉！乱世也。人累之太多，天性之未善，国法之太酷，而犯于刑网也。世愈野蛮，刑罚愈惨。……盖乱世之常刑，而贤士多有不免焉，伤矣哉！乱世也。古用苗制，施行肉刑，汉文免之，改为囚徒、髡钳、鬼薪、役作，隋文代之以笞杖流徙。……故周勃以太尉之尊，然犹见狱吏而头抢地，……其有幸逢薄罚，或遇大赦，身免为奴，妻女为乐户。……既为乐户，则执弦捧卮，厕身倡妓，以文信国、于忠肃之家盖不能免。（第 33—34 页）

《大同书》以欧、美为"略近升平""近号太平"，而中国则"伤矣哉！乱世也"。从上引"犯于刑网"中所举事例，提到周勃、文天祥、于谦，说明他以汉、宋、明为"乱世"，康有为自己也"既生乱世"⑲。

《大同书》以中国封建社会为"乱世"，以君主立宪的资本主义制度为"升平"，那么，它所说的"大同"又是怎样的社会呢？《大同书》乙部《去国界合大地》中提到"太平世"（"大同"）的社会组织形式是全世界设立一个统一的整体，最高的中央统治机构叫作"公政府"，"公政府"没有"帝王、总统位号，只有议长"（第 107 页），公政府的行政官员由上下议员公举（第 97 页），"上议员以每界每度举之，下议员以人民多寡出之"。这些议员是世界"人民"的代表（第 95 页），而原来的各国则改为"自立州郡，设立小政府，全地统辖干全地公政府"，这就是"无邦国，无帝王"的"大同成就"的"太平世"的社会组织形式。

这种组织形式，如果就当时世界各国的现成情况来说，康有为以为"略近美国、瑞士联邦之制"。就是说"各国皆归并公政府，裁去'国'字"（第91页），建立类似美国、瑞士式的联邦政府，在公政府的统一辖治下，"无国界，裁判法律皆同"（第104页），"大地人民所在之地权利同一"（第105页），这样便是"无国而为世界"（第91页），"人人皆大同至公"（第107页）了。也就是说，他所说的"大同"，是指略如美国、瑞士式的联邦政府的资本主义民主共和制度，与上引《孟子微》等所称相同。他是以典型的资本主义社会为蓝本，再加上一层幻想的涂饰，和他戊戌政变以前的"大同"含义大相径庭。

康有为"大同思想"的蜕变，具有如下特点：

第一，戊戌变法前的"大同三世"说，把两千年来的中国封建专制制度说成是"升平世"（"小康"），而戊戌政变后的"大同三世"说，却把当时的中国由"升平"倒退到"乱世"，而"大同"则遥遥无期，说什么"合同而化，其在千年乎？其在千年乎？"⑩"方今列国并争，必千数百年后乃渐入大同之域"⑪。那么，"大同"的实现，尚需在千百年后。康有为再是扮作"心怀大同"的"圣人为"，也已掩饰不住他内心的彷徨恍惚、悲观失望。

第二，戊戌变法前的"大同三世"说，认为实现君主立宪的资本主义制度，就可渐入"大同之域"，是引导人们向前看的。戊戌政变后，康有为"君主立宪"的主旨不变，但说什么当时中国还不过是"乱世"，要进到"大同"，还要经过"升平"，绝不能逾越。"大同"固然"美妙"，而"升平"仍为必经的阶段，否则，"时未至而乱反甚"。说是"据乱则内其国，君主专制世也；升平则立宪法，定君主之权之世也；太平则民主平等，大同之世也"。"今日为据乱之世，内其国则不能一超直至世界之大同也；为君主专制之旧风，亦不能一超至民主之世也"。他虽用"大同"的美丽辞藻来迷惑视听，但必须"假梯级"，必须循序渐进，不能"跳渡"，不能"躐等"。至于他的现实目的，还是"小康"，也就是君主立宪。这就是他在"公开信"所说："只可行立宪，不可行革命"。

第三，戊戌变法前"大同三世"说的斗争锋芒，主要是针对封建顽固派，而戊戌政变后的"大同三世"说，却日渐针对资产阶级革命派。康有为一方面主张循序渐进，反对革命飞跃，"据乱之后，易以升平、太平；小康之后，进以大同"（第 8 页）。当时的中国还没有脱离"乱世"，如仍"据乱"则"大乱生"，"而欲骤期至美国、瑞士之界，固万无可得之势，不待言也"㉒。以喻当时中国还没有可以到达"大同"的条件，只可实现"小康"（"升平世"），只可采取资产阶级由上而下的改良方式实现君主立宪，"万无一跃超飞之理。凡君主专制、立宪、民主三法，必当一一循序行之，若紊其序，则必大乱"。另一方面，康有为又把"大同"说成是将来之事，"今民主之法，大同之道，乃公理之至义，亦将来必行者也；而今中国，实未能行民主也，世界实未能大同也"㉓。他认为实现"大同"，需在千百年后，以示中国只能实行君主立宪，只可循序渐进，在理论上否定资产阶级民主革命。

因此，康有为"大同三世"说的蜕变，不是一般的改变旧说，而是在革命发展形势下，把原有进化论含义的"三世"说改为压制革命的"三世"说，把斗争锋芒由针对封建顽固派转变为针对革命派。几年间康有为思想的急遽变化，正反映了 20 世纪初我国革命的深刻。然而，"大同三世"说改变了，康有为立宪保皇的政治主张却没有变，他反复强调革命则"大乱生"，说什么资产阶级革命只有法国一国，这是"欧洲特别之情，其余十余国，无非定宪法者，无有行革命者。然法倡革命，大乱八十年"。至于"中国之俗，阶级尽扫，人人皆为平民"㉕。中国并无阶级存在，自然不会有阶级斗争，譬喻革命不适于中国的"国情"，想用改良方法以消除未来的"铁血之祸"。这样，康有为政变以后的"大同三世"说，实际上成为他在政变后主张君主立宪的理论张本。

康有为"大同三世"说的改变，和他"政变"后游历欧、美有关。这时，世界主要资本主义国家已发展到帝国主义阶段，大资本家的竞争和垄断，对中小企业的排挤和对广大人民的残酷剥削，以及阶级斗争的尖锐，使较有政治敏锐性的康有为不能不为之震慑。既要求在中国发展资本主义，而欧洲无产阶级对资产阶级的英勇斗争，又使他感到自己阶级前途的可怕；既希望有一个"大同世界"，而游历欧、美后仍然找不到一条通达大同之路。因此他的"大同三世"学说也就逐渐有所变更。

从康有为来说，理想中的资本主义制度与目睹的资本主义制度之间的矛盾；耳闻或阅读得来的书本知识和亲身游历得来的实际见闻之间的矛盾；

资本主义的压迫殖民地和对殖民地人民某些同情的矛盾；要求发展资本主义而对封建主义又有一定依恋性的矛盾，等等。矛盾交织，彷徨迷离，而西方资本主义国家的社会政治学说又不是那么完善，他于是转过来再乞灵于传统的儒家学说，于是注《中庸》《论语》《大学》，发《春秋》之"笔削"，阐孟子之"微言"，依托古籍，移易概念，改变旧说，附会经训。更加强调"进化有渐"，"因革有由"，只能"徐导大同"，"不能躐等"⑤，以示当前只能"由君主而渐为立宪"。从而把君主专制、君主立宪、民主共和与"大同三世"比附，把过去说的两千年来中国封建专制制度是"升平世"退到"据乱"，且解决"据乱"之法，必先求之"小康"。也就是说："必先求之君主立宪"，才能"徐导大同"。强调循序渐进，反对革命飞跃，与当时的革命形势绝不相符。

明明戊戌变法前把两千年来的中国封建专制制度说成"升平世"，如今退到"据乱"，又怎能自圆其说呢？"譬之今当升平之时，应发自立自主之义，公议立宪之事"⑤。"升平世"只是"今当"，是当前的世界潮流，中国还是"据乱"，还要"公议立宪"。明明戊戌变法以前认为通过变法维新就可渐入"大同之域"的。政变后将资本主义民主共和制度作为大同蓝本，一会儿说是"大地既通，欧、美大变，盖进至升平之世矣"（《论语注》）；一会儿说是"今法、瑞士及南美各国皆行之，近于大同之世"；一会儿又说"如今大地中三法并存，大约据乱世尚君主，升平世尚君民共主，太平世尚民主矣"（《孟子微》）。他吁求的还是"君民共主"的"升平世"，所谓"其事实在小康"。

然而，世界各国社会历史的发展并不平衡，而中国在这几年中，却继义和团运动之后，资产阶级革命运动渐渐兴起，革命巨浪汹涌澎湃。康有为找不到一条通达大同的道路，又要把他的"大同学说"说得玄远"可信"，从而把"三世""三重"，说成是：

> 每世之中又有三世焉，则据乱亦有乱世之升平、太平焉；太平世之始，亦有其据乱、升平之别。每小三世中，又有三世焉；于大三世中，又有三世焉。故三世而三重之为九世，九世而三重之为八十一世，展转三重可至无量数，以待世运之变，而为进化之法。⑤

不管是"三世""三重"还是"三统"⑱，不管是"三世""九世"还是"八十一世""无量数"，他把"大同"说得愈来愈玄远了，把"进化"分得愈来愈"细致"了。这绝不是康有为理论的微妙精深，而是更加暴露了他循序渐进的实质。他把"大同"推到遥远，替自己制造出未来的美好社会砌成无穷的阶梯，企图用幻想来抵制一场革命，反映了他对资产阶级革命的防范和不满。

尽管如此，这种说解终难弥缝补隙，于是又倡"据乱之中有太平，太平之中有据乱"⑲，"据乱与太平相反而相成，小康与大同回环而同贯"⑳。循环往复，"相反相成"。甚至还说"孔子发大同、小康之义，大同即平世，小康即乱世也"（均见《孟子微》）。不惜淆乱自己原来"发明"的"精义"。可见康有为没有找到通达大同之路。

康有为是善于运用今文经说发挥自己的思想的，"三世"学说也是从《公羊》《礼运》糅合而来，当他自己觉察"三世"说有时说不通时，就说什么"衍文"或"后人妄增"㉑，就"叹息痛恨于贼歆之作伪"㉒，再是重祭儒家今文学说的破旗，也不能引发康有为的"大同之路"。

康有为自己也不讳言："吾自游墨而不敢言民主共和，自游印度而不敢言革命自立焉。"㉓游历欧、美，思想蜕变，由原来对资本主义的向往到"不敢言"，由原来对封建主义的抨击到转趋妥协。例如《大同书》曾多次宣扬封建孝道、封建宗法观念，在《论语注》《孟子微》中也是如此。康有为的思想已逐渐落在时代的后面了。

有人认为，康有为在《大同书》中描述："人人极乐""愿求皆获"的"太平之世"（"大同"），是"天下为公，无有阶级，一切平等"的"极乐世界"，从而以为他所提出的"去国界合大地"，即是企图消灭国家；他所提出的"去级界平民族""去产界公生业"，即是企图消灭产生阶级的私有财产。以为他的所谓"大同"，实际是想望一个"公产"的社会，是一个"无有阶级"的社会。我认为这样的提法，是值得商榷的。

如前所述，《大同书》中所说"大同"，是指略如美国、瑞士式的联邦政府的资本主义共和制度，可知他对资本主义是向往的，并以此作为"大同"的蓝本。然而，"太平世"（"大同"）的模式，虽略如美国、瑞士，但美国、瑞士并不已是"太平世"。美、瑞只是"联合各邦，成为一国"，而

"太平世"却须去除国界，成立一个世界总的联邦——公政府。那时的美国、瑞士即已建为自立州郡，设立小政府，而被辖于全世界的公政府了。从前者看来，康有为所向往的是资本主义的制度；从后者看来，似乎他的"太平世"又超乎资本主义制度之外。两者似是矛盾，而实质却仍一致，康有为所理想的社会，并不是"公产"的社会、"无有阶级的社会"，基本上仍然没有越出资本主义的范畴。

以为康有为所想望的社会是"公产"社会的人，主要根据《大同书》庚部《去产界公生业》一章。但《大同书》乙部《大同合国三世表》中却很少涉及"公产"，仅有"募公债以公养民，公负之而公运之，有债与无债同，以人人皆公，产业皆公也"（第100页），"人民无私产"等有限几条。或者仅就"公债"以提及私产，或者只在与"升平世"（"小康"）的"非有大故，不得收人民私产"做比较而提出"人民无私产"，并没有具体提到如何"公产"，远不如庚部"今欲致大同，必去人之私产而后可，及农工商之业，必归之公，举天下之田地皆为公有，人无得私有而私买卖之"（第240页）那么具体。但就在同部（庚部）《公工》中却又谓："当是时（指'太平世'——引者），举全地人民之所以求高名、至大富者，舍新器莫致焉。其创有新器者，如今之登高第，中富签。"（第248页）那么，"太平世"还有"至大富者"，仍然有私产存在。因此，我认为《大同书》中虽有"公产"的词句，但由于作者时代条件的限制，他不可能寻求真正"公产"的社会，而《去产界公生业》一章，应有后来加入的词句。

再则，康有为所指的"公产"，并不是从消灭阶级的私有财产出发，而是从平等独立、天赋人权的资产阶级民主观点出发的。他认为要"去产界""去级界"乃至"去国界""去种界"，都必须首先"自去人之家始"，"全世界之人既无家，则去国而至大同亦易矣"（第252页），而去家则以男女平等，各有独立之权始。他在庚部《去产界公生业》中提一些"公产"后，最终的结论在该部第十章《总论欲行农工商之大同则在明男女人权始》中，谓：

　　夫男女平等，各有独立之权。……故全世界人欲去家界之累乎，在明男女平等各有独立之权始矣，此天予人之权也；全世界人欲去私

产之害乎？在明男女平等各自独立始矣，此天予人之权也；全世界人
欲去国之争乎？在明男女平等各自独立始矣，此天予人之权也；全世
界人欲去种界之争乎？在明男女平等各自独立始矣，此天予人之权也；
全世界人欲致大同之世、太平之境乎？在明男女平等各自独立始矣，
此天予人之权也。（第 252—253 页）

仍旧回到男女平等、天赋人权之说，这些论调，显然是受了卢梭思想的影
响，也就是资产阶级民主思想的影响，只是企图消除封建家族制度而不是
"公产"。

　　或者以为，《大同书》丙部有《去级界平民族》一章，再加以《去国界
合大地》《去产界公生业》等等，以为康有为"所描绘的'大同世界'图案，
是一个'无有阶级'的社会，消灭了产生阶级的私有财产，是一个'公产'
的社会"。但他所谓"级界"，实际是指封建等级，而不是指对立阶级。如
他所举的"欧洲中世有大僧、贵族、平民、奴隶之异"，以及日本的"有王
朝公卿，有藩侯，有士族，有平民"（第 109 页），指的是封建等级，而将
这些等级"一扫而空"的国家制度，则是资本主义制度，而不是想望的"无
有阶级"社会。

　　非但如此，他又认为人世间苦难的根源是"投胎之误"，"虽有仁圣不
能拯拔，虽有天地不能哀怜，虽有父母不能爱助"（第 12 页）。他还说，帝
王有苦，富者、贵者也有苦，这样就不但掩盖了阶级的产生和阶级剥削的
实质以及人类苦难真正根源，也模糊了阶级界线。

　　照此说来，康有为所说的"太平世"（"大同"），仍然没有能够越出资
本主义的范畴。"去国界"实质上是废除各国的封建君主制度；"去级界"
实质上是废除封建等级制度；"去家界"实质上是废除封建家族制度；"去
产界"则有后来增入的词句，而"去产界"的最后结论还是归结到"去家
权，平男女"。这几部分，是《大同书》的主要部分，其他各部（丁部《去
种界同人类》、戊部《去形界保独立》、辛部《去乱界治太平》、壬部《去类
界爱众生》、癸部《去苦界至极乐》）的论点也是基本上相同。如在"去种
界"中，以资本主义国家"白种"为最贵，而以被压迫的棕种、黑种为"愚"
为"贱"，从而提出"改良人种"。它不是反对种族压迫和种族歧视，而是

要消灭先天的人种差别；"去形界"又申述了"妇女之苦"，要求男女"服同一律"，"以归大同"（第 164 页），并对欧、美妇女之有资产阶级有限权利加以称扬（第 139 页）；"去乱界"也强调"太平之世，男女平等，人人独立，人人自由，衣服无异，任职皆同，无复男女之异"（第 283 页）；至于"去类界""去苦界"，则显然是受了佛教思想的影响。因此，《大同书》所要去的"界"，基本上是要求废除封建专制制度；《大同书》所描述的"大同"，基本上还是资本主义制度。《大同书》不是导向"无有阶级"的"公产"社会，而是导向资本主义社会。

当然，《大同书》对封建专制制度的抨击，对帝国主义殖民压迫的不满等，有其值得注意的地方。但是，它导向的还是资本主义社会，又是撰于革命形势逐渐发展、革命与改良逐渐明确划清界限、康有为宣传保皇之时，这样，在评价《大同书》时就不能不予重视。

还需补充说明的是，对《大同书》成书年代的考查，牵涉到对《大同书》的评价问题。那么，《大同书》既是康有为在 1901 至 1902 年避居印度时所撰，以后又经修订，为什么他要倒填年月，说是 1884 年即撰有此书呢？我以为主要是：

第一，康有为将大同思想的孕育时期和《大同书》的撰期混为一谈。本来，一部论著的撰成，总要经历一段摸索过程。溯述其思想酝酿发展，未尝不可，但明明是后来的撰述，却说在孕育时即已撰成，也就不能说是符合事实。

从《自编年谱》看来，他在 1884 年确曾"俯读仰思"，孕有一种"大同思想"，但也只是开始接触这一课题，没有撰成《大同书》。他在政变前虽曾撰写《人类公理》，但它不等于就是《大同书》。《人类公理》只是要求"平等公同"，还没有将《公羊》"三世"和《礼运》"大同""小康"学说糅合起来，因而只是叫作《人类公理》，还没有"大同书"的定名，当然更不可能说这时已有《大同书》了。

第二，康有为之所以将大同思想的孕育时期和《大同书》的撰期混为一谈，只是为了表示"冥思孤往，一无剿袭，一无依傍"。

任何一个人的思想，总不是孤立发展的，随时会受到传统或外来思想的影响，康有为却将自己装扮为"冥思孤往"者。例如，他明明受了廖平的启示，从事《新学伪经考》《孔子改制考》的撰述，却说是"阅二千岁月日时之绵暖，聚百千万亿矜缨之问学，统二十朝王者礼乐制度之崇严，咸奉伪经为圣法，诵读尊信"，只是到了他才能"发奸露覆"⑥，"扫荆榛而开途径，拨云雾而览日月"⑥，说是自己创造发明的。

由于康有为的援引今文，是在1889至1890年廖平初晤之后，为了表明自己"一无剿袭，一无依傍"，就得将成书时间填在1889年之前；由于廖平的《今古学考》已经批评"伪经"，为了表明自己"一无剿袭，一无依傍"，就得填在1886年《今古学考》刊行以前。又因为在1884年"秋、冬，独居一楼，万缘澄绝，俯读仰思，至十二月，所晤日深"，正是"冥思孤往"的借口，于是倒填年月，说在刚刚孕有"大同境界"之时，即已撰有《大同书》。

《大同书》的成书年代的核定，是评价《大同书》的关键，因为中国近代历史的发展是那么迅速，康有为在这一时间内的政治态度又有很大差异。如果迷惑于他的倒填年月，那就不可能对它得出正确的结论。

注　释：

① 《中国旬报》，第十三期，1900年8月9日。

② 《南海先生最近政见书》附录《书后》。

③ 康有为：《致罗璪云书》，光绪二十八年（1902）四月二十七日，上海博物馆藏。

④ 冯自由：《革命逸史》初集《戊戌后孙康二派之关系》，新星出版社2016年版，第47页。

⑤ 同上。

⑥ 宫崎滔天：《三十三年之梦·康有为到日本》，林启彦等译，（香港）三联书店1981年版，第147—148页。

⑦ 《孙中山全集》（第一卷），中华书局1981年版，第188—189页。

⑧ 同上书，第196页。

⑨ 同上书，第195页。

⑩ 康有为：《驳后党张之洞于荫霖伪示》，《清议报》第六十六册；另见拙编《康

有为政论集》（以下简称《政论集》），中华书局 1981 年版，第 447 页。

⑪ 冯自由：《中华民国开国前革命史》（上集）第十四章《壬寅支那亡国纪念会》；又见《革命逸史》第二集。

⑫ 唐才质：《唐才常和时务学堂》，见《湖南历史资料》1958 年第 3 期。

⑬ 孙中山：《与横滨某君的谈话》，《孙中山全集》（第一卷），第 198 页。

⑭ 《南海先生最近政见书》附录《书后》，见《政论集》，第 494 页。

⑮ 康有为：《致罗璪云书》，光绪二十八年（1902）四月二十七日，上海博物馆藏。

⑯ 孙中山：《在檀香山正埠荷梯厘街戏院的演说》，《孙中山全集》（第一卷），第 226 页。

⑰ 孙中山：《复某人函》，同上书，第 228—229 页。

⑱ 同上。

⑲ 同上书，第 232 页。

⑳ 孙中山：《与林奇谈话的报导》，同上书，第 201 页。

㉑ 孙中山：《自传·革命源起》，见《中山丛书》第一册。

㉒ 《康有为》，《苏报》1903 年 6 月 1 日。

㉓ 支那汉族黄中黄（章士钊）：《沈荩》。

㉔ 同上。

㉕ 见《大同书》卷首，中华书局 1939 年版。又康有为：《共和平议》第一卷也说："吾二十七岁，著《大同书》，创议行大同者。"

㉖ 《康南海自编年谱》"光绪二十一年乙未"后注："此书为光绪二十一年乙未前作，故叙事止于是岁。""光绪二十四年戊戌"后记："九月十二日至日本，居东京已三月，岁暮书于牛込区早稻田四十二番之明夷阁"，则全谱应成于 1899 年初。

㉗ 见拙撰《关于康有为的〈大同书〉》，《文史哲》1957 年 1 月。

㉘ 见拙撰《再论康有为的〈大同书〉》，《历史研究》1959 年 8 月。

㉙ 康有为在 1902 年以后，又数度游历欧、美，这些见闻，可能还有 1902 年以后增补的词句。

㉚ 见《格致益闻汇报》第 79 号，光绪二十五年（1899）四月十八日，梁启超在光绪二十五年（1899）三月二十四日的家信中也说："惟昨日忽接先生来一书，极言美洲各埠同乡，人人忠愤，相待极厚，大有可为。"见杨家骆《梁任公先生年谱长编初稿》，

世界书局 1959 年版，第 87 页。

㉛ 见 Walter Makepeace: *One Hundred Years of Singapore*，第一卷，第 124—129 页，1921 年伦敦出版。

㉜ 后又在天津博物馆发现另外几部《大同书》手稿，刚好和上海所藏配成全帙，已由江苏古籍出版社影印出版。

㉝ 康同璧藏《大同书》另一抄本，今美国斯坦福大学胡佛图书馆有摄片。

㉞ 见《新民丛报》壬寅年十六号，1902 年 9 月 16 日（光绪二十八年八月十五日）出版。

㉟ 康有为：《春秋笔削大义微言考序》，见《政论集》，第 468—469 页。

㊱ 康有为：《孟子微》卷一，万木草堂丛书本，同页又说："颜子当乱世。"

㊲ 康有为：《孟子微序》，见《政论集》，第 472 页。

㊳ 康有为：《论语注》卷一，万木草堂丛书本。

㊴ 同上书，卷十。

㊵ 同上书，卷七。

㊶ 康有为：《孟子微》卷一。

㊷ 同上书。

㊸ 康有为：《论语注》卷二。

㊹ 康有为：《孟子微》卷一。

㊺ 同上书。

㊻ 康有为：《中庸注》，演孔丛书本。

㊼ 《孟子微》卷四在"人有言至于禹而德衰，不传于贤而传于子"下注曰："此明君民共主之义，民思贤主，则立其子，如法之再立罅理拿破仑第三也。或民主，或君主，皆因民情所推戴，而为天命所归依，不能强也。"主张"君民共主"。

㊽ 以下所引《大同书》都据古籍出版社本，1956 年 8 月版。

㊾ 政变以后康有为的"三世"说，康门弟子也曾述及。梁启超《清代学术概论》即谓："有为虽著此书（按指康有为在 1901 年至 1902 年避居印度时所撰《大同书》），然秘不以示人，亦不以此义教学者，谓方今'据乱'之世，只能言小康，不能言大同，言则陷天下于洪水猛兽。"

㊿ 康有为：《大同书》。

[51] 同上书。

○52 同上书。

○53 康有为：《答南北美洲诸华商论中国只可行立宪不可行革命书》，见《政论集》，第 483 页。

○54 康有为：《大同书》。

○55 康有为：《论语注》卷二；又见《孟子微》卷一。

○56 康有为：《中庸注》。

○57 同上。

○58 康有为在戊戌变法前所撰《春秋董氏学》虽已称："三统三世皆孔子绝大之义，每一世中皆有三统。此三统者小康之时、升平之世也；太平之世，则有三统。"（卷五）。但推衍三世，尽情发挥，则在政变以后。

○59 康有为：《孟子微》卷一。

○60 同上书，卷六。

○61 康有为：《论语注》卷十六"天下有道，则庶人议"的注文。

○62 康有为：《春秋笔削微言大义考》卷一《隐公》。

○63 康有为：《不幸而言中不听则国亡序》，见《政论集》，第 1016 页。

○64 康有为：《新学伪经考序》，见《政论集》，第 93 页。

○65 康有为：《孔子改制考序》，见《政论集》，第 199 页。

第十章 革命代替了改良

推翻清朝成为时代主流

1903 年，以拒俄事件为起点，激起了革命的风暴。

甲午战后，沙俄利用三国干涉还辽造成的有利的政治形势，进一步加紧对中国的侵略。通过《中俄密约》的签订和兴建铁路、强租旅大，由东北、蒙古向关内扩张势力。1900 年沙俄提出帝国主义列强共同出兵镇压义和团运动，并从旅顺调遣海军陆战队 4000 人到达北京。八国联军攻陷北京后继续增兵。到 9 月中旬，沙俄在京津一带的侵略军队增至 17000 多人。与此同时，沙俄又单独出兵侵占我国东北，"杀人放火，把村庄烧光，把老百姓驱入黑龙江中活活淹死，枪杀和刺死手无寸铁的居民和他们的妻子儿女"①，对中国人民犯下了滔天的罪行。

沙俄占领东北后，向清政府提出"约款"，妄图独占东北，囊括蒙古、新疆，当即遭到中国人民的强烈反对，上海、江苏、浙江、广东、山东等地的爱国人士纷纷表示反对签约，使沙俄阴谋未能得逞。

1901 年，《辛丑条约》签订，沙俄从中国攫取了大量权益，他的侵略军队赖在东北不撤。1902 年 4 月 8 日，沙俄驻华公使雷萨尔与清政府外务部会办大臣王文韶在北京正式签订中俄《东三省交收条约》，规定俄军分三期撤军，每期 6 个月，18 个月内撤完。但沙俄签订这个撤兵条约只是一个骗局。到次年 4 月 8 日，规定的俄军撤出的第二阶段最后期限已到，沙俄非但不撤一兵，反而增军 800 余人到安东，又重新占领营口，还向清政府提出"东三省置于俄国监督之下，不许他国干预"等无理要求。消息传出，激起中国人民的无比愤慨。4月27日，上海爱国学社会集爱国人士在张园召开"拒俄大会"，致电清政府表示如果接受沙俄要求，"我全国人民万难承认"。同时，通电各国外交当局，"即使政府承允，我全国国民万不承认"②。29日，留日学生开会，表示"誓以身殉，为火炮之引线，唤起国民铁血之气节"③，签名加入义勇军。5月2日，留日学生再开大会，公议义勇队规则，不久，决定改名军国民教育会，还推定特派员返国，经上海赴天津活动。一部分军国民会员还"密组一暗杀团"，参加者有黄兴、龚宝铨、杨毓麟等，"欲先狙击二三重要满大臣，以为军事进行之声援"④。这个暗杀团，成为国内两湖、江浙地区革命活动迅速掀起的重要火种。

拒俄运动掀起了革命的风暴。

正当拒俄运动进入高潮之时，革命思潮也迅速高涨，这个高潮是由邹容的《革命军》和章太炎的《驳康有为论革命书》掀起的。《革命军》以悲愤的心情，通俗的语言，抨击清政府的卖国罪行，认为只有革命，才能"去腐败而存良善""由野蛮而进文明""除奴隶而为主人"，号召以革命打倒清政府。章太炎的《驳康有为论革命书》则是针对康有为的《政见书》而予严厉批驳的。

《驳康有为论革命书》从清朝的封建统治和种族迫害说到革命的必要，对以康有为为代表的改良派理论严加批驳。改良派以"立宪法，定君民之权"为"治法之极则"，章太炎申斥康有为所谓"满汉不分，君民同治"，实际是"屈心忍志以处奴隶之地"。改良派企图以流血牺牲来吓唬革命，章太炎指出：欧、美的立宪，也不是"徒以口舌成之"，革命流血是不可避免和完全必要的。针对改良派美化光绪，章太炎指出，光绪只是"未辨菽麦"的"小丑"，他当初赞成变法，不过是"交通外人得其欢心"，"保吾权位"，如果一旦复辟，必然将中国引向灭亡；改良派宣扬天命论，章太炎指出"《中庸》以'天命'始"，以"上天之载，无声无臭终"，"拨乱反正，不在天命之有无，而在人力之难易"；改良派以革命会引起社会紊乱为借口，章太炎赞美革命，"公理之未明，即以革命明之；旧俗之俱在，则以革命去之。革命非天雄、大黄之猛剂，而实补泻兼备之良药矣"。有力地打击了改良主义，提高了革命思想。

《驳康有为论革命书》是章太炎在 1901 年所撰《正仇满论》的基础上续予发挥的。但是，它的内容和影响，却又有发展：第一，《正仇满论》主要针对梁启超的《积弱溯源论》予以驳斥，而《驳康有为论革命书》则对改良派的理论和主张做了全面、系统的批判。第二，《驳康有为论革命书》的革命言论比过去更加激烈，甚至斥责康有为视为"圣主"的光绪皇帝为"载湉小丑，未辨菽麦"，革命宣传的昂扬，震骇了清朝政府。第三，《正仇满论》是在日本刊行的，且未署名，仅言"来稿"，而《驳康有为论革命书》则既与《革命军》合刊，又于《苏报》露布，这就更引起了中外反动派的恐怖和嫉视。第四，《驳康有为论革命书》愤怒指出，清政府"尊事孔子，奉行儒术"，只是"崇饰观听"，"便其南面之术、愚民之计"，纯粹是搞愚民政策，是为了维护自己的统治。他对康、梁奉为"圣明之主"的皇帝进行了有力的抨击，对康有为奉为"教主"的孔子，也进行了无情的摘发。

《革命军》和《驳康有为论革命书》先后在《苏报》发表⑤，《苏报》且登广告和发表《读革命军》《序革命军》⑥。清政府与帝国主义相勾结，以高压手段加以镇压。不久，章、邹就逮，《苏报》被封，发生了震动全国的"苏报案"。

1903 年的"苏报案"，是资产阶级革命派对改良派进行斗争而遭到中外反动派破坏的一次重大事件。这次事件，却促使了革命团体的建立，扩大了革命的思想影响，导致了革命运动的展开。光复会、华兴会相继成立，《江苏》《浙江潮》在日本相继出版，孙中山在《檀山新报》发表《敬告同乡书》，明确指出"革命与保皇，理不相容，势不相立"，指出"革命、保皇二事，决分两途，如黑白之不能混淆，如东西之不能易位。革命者志在扑满而兴汉，保皇者志在扶满而臣清，事理相反，背道而驰"，号召"大倡革命，毋惑保皇"⑦，划清革命和保皇的界线。

接着，在《驳保皇报书》中，指出康有为等在变法失败后所宣传的"爱国"，爱的是"大清国"，不是"中华国"，认为"保异种而奴中华，非爱国也，实害国也"。并对保皇党人"所论《苏报》之案，落井下石，大有幸灾乐祸之心，毫无拯弱扶危之念"⑧，摘发备至。

1905 年，孙中山把他领导的兴中会，同黄兴领导的华兴会以及蔡元培、陶成章、章太炎领导的光复会联合起来，组成中国同盟会，把"驱除鞑虏，恢复中华，建立民国，平均地权"写入誓词，定为革命党人必须遵循的纲领。这个纲领的实质，是用革命手段推翻清朝封建统治，它为革命派提供了前所未有的犀利武器。

从此，推翻清朝成为时代主流，保皇会保皇臣清的面目也就日露，终且为清政府"预备立宪"摇旗呐喊，与革命派公开论战了。

漫游欧美和"物质救国"

正当革命和改良的界线日渐分清、中国同盟会成立前后，康有为却漫游欧、美，寻求"医治"中国的"药方"，以"起死为生，补精益气"⑨。

今将康有为离开印度，漫游欧、美的行踪，简述如下：

1903 年 4 月（三月），离印度，经缅甸、爪哇、越南、暹罗。10 月，回到香港。

1904 年 3 月 22 日（二月初六日），自香港启行，经安南、暹罗。5 月 3 日（三月十八日），重至槟榔屿。5 月 26 日（四月十二日），自槟榔屿启行，经锡兰、亚丁至红海，穿苏伊士运河入地中海，经希腊群岛。6 月中旬（五月初），由罗马往游米兰，游日内瓦、维也纳、布达佩斯、柏林、波士顿。自伦敦往游苏格兰。10 月（九月），自伦敦出利物浦。12 月（十月二十日），重泛大西洋赴美洲。12 月（十一月），居加拿大之文高华岛。撰《欧洲十一国游记序》。

1905 年春，自加拿大南游美国。8 月（七月），赴欧洲，自德国至法国。10 月（九月），回美国，遍游北美。这年，中国同盟会成立，康有为则撰写了《物质救国论》。

康有为漫游欧、美，并不是单纯的旅行游览，而是想借鉴欧、美之长，"哀中国之病，而思有以药而寿之"。他在《欧洲十一国游记序》中说：

> 夫中国之圆首方足，以五万万计，才哲如林，而闭处内地，不能穷天地之观，若我之游踪者，殆未有焉。而独生康有为于不先不后之时，不贵不贱之地，巧纵其足迹、目力、心思，使遍大地，岂有所私

而得天幸哉？天其或哀中国之病，而思有以药而寿之耶？其将令其揽万国之华实，考其性质色味，别其良楛，察其宜否，制以为方，采以为药，使中国服食之而不误于药耶？则必择一耐苦不死之神农，使之遍尝百草，而后神方大药可成，而沉疴乃可起耶？则是天纵之远游者，乃天责之大任。

他是因为"中国之病"，而想望观察欧、美各国，"采以为药，使中国服食之而不误于药"的。他过去"学习西方"，设想改革中国政治，但只是从书本中或耳食所得，如今却是亲历欧、美，亲眼所见，亲耳所闻，通过观察，"采以为药"，使"沉疴乃可起"。从这个出发点来看，他还是想望通过游历，找取"药"中国的"良方"的。

在他的游记中，也有通过观察，把别的国家和中国进行对比的。中国是文物之邦，康有为也非常注视其他文明古国的情况。在他定居印度时，就注目这一文明古国，《大同书》中有着不少"所见""所闻"的见闻，感到"古宫室留存之多，莫印度若矣"⑩。如今游历欧、美，也特别注意文明古国对文物的保护。他说"罗马古物与埃及、雅典、印度并峙为四"，而中国的文物保护却不如罗马。他在《意大利游记》中有不少观赏罗马古迹的记录，还专门写了《附论中国不保存古物不如罗马》说：

> 惟罗马亦有可敬者，二千年之颓宫古庙，至今犹存者无数。危墙坏壁，都中相望，而都人累经万劫，争乱盗贼，经二千年，乃无有毁之者。今都人士皆知爱护，皆知叹美，皆知效法，无有取其一砖、拾其一泥者，而公保守之以为国荣，令大地过客，皆得游观，生其叹慕，睹其实迹，拓影而去，足以为凭。⑪

罗马对两千年前的宫庙，虽历经战乱，"无有毁之"，而"都人士皆知爱护"；中国却每经战乱，文物总有散失，古迹每遭毁损，官民对文物的保存意识也很不够，绝不可以为"古物虽无用"而不重视保护。有些人认为"西人专讲应用之学，而不知其好古人而重遗物，遍及小民，乃百倍于中国"⑫。

当然，康有为漫游欧、美，最注目的还是各国的政治、经济情况。过去，康有为是"学习西方"的"先进的中国人"，而这时的西方主要资本主义国家，已先后走入帝国主义阶段，再不像过去的"虎虎有生气"，而相互的争战、殖民地的掠夺，矛盾加深，"不龟手之药"难得，又使他彷徨瞻顾，难以适从。

康有为本来有深厚的民族感情，曾经"托古改制"，对中国的古代文明，尽情歌颂。经过漫游各国，早先看到文明古国的印度"民生之苦"而想望"大同"。而今来到罗马，又以为"罗马与中国之比较，罗马不如中国者五"：一是"治化之广狭"，说是我国"文明之化，亦过于罗马十倍。我少奴隶，而罗马纯用奴隶。我有学校科举，罗马无学校科举"，即使是"意大利之内国文化，尚不能及汉朝三辅之一"。二是"平等自由之多少"，说是罗马"贵族平等之争数百年"，"意大利之奴隶百余万，仍受主人凌制，法律不同"，"若我汉世内国人民，人人平等，人人自由"，平等自由"相去何如"。三是"乱杀之多寡"，罗马"争乱分离以数十计"，"若我汉世只吕后小乱、王莽大乱、质帝被毒外，数十代并皆平安"。四是"伦理之淫乱"，说是"惟其淫乱之俗，则不及中国远甚"。五是"文明之自产与借贷"，说是罗马"乃借贷于希腊而稍用之"，"岂与汉世上承夏商周之盛，儒墨诸子，皆本国所发生"。因此，"有此五者之悬绝，则罗马虽有国会之公议，公馆之同民，道路之长巨，皆不足与我齐驱矣"⑩。

康有为漫游考察，了解各国的利弊得失，说明他还是关心国事的。以欧洲国家与中国对比，也无不可，但他以古代的汉朝和当今的罗马相比，时间相隔两千年，社会制度、风俗习惯大相径庭，即上述五点，可以商榷之处也有不少。过去康有为"学习西方"，想望使封建的中国变为资本主义的中国，如今到了资本主义国家，看到了资本主义国家的矛盾和危机，却又认为它连两千年前的中国都不如了。

几年前，康有为写《政见书》以斥革命，多次引用法国大革命"流血千里"，以说明革命不如改良。如今到了法国，在《法兰西游记》中，特地写了《法国大革命记》一节，一开始就说："法之召大乱后，以初开议院之制未善也。"法国大革命是在美国独立革命后受其影响而爆发的，康有为却以为"欲以美国之政，施之法国，而不审国势地形之迥异，于是在美行之而治，在法行之而乱也"。再次宣传法国革命"流血遍地"，引申到"我国倡革命之非"，说是中国如革命，"岂止流血百廿五万哉！不尽杀四万万人不止。即幸能存者，亦留为白人之奴隶马牛而已"⑭。极力反对中国日渐兴起的反清革命运动，说是中国有"特别之情"，以喻革命之必不可行。

今日的罗马还不如中国昔日的汉朝；法国的革命，又有"流血"的"惨祸"。康有为游历西方，又增添了不少顾虑。那么，要不要"学习西方"？西方的"革命"既不可学，又该向西方学习什么？

通过考察，西方的物质文明，毕竟比半封建、半殖民地的清政府"文明"，经过深思熟虑，康写出了《物质救国论》。

《物质救国论》的《序》文末后署"孔子二千四百五十六年"，即"光绪三十一年二月，南海康有为序于美国之罗生技利"，知它是光绪三十一年二月，即1905年3月，康有为旅居美国时所撰。该书是上海广智书局铅字排印本，1906年2月初版⑮，内分《波得学船工》《论欧洲中国之强弱不在道德哲学》《论中国近数十年变法者皆误行》《中国救急之方在兴物质》《论欧人之强在物质而中国最乏》《论英先倡物质而最强》《论今日强国在军兵炮械其本则在物质》《论今治海军当急而海军终赖于物质》《治军在理财，理财在富民，而百事皆本于物质学》《各国强弱视物质之盛衰为比例》《二十年来德国物质盛故最强》《美国文明在物质非教化可至》《论中国古教以农立国，教化可美而不开新物质则无由比欧美文物》《国之强弱视蒸汽力人马力之涨缩为比例》《实行兴物质学之法在派游学延名匠》《派游学宜往苏格兰学机器》《学电学莫如美汽机亦在》《职工学宜往德》《画学乐学雕刻宜学于意》《欲大开物质学于己国内地之法有八》等节，另附录《论省府县乡议院宜亟开为百事之本》等节。

康有为为什么漫游欧、美，想望"物质救国"？他在《序》文中说得很清楚，他认为："乙未、戊戌以前，举国鼾睡，无可言也"，"庚子以后，内外上下，非不知吾国之短，而思变法以自立矣"，仍"不知欧、美富强之由何道，而无所置足"，从而议者纷纷，莫衷一是。有人以为欧、美的"政俗学说，多中国之所无者"，"以为欧、美致强之本，在其哲学精深，在其革命自由"，而不知"中国病本之何如"。终致"尽弃数千年之教学而从之，于是辛丑以来自由革命之潮，弥漫卷拍"，以致"医论日以多，药方日以杂"，终致"大势岌岌，瓜分可忧"⑯。

康有为自称，戊戌后由亚洲而欧洲，由欧洲而美国，8 年间，"较量于欧、亚之得失，推求于中西之异同"，发觉"欧洲百年来最著之效，则有国民学、物质学二者"。中国对"国民之义"数年来亦知注意，而对"救急之方药"的"物质之学"，却不知讲求，以致"病弱"⑰。

康有为接着说，中国是文明古国，但是过去偏重道德哲学，"而于物质最缺然，即今之新物质学"，也是最近一二百年间诞生，并非"欧洲夙昔所有"。欧洲重视物质之学而强，"流于美洲，余波荡于东洋"。中国不知讲求"物质之学"，于是"畴昔全大之国力，自天而坠地"，当今"竞新之世，有物质学者生，无物质学者死"，因而专门撰写"《物质救国论》以发明之，冀吾国吏民上下，知所鉴别，而不误所从事"云⑱。

《物质救国论》的主要内容是：

第一，"欧洲中国之强弱不在道德哲学"。康有为游历美国，感到"今大地号为最富盛好自由之国"，"死于劫财者"还是不少，"是其所谓文明者，人观其外之物质，而文明之耳"。这样，"以欧、美与中国比较，风俗之善恶，吾未知其孰优也"。如以物质论文明，则诚胜中国矣。"中国自古礼乐文章政治学术之美，过于欧洲古昔"，而"物质"则不如欧美。工艺兵炮、化光、电重、天文、地理、算数、动植生物，"亦不出于力数形气之物质"。以为炮舰农商之本，"皆由工艺之精奇而生，而工艺之精奇，皆由实用科学及专门业学为之"。说是"耶稣能为欧人之教主，而无救于犹太之灭亡；佛能为东亚之教主，而无救于印度之灭亡，则以应用之宜与不宜、当与不当故也"⑲。中国近数十年来也讲求变法，但未成功，如果能"得各国物质之一二，即足自立"；如果能得"工艺炮舰之一二，可以存矣"⑳。

第二，中国过去所讲变法，"一误于空名之学校"，"再误于自由革命之说"，对后者发挥更详。他说："自由二字，生于欧洲封建奴民之制，法国压抑之余，施之中国之得自由平等二千年者，已为不切。"要叫中国效法西方的"自由"，好比服药一般，必定是"极补益"之药才可服用，如果妄用，"则无病服药，必将因药受毒而生大病"。如今"中国自由之教，亦令人发狂妄行"，"子弟背其父兄，学者犯其师长"，"自由已极，无可再加"。孟德斯鸠之言自由，也只是有限之自由，而非无限之自由。至于中国，则"孔门已先倡之"，但是没有到达大同之世的境界，自由二字的"完全义"，"则虽万千年大同世后，亦无能致也"。正由于如此，所以"先圣不立此义"，因为"人群所不许有此义"[21]。况且中国两千年来，"本已大受自由之乐"，不必再说什么"自由"了，如果"无病求药，日言自由"，那就必致"中风狂走"，"举国大乱"。中国如再讲自由，那就好比"病渴而饮鸩，其不至死不得矣"。如果再说革命民主，那么印度之亡，"已为吾覆辙"[22]。

第三，"中国救急之方在兴物质"。物质的范围很广，"所取为救国之急药，惟有工艺、汽电、炮舰与兵而已"。以为"百凡要政之缺，可以一朝而举，而工艺、汽电、炮舰与兵数者，不可曰吾欲为之而即为也"[23]。从而提出"欲大开物质学于己国内地之法"，包括设实业学校，小学增机器、制术等。特别是在上海、天津等地，要"自开实业学"，并以重资聘请西方专门人才，谓"今各国人才至多，争欲自炫其长；若我能出重资而聘之，则各国实业专门绝出之技艺，不数年间，可尽收吸之也"[24]。同时，"通国小学增设机器、制木之术"，使"物质之人才辈出"[25]。此外，还提出"速开博物院""自开型图馆""自开工厂"等建议，并以"省府县乡议院宜亟开为万事之本"。

如上所述，《物质救国论》检查过去所讲变法，认为"误于空言之学校"，"误于自由平等之说"，从而提出"救国之方在兴物质"。康有为为什么在变法失败后，漫游欧、美，总结出"欧洲、中国之强弱不在道德哲学"，而在物质呢？

早在1895年，康有为的《上清帝第四书》中，已经提出"设议院以通下情"的主张。在《上清帝第五书》中进一步提出"自兹国事付国会议行；纡尊降贵，延见臣庶，尽革旧俗，一意维新；大召天下才俊，议筹款变法之方；采择万国律例，定宪法公私之分，大校天下官吏贤否，其疲老不才者，皆令冠带退休"。在《上清帝第六书》中又建议设立制度局以"定新制"。这一系列政治改革主张的提出，与洋务派之虽讲开设工厂等经济改革措施，而不敢涉及政治制度的改革判然有别。康有为政变失败后，漫游欧、美，却又着重强调"物质救国"，似与过去洋务派所提类似，是否退到"洋务派的旧路"上去了呢？

应该说：戊戌政变后，康有为的思想确实有了变化，但他的强调"物质救国"却不是完全沿袭"洋务派"的旧说，而是与当时的国际形势和欧、美的社会情况有关。也就是说，通过游历欧、美，理想中的资本主义制度和目睹的资本主义制度有着极大差异，从而主张"物质救国"，认为只有经济发展，才能"物质救国"。至于政治方面如何改革，还没有找到走向"大同"的道路。

这时，欧洲的主要资本主义国家，已先后走向帝国主义的阶段，大资本家对中小资本家的并吞，帝国主义对殖民地的分割和争夺等等，和康有为过去书本上接触到的和耳食的情况已大不相同了。过去，康有为想望"人类公理"，想望"大同之世"，通过亲身的考察，与早先想望的已大不相同，这样，他就不得不重新考虑。在他 1901 至 1902 年所撰、后来又经增改的《大同书》中，就有说到他看到资本主义的社会制度，并不完全和自己想象的那样完善。"入世界观众苦"的结果，发觉资本主义国家也有"苦境"：

> 欧、美以列国并立而赋税更重，繁苛及于窗户，琐碎及于服玩、僮仆、车马。

> 即欧、美之有节，限作工之八时，劳苦亦甚，焉得不衰。

> 欧洲号称文明，而贵族、僧族、士族、平民族、佃民族、奴族，虽经今千年之竞争大戮而诸级未能尽去，至今贵族、平民，两争峙焉。

大资本家的竞争和垄断，对中小企业的排挤和对广大人民的残酷剥削，以及阶级斗争的尖锐，使他心焉忧之：

> 若夫工业之争，近年尤剧。盖以机器既创，尽夺小工，畴昔手足之烈一独人可为之者，今则皆为大厂之机器所攘，而小工无所谋食矣。而能作大厂之机器者，必具大资本家而后能为之。故今者一大制造厂、一大铁道轮船厂、一大商厂乃至一大农家，皆大资本家主之，一厂一场，小工千万仰之而食；而资本家复得操纵轻重小工之口食而控制之或抑勒之，于是富者愈富、贫者愈贫矣。机器之在今百年，不过萌芽耳，而贫富之离绝如此。……

在"富者愈富、贫者愈贫"的情况下，"工人联党之争，挟制业主"（第 236 页）。这使康有为不能不为之震慑，既要求在中国发展资本主义，而欧洲无产阶级对资产阶级的斗争，又使他感到震惊。既想望一个"大同世界"，而游历欧、美后仍然找不到一条通达"大同"之路。

康有为除参观了一些资本主义国家外，还游历了一些殖民地国家，这些殖民地国家人民在所谓"先进"国家的殖民制度下，备受蹂躏，而殖民地民族解放运动，行将掀起。这样，一方面使他惑于"优胜劣败"的"天演"之说，以为"方今列强并争，必千数百年后乃渐入大同之域，而诸黑棕种人，经此千百年强弱之淘汰，耗矣哀哉，恐其不解遗种于大同之新世矣，即有遗种乎，存者无几矣"。另一方面，统治殖民地人民的却正是他前所向往的欧、美资本主义国家。他不可能认识种族压迫阶级压迫的剥削本质，却也曾引起他对被压迫人民的某些同情。这些矛盾，他没有办法解决，也提不出一个完整的方案。

理想中的资本主义制度和目睹的资本主义制度的矛盾，耳食或阅读得来的书本知识和亲身游历得来的实际见闻之间的矛盾，资本主义的压迫殖民地和对殖民地人民的某些同情的矛盾，要求发展资本主义而对封建主义又有一定依恋性的矛盾，等等。康有为始终不可能找到一条通达"大同"的道路。

过去康有为是主张"全变"，主张政治制度上的改革的，但游历欧、美后，看到不论是通过资产阶级革命走向资本主义的国家，还是通过资产阶级改良走向资本主义的国家，都存有种种矛盾。从中国国内来说，改良派的市场已一天天缩小，而资产阶级革命却日益掀起，并向改良派展开了斗争。在游历欧、美，找不到理想道路而政治上革命势力又渐掀起的情况下，在资本主义走向帝国主义下坡路的形势下，康有为只能设想先把"物质"搞上去，把经济发展起来，至于上层建筑，只能暂时不讲，发出了"欧洲中国之强弱，不在道德哲学"的言论。表面看来，似乎和洋务派的只注重经济发展有其相似，但从其内涵及其演变的原因来说，却存有差异。

《物质救国论》是康有为在戊戌政变后游历欧、美所写，是在亲历欧、美看到资本主义国家和殖民地国家后所写，是他对国家制度改革找不到道路时所写。它与洋务派重视经济的提法似乎相似，但背景不同、时代不同、角度不同。尽管康有为没能找到一条通达"大同"之路，但他游历欧、美，考察情况，对祖国的前途还是关注的。

保皇会的演变

1906 年到 1911 年辛亥革命前后，康有为仍避居海外，继续漫游，他的行踪是：

1906 年 2 月，自美国游墨西哥。秋，游欧洲。9 月 3 日，在意大利米兰自秋至冬，历游瑞典、丹麦、挪威、比利时、荷兰、德国、法国、英国、西班牙、摩洛哥。除夕（1907 年 2 月 12 日），由摩洛哥返西班牙。

1907 年，仍漫游欧洲各国。

1908 年 5 月，在瑞士。6 月，游挪威。7 月，游东欧，自奥地利、匈牙利、塞尔维亚、保加利亚、罗马尼亚至土耳其。9 月，自地中海再渡印度洋。10 月，归槟榔屿。

1909 年 3 月，游埃及、耶路撒冷。旅游瑞士、法国、英国、德国、比利时。8 月 16 日，回槟榔屿。10 月，再游印度。

1901 年 1 月，在槟榔屿。8 月，自槟榔屿迁居新加坡。9 月，还香港。

1911 年 1 月，赴西贡，又至新加坡。5 月 8 日，自新加坡到香港。6 月 6 日，赴日本，初住箱根，旋移居须磨，寓梁启超之双涛园。10 月 10 日，辛亥革命爆发。

康有为在漫游各国的同时，仍旧积极展开保皇活动。1906 年到 1911 年辛亥革命前后，是保皇会的后期。它的斗争锋芒已针对资产阶级革命派，并与国内的立宪派相呼应。

1905 年 10 月，清政府命尚其亨、李盛铎会同载泽、戴鸿慈、端方前往各国考察政治。次年 9 月 1 日，颁布"预备立宪"，保皇党人大受鼓舞。10 月 21 日，康有为发出《布告百七十余埠会众丁未新年元旦举大庆典告蒇》，保皇会改为《国民宪政会文》："仆审内外，度时势，以为中国只可君主立宪，不能行共和革命，若行革命则内讧分争，而促外之瓜分矣。""今者举国同心，咸言宪法，遂至使臣周咨于外，朝廷决行于上，顷七月十三日明谕，有预兹备行宪政之大号，以扫除中国四千年之弊政焉"。说是"今上不危，无待于保"，准备于"丁未新年元旦举大庆典"，宣布旧保皇会"告蒇"，新开国民宪政会。说是"向日之诚，戴君如昔"，"开天之幕，政党我先"㉖。企图重温立宪的旧梦。梁启超还提出建议："一，尊崇皇室，张民权；二，巩固国防，奖励民业；三，要求善良之宪法，建设有责任之政府。"㉗想推醇亲王为总裁，载泽为副总裁，"拟在上海开设本部后，即派员到各省州县演说开会，占得一县，即有一县之势力；占得一府，即有一府之势力"。扬言："今者我党与政府死战，犹是第二义；与革党死战，乃是第一义。有彼即无我，有我即无彼。"㉘为了"尊崇皇室"，誓"与革党死战"。

康有为定 1907 年初，改保皇会为国民宪政会。3 月 23 日（二月初十日），保皇党人在纽约召开大会，康有为从欧洲赶来，"议行君主立宪"，正式定名为帝国宪政会，对外则称中华帝国宪政会。在章程第二条中申明"本会名为宪政，以君主立宪为宗旨，鉴于法国革命之乱，及中美民主之害，以民主立宪，万不能行于中国，故我会仍坚于戊戌旧说，并以君民共治、满汉不分为本义，凡本会会众当恪守宗旨，不得误为革命邪说所惑，致召内乱而启瓜分"。第三条申明"本会以尊帝室为旨"㉙。主张"君民共治"。康有为在戊戌变法时期，呼吁"君民共治"，改封建的中国为资本主义的中国，在当时的历史条件下，无疑是有进步意义的。但短短的 10 年间，中国社会已起了很大变化，资产阶级革命运动已经兴起，推翻清朝政府，已成为时代的主流，康有为仍旧唱的是 10 年前的旧调，与当时日益兴起的革命运动背道而驰了。

然而，保皇会在海外还是有其影响。戊戌政变发生，康有为流亡海外，组织保皇会，当时改良和革命没有明确分清界线，保皇会在海外华侨中颇具有影响。但 10 年来，情况变了，反对清政府的革命小团体已合并为同盟会，成为统一的革命组织了。中国向何处去，革命和保皇的斗争已经激烈展开了。保皇会的性质也起了变化，已经由反对以慈禧为首的清政府当权派变为保护清朝皇室了，已经由保护光绪皇帝到保护清朝政府了。然而，保皇会在海外的影响仍未完全消失。从《帝国宪政会大集议员会议序例》（见上海市文物保管委员会编《康有为与保皇会》）中《各埠代表员名录》可以概见：

各埠代表员名录

内国	陈焕章		大埠	陈焕章		
屋仑	陈焕章		澳洲	汤昭		
檀香山	汤昭		表雪地	汤昭		
满地可	汤昭		新村埠	汤昭		
波市顿	陈国瑞	梅臻	纽约	赵万胜	余佳明	梁祖畅
	梅安	丘观		源鹤亭	陈轩良	李功寓
				吕贵海		
哈佛埠	黄春山	黄荣业	美西北四省	李美近		
市加高	梅宗周		气连拿	冯镜泉		
比令士	冯镜泉		笠荣士顿	冯镜泉		
域多利	张炳雅		费城	冯次焜	冯均翘	李君则
波利磨	陈以庄	谢恩彦	华盛顿	谢礼晋		
	曾郁					
抓李抓罅	梁文畅		沙加免度	梁文畅		
胜普埠	梅胜杰		必珠卜	陈文惠		
罗生技	谭良		香港	陈宜甫		
埃士多利	林兆生		澳门	康同照		

公议赞成，总长决定施行。可知，到了 1907 年，保皇会在海外华侨中还具一定影响。

帝国宪政会成立后，康有为准备回国从事政治活动未果，指令梁启超等与清朝皇室、贵族、国内立宪派联系，"伸张势力于内地"。听到政闻社将开，康有为拍电致贺："得电，知党开势甚，欣慰。即令纽约汇七千，想收。"称赞梁启超"尚可以功补过"，说是"以吾向来不忧外国之并吞，而深惧革命之内乱。……立宪与不立宪尚其次，而革与不革乃真要事"[30]。又假侨商名义，写了请愿书，"乞立开国会而行立宪"，说是"商民等以为真欲救国，必先立宪；真欲立宪，必先开国会"，吁请"俯徇舆论，不爽王言"，连过去反对的慈禧也加吹捧了[31]。

1908 年 8 月 27 日，清政府宣布自本年起第 9 年召开国会，再于 9 月颁布《宪法大纲》。这个《宪法大纲》的主要目的是要保存封建专制制度。革命派采取了坚决反对的立场，而保皇会则采取了拥护的立场。因此，改良派也受到革命派的反对。

《宪法大纲》颁布不到 2 个月，光绪皇帝就"龙驭上宾"了。康有为又说帝国宪政会"本以保皇为事，忠义昭著"，"应发讨贼之义"。但是，荣禄早死，慈禧也亡，谁是"贼"呢？"查大行皇帝之丧，实由贼臣袁世凯买医毒弑所致"，于是"签名上书监国公，请杀贼以报先帝之仇"③。康认为戊戌年间"两宫介介"，都是袁世凯"造为谋围颐和园之说"，引起政变，请摄政王"为先帝复大仇"。

然而，第 9 年召开国会毕竟太远，康有为既迫不及待，对清廷又存幻想，于是用帝国宪政会的名义，草书请开国会，提出"若待九年，恐国非其国"，请"立下明诏，定以宣统三年开国会"③。这时，保皇会和国内的国会请愿会联系频繁。1910 年底，拟改帝国宪政会为帝国统一党，向清民政部申请注册，说是"不曰会而曰党，乃合全国人士与蒙古藩王共之"，故"益光明广大之"④。

1911 年，清政府严制国会请愿。5 月，组织皇族内阁，以庆亲王奕劻为总理大臣。康有为对奕劻并不信任，一些保皇会员在海外制造舆论，散布揭帖，说是"今举中国之败坏危亡，非他人，皆奕劻一人为之而已；阻挠立宪，阻挠国会，非他人，皆奕劻一人为之而已"。警告奕劻，"若不即开国会，则为举国公敌，为卖国大贼"⑤。10 月，武昌起义，康有为听到消息"忧心如焚"，仍持"革命必无成"之说。他和梁启超都想"用北军倒政府，立开国会，挟以抚革党"，还想"乘此以建奇功"⑥。康自我陶醉地说："人知革之无成，士大夫皆思吾党而归心。""他日国会开时，吾党终为一大政党，革党亦自知无人才，不能为治也"⑦。

然而，辛亥革命推翻了清朝政府，保皇会已无皇可保了，康有为还想草写《摄政王逊位为总统说》，责怪"国人之灭国也，吝其空名，必以驱逐俘虏其君，毁其宗庙社稷，废其百官，黜其礼教"。这是"野蛮"⑧，提出"虚君共和"的口号，想望挂一个"共和"的假招牌，仍旧恢复清朝的统治，说是"共和政体不能行于中国"，"立宪国之立君主，实为奇妙之暗共和国"，而"满族亦祖黄帝"，还需由清朝复辟。保皇会已逆时代潮流而动，康有为已失去过去的吸引力了。

变法失败，康有为以"维新志士"遁逃海外，光绪皇帝以"诏定国是"幽禁瀛台，保皇救国，政治改良，自有一些人表示同情。然而，义和团的掀起，八国联军的入侵，进一步暴露了清朝政府“量中华之物力，结与国之欢心”的真面目，慈禧一伙卖国原形也暴露无遗。人民觉悟提高了，反清革命的旗帜树立了。康有为仍“力主立宪以摧革命之萌芽”，并统一保皇会思想，不准“背义”“言革”。当遭到革命派抨击后，他没有“跃然祇悔，奋励朝气”，而是“己既自迷，又使他人沦陷”，终致愈陷愈深，向腐朽的清政府愈靠愈拢。

康有为和保皇会的向清政府靠拢，是伴随革命运动的发展而日渐蜕变的。1903 年，抗法拒俄运动展开，“苏报案”发生，《猛回头》《警世钟》等革命书刊传播，反清革命浪潮的高涨，《驳康有为论革命书》的箴规，没有使康有为震醒，反而在海外夺取兴中会的阵地。孙中山号召侨民“大倡革命，毋惑保皇”，在《檀山新报》发表《驳保皇会书》帮助人们划清革命与改良的界线，一些华侨纷纷登报与保皇党脱离关系了。康有为却开保皇大会，派徐勤在香港办《商报》，“大倡保皇扶满主义”，派梁启超到上海办《时报》，“以献替于我有司，而商榷于我国民”[39]。1905 年，中国同盟会成立，《民报》刊行，提出“举政治革命、社会革命，毕其功于一役”的主张[40]，批判了改良主义。康有为则重游法国，“鉴观得失之由，讲求变革之事”，污蔑法国“革命之祸”，说是中国有“特别之情”[41]，以喻革命之必不可成，而只可立宪。

康有为和保皇会的向清政府靠拢，又是伴随清政府的“立宪”而日益紧密的。遭到革命派攻击的康有为和保皇党，在清政府“立宪”声中，紧锣密鼓，遥相呼应。“预备立宪”甫颁，康有为赶快上书请愿，吁请“皇太后、皇上圣鉴”。政闻社初设，康有为写信给梁启超、徐勤、麦孟华，叫他们“深结”肃亲王善耆[42]，对“革命恨之最深”的良弼也很注目[43]。《宪法大纲》颁布，光绪未几死去，康有为“泣血呼踊，号于昊天”。他们以为摄政王载沣“深沉而有远略”，于是“上书监国公”，表达“忠义”。1910 年，又担心“政欲行而力皆不举”，向载沣献策，以示“感先帝之殊遇”的缱绻之意[44]。

清政府的立宪骗局，是为了抵制革命；保皇会的向清政府靠拢，也是为了对抗即将来临的革命风暴。他们企图在清朝专制政府的控制下，以“立宪”为名，挽救摇摇欲坠的封建统治，企图通过与清朝政府妥协的办法挤入政权，分享残羹剩饭，其目的是抵制日趋激烈的革命运动，而且革命越是向前，保皇会也向清政府愈是靠拢。继《民报》与《新民丛报》论战之后，《中兴日报》挫败了保皇会的《南洋总汇报》，康有为即派徐勤主持《总汇报》，再嚷《论革命必不能行于今日》，还想死守保皇会的阵地，结果遭到批驳。而他们在海外"所集银行商务等资本数百万金全无着落，人心瓦解"。康、梁知人心已去，将陷穷途，故尽力运动北京满人，"以图诏还"⑩。保皇会为清皇朝效劳，并非偶然。

康有为的苦心保皇，没能挽回清皇朝的沉疴。辛亥革命，结束了两千多年的封建专制，康有为已无皇可保，保皇会也声名狼藉。他们又想改名为"国民党"，不胜惋惜地说："若使摄政以来，当国者不全黩货茹奸，扫荡廉耻，摧灭纲维，嫉弃忠良，凌暴人民，粉饰伪宪，即吾党之志早可见行而国会更可早开。君主让权，同于英国，人民议政，可保中华，不待今者流血之惨、日忧分裂之危矣。"⑯发表《共和政体论》，说："专制君主以君主为主体，而专制为从体；立宪君主以立宪为主体，而君主为从体；虚君共和以共和为主体，而虚君为从体，故立宪犹可无君主，而共和不妨有君主。"又说："中国乎积四千年君主之俗，欲一旦全废之，甚非策也。况议长之共和，易启党争，而不宜于大国者如彼；总统之共和，以兵争总统，而死国民遇半之害如此。今有虚君之共和政体，当突出于英、比与加拿大、澳洲之上，尽有共和之利，而无其争乱之弊，岂非最为法良意美者乎？"⑰混淆民主制度与君主制度的界线，以民主制度为"坏"，愈不彻底、封建残余保存愈多的为"好"，并把革命以来中外反革命捣乱破坏的恶果，通通算在革命账上，要用"前朝之法"来代替革命的秩序。过去的"维新志士"已不能适应新的形势了。

一个主张维新的人，成为封建势力的代表；一个在海外起过作用的会，成为反对革命的团体。恰恰说明，近代中国发展迅速，不断前进，如果有人对旧思想有所留恋，甚至想望一逞，那么，时代的巨轮对落后是无情的。

注　释：

① 列宁：《中国的战争》，见《列宁选集》第一卷。

② 《对于俄约之国民运动》，《江苏》第二期"记事"，本省时评。

③ 《拒俄事件》，《浙江潮》第四期"留学界记事"。

④ 冯自由：《革命逸史》第二集、第五集。

⑤ 《驳康有为论革命书》的主要部分，载《苏报》光绪二十九年（1903）闰五月五日，题为《康有为与觉罗君之关系》。

⑥ 《苏报》光绪二十九年（1903）五月十五日"新书介绍"栏刊《革命军》广告；同日，载《读革命军》；五月二十五日"新书介绍"栏刊章太炎《驳康有为论革命书》。《序革命军》为章太炎撰，载五月十五日《苏报》。

⑦ 孙中山：《敬告同乡书》，《孙中山全集》（第一卷），中华书局 1981 年版，第 230—233 页。

⑧ 孙中山：《驳保皇报书》，同上书，第 233—238 页。

⑨ 康有为：《欧洲十一国游记序》，见《康南海先生游记汇编》，台湾文史哲出版社 1979 年版，第 87 页。

⑩ 同上书，第 181 页。

⑪ 同上。

⑫ 同上。

⑬ 康有为：《罗马与中国之比较，罗马不如中国有五》，见《康南海先生游记汇编》，第 258—262 页。

⑭ 康有为：《法兰西游记》，同上书，第 375—378 页、388—389 页。

⑮ 以下所引《物质救国论》均据此书，拙编《康有为政论集》曾选录其中主要章节。

⑯ 康有为：《物质救国论序》，见拙编《康有为政论集》，中华书局 1981 年版，第 564—565 页。

⑰ 同上书，第 565 页。

⑱ 同上。

⑲ 同上书，第 568—569 页。

⑳ 同上书，第 569 页。

㉑ 同上书，第 570—572 页。

㉒ 同上书，第 574 页。

㉓ 同上书，第 575 页。

㉔ 同上书，第 575—576 页。

㉕ 同上书，第 576—577 页。

㉖ 民意：《希望满洲立宪者之勘案》，《民报》第十三号。

㉗ 梁启超：《与夫子大人书》，光绪三十二年（1906）十一月，见杨家骆《梁任公先生年谱长编初稿》，世界书局 1981 年版，第 216—217 页。

㉘ 同上书，第 217—218 页。

㉙ 《帝国宪政会大集议员会议序例》，光绪三十三年（1907）二月十日，原件，上海博物馆藏。

㉚ 康有为：《与任、勉、博三子书》，光绪三十三年（1907）九月二十九日，原件，上海博物馆藏。

㉛ 《海外亚、美、欧、澳五洲二百埠中华宪法会侨民公上请愿书》，《不忍》第 46 期。

㉜ 康有为：《光绪帝上宾请讨贼哀启》，中国史学会编《戊戌变法》（一），上海人民出版社 1957 年版，第 433—434 页。

㉝ 康有为：《代美国宪政会请开国会书》，宣统二年（1910），原件，上海博物馆藏。

㉞ 《民政部准帝国统一党注册论》，原件，上海博物馆藏。又帝国统一党之名，是国会请愿同志会孙洪伊等改用，在民政部立案，宣统二年（1910）十二月十七日康有为《致梁启超书》谓："宪厂来书，言北中已改为帝国统一党，已注册民政部中，欲海内一律行，吾欲俟解禁后乃布告，且藉以筹款也。"见《梁任公先生年谱长编初稿》，第 329 页。

㉟ 《奕劻卖国揭帖》，宣统三年（1911），原件，上海博物馆藏。

㊱ 梁启超：《致徐勤书》，宣统三年（1911）九月八日，《梁任公先生年谱长编初稿》，第 339—342 页。康有为：《致徐勤密书》，《民立报》，1911 年 10 月 26 日。

㊲ 康有为：《致衮孟、慧儒书》，辛亥（1911）十一月九日，手迹，广州中山图书馆藏。

㊳ 抄件，上海博物馆藏。

㊴ 《上海时报缘起》，《新民丛报》第四四—四五号，光绪二十九年（1903）十一月十四日。

㊵ 《民报发刊词》，《民报》第一号。

㊶ 康有为：《不幸而言中不听则国亡》，见《政论集》，第588—596页。

㊷ 康有为：《与任、勉、博三子书》，光绪三十三年（1907）九月二十九日。函曰："肃王相提携，甚可人。""肃王既来提携，内情必极急，那拉旦夕必有变。"准备要求善耆提出开放党禁，还派汤睿赴京，"联肃攻袁"。汤睿（觉顿）《致南海夫子书》又称誉善耆"于吾党最为亲信，其接见弟子，极能以诚相待，非重弟子，实重吾函丈也。"光绪三十四年（1908）三月，见《梁任公先生年谱长编初稿》，第 251—252、第 270页。

㊸ 梁启超：《致蒋观云书》，光绪三十四年（1908）十一月，同上书。

㊹ 康有为：《上摄政王书》，宣统二年（1910），原件，上海博物馆藏。

㊺ 孙中山：《致旅居比利时革命党人函》，原件藏中国历史档案馆，转引自《孙中山年谱》，中华书局1980年版，第103页。

㊻ 康有为：《致各埠书》，1912年2月19日，原件，上海博物馆藏。

㊼ 康有为：《共和政体论》，1911年11月，见《政论集》，第691页。

第十一章　辛亥前后

恋栈旧制，眷念君主

1911 年 10 月 10 日，武昌起义，湖南、陕西、江西等省相继响应，形成全国规模的"辛亥革命"。

康有为在日本听到武昌起义，清政府"十余日不能出师"，深感"大变如此，忧心如焚"，感到"日传消息，皆是沦陷响应，若是则可不期月而国亡"，"以法国鉴之，革党必无成；以印度鉴之，中国必亡"①。这封给徐勤的密信，不知怎的给革命派在上海的《民立报》看到，将它印布，并予批驳②。

1912 年 1 月，中华民国成立，两千多年的封建专制制度已经结束。康有为已无皇可保，但他仍恋栈旧制，眷念君主。武昌起义不久，他就刊发《共和政体论》，说："专制君主以君主为主体，而专制为从体；立宪君主以立宪为主体，而君主为从体；虚君共和，以共和为主体，而虚君为从体。故立宪犹可无君主，而共和不妨有君主。"又说："中国乎积四千年君主之俗，欲一旦全废之，甚非策也。况议长之共和，易启党争，而不宜于大国者如彼；总统之共和，以兵争总统，而死国民过半之害如此。今有虚君之共和政体，尚突出于英、比与加拿大、澳洲之上，尽有共和之利，而无其争乱之弊，岂非最为法良意美者乎？"③

混淆民主制度与君主制度的界线，以最彻底的民主制度为最坏，愈不彻底，封建残余保存愈多的就是最好。

与此同时，他又撰写《救亡论》和《共和政体论》。《救亡论》是康有为在武昌起义后，"举国行大革命"，他"惴惴恐惧，惧中国之亡"而作，主要内容是：

第一，"革命已成"，"后此之变乱无穷"。在第一章《革命已成有五难中国忧亡说》列举"五难"，"以列国环伺，后此之变乱无穷"。所谓"五难"是：一、"外认之难"；二、"拒外之难"；三、"割据之必无成"；四、"立主之难"；五、"内讧之难"。并再次引法国大革命为鉴，以为"一破坏之后，则中国永无建设之日"④。

第二，"革命后民生惨病"，不能"鼓感情"。说是"兵燹之祸"有"生计之败""盗贼之多""杀戮流离之惨"。还说："印度一起革命，死者二千万；德国一起教争，死者一千八百万。若吾国人多，若全国革命，死当无量数。"⑤谈革命的人"动于感情而无通识"，"多由于鼓感情"。以为："革命之理至深且赜，而众人乃能以简单二字，妄视为救中国不二之良方，不知病症而行刀割，惟有致死而已，无可救矣。"⑥

第三，"共和政体不能行于中国"，主张"君主立宪"。说是"立宪君主与立宪民主之制，其民权同，其国会内阁同，其总理大臣事权与总统同，名位虽殊，皆代君主者也"。中国如行共和政体，则"两党争总统之时"，"不知死几千万人也"，"故断断言之，中国今日之时，万无立民主之理也"⑦。说是"政体之极奇而绝妙，深远而难解者，莫如立宪国之立君主"⑧。并提出"虚君之共和国说"，谓：

> 顷者中朝允开国会，并许资政院定宪法矣。夫宪法既为资政院众议员所定，出于诸将兵力所迫，则旧政府不能不从者矣。若是乎众大臣为总理大臣所用，而总理大臣由国会所举，甚至上议院员皆不能选，是君主虽欲用一微员，而不可得也，不已等于平民乎？军队虽统于君主，而须听国会之命，不已等于将官乎？若夫国会提议案，国会改正法，君主皆不能参预，不能否决，惟有受命画诺而已，不类于一留声机乎？凡此政权，一切皆夺，不独万国立宪君主之所无，即共和总统之权，过之远甚，虽有君主，不过虚位虚名而已，实则共和矣，可名曰虚君共和国。⑨

提出"虚君共和"的口号，想挂一个"共和"的假招牌，仍旧恢复清朝的统治。

康有为认为"为治有序，进化有级，苟不审其序，而欲躐级为之，未有不颠蹶者也"⑩。中国要行"国民公举总统之共和"，如今还不是时候，易引起"两党争总统"，"有虚君镇之，永不陷于无政府之祸"。说：

> 夫欲明君主共和新制之妙理，则观于立宪之君主而可恍然矣。立宪各国，政体虽有不同，而权在国会内阁则一也，与共和国无少异也。夫既全权在国会，由国会政党之大者组织内阁，故其君主毫无用人行政之权，故宪法大义曰君主无责任，曰君主不为恶，曰国会监督，曰大臣代受责任。……善哉孔子之言立宪君主也，曰"舜、禹有天下而不与焉，舜何为哉？恭己正南面而已矣。"夫以君主恭己正南面，无权无为如此，复何所取而不弃之。⑪

"虚君共和"，名义上专制与立宪都有君主，但是，康有为认为"以民权论之，则立宪与共和实至近，虽有君主，然与专制之政体，实冰炭之相反也"⑫。还是恋栈旧制，眷念君主。

《不忍》杂志和"尊孔崇儒"

1913 年 1 月，康母生辰，康有为拟归香港，借以窥望国内形势，刚好麦孟华赴日，告以广州、香港革命派活动情况，乃不敢归。主编《不忍》杂志，上海广智书局发行。11 月，奔母丧归，葬母、弟毕，移居上海。

康有为在辛亥革命后有什么"不忍"，为什么办这份《不忍》杂志？

辛亥革命的胜利果实，为袁世凯窃占，国事蜩螗，经济萧条，政局纷扰，民生凋敝。康有为竟把这些现象说是"革命召乱"，说"自共和以来承军兴之余敝，国与民俱竭"，"国体扫地，威信皆坠"⑬，说"今自共和以来，举国骚然，民不聊生，农工商贾失业，群盗满山，暴民满野，各城邑变乱频仍，各省割据日争，政府坐视之，力不能统一，术不能理财，武不能安边，但缩首乞丐，坐酿大乱。其尤甚者，堕弃纪纲，扫绝礼教，上无道揆，下无法守，绝群神之祀，收文庙之田，乃至天坛不祀，上神不享，则神怒民怨，天人交恫"⑭。如所众知，"各城邑变乱频仍，各省割据日争"，这是帝国主义和国内封建军阀操纵扰乱的结果，和共和政体有何关系？共和建成，民国肇兴，"堕弃"了封建的纪纲，"扫绝"了封建的礼教，冲荡了封建的"道揆"，震撼了封建的"法守"，这有什么不好？只有对旧制度留恋的人，才会感到格格不入。

这时，康有为拟刊《不忍》杂志，先撰序文，"靡靡喋喋，不能已于言"，说是："睹民生之多难，吾不能忍也；哀国土之沦丧，吾不能忍也；痛人心之堕落，吾不能忍也；嗟纪纲之亡绝，吾不能忍也；视政治之窳败，吾不能忍也；伤教化之陵夷，吾不能忍也；见法律之蹂躏，吾不能忍也；睹政党之争乱，吾不能忍也；慨国粹之丧失，吾不能忍也；惧国命之分亡，吾不能忍也。怵焉心厉也，怒焉陨涕也，凄凄焉悲掩袂也，逝将去之，莫能忘斯世也。愿言拯之，恻恻沉详予意也，此所以为《不忍》杂志耶！"⑮他"不忍"的是什么呢？"不忍"的是封建"纪纲"的亡绝，"不忍"的是封建"礼教"的陵夷，"不忍"的是封建"法律"的被"蹂躏"，"不忍"的是封建"国粹"之"丧失"。这样"不忍"，那样"不忍"，归根到底，他"不忍"的是清朝封建帝制的被推翻，"不忍"的是民主共和国的观念深入人心。

康有为在戊戌时就主张"立宪"，此后又漫游欧、美"考察政治"的，他在"无皇可保"的情况下，又制造舆论了，说："专制君主以君主为主体，而专制为从体；立宪君主以立宪为主体，而君主为从体；虚君共和，以共和为主体，而虚君为从体。故立宪犹可无君主，而共和不妨有君主。"又说："中国乎积四千年君主之俗，欲一旦全废之，甚非策也。况议长之共和，易启党争，而不宜于大国者如彼；总统之共和，以兵争总统，而死国民过半之害如此。今有虚君之共和政体，尚突出于英、比与加拿大、澳洲之上，尽有共和之利，而无其争乱之弊，岂非最为法良意美者乎？"⑯混淆民主制度与君主制度的界限，以愈彻底的民主制度为最坏，愈不彻底封建残余保存越多的就是最好；提出"虚君共和"的口号，设想挂一个"共和"的假招牌，仍旧恢复清朝的统治，还说"共和政体不能行于中国"，"立宪国之立君主，实为奇妙之暗共和国"，而"满族亦祖黄帝"，想望清朝复辟。

康有为恋栈旧制，眷念君主，又把复辟帝制和尊孔崇经紧密联系起来，想望以封建纲常名教"良药美方"的孔子儒经来恢复旧秩序。

康有为说："自共和以来，教化衰息，纪纲扫荡，道揆凌夷，法守斁敨，礼俗变易，盖自羲、轩、尧、舜、禹、汤、文、武、周（公）、孔（子）之道化，一旦而尽，人心风俗之害，五千年来未有斯极。"⑰把"四千年君主之俗"，"一旦废之"，是要引起"争乱"的⑱。"然革一朝之命可也，奈之何举中国数千年之命，而亦革之乎？今也教化革命，纪纲革命，道揆革命，法守革命，礼俗革命，人心革命，国魂革命，大火焚室，空空无依，茫茫无所适，伥伥无所之，游魂太空，风雨飘摇之，雷霆或震，绝命是期。"⑲以为推翻清朝，不是"革一朝之命"，而是"革数千年之命"。"数千年"的什么"命"被"革"去了呢？"教化""纪纲""道揆""法守""礼俗"等等，这些维护封建专制的东西受到革命的冲荡，康有为于是慨叹"纪纲扫荡，道揆凌夷"⑳了。

康有为以为"中国立国数千年，礼义纲纪，云为得失，皆奉孔子之经，若一弃之，则人皆无主，是非不知所定，进退不知所守"㉑。想用孔子儒经来恢复旧秩序，说是"中国四万万人中"，"能具超绝四万万人而共敬之地位者"，只有"孔子之衍圣公"，他是"人心共戴"，"万世一系"，"合乎奉土木偶为神之义"，"莫若公立"㉒，孔子是"素王"，"真虚君也"㉓，"与其他日寻干戈以争总统，无如仍迎一土木偶为神而敬奉之，以无用为大用，或可以弭乱焉"㉔。

尊崇孔子，当然要尊以孔子为代表的儒家经典，康有为鉴于"四海横流，六经扫地"㉕，提倡读经崇儒。他说："或者谓儒家经传，多重伦纲，今政改共和，君臣道息，诸经旧义，窒碍难行"，这样说法，是"未知孔子之大"。为要"治人心，定风俗"㉖，就只有尊孔读经。他还把孔子所作的《春秋》说成是"宪法"，"遍于人伦道德鬼神动植"，比各国宪法之"仅及土地人民政事"为"大"，它又不限于一国，及其一时，而是"及于天下与后世"的，所以《春秋》"古名大经，犹大宪章也"㉗。很清楚，康有为神化孔子，崇奉儒经，正是为复辟帝制制造舆论。

本来，在戊戌变法时，康有为也是推崇孔子，主张孔子改制的，但那时他是把资产阶级需要的东西放在孔子身上，塑造的是资产阶级化的孔子，以致遭到封建卫道者的攻击。这时他又推崇孔子，但所推崇的却是封建的孔子，并想以孔子的偶像作为"虚君"的土木神，用以抗拒新兴的共和制度。10多年间，康有为的思想是后退得何等急遽。

本来，在戊戌变法时期，和康有为、梁启超"交游"的章太炎，也提出过"客帝"的课题，说中国的"共主"，则为"仲尼之世胄"。后来他革命了，对"客帝"也进行了"匡谬"。现在，康有为却又以孔子为"虚君"，还想用孔子的偶像来复辟帝制，连章太炎"匡谬"过的"客帝"又重新祭出来了。

本来，康有为是主张"向西方学习"的，曾经想把封建专制制度的中国，通过变法，改变为资本主义君主立宪的中国，现在却对"凡欧、美之政治风俗法律""力追极模"则加反对，说是"模欧师美"，要使"万余里之版图，旌旗变色，四万万之人民，馘首受化"了[28]。康有为不是在戊戌变法时期鼓吹民权，讨论平等、自由吗？现在却说："名为共和，而实共争共乱；日称博爱，而益事残贼虐杀；口唱平等，而贵族之阶级暗增；高谈自由，而小民之压困日甚。不过与多数暴民以恣睢放荡，破法律、弃礼教而已。"[29]说"顷闻有子以自由为说，而背其父者矣"，"又闻妇女以自由为说，而背其夫者矣"，这就是"妄慕自由之祸"[30]。进而谓"今日少言自由平等，俟吾国既富强后，乃言之，则中华国千秋万年，可与欧、美自由平等，而吾国民乃真有民权、民意焉。若今日事自由平等，日言民意、民权，则吾国散乱将亡，则中国千秋万年永失自由平等，吾国民永无民意、民权焉"[31]。当然，民国成立后，广大人民仍旧没有得到自由、平等、民权，这正说明"革命尚未完成"，但康有为却说"日言民意、民权"，"吾国散乱将亡"，连"民意、民权"都不准"言"了。

非但如此，康有为还说中国"已去封建"，说是："中国自汉世已去封建，人人平等，皆可起布衣而为卿相，虽有封爵，只同虚衔，虽有章服，只等徽章，刑讯到案，则亲王宰相与民同罪。租税至薄，今乃至取民千分之一，贵贱同之，乡民除纳税诉讼外，与长吏无关，除一二仪饰黄红龙凤之属，稍示等威，其余一切，皆听民之自由，人身自由，营业自由，所有权自由，集会言论出版信教自由，吾皆行之久矣。近者疍丐乐户，倡优皂隶，并与解除，奴婢亦禁卖矣。专制之朝，龙凤黄红仪饰之等，又皆免除矣。法大革命后，所得自由平等之权利，凡二千余条，何一非吾国民所固有，且最先有乎？”㉜这些言论，非特和戊戌前大相径庭，否定过去自己要争取的“民权、民意”，并且说是两千年来“已去封建”，已有“自由”“平等”。这种“异乎寻常的转变”，正说明了康有为内心的彷徨和对取消封建帝制的嫉恨。

康有为说中国两千年“已去封建”，比欧、美都早，非但“政治”上早有平等、自由，即“物质机器之学，横行地球，前民利用者，不在欧洲而在中国矣”㉝。由过去的“向西方学习”一转而为中国自有“国粹”、自有“国魂”。说是“搜集国粹，以文会友”，可以“补教化，存礼俗，守道揆，正人心”㉞。说孔子是“汉族之国粹荣华，尤汉族所宜尊奉矣”㉟，把孔子和以孔子为代表的儒学说成是“国粹荣华”，也是“国魂所归”。要保中国，“不可不先保中国魂也。中国之魂维何？孔子之教是也”㊱。孔子是中国土生土长的“自产之教主，有本末精粗”，是“远无乎不在之教主，有系吾国魂之教主”，中国四万万人“尊之信之”，就能“身心有依，国粹有归”㊲，把孔子尊为“素王”，尊为“教主”，向孔子顶礼膜拜，还说不能“废一切之拜跪”，如果不向“教主跪拜”，那么“留此膝何为乎”㊳？

令人深思的是，辛亥前夕，也有一些人提倡“保存国粹”“发扬国魂”，他们很多是主张古文经学的人，如章太炎、刘师培等。辛亥以后，康有为却也提倡“保存国粹”“发扬国魂”，他过去又是主张今文经学的。这也说明辛亥革命后，封建皇帝是被推翻了，但孔子的偶像还是存在。康有为等人还不断搬用或推衍儒家经籍，尊孔崇儒，又和复辟活动息息相关。

但是，辛亥前夕提倡“国粹”的人，是要在“古事古迹”中认识中华民族之可爱，对“排满”革命是起了作用的。康有为却是在“古事古迹”中证明“中国颠危误在全法欧、美”。辛亥前夕提倡“国粹”的人，尽管封建意识很浓，但他们表彰宋、明遗民，阐发汉族文化，还是起过积极作用的。康有为却想以“国粹”来反对“全法欧、美”，以“国魂”为名来为封建专制招魂扬幡，那就没有进步可言了。

康有为把孔子视为“国粹”“国魂”，拼命鼓吹尊孔，并积极组织孔教会，要“尊孔子为国教”。

孔教会是康有为的学生陈焕章于1912年10月在上海发起组织的，它的开办宗旨是"昌明孔教，救济社会"。在陈焕章所写的《孔教会序》中，一开始就说："回国以后，所见皆非，文庙鞠为武营，圣经摈于课本，俎豆礼阙，经传道丧，举国皇皇，莫知所依。"他们"目击时事，忧从中来，惧大教之将亡，而中国之不保也，谋诸嘉兴沈乙庵先生曾植、归安朱疆村先生祖谋、番禺梁节庵先生鼎芬，相与创立孔教会，以讲习学问为体，以救济社会为用，仿白鹿之学规，守蓝田之乡约，宗祀孔子以配上帝，诵读经传以学圣人。敷教在宽，借文学语言以传布；有教无类，合释、老、耶、回而同归。创始于内国，推广于外洋，冀以挽救人心，维持国教，大昌孔子之教，聿昭中国之光"⑨云云。公然提出"宗祀孔子以配上帝，诵读经传以学圣人"，为当时的尊孔逆流推波助澜。

1912 年 12 月，孔教会发起人张勋、麦孟华、陈焕章等上书袁世凯、教育部、内务部准予立案施行。12 月 23 日，教育部批："当兹国体初更，异说纷纭，该会阐明孔教，力挽狂澜，以忧时之念，为卫道之谋，苦心孤诣，殊堪嘉许。所请立案之处，自应照准。"⑩1913 年 1 月 7 日，内务部批复："该发起人等鉴于世衰道微，……虑法律之有穷，礼义之崩坏，欲树尼山教义，以作民族精神，发起该会，以昌明孔教，救济社会为宗旨，……具见保存国粹之苦心……自应查照约法，准予立案。"⑪在《天坛宪法》草案第 19 条还明文规定"国民教育以孔子之道为修身大本"。次年颁布的"教育纲要"，且公然宣称"各学校均应崇奉古圣贤，以为师法；宜尊孔尚孟，以端其基而致其用"。

1913 年 2 月，《孔教会杂志》和《不忍》同时刊行。《孔教会杂志序例》中申明："或通贯群经，或专治一经，或于一经中发明其一篇一章一句一字，或并论先儒诸家之学，或专明一家之学，或先儒之佚文佚著皆入此门"。"本杂志志在保存国粹，发扬国性，博采孔教之良果，广聚中国之新花"。"无论为今文家言、古文家言、汉儒之学、宋儒之学、程朱之派、陆王之派，悉予著录，无所偏祖，罗列家珍，以待人之博观而自择焉"⑫。过去康有为是力排古文、诋斥宋学的，现在也想熔这些"国粹"于一炉了，这和过去封建势力笼络一切学派抗击新思想，又是何等相似！

这时，山东孔教会公推康有为为总会长，康即电复："尊孔乃仆素志，钦佩宏愿，自惭菲才，辱承公推，当竭绵力。"⑬

在康有为、陈焕章等的积极活动下，袁世凯于 6 月 22 日发出"学校祀孔"命令，以孔子为"万世师表"，并命于"旧历八月二十七日为孔子生日，应定是日为圣节，令各学校放假一日，在该校行礼，以维世道，以正人心，以固邦基而立民权"㊹。9 月，在曲阜召开第一次全国孔教大会，举行大规模祀孔典礼。陈焕章任主任干事，决定迁总会于北京，在曲阜设立孔教总会事务所。11 月，推康有为任总会长，张勋任名誉会长。一时尊孔读经之风，甚嚣尘上。

如果说，过去经学和政治的关系还有些若隐若显的话，那么，辛亥革命后复古崇儒思潮，却与封建帝制的废除、共和政体的联系，又是那么紧密。康有为等对"因废帝制，并欲废伦纪；因废伦纪，并欲废倡此学术之孔子"，认为是"忘本逐末"，是"驱举国之民沦于禽兽之域"，鼓吹"尊奉孔教"，以"保存国粹"，"维系人心"㊺。一些封建守旧分子也恋栈旧制，随声附和。尊孔读经的叫嚷，当然适合北洋军阀政府的脾胃，除批准孔教会立案外，1916 年初，教育部又通令恢复中小学"读经科目"。国会对康有为等以孔教为国教、列入宪法的主张，还进行了激烈的讨论，封建专制妄图死灰复燃，山穷水尽的经学也想绝处逢生。

关于"反袁"

康有为在民国建立之初，刊行《不忍》，倡言孔教会，鼓吹"虚君共和"以至发表《大同书》，有人以为，这些都是为了"反对袁世凯的假共和"，《大同书》也是为了"反袁"而发。事实真的如此吗？

时间条件，是研究历史的人大都知道遵循注意的。康有为刊行《不忍》，倡言孔教会，刊布《大同书》甲、乙两部，都在 1913 年。在此以前，康有为早已反对共和了，当辛亥革命爆发之初，他就以为"革党必无成，中国必亡"㊻，宣称"共和政体不能行于中国"的《共和政体论》《救亡论》《中华救国论》也都写于 1913 年《不忍》刊行以前，他早已反对共和了。其次，康有为刊行《不忍》，不是"反对袁世凯的假共和"，而是"不忍"旧的清朝封建专制政体的覆亡，"不忍"旧的"国粹""国命""纪纲""教化"的

"沦丧"，不是为了"反对袁世凯的假共和"。这在《不忍杂志序》中讲得很清楚，前文也已论及。

康有为在 1913 年《不忍》杂志刊行前已经反对共和政体，无论在时间上、条件上都是清清楚楚的。所谓"反对袁世凯的假共和"，是毫无根据的。

但是，康有为和袁世凯倒有着一场"恩怨"历史。

百日维新后期，后党环伺，新政可忧，康有为曾代徐致靖上《密荐袁世凯折》，请求光绪皇帝"深观外患，俯察危局，特予召见，加以恩意，并予破格之擢。俾增新练之兵，或畀以疆寄，或改授京堂，使之独当一面，永镇畿疆"⑰。

康有为等改良派之所以在新旧斗争日趋激烈之时拉拢袁世凯，是因为袁世凯在小站练兵，有"新建军"；又因为袁世凯惯使两面手法，迷惑了改良派。当初强学会筹组，袁世凯联系募捐，又主张"淘汰旧军，采用西洋练兵"，假装"维新"。袁世凯对当时帝、后的争夺权力也是嗅觉很灵，一方面夤缘于荣禄之间，一方面又到翁同龢那里"谈时局"，脚踏两只船，骗取双方信任。康有为也不是不知道袁世凯和荣禄的关系，但当光绪皇帝的处境日益危急的时候，康有为认为"拥兵权，可救上者，只此一人"，叫徐仁禄到小站去探视袁世凯虚实。袁世凯假装恭维改良派，康有为等为其所骗，自拟折稿，请侍读学士徐致靖奏荐袁世凯，光绪召见袁世凯，并破格提拔他为候补侍郎，专办练兵事宜。接着，谭嗣同"说袁勤王"，结果袁世凯告密，政变发生，六君子遇难。这些，前文已经提到。为此，康有为是深恨袁世凯的，在他出亡海外期间，多次指斥袁世凯，称为"袁贼"。1908年 11 月，光绪皇帝"上宾"，他又专门写了《光绪帝上宾请讨贼哀启》和《讨袁檄文》。说是"查大行皇帝之丧，实由贼臣袁世凯买医毒弒所致"。还说变法后期"大行皇帝擢袁世凯于末僚，超授侍郎，授以密诏，令当保护之任。乃袁贼不感非常之遇，反告荣禄，遂起戊戌幽废之大变，并成己、庚废立通拳之事"。提出："此而忍之，孰不可忍？夫乱臣贼子，人得而诛，讨贼复仇，天不共戴。醇王以介弟摄政，仁明孝友，应有讨贼之举；我会本以保皇为事，忠义昭著，应发讨贼之义。"⑱

《讨袁檄文》更写得慷慨激昂，一开始就予指斥："袁世凯才本枭雄，性尤沈鸷，王莽之豺声蜂目，越椒之狼子野心"。"戊戌旧案，至今未了，岂不异哉！岂不骇哉！"最后说："方今醇亲王以懿亲摄政，君父之仇宜报，骨肉之恩岂忘。夷吾之杀里克，义之至也；桓公之容子翚，岂其然哉！咸宜结团上书，声罪讨贼，凡我国民，无小无大，哀声动天地，义愤憾山河，报不共戴天之仇，冀答舍身救民之德。为兹布檄，咸使闻知。"㊾

康有为对袁世凯视为"乱臣贼子"，誓欲"杀贼"。然而，辛亥革命以后，袁世凯窃取了革命胜利果实，当上了大总统，康、袁之间，却又有了电询往来。

1912 年 2 月，康有为居日本须磨。次年夏历七月，康母病逝香港，十月，奔丧归。在香港，接到"日本须磨寄来东京使馆转"来袁世凯"冬电"，电云：

> 转须磨别庄康长素先生鉴：去国廿年，困心衡虑。大著发抒政见，足为薄俗针砭，钦仰无似。凡河汾弟子，京洛故人，均言先生不愿从政，而有意主持名教。举国想望风采，但祈还辕祖国，绝不敢强以所难。敬具蒲轮，鹄候明教，何日税驾，渴盼德音，袁世凯。东（冬）。㊿

袁世凯邀请他去北京，作为反动政权的点缀，康有为没有答应，回复了一封电报，说是"无心预闻政治，难补涓埃，更末由北首燕路，上承明问"(51)。康有为发出《致总统电一》后，袁世凯即日电复：

> 廿年契阔，怀想匪任。每读大著，救世苦心，昭然若揭，贤者有益人国，于兹确信。比大难粗平，百废待兴，方思与天下之才，共天下之事，洛社故人，河汾子弟，咸占汇进，宏济艰难，忧国如公，宁容独善。企盼戾止，论道匡时，敬具蒲轮，以俟君子。(52)

康有为接电后，虽"仰见明公搜岩访献，求治之盛心"，仍以母死"崩痛"，自己"割疡未愈"为借口，未曾应聘。(53)《复总统电》发出后，袁世凯又有复电：

　　　　既观望于高蹈，益感叹于纯孝，夺情之举，固非敢施。于守礼君
　　子，遁世之行，又岂所望于爱国仁人。所望葬祭粗完，旌车仍戾，发
　　摅伟抱，矜式国人。比者大教凌夷，横流在目，问俗觇国，动魄惊心，
　　匪有大哲，孰为修明。执事毅然以此自任，其于正人心、培国本之功，
　　又岂今之从政者所可拟。绵力所逮，敬当共赞。霜风渐厉，诸惟节哀，
　　为道自重。⑭

康有为的复信是："强学旧游，相望垂白"，"承许翼教相助，拯救人心，咸
不去怀，中国犹有望耶？"并望袁世凯"亲拜文庙，或就祈年殿尊圣配天，
令所在长吏，春秋朔望，拜谒礼圣，下有司议，令学校读经，必可厚风化、
正人心"云云。⑮

　　在上引康有为的三封《上总统电》以及袁世凯来书中，丝毫看不出康
有为"反对袁世凯的假共和"的任何迹象，相反，康有为还和袁世凯叙起
"强学旧游"。

　　康有为没有接受袁世凯的邀请，不是为了"反对袁世凯的假共和"，也
不是嫌袁世凯的反动，而是对袁世凯的出卖维新运动还记忆犹新。尽管他
也追叙"强学旧游"，对光绪皇帝的遭遇毕竟"不忍"，他反对的是袁世凯
乘着革命危机逼退了清朝。然而，袁世凯也"尊孔崇经"，还发出"学校祀
孔"命令，却是康有为认为"厚风化，正人心"的"报礼"。

　　无论从时间、条件上，还是康有为的函札中，都没有他"反对袁世凯
的假共和"的踪迹。为了拔高、美化康有为，制造出康有为"反对袁世凯
的假共和"奇谈怪论，当然是站不住脚的。

　　上面引用的《上总统电》，都发于 1913 年 11 月，而康有为反对共和的
主要论文《救亡论》《共和政体论》，都写于 1911 年至 1912 年间，好多论
文，也刊布在电文露布之前，把早经撰写成已经刊布的编著说是后来"反
对袁世凯的假共和"的电文，本身就是没有时间概念，缺乏科学态度。

　　如果认真读一下康有为在民国初年所写的论著，就可以看出，康有为
要"反"的不是反"袁世凯的假共和"，要"救"的亡，是要救清朝之亡；
所谓"虚君共和"，也是以"虚君"为清帝留有余地。这里，且再引《救亡
论》中《虚君之共和国说》最后一段：

虚君者无可为比，只能比于冷庙之土偶而已。名之曰皇帝，不过尊土木偶为神而已。为神而不为人，故与人世无预，故不负责任不为恶也。今虚立帝号乎，则主祭守府，拱手画诺而已。所谓无为之治也。亲贵乎，今赫赫之内阁犹且尽撤之，此后则为长安布衣而已。虽或奉朝请通聘问，必不预政事矣。其宗室乎，夷于齐民。其满籍乎，皆改汉姓，附于所在之州县，虽欲攻之而无可攻矣。若满人欲为大僚乎，则汉人四万万之才者，尚不能遍举，安能及满人乎？间或抚用一二之才，然能预闻政事者寡矣。依此观之，满洲乎，仅存一神，以存虚尊；宫廷乎，如存一庙，以保香火；其亲贵故僚乎，则其祝宗扫除之隶也；满人乎，改姓改服，则为中国多一归化之民，又何损焉。保生之不暇，事权政治，一切无预，而其效用，可以弭乱，而令外人不干涉，后则不至岁易总统以相争杀，死人过半。然则何不行之，抑将倾四万万人之财命，亡万里之境土，弃五千年之文明，而争一冷庙之土偶香火乎？即得胜之，亦太不值矣。汉已兴矣，亦又何求，无亦可以已乎！㊱

很清楚，他的"救亡"，是要救清朝之亡。在辛亥革命之际，仍要"虚尊"清帝之"神"，要存清室之"庙"，所谓"奇妙之暗共和"之"虚君共和"，实质上是为被推翻的清帝留有余地，能说他是"反对袁世凯的假共和"吗？

在《共和政体论》中，康有为又说：

夫今欲立此木偶之虚君，举国四万万之人，谁其宜者？谁其服者？苟一不慎，必将争乱，以召外国之干涉瓜分矣。投骨于地，众犬嚣嚣而争之，若有定分，争者即止。夫虚君无事无权，不须才也，惟须有超绝四万万人之资格地位，无一人可与比者，然后有定分而不争焉。则举国之中，只有二人，以仍旧贯言之，至顺而无事，一和而即安，则听旧朝旧君之仍拥虚位也。以超绝四万万人之地位，而民族同服者言之，则只有先圣之后，孔氏之世袭衍圣公也。㊲

认为"只有二人"有虚君之资格，一是"旧朝旧君"，一是孔子后裔，孔子后裔只是"世袭衍圣公"，真正"虚君"为帝的还是清帝。他还说：

> 况今摄政王已废，此后孤儿寡妇，守此十里禁城之冷庙香火，实
> 同无君，袁世凯代为摄政，实同总统之共和矣。⑧

既要"虚"清帝之君，还想以袁世凯代为摄政，当然谈不上"反对袁世凯的假共和"了。

至于时隔数年以后的《请袁世凯退位电》是这样写的："夫以清室三百年之深根固蒂，然人心既变，不能待三月而亡。公为政仅四年耳，恩泽未能一二下逮也。""至今薄海驿骚，乃欲望统一，于内国愤起、外警迭来之时，平定于银行将倒，内外将变之后，必无是理矣"。劝袁世凯"急流勇退，择地而蹈"，如果"徘徊依恋，不早引去，是自求祸也"⑨。但这个电文发表在 1916 年 3 月的《中华新报》和《时报》，已在袁世凯称帝遭受各方人士反对之后。查 1915 年 12 月，参政院"推戴袁世凯为皇帝"。次日，袁宣布承受帝位，改国号为"中华帝国"，定次年为"洪宪元年"。13 日，"接受百官朝拜"。没有几天，蔡锷等通电云南独立，组织护国军讨伐袁世凯。电文发表在袁世凯"内乱外拒，威信堕矣"，天怒人怨，位已不保之际。这时，袁世凯"奄宅天下，已四年矣"，已公开称帝了，自然称不上"假共和"；康有为的"请"他"退位"，也不是反对帝制，而是反对袁世凯夺了清朝的帝位，不是什么反对"假共和"。

评价历史人物，总要注意时间、条件，康有为的《救亡论》《共和政体论》发表在 1911 年武昌起义后不久，那时袁世凯还没有上台；《请袁世凯退位电》发表在 1916 年袁世凯已经称帝以后。持"反对袁世凯假共和"论者视而不见，凭臆雌黄，责难理解。

评价历史人物，又不能单抓片词只语，一鳞半爪，而应结合当时形势，综观人物活动，掌握思想脉络，予以正确判断。康有为在维新运动失败以后，主保皇，主立宪；革命掀起以后，保清室，拥"木偶"，是符合他的思想发展规律的。康有为是近代史上的先进人物，维新运动的领导者，人们敬仰他、纪念他，但也不能掩饰或隐藏他的失误，甚至故意涂脂抹粉，做出违反历史事实的揄扬，这是不足取的。

正由于康有为在辛亥革命之初已经反对共和，此后又一直怀念"旧

帝"，终于闹出了"参预张勋复辟"的闹剧。

康有为在1903年，亦即袁世凯任大总统时，在《不忍》杂志上刊发了《大同书》一、二两卷，是否是为了"反对袁世凯的假共和"呢？也不是的。

康有为的"大同思想"孕育较早，而《大同书》的撰述却迟。《大同书》是他在1901至1902年所撰，此后又屡经修改，前面已经论述。《大同书》之所以在1903年开始发刊，理由很简单：康有为回国以后，创办《不忍》杂志，《不忍》主要登载康有为的诗文，除登载他当时的政论外，也刊录不少他过去撰写、尚未付梓的文稿，特别是和"不忍"有关、和"孔教"有关的专著。1901至1902年他旅居海外期间，曾写有《大学注》（仅见《大学注序》）、《中庸注》、《论语注》、《孟子微》，还有《大同书》。上述《四书》除《大学注》仅印《序》文外，其余都在《不忍》刊布，《中庸注》还印发专书，其预告云："为孔教全体，故先发之，欲晤孔教者，当必先睹为快也。"⑩尊崇孔子、宣言"不忍"的《大同书》也就很自然地在《不忍》印布了。由于康有为在1902年后又漫游欧、美，对"大同"又有一些新的理解，所以又屡加修改，在《不忍》中也仅发表了甲、乙两部，甲部是《入世界观众苦》，正含"不忍"之意，乙部则为"去国界合大地"，"余则尚有待也"。

《不忍》也刊发康有为过去已经印行过的专著，如《孔子改制考》；也曾刊发未刊的文稿，如《礼运注》。《礼远》言大同、小康，也是"孔教之大"。

《大同书》既符合《不忍》的刊旨，《不忍》又专门刊发康有为撰著，它的发表，是很自然的，谈不到什么"反对袁世凯的假共和"。

不顾作品写作、发表时间，凭空臆说的情况现在还有，今后还会有，但这样的结论是经不起推敲的。为了"证明"康有为辛亥后反对共和，是"反对袁世凯的假共和"，说是康有为在1913年发表《大同书》，就是为"反袁"而发。这个论调，当然不对，但也或暂时使一些不明真相的人迷惑。为此，再次强调，研究近代思想，必先弄清他的有关论著是在什么时候写作？是在什么情况下写作的？

祀孔与复辟

康有为组织孔教会时，袁世凯发出"学校祀孔"命令，地方督抚也予支持，后来演出复辟闹剧的张勋，就是"争定国教"的鼓吹者。

孔教会筹设，一些军阀、官僚纷纷致电致函表示赞赏，如曾任总司令的徐绍桢呼吁"祀天配孔"，"以宗教之指归，而定人心之趋向"⑩，浙江都督朱瑞特电参、众两院，"请尊孔教为国教"，说是"孔子真我国惟一信仰之宗教"，是"立教之大本，匡国之良方，化民成俗，转危为安，舍此更无他图"。清室遗老、众议员赵炳麟致函宪法起草委员会，"请定孔教为国教"⑫。副总统黎元洪、山西都督阎锡山、山东都督靳云鹏、黑龙江都督毕贵芳、河南都督张镇芳、江西都督李纯、广西都督陆荣廷也先后上书袁世凯或参政院，赞成明定孔教为国教，还致电孔教会，说是"以孔教为国教"是"卓识名论"⑬。安徽都督倪嗣冲、广东都督龙济光、云南都督谢汝翼、吉林护军使孟思远，直隶民政长刘若曾等先后通电，认为定孔教为国教，"从此邪说不至横行，乱端不再蜂起，以固国家基础，以维道德藩篱"⑭。南京都督张勋更是"馨香祷企"，"争定国教"⑮，在这些军阀、官僚的支持卜，孔教会的分会、支会分布各处，有的乡镇都设支会。

应该说，孔子是中国历史上的伟大教育家、思想家，他对中国文化的保存和发展是有着极大贡献的，孔子学说中的不少伦理、教育思想如今还可借鉴，孔子受到中外人士的崇敬也是很自然的。问题是康有为和孔教会的尊孔，却与封建帝制的废除、共和政体的成立联系又是那么紧密。康有为、张勋之流对"因废帝制，并欲废伦纪；因废伦纪，并欲废因倡此学术之孔子"，认为是"忘本逐末"，是"驱举国之民沦于禽兽之域"，从而强调"尊崇孔教"，以"保存国粹，维系人心"⑯。当时，即有人看到尊孔与复辟之间的关系，指出："主张民国之祀孔，不啻主张专制国之祀华盛顿与卢梭，推尊孔教者而计及抵触民国与否？是乃自取其说而根本毁之耳。"⑰

1917 年的张勋复辟，就是在"祀天配孔"声中演出的一场闹剧。

张勋在清末被任为江南提督。武昌起义后，顽抗失败，退守徐州，仍被清政府任为江苏巡抚兼署两江总督、南洋大臣。袁世凯任大总统后，所部改称武卫前军，表示忠于清室，所部禁止剪发，称为"辫子军"。袁世凯死后，控制北洋政权的段祺瑞和总统黎元洪发生"府院之争"。段引各省军阀势力以自重，张勋乘机连续召开徐州会议，以盟主自居，酝酿复辟。

当张勋推行复辟之际，康有为曾上书黎元洪、段祺瑞，对当时政局和"府院之争"提出意见，说是："公等执政以来，国会开议至今，荏苒计已经年，惟闻府院日争意见，国会与政府日事轧轹，除力攻孔教以绝教化败风俗外，惟争内外二长一事。上以党争，下以乱成，盗贼满山，四海困绝，杼轴皆空，民转沟壑，公等与[诸]政客，无一恤民救国之政策，国民侧视，睊睊恶怒已甚。公等尚不旁皇自责，犹假外交以事内争，岂四万万国民付托公等之意耶？"至于参战问题，则"伏望大总统坚持中立，勿失其责"⑱。

3 月 14 日，北京政府宣布与德国绝交，康有为又在报刊上公开发表《致黎元洪、段祺瑞电》，电文长达 2000 余字，首谓"顷闻将加入战团，举国骇惶"，"吾国内讧频年，四海困穷，国势危殆，民不聊生，几于不国，及今闲暇，正宜励精内政，何暇营及外人"，不要"高谈战德"；至于"奥与我为友邦，尤未尝有分毫之恶感"，不要"无端又言战奥"。

接着说，如今"皆曰绝德绝德、战德战德，其于吾国内政皆置之"。"吾经辛亥革命之后，五年三乱，民生涂炭，既未少有休养，岂可无端再为此经年之自扰乎"？

最后竟说"迩者既以无端绝德，更欲无端绝奥"，"于德、奥已成仇怨"。"今舆论哗然，谓袁世凯篡帝之罪，不过得罪共和，然于中国无关。今者加入战团，则轻掷五千年之中国，四万万之人民，以供政府数人之政争喜怒，其罪过于袁世凯，甚且以为古今大恶无比焉"，真是危言耸听。还望黎元洪"有宣战媾和之权，必勿弃职"；望段祺瑞"与国际评议员诸公识时知变，宜急自悔改，仍守中立"⑲。

当北洋政府免段祺瑞国务院总理职，段唆使安徽、奉天、山东、福建等省独立。黎元洪以张勋不是北洋嫡系，召他入京"共商国是"。张勋并不想保护黎元洪，却想趁此机会入京，实现复辟。当他进京过天津时，曾与段祺瑞会谈，段知道张勋的谋划，不表示反对，想利用张勋来解散国会，推翻黎元洪。

张勋入京，康有为也于 6 月 28 日秘密入京，两天以后，复辟发生。

康有为参与复辟，屡载史册，且有称他和张勋为"文、武二圣"的。但也有人为康有为辩解，《梦蝶丛刊》内有《丁巳复辟真理》云：

因黎、段之间，龃龉日甚，于是徐州会议之事发生。徐州会议者，张勋召集各省督军密议复辟之事，当时各省督军皆派代表，签字赞成，徐树铮亦代表段祺瑞签字焉。其后段氏否认，谓未尝授权于徐树铮，此则二人内情，其真相非外人能判断也。徐氏之议既定，张勋将入京，始请教康南海，南海告之曰：辛亥之役，吾主张虚君共和制，非为满清，为中国也。今若复辟，亦当行虚君共和制，万不可复大清旧号。既为虚君，政府当归内阁，内阁对国会负责任，君主无责任，虚君共和制所以胜于总统制者，避免总统而频革命，且避免府院之争耳。既为国家起见，自身不宜揽政权，国务总理一职，暂请徐世昌任之，各省军政首长皆宜仍旧，切不可妄更动。徐州现有兵三万，当调一万入京，调一万守济南、德州之间，握津浦路，留一万在徐州，再调冯麟阁一师入关，握京奉路。段在天津，当挟之入京，万不可留之于外。遗老知识缺乏，不明世界大势，清朝之亡，实由此辈。今次用人，宜认真审慎。张勋皆唯唯听命，南海又为之草定诏书，凡数十道，关于兴革大计，巨细无遗。但其无一言听南海者。张勋为人忠义有余，智谋不足，左右多庸碌无能之人，刘廷琛尤为迂谬。张勋将南海拟定之诏书稿交万绳栻，万绳栻交廷琛，廷琛谓："不可用，今日复辟，当尊君权，康某讲立宪，主共和，不宜听信。"故五月十四所颁诏书，皆为廷琛手笔，尽翻南海原议。十五夜，伍宪之（庄）走谒南海于南河沿张宅，力劝南海离京，谓"少轩无一事从先生策者，先生嘱其调重兵入京，兼扼守津浦、京张两路，今彼入京军队，只带三营，津浦路放弃，京奉更不管，徐州远隔，调度不灵，猝有缓急，如何应付？七议政大事不知所谓，如此办事，直同儿戏，不特违背先生主张，兼贻害皇室，先生何必代彼等妄人受过"。宪之再三敦劝南海速离京，南海正色曰："与人共事，不能如此，我今日尚求人原谅乎？成则居功，败则诿过，此小人所为。绍轩不听吾言，为左右所惑，一子下错，全盘皆输，岂今日全盘皆错耶！我知必败，但罪魁之名，无论如何辩白，亦不能免。我已置生死于度外，更何于毁誉。绍轩虽负我，我不忍负绍轩，不必再言。"……⑦

这里，说是康有为那时的主张是"虚君共和"，"今若复辟，亦当行虚君共和制，万不可复大清旧号"，而张勋却听刘廷琛"宜尊君权"之说，"所颁诏书，皆为廷琛手笔"云云。康有为在辛亥革命后，主张"虚君共和"是事实，他的主张和张勋及其亲信刘廷琛等有出入也可理解，但说他参加复辟"太冤"，完全是"代彼等妄人受过"，却还得按照历史实际正确评价。

我认为，康有为和张勋及其亲信的政治主张是有差异的，但他们主张复辟则一致，因为：

第一，康有为在辛亥革命后，确主张"虚君共和"，以为"立宪国之立君主，实为奇妙之暗共和国"。后来又说，所"立君主"，好比"土木偶"，可知，他是主张"立君主"的。他还强调"满族亦主黄帝"，所"虚"的"君"，仍旧是"亦主黄帝"的"满族"。

第二，张勋复辟前，康有为和他有函札往来，即上文所引，亦称张勋"请教康南海"。1917年，康有为与张勋多次通函，如介绍日本柏原文太郎"高义达才，为大隈、犬养之心腹"，提出"若欲局外交助，得此人必有大助，望以殊礼待之"⑪；如介绍在奥地利学习军事的沈成麟，沈为沈瑜庆（涛老）之子，"涛老乃我同志，此为吾党后劲"，"望优接之"⑫。沈瑜庆也是清室遗老，故称之为"同志"。

在康有为家属捐赠给上海博物馆的电稿中，也有《致张勋电》，其一发于1917年1月，为"对德宣战"事，"德领来求助，吾借此为公施惠，为他日计"。张勋复电："对德抗议，昨电政府，痛陈利害。顷得复，颇嘉纳，相机当再言之，谅不致便决裂。""德领既有意结纳，甚善。即令蔚森代表与商一切，尚祈维持"。

另一电是复辟前夕，即 6 月 25 日，"代拟致张勋电"，此电对考辨康有为与复辟关系颇有价值，引录如下：

> 北京张大帅：海密，民主政体不能适于中国。行美总统制则爪牙遍内外，必复于帝制，人心不服，必起兵争。行法责任内阁制则府、院争权，致肇今祸变。六年四乱，四海困穷，外债日增，则数年已为埃及。若外力瓜分，则转瞬即为波兰。今藩镇殊意，内阁难产，久无政府，既陷不国。若再不改图，后无良法，只有待亡。今南愿无革军之忧，东邻有默助之意，天下合应，咸思归故主。若人心不同，必难一致。若虑北中有异心者，可设法待之。尚有反对者，则威之以兵，时乎不再，公握劲旅，坐镇中枢，若再徘徊迟疑，坐失事机，异日外交困难，东邻胁迫，坐待亡国，悔无可追。望即举行复辟大典，有唐时五王临淄王及明时夺门故事。公举沈子培、王聘三二方伯代表请愿，伏惟察行。瞿鸿机、陈夔龙、沈瑜庆、王秉恩、罗振玉、李瑞清、周树模、王仁堪、杨锺羲等四十人。有。[73]

由上可知，复辟前夕，康有为和张勋函札往来，所言与酝酿复辟有关。他还劝张勋"直抵丰台立办大事"[74]，速行复辟。又代清室遗老瞿鸿机等上书"张大帅"，"望即举行复辟"。他入京前，和张勋早有联系，不是"张勋将入京始请教康南海"。他不但陈明"民主政体不能适于中国"，并且力言"天下合应，咸思归古主"。"古主"，当然是指已废清帝溥仪。"代拟致张勋电"，由康有为手草，不能说他是"代妄人受过"。

第三，复辟失败，康有为没有否认他和复辟的关系。1917 年 8 月 3 日，他在写给代理总统冯国璋的长电中，一开始就说："今中国虽行民主，实则专制；名为共和，实则共乱，不过少数人争总统、总理、总长，既得总统，将开帝制，民又不服，争乱而已。"袁世凯死后，冯国璋"与张勋二人同心决行复辟"。张勋"提精兵六千，深入京师，举行复辟，信诸公同心之故，不意今皆改易面目，大声疾呼，反称讨逆"。康自称与张勋意见不同，但没有否认参与复辟。说是："吾素主持复辟，固以中国非虚君共和不可者，言满天下。"前在日本，汪伯唐即"与我同谋，日以复辟为事"，"其余权贵主复辟者伙颐，不暇悉数"。说明他的所以主张"虚君共和"，是考察世界各国政治得失和根据中国情况提出的，"苟无世界之通识，昧百年之大计，而唯诺畏怯，猥随群盲以自乱其国，仆岂肯出此"⑤。"虚君共和"所"虚"之"君"，还是溥仪，康有为次女同璧编《南海康先生年谱续编》，收录此书，并予说明：

> 五月，张勋拥宣统复辟，先君到京，主用虚君共和制，定中华帝国之名，开国民大会而议宪法，除满汉，合新旧，去拜跪，免忌讳，各省疆吏概不更动。而张勋左右刘廷琛、万绳栻等顽固自专，排斥不用。先君正拟辞去南行，而兵事已起，乃避居美使馆之美森院。……嗣闻冯国璋进京，以临时大总统名义下令缉捕，先君以复辟事，冯国璋实为主谋，乃于十六日电请一并到案候质。

指出康有为与张勋、刘廷琛等的差异，但尚未说他与复辟无关；说是康有为主"虚君共和"立"中华帝国"，还是主"复"帝制的。

第四，康有为的政治主张，与张勋是有差异的。"五月十三所颁诏书，皆为廷琛主笔"，但康氏家属捐赠给上海博物馆的文书中，存有康氏《拟复辟登极诏》《拟开国民大会以议宪法诏》《拟召集国会诏》《保护各教诏》《定中华帝国诏》《免拜跪诏》《免避讳诏》《亲贵不干预政事》等诏，今将《拟复辟登极诏》引录于下⑥：

> 中国之地，北属羲炎，南属三苗，我祖黄帝之先宅，中亚洲之地，剑戟遗物，古文刻字，播及欧洲。时在部落，游牧迁徙，东逾葱岭，遂跨渡瀚海，邑于涿鹿。《史记》谓居无常处，以师兵为营卫。盖自北漠入宅中土，巡定万国，分封廿五子，遍及蕃服，传及于殷，淳维之后，遂开匈奴之国。我朝祖出肃慎，亦为黄帝之别枝，宅于长白，实隶汉时之郡县。中更六朝，地陷中原，遂沦异域，稍异华风。然与舜出东夷、文王出西夷、吴断发文身而为太伯后，楚筚路蓝缕而为鬻熊后，其义一也。故生理学者，以中国内地与蒙古人种相同，号为蒙古人种，盖皆为黄帝同姓之后故也。故满、汉、西藏、蒙古、回族本属一系，前之北魏、周、齐，后之契丹、女真，咸改华姓，分婚传种，久合一家。我朝定鼎中夏，犹别子入继大宗云尔。竭其兵力，举东三

省、蒙古、新疆、西藏二万里而归之中国，自古未有之功也。圣祖仁皇帝去庸调而合于租，定一条鞭之租税，全国凡三千余万两。二百余年，未尝加征分毫，中外未有之仁也。德宗景皇帝创行立宪，召集国会，自古未有之政也，孝定景皇后不忍国民之流血，甘弃一姓之尊荣，禅让至德，今古罕闻，付与袁世凯以全权，组织民国政府，诚欲得共和盛治，民治良规，五族同安，中国乂宁也。岂意袁世凯借托总师，窥窃神器，毒痛四海，危害宗邦，涂炭生民，大削国土，五年三乱，不绝如线。继其后者，府院争权，政不及民，议员扰乱，延于国。督军及百官等以民主政体只能攘乱，不能为治，不适于中国。请朕复正大统，今复即位。

朕维欧洲诸国，实为宪政之先河。然英有君主，实亦共和，英以盛安。比之中南美民主国岁月争乱，过之远矣。朕与吾国民愿用英国君民同治之政。昔舜恭己南面而无为，禹有天下而不与，诚我中国立宪之先导，朕庶几焉。永削满、汉之名，以除畛域之界，统名中华帝国，以行立宪政体，大开国民会议以议宪法。朕与五族国民，同为中华之人，同成中华之治。朕以冲龄，不识治理，若涉大水，未知由济，亦惟听舆人之公论，考大地之新知，求才贤之辅弼，忧困苦之黎元，不分新旧而合熔，斟酌古今而行政，奖励物质以富民，兴起教化以美俗，政权公之国民，犹是共和也。庶几中国乂安，生民乐业，朕有厚望焉。钦此。

在代拟《登极诏》中，以较多篇幅，从历史上、地理上说明满族是"黄帝之别枝"，"宅于长白，实隶汉时之郡县"。"满、汉、西藏、蒙古、回族本属一系"，清政府"举东三省、蒙古、新疆、西藏二万里而归中国"，是"自古未有之功"。清朝末年，为了"不忍国民之流亡"，进行"禅让"，"付与袁世凯以全权"，结果袁世凯"窥窃神器，毒痛四海"。袁世凯死后，又是"府院争权，政不及民"，为是"请朕复正大统"。仿效英国君主立宪制，"君民同治"，"政权公之国民，犹是共和也"。

清朝末年，革命派为了反清，把国内满、汉民族之间的矛盾扩大，"仇满""逐满""排满"等词句、文篇时有所见。民国成立，"五族共和"，说明满族同是黄帝子孙，当然可以；康熙时疆土一统，也是事实。但康有为的强调"满汉不分"以及清初的"竭其兵力"，却是为了替溥仪复辟制造舆论。至于所谓"禅让"云云，也是适应一些遗老的需要，以为"民国"还不如"清朝"，"共和"还不如"君主"。又因为"君主专制"毕竟不适合当时的潮流了，从而设想"虚君共和""君民共治"。

复辟毕竟是不得民心的，是逆时代潮流而动的，没有几天，就烟消云散，以失败告终了。但康有为和这场复辟活动的关系，却是难于回避的事实。

康有为参与复辟，但他和张勋还是有区别的。康有为在《致冯国璋书》中，提到他和张勋之间的差异，说：

> 张绍轩复辟时，专治兵而不及政，一切皆其左右刘廷琛、张镇芳等主持，吾一切未得与闻。吾所拟之上谕，主照英制为虚君共和，为中华帝国，及其他除满汉、免拜跪、去御讳、合用新旧历、开国民大会以议宪法、召集国会等谕数十纸皆不行。吾以改大清国及大清门、大清银行为尤不可，面与醇王及诸王公世伯轩陈韬庵言之，皆以为然。诸王皆谓立宪则事事付于内阁已，公天下何必用朝名。韬庵决议将吾草之上谕再发，且令门及银行不改，而刘廷琛等坚持而行之。吾到京三日，拟即不税驾而行，惟仆谬忝人望，恐人谓仆亦行矣，则人心震动，事益难成，非与人共患难之道，故坚忍数日。[17]

康有为自称，他"主照英制为虚君共和，为中华帝国"，而以"改大清国及大清门、大清银行为尤不可"，而刘廷琛等"坚持而行之"，刘又为张勋所信任，以致康有为的主张未能采纳，所拟"诏书"也未能采用。

查复辟第一天，发布"上谕"9 道，此后续又发布，中国第一历史档案馆《清废帝溥仪档案》藏有复辟时"上谕"56 件。第一天所发，均由张勋以内阁议政大臣名义副署，其中最重要的是《复辟诏》。"诏"中一开始就说："共和解体，补救已穷"，经张勋、冯国璋、陆荣廷、瞿鸿机等奏请复辟，黎元洪奏请"奉还大政"，"不得已允如所奏"，即日"临朝听政，收回大权"[18]。后面提出施政纲领 9 条，包括：恢复大清帝国国号，实行君主立宪，民国六年改为宣统九年，废除民国刑律，改用宣统初年刑律；设内阁议政大臣及阁丞，以张勋、王士珍、陈宝琛，梁廷彦、刘廷琛、袁大化、张镇芳7人为内阁议政大臣，万绳栻、胡嗣瑗为内阁阁丞，总揽朝政；恢复清朝官衔，改各部总长为尚书、次长为侍郎、各省都督为总督、巡抚；以张勋兼任直隶总督北洋大臣，冯国璋为两江总督南洋大臣，陆荣廷为两广总督，以徐世昌为弼德院院长、康有为为副院长等。

"诏书"与康有为所拟不同，他自己也只是取得"弼德院副院长"的虚名。那么，康有为虽参与复辟，但张勋"为左右所挟持"，并不信用康氏。康氏弟子张伯桢说：

> 张勋本武人，不谙政治，为左右所挟持，遂致先师无可匡救。先是，先师代草诏书，用虚君共和之意，定"中华帝国之名"，立开国民大会，议宪法，选举国会，其他融满汉、合新旧、免跪、免讳等诏，预草十余，以备施行，竟置不用。先师乃持诏草面示醇王与近支王公世续等，皆愿行虚君共和，并去"大清"国号，称"中华帝国"，于皇室及国家之利害，譬说万端。盖先师历游欧、美，默察诸国政体，有善有不善，知之明而究之熟，深信君主独裁之制不适于今日，法、美共和之制又与吾国情不合，运用不灵，适以长乱。意在保中国兼保清室，与其他复辟派之意见固绝不同也。[70]

张伯桢是康有为的弟子，尽管他回护对其老师有的词句，但所言不用康氏所拟"诏书"等却是事实。上引《复位诏》和康氏所拟《拟复辟登极诏》在"中华帝国"还是"大清帝国"等根本问题上的差异也是存在的。为了弄清康有为所拟"诏书"的实况，再将康有为家属捐赠文书中的其他"诏书"摘要说明。

《拟开国民大会以议宪法诏》以为"欧、美政体之异，有共和、立宪、专制之殊者，专视其以主权、人民为公有与私有而已"。"苟为公有，则人民各有公权，发其公意，君主、民主无所别焉。故英为君主国，而民权反多于法国也"。"虚立君位，同于共和"，"国民或未达公有之义，泥民主之法，六年四乱，皆为首长争权，试验无效，迎朕复辟"。这样，"政权虽有虚君，民权仍是共和"。拟"共开议宪局，先议定议宪选举法，迅速颁行，以备国民大会公议宪法"云云。

《拟召集国会诏》以为"凡国为人民所公有，即当与国民公议"，"我德宗景皇帝为中国创立宪法，首开国会"。"民国数年，两被解散。然国会为立宪国之机轴，我中华帝国立宪之要枢，朕所日倚望也。所司，其亟议召集国会，庶几野无遗贤，奔走偕来，同我太平"。

《拟亲贵不干预政事诏》以为清季"后无远识，忘奉祖训，致亲贵递为首辅，甚至柄权皆属宗王，遂有奕劻昏贪，乃至卖国，则违反祖制所致也"。今后"近支王公勿预政事"。

《拟保护各教诏》以为"中国数千年来虽尊孔教为国教，然实听信教之自由，自汉、唐、宋、明来，佛、回、基督入中国，并行不悖，并育不害，我国之信教自由大地莫先焉，于今二千年矣。"今"尊崇斯义，其令所司于各教教徒祠庙，谨依约法善保护之无忽"。

《拟定中华帝国名诏》谓"中国之为华夏历数千年。我朝上承唐、虞、夏、商、周、汉、唐、宋、元、明之正统，大清朝号只对前朝言之。今五族一家，同为中华国民，不可以朝号代国号，应定国名为中华帝国"。

《拟免拜跪诏》谓"遍考东西洋各国皆鞠躬肃立，或握手并坐，故考中国之古礼，既坐论而答拜如此；审环球之礼俗，其坐立而不拜如彼。自今臣工行礼，其免拜跪"。

《拟免避讳诏》谓"古者不讳，周人乃有讳义。然皆施于死者，致其思敬，故曰卒哭乃讳。后世误讳生者之名，则是以死礼行之，甚紊谬，且不祥莫大。且古者临文不讳，其令臣民有书朕名者，无庸缺笔，无庸避改"。

上列康有为所拟"诏书"与档案馆所藏《复位诏》相比较，最显著的差异是：

第一，康有为主张"虚君共和"，改名"中华帝国"；而《复位诏》则宣称"收回大权"，恢复"大清帝国"，并以民国六年改为宣统九年。

第二，康有为说是民国以来"六年四乱，皆为首长争权，试验无效"，而行复辟，"政体虽有虚君，民权仍是共和"，还挂一个"民权"的招牌。《复位诏》则以封建遗老为"内阁议政大臣"。康有为所拟"诏书"，还有免拜跪、去御讳等废除封建旧制的措施，对改大清国、大清门、大清银行坚决反对，也反对亲贵干预政事。《复位诏》则恢复清朝旧制，如刑律即除民国旧律，改行宣统初年刑律。即职官名称，也复旧名。

第三，康有为是经过戊戌变法的政治实践，又多年游历欧、美，经过考察比较，认为效法英国式的君主立宪比较适合，从而提出"虚君共和"的。《复位诏》则以"共和解体，补救已穷"，而"临朝听政，收回大权"，作为"收回"，"恢复大清帝国"，于是多从旧制。

康有为主张建立"中华帝国"，"虚君共和"，《复位诏》则明确指出恢复"大清帝国"，"收回大权"。它们的内涵虽有不同，但复辟帝制则一。康有为的参与复辟，是毋庸置疑的。辛亥革命以来，康有为恋栈旧制，眷念君主，返国后，看到"六年四乱"，归罪于"民国"成立，他的参与复辟，有其思想根源和现实原因，也是辛亥以来对当时政治不满的表露。

然而，康有为的"复辟"，和张勋还是有差异的。他参加了"丁巳复辟"，有其报答清主的错误一面，但"虚君共和""中华帝国"毕竟和主张完全恢复清朝封建统治的张勋之流不同。康有为自己也说"张绍轩忠肝义胆，敢行复辟，然误于左右，不听吾言，遂自致败"。⑧

评价"丁巳复辟"，不能把康有为与张勋之流等量齐观，也不能像康有为的部分学生、亲属那样为"复辟"辩解，但康有为"复辟"时期的言论和行动毕竟和张勋之流不同。康有为参与"复辟"是事实，他在复辟时期和张勋之流有差异也是事实。我们并不是说"虚君共和"就比"中华帝国"好，但康有为毕竟游历欧、美，考察各国政治得失，尽管他所考察的有其局限、主观的一面，但对他与拘守一隅、目光短浅的张勋之流的差异，也不能坐视不顾。

康有为反对共和、复辟帝制，是抹杀不掉的事实，是辛亥革命后恋栈帝制，怀念清室的表露。而他的反对共和、复辟帝制，又是和尊孔崇儒紧密联系，要以封建纲常名教"良药美方"的封建儒经来恢复旧秩序。

复辟失败，康有为发表《共和平议》，分为《求共和适得其反而得帝制》《求共和适得其反而得专制》《求共和若法今制，适得其反而递演争乱，复行专制为法革命之初》诸篇，把民国成立6年来的政治混乱归罪于共和，也就是归罪于辛亥革命，还说"悬此论于国门"，"有能证据坚确，破吾论文一篇者，酬以千圆"⑧，陈独秀即指出"共和建设之初，所以艰难不易实现，往往复成专制或帝制"，其实并不是"共和本身之罪"，而是来自"武人"如"北洋派军人张勋等""学者"如"保皇党人康有为等"的阻力。"其反动所至，往往视改革以前尤甚，此亦自然之势也。然此反动时代之黑暗，不久必然消灭，胜利之冠终加诸改革者之头上，此亦古今中外一切革新历史经过之惯例，不独共和如斯也"。因此，讨论造成"反动时代之黑暗"的原因，"不于阻碍改革者之武人学者是诛，而归罪于谋改革者之酿乱，则天壤间尚有是非曲直之可言乎"②。陈独秀和《新青年》的一些作者对辛亥革命的成就是不满的，但他们在旧势力的攻击面前，还能为辛亥革命辩护。

康有为没有吸取复辟失败的教训，而是相信自己"廿年旧论"的"至论"。在所写《共和平议》中，康自称"十六年于外"，游历欧、美等国，"考政治乃吾专业，于世所谓共和，于中国宜否，思之烂熟"，撰此《平议》，"今亦悬此论于国门，……有能证据坚确，破吾论文一篇者，酬以千圆"。说是"辛亥以前，未得共和也，望之若天上；及辛亥冬，居然得之，宁知适得其反"。"求共和适得其反而得帝制"，"求共和适得其反而得专制"，"求共和若法今制适得其反而递演争乱，复行专制，如法革命之初"，"民国求共和设政府，为保人民和平安宁幸福权利生命财产而适得其反，生命财产权利安宁皆不能保，并民意不能达"，以致"号民国而无分毫民影"。说是"中国共和根本之误在约法为十七省都督代表所定，而非四万万人之民意"，"民国政府明行专制必不开国民大会，故中国宪法永不成而无共和之望"，甚至谓"中国武力专制永无入共和轨道之望，不能专归罪于袁世凯一人"，"中国必行民主制，国必分裂"，"中国若仍行民主，始于大分裂，渐成小分裂，终遂灭亡"③云云。康继续反对民主共和，"要之一言，民国与中国不并立，民国成则中国败矣，民国存则中国亡矣"④，说到底还是嫉视民国，恋栈帝制。

注　释：

① 康有为：《致徐勤密书》，见拙编《康有为政论集》（以下简称《政论集》），中华书局 1981 年版，第 649 页。

②《民立报》曾将信封和"密书"3 页影布。12 月 28 日，《民立报》又录用原书，加以批驳。

③ 康有为：《共和政体论》，见《政论集》，第 689—691 页。

④ 康有为：《救亡论》，见《政论集》，第 652—656 页。

⑤ 同上书，第 658 页。

⑥ 同上书，第 660 页。

⑦ 同上书，第 671—672 页。

⑧ 同上书，第 673 页。

⑨ 同上书，第 677 页。

⑩ 康有为：《共和政体论》，见《政论集》，第 683 页。

⑪ 同上书，第 686—687 页。

⑫ 同上书，第 689 页。

⑬ 康有为：《大借债驳议》，见《政论集》，第 762—763 页。

⑭ 康有为：《无祷》，见《政论集》，第 876 页。

⑮ 康有为：《不忍杂志序》，见《政论集》，第 769 页。

⑯ 同注③。

⑰ 康有为：《中国学会报题词》，见《政论集》，第 797 页。

⑱ 康有为：《救亡论》，见《政论集》，第 675 页。

⑲ 康有为：《中国学会报题词》，见《政论集》，第 798 页。

⑳ 同上书，第 797 页。

㉑ 康有为：《孔教会序一》，见《政论集》，第 733 页。

㉒ 康有为：《救亡论》，见《政论集》，第 676 页。

㉓ 康有为：《共和政体论》，见《政论集》，第 692 页。

㉔ 同上。

㉕ 康有为：《复山东孔道会书》，见《政论集》，第 840 页。

㉖ 康有为：《中华救国论》，见《政论集》，第 727—729 页。

㉗ 康有为：《刊布春秋笔削大义微言考题词》，见《政论集》，第 807—808 页。

㉘ 康有为：《中国颠危误在全法欧美而尽弃国粹说》，见《政论集》，第 891 页。

㉙ 康有为：《复教育部书》，见《政论集》，第 862 页。

㉚ 同注㉘，第 903、904 页

㉛ 同上书，第 913 页。

㉜ 康有为：《拟中华民国宪法草案发凡摘录》，见《政论集》，第 832 页。

㉝ 康有为：《保存中国名迹古器说》，见《政论集》，第 853 页。

㉞ 康有为：《中国学会报题词》，见《政论集》，第 798 页。

㉟ 康有为：《救亡论》，见《政论集》，第 676 页。

㊱ 康有为：《中国学会报题词》，见《政论集》，第 798 页。

㊲ 同上书，第 800 页。

㊳ 康有为：《中国颠危误在全法欧美而尽弃国粹说》，见《政论集》，第 907 页。

㊴ 陈焕章：《孔教会序》，见《孔教会杂志》一卷一号“丛录”栏刊。

㊵ 同上。

㊶ 同上。

㊷ 陈焕章：《孔教会杂志序例》，《孔教会杂志》一卷二号。

㊸ 见《时报》，1913 年 2 月 19 日刊。

㊹ 见《孔教会杂志》一卷七期（1913 年 8 月）刊。

㊺ 张勋：《上大总统请尊崇孔教书》，《孔教会杂志》，一卷七期。

㊻ 同注①。

㊼ 见国家档案局明清档案馆：《戊戌变法档案史料》，中华书局 1958 年版，第 164—165 页。

㊽ 康有为：《光绪帝上宾请讨贼哀启》，见《政论集》，第 631—632 页。

㊾ 康有为：《讨袁檄文》，见《政论集》，第 633—634 页。

㊿ 载《不忍》第九、十册，题为《大总统来电》第一，见《政论集》，第 923 页。

(51) 康有为：《致总统电一》，见《政论集》，第 922 页。

(52) 查康有为发出《致总统电》后，袁世凯即日电复。见《政论集》，第 924 页。

(53) 康有为：《复总统电二》，见《政论集》，第 924 页。

(54) 查康有为发出《复总统电二》后，袁世凯又复“号电”，见《政论集》，第 925 页。

(55)《复总统电三》，见《政论集》，第 925 页。

(56) 康有为：《救亡论》，见《政论集》，第 677—678 页。

(57) 康有为：《共和政本论》，见《政论集》，第 691 页。

(58) 康有为：《共和政体论》，见《政论集》，第 689 页。

(59) 康有为：《请袁世凯退位电》，见《政论集》，第 935—939 页。

(60)《中庸注》广告，见《不忍》杂志第四号。

(61) 见《孔教会杂志》第一卷第四期“孔教新闻”。

(62) 见《孔教会杂志》第七期“丛录·公牍”。

(63)《李纯通电》，见《孔教会杂志》第九期“丛录·公牍”。

(64)《吉林护军使通电》，见《孔教会杂志》第九期“丛录·公牍”。

(65)《南京张都督争立国教致本会之通电》，见《孔教会杂志》第十期“丛录·公牍”。

(66) 张勋：《上大总统请尊崇孔教书》，见《孔教会杂志》第七期。

(67) 陈独秀：《驳康有为致总统总理书》，见《新青年》第二卷第二期。

(68) 康有为：《致北京电》，见《政论集》，第976—978页。

(69) 康有为：《致黎元洪段祺瑞电》，见《政论集》，第985—986页。

(70) 见伍宪子：《中国民主宪政党党史》，出版者不详，1952年，第108—110页；康保延：《恭述先祖南海先生二三事》亦引录，见《康南海先生逝世五十周年纪念文辑》。

(71) 康有为：《致张勋函》（1917年），见《政论集》，第979页。

(72) 康有为：《致张勋函》（1917年3月17日），见《政论集》，第980页。

(73) 见上海市文物保管委员会：《戊戌变法前后》，上海人民出版社1986年版，第534、538页。

(74) 康有为：《致张大帅绍轩书》，见蒋贵麟编《万木草堂遗稿外编》下册，台湾成文出版社1978年版，第626页。

(75) 康有为：《致冯国璋电》，见《政论集》，第1008—1012页。

(76)《拟复辟杂志》，见《政论集》，第990—991页。

(77) 康有为：《致冯国璋电》，见《政论集》，第1009页。

(78)《复位诏》，见中国第一历史档案馆藏《清废帝溥仪档案》。

(79) 张伯桢：《南海康先生传》，1932年北平印本，第69—70页。

(80) 康有为：《不幸而言中不听则国亡序》，见《政论集》，第1016页。

(81) 康有为：《共和平议》，见《政论集》，第1018页。

(82) 陈独秀：《驳康有为〈共和平议〉》，《新青年》第三卷第六期。

(83) 康有为：《共和平议》，见《政论集》，第1018—1034页。

(84) 同上书，第1051页。

第十二章　最后十年

"不忍坐视"

康有为在"复辟失败"后的最后十年，还是"窃哀吾中国四万万同胞，不忍坐视其死亡也"①。这十年中，康有为的政治活动似乎不多，但不等于没有政治活动。

复辟失败，康有为续撰《不忍》杂志，说"吾岂忍吾四万万同胞日在水火中哉！吾岂忍吾中国由内乱而召亡哉！垂涕以告吾国民，其庶几听之，吾中国犹有望也"②。他专门写了《共和平议》，先在《不忍》第九、十合册刊登，后来印发专书，共8万余字，其中有的内容，和他在辛亥革命时写的《中华救国论》《救亡论》等有类似处，写有《中国若行民主虽有雄杰亦必酿乱而不能救国》《中国必行民主制国必分裂》《中国若仍行民主始于大分裂，渐成小分裂，终遂灭亡》等专章，说是："吾国民乎，欲中国之亡乎，则行民主勿改也；若欲中国不亡乎，则分裂之现象，亦可惊心动魄，而思其反矣。"③民国成立后，袁世凯"窃国"，军阀割据，民生困难，经济凋敝，是事实，是帝国主义操纵下军阀混战的结果，是封建割据、民主制度不能实施的结果。康有为却把它归结到"行民主勿改"，真是"倒因为果"。

1918年5月，皖系段祺瑞、徐树铮等组织安福俱乐部，段祺瑞再任国务总理，主张"武力统一"。8月，直系吴佩孚军攻占长沙、衡阳。孙中山护法运动失败，康有为发出《通电》："自顷南北内讧，力战弥年，川、湘、粤、陕，蹂躏已尽，鄂、豫、闽、赣，牵连被灾，兵燹连天，烽烟匝地，闻之酸鼻，言之痛心。""吴佩孚将军，今之名将也，首发停战之议，长江四督军，仁人之言哉！力主言和，即冯大总统之宣言，亦深自引咎而希望和平。"他对各派军阀、督军的本质不能认识，而自以"仆亦国民之一也，与诸公亦多故旧，兄弟阋墙，不忍闻久矣。栋折榱崩，侨将压焉。流涕以道，幸垂哀察"④。

11 月 14 日，又《复和平期成会电》"方今欧战已毕，和议已成"。而中国"共和七年来，未尝开国民大会也"。今"国会为段家国会，实无以折之。故虽吴佩孚亦攻徐菊人为非法选举，可见人心矣"。"以为兹事体大，不能以空言机心得之，必其忧国爱民之公重于其位禄权利之私，然后发其至诚恻怛之心，绝去驾驭笼络之术，以此为本，乃可感人"。请和平期成会熊希龄等处此"欧无战事，无可再参"之时，"宜请参战处解甲释兵，然后和议可开，南忌可解，和平可望，此尤为方今议和第一事"⑤。

12 月 28 日，又发《促南北速议和以应欧洲和局电》，谓："今南北之争者，或以会名，或以会人，或以闽陕以至无用之事，而费有用之日，亦已多矣，其可笑亦已甚矣。"认为"与其下于外人，无宁下于兄弟乎？与其失权利于外人，何若失权利于兄弟乎？自民国七年来，号为共和，日共争乱"。"诸公能互让互忍，永远和平，至幸也。"⑥

1919 年 1 月 15 日，《致陆使论议和书》，希望陆征祥在巴黎和会上"收回法权"。"自余各国旧约，凡有称特别地位，称优先权，称最惠国，称利益均沾，称机会均等，称范围地，称不让与种种不平等之词，皆出于兵力之压逼，或出于旧政府之愚昧，非吾人民所愿，概宜力争，尽行删除"⑦。

在上述电文中，尽管有主观片面的地方，但他呼吁和平，呼吁在巴黎和会中收回国权，还是值得称许的。

还有两份电文，也是康有为在这两年中值得一提的。其一是《致徐总统论焚土电》，说是"焚烟除害，深服大勇。惟政贵有渐"。"且焚此多土，再靡巨款，尤不值也。故与其焚之，不如赠人"。"乃南北交争，未见一钱之体恤，而高谈焚土，空投数千万金钱于灰烬，本末相反，蒙尤惑焉。或多留若干分恤遗黎，或分以立大学、开马路，以存焚烟之纪念，庶几化无用为有用，皆胜于焚"⑧。北洋政府的"焚烟"，只是一纸空文，军阀、官僚吸烟的也不乏其人，康有为却听到这一纸空文，为之"出谋献策"。

其二是支持"五四"学生运动。1919 年 1 月，巴黎和会开会，中国政府向和会提出帝国主义放弃在华特权，要求取消"二十一条"和收回日本在山东的特权，遭到帝国主义拒绝。消息传到，举国愤慨。5 月 4 日，北京学生实行罢课，并通电全国抗议，北洋政府进行镇压。康有为于 5 月 6 日发出《请诛国贼救学生电》，文字激昂慷慨，引录如下：

> 曹汝霖、章宗祥等力行卖国，以自刈其人民，断绝其国命久矣。举国愤怒，咸欲食其肉而寝其皮。今号为民国，乃政府于民之所好则必恶之，民之所恶则必好之。若曹汝霖、章宗祥累年以来，国民所视为奸邪蟊贼者，然政府倚为心腹爪牙，托为牙人经纪。夫天下古今，安有牙人握券持筹于内，而国民呼号力争于外而能获胜者乎？……
>
> 夫以卖国之利不可思议如此，卖国之后，无所惩艾如彼。故自清季以来，相沿相师，无忧无惧，党徒日众，卖国成风。则我五千年之中国，二万里之土地，四万万神明之胄，日供其犬马犬羊之束缚，出售以供人之屠宰，至亡国绝种而后已。至今乃讨之，亦已晚矣，岂复有救哉！幸今学生发扬义愤，奉行天讨，以正曹汝霖、章宗祥之罪。举国遐闻，莫不欢呼快心，诚自宋大学生陈东、欧阳澈以来稀有之盛举也。试问四万万人对于学生此举，有不称快者乎？假令其徒党亲戚有不快者，必无四百人以上。则学生此举，真可谓代表四万万之民意，代伸四万万之民权，以讨国贼者。……或以学生擅殴大僚为应有之罪，而忘今之为民国，政府只有奉行民意，而不得专擅也。……今布告吾全国四万万国民，如有以为学生此举为不然者，若得多数，则学生宜依常律罪之；否则，学生为代表吾中国民意，以公共诛国贼者。吾全国人宜唤醒以救被捕之学生，而日请诛卖国贼。政府宜亟释放被捕学生而诛卖国贼。

在电文中，康有为义正词严地指斥北洋政府，"请诛国贼"，释放学生，表达了他的爱国热情和视学生游行为爱国运动，在当时像他这样有声望的"遗老"，能够公开"请诛国贼"、释放学生的也不多见。

稍后，康有为还专函日本犬养毅，对青岛问题"想必能鉴强德之覆辙，或西邻之责言，翻然改图，亲结善邻，力践誓言，昭昭百国。万一贵国士夫因缘旧俗，挟持强力，尚行军国之义，怀侵掠拓土之心，不忘山东青岛之小利，恐成德国之大祸。……且待列强翻然正词，责问而后归还，亦少昧矣"⑩，此电虽较"天真"，他也不可能认识帝国主义的侵略本质，但对中国主权的维护，还是表达了他的爱国情怀。

五四运动以后，中国历史迅速向前，康有为却愈来愈跟不上前进的步伐。尽管他这时也发出一些政治宣言，但对各派军阀的本质，却不可能认识清楚，有时还会为他们所利用。

康有为对俄国"十月革命"后的社会变化，是表示不满的，说是："今全国乱机如火线四伏，为俄式，过于法式之革命远矣。《诗》曰：'彼昏不知，一醉日富。'今政府岂真聋聩何所恃，而敢犯众怒以召大祸乎？"认为俄国"十月革命"那样的形式，比法国大革命更"过"。他在这封写给徐世昌的信中，大谈戊戌变法前徐世昌参加强学会以及入袁世凯幕等"交谊"，担心徐世昌"从尼古拉惨戮不远也"，表示"深忧极恐，贡竭其愚"。只是书中对"五四"学生运动还是赞扬的，说："学生聚众而争山东，哗逼政府，然天下皆直学生而不直政府者，则以政府为军事协定之约，举国痛恨于卖国，一也。"⑪

1920年6月，湖南南军赵恒惕占领长沙。7月，谭延闿发表治湘宣言，主张"湘人治湘"，"湖南自治"。次年1月7日，四川刘湘等通电"四川自治"，章太炎等也宣扬"联省自治"。康有为对"联省自治"说则予反对，认为"中国千年来皆以统一立国，生民赖以安，文明赖以起，土地赖以廓，种族赖以繁，实为长治久安之至理，无能易之"。反顾印度，也是"万里之大国，三万万之众民"，就因愤蒙古帝而革命成，遂成"数十国而统一散，兄弟阋墙，日寻干戈，鹬蚌相持，渔人得利，于是印度遂以亡国"。不能因"中国一时之衰弱，则惟倾心媚外"。不能"不问中外历史风俗地理之迥殊，而妄采欧、美之政俗，以尽用施行于中国"。末谓："吾中国人也，实不忍举中国从亡印之后也。心所谓危，不敢不告，语长心重，流涕以道吾国人听之。"此函甚长，自称："政治之道至为深远，宜通终而知其敝，不能见小利而败其成。""今中外所期者统一也，乃日言联省自治以实行分国互争，是之楚而北行，鞭马疾驰而相去之远也。"⑫反对联省自治，主张统一，还是可取的。他在军阀混战，地方割据的情况下，写出这样长篇的"电文"，也是不易的。

康有为在1923年，还有一事可记，那就是陕西讲学。

1923 年，康有为漫游祖国名山大川、帝王陵寝。"二月，游海门、定海、普陀。三月，谒泰陵、昌陵，至保定"，"旋游河南开封禹王台龙陵，登铁塔绝顶"。"五月，过济南，登千佛山"。"九月，游洛阳，过函谷关，至烂柯山"。"十一月，陕西各界邀请讲学"⑬，共讲学 9 次，见表 12-1：

表 12-1　康有为在陕西讲学

次数	日期	讲学内容	备注
1	11 月 14 日（十月七日）	"天人之故"。	"督军兼省长刘雪雅于十一月十四日，邀军署暨嵩军总司令部全体各师长、统领，省署政务、财政、教育、实业各厅长、审检各厅警务、督察各处，及省内局所各全体，同假易俗东社，请先生讲演"。
2	11 月 15 日（十月八日）	"孔教"。	"学界到者三、四千人"。
3	11 月 16 日（十月九日）	"各地多生圣人，为之教主"。	在西安青年会讲。"各界人士听讲者二千余人"。
4	11 月 17 日（十月十日）	"孔教大义"。	在孔教会讲演。到有省长、长安知县及"绅学各界来者万余人，门庭内外，几无立足地"。
5	11 月 19 日（十月十二日）	"弃恶为善以成道德"。	在万国道德会讲。"先生讲毕，有跪坐下问道者"。
6	11 月 26 日（十月十九日）	"人生之忧患，以女子为最"。	在女师范讲学，到者"数百余人"。
7	11 月 27 日（十月二十日）	"共和政体"。	陕西报界公会假青年会大厅讲。
8	11 月 29 日（十月二十二日）	董仲舒"实绍"孔子之传。	在"董江都相祠堂讲演"。《康南海先生讲演录》未专列讲演次第，置于第六次讲演之后。
9	11 月 30 日（十月二十三日）	"佛教为地球大教""佛专言灵魂""佛教言佛道，孔子言人道"。	《康南海先生长春演说集》列为"第八次佛教会讲演"。

康有为在陕西短短的半个月内，公开讲学 9 次，还祭祀董仲舒，谒周文王陵，游名胜古迹。这些演讲和活动情况，由他的门人邓毅、张鹏一记录，辑成《康南海先生长安演说集》一书⑭，上列表格，即据此书编成。

康有为西安讲学，当地的军政要员、地方长官以至各团体负责人都参加了，可以说接待极为周到、重视，而讲学却以言孔教、谈佛教以至谈"天人之故""人生之忧患"为多。

康有为是尊孔的，戊戌变法时，刊发了《孔子改制考》，辛亥革命后又组织孔教会。这次讲学，他也多次谈到孔子、孔教，以至孔教超越其他教义之处。说："穀梁与董子曰：'非天不生，非父不生，非母不生'，三合而后生，故谓之天之子也可，母之子也可，此孔子至要之微言也，孔教与各教不同之处在此"⑮。孔子讲人伦、讲仁、讲恕，就是他的大过人之处，他说：

> 孔子至圣，岂不能托为天之师、天之子、天之使以自尊，而于人伦之间，乃曰所求子以事父未能，所求弟以事兄未能，所求臣以事君未能，所求朋友先施之未能，庸德之行，庸言之谨，有所不足，不敢不勉。⑯

康认为，与其他宗教如佛教、基督教、道教相比，孔教远远超过它们。例如言"魂"，孔子"祭天以明万物一体之仁，祭祖以明家族相亲之孝，仁孝皆备，治国可运诸掌矣，此孔子人道之大义也。祭以尊奉天神人鬼，孔子讲魂而运于人道之内，所谓声明魂魄传于罔极也"。至于其他诸教"只言天，只修魂，道教只修魄；基督至仁，盖专重天也；佛教至智，盖专修魂也；而佛谓战胜上帝为弟子，过矣。基督与佛同言魂，盖与佛之人天教同，故不嫁娶独尊天，而寡及父母，言仁而寡言孝，尊魂而少言修身也。孔子则天与父母并重，故仁孝兼举，魂与体魄交养，故性命双修"⑰。

孔教与其他宗教不同，是因为"孔子言人道，佛言神道"。"讲人道，父母生我，则在家应报，古今圣贤豪杰造成文化，吾身受其赐，则在国应报之"。至于佛教讲出世，如"人人出家，七十年无人类，从何说佛"⑱。

康有为以孔子学说与仁伦结合，对儒家思想由祭祀引发孝，由孝引发忠，在当时"世风日下"，军阀混战之时讲伦理道德，自无不可。但社会在发展，救亡图存，单靠儒家思想，在这个时代也不能适应了。况且，康有为在讲孔教的同时，还杂有迷信色彩，说"电通之理，通于善恶，因果报应，丝毫不爽"⑲，不如过去讲演的虎虎有生气，而步入颓唐了。

康有为过去宣扬的《公羊》"三世"，《礼运》"大同""小康"，这时也予宣传。还以为"今地球各国之理不能外，后此千百年亦不能外"，以为"孔子无所不有"，但又以"行之视其时与地，苟非其时与地，则不可行也。不可行者，孔子不主也"。只能归罪于"今之所谓孔子者，乃朱子耳"⑳。徘徊瞻顾，无所适从。

康有为对当时正在研究的《诸天讲》《显微》也曾在讲演中述及。康有为谈宗教、谈孔子，仍旧关心政治，对民国后的情状表示不满，对欧、美各国共和政体也有议论㉑。康有为在西安讲演次数不少，听众也不少，讲的内容很复杂，但新的内容似不多见。不过，在陕西讲学中，也有两点对当时西北是有影响的。

第一，关于女权，他认为"人生之忧患以女子为最"。早年，他倡立不缠足会，这次演讲，又强调"人生平等，何可抑女"，妇女婚姻"不可不慎"，"至于裹足一事，尤伤人道"㉒，对距离内地较远的西北是有影响的。

第二，在西安青年会和女师范等演讲中，都提到"新学"，并"有望于学生者五"：

一曰"博学"，以为"人生于地上，凡古今万国之学问，皆应通之。凡全地之山川草木鸟兽百产，皆应识而受用之。凡诸天之日月星辰，皆应识而交通之"，古人谓："通天地人之谓儒。"

二曰"行仁"。"天以才力聪明赋于诸君，得以为学，是天之格外优待诸君也。"

三曰"专门"。"今大地百国学问甚多，诚非一人所能尽，故分门别类，各因其性之所近，专学一门"。

四曰"常识"。"凡地上各国通行之天文地理，通行之政教礼俗，通行之卫生立身，通行之书画文词，必当解之"。

五曰"乐学"。"以己之学业为乐，不厌不倦，其味无穷，学而时习，不亦乐乎？"㉓

康有为对教育方面的看法，在中国近代教育史上也是值得一提的。

天游学院

1926年3月，康有为在上海愚园路194号游存庐创办天游学院。《天游学院简章》称：

（一）宗旨　本院为学术最高深之研究院，以研究天地人物之理，为天下国家身心之用为宗旨。

（二）学制　本院采书院制，致师弟之亲。并酌采学校制，各科设助教，院中设管理员。

（三）学科

（甲）道学　经学、历代儒学、史学。

（乙）哲学　天文、地理、电学、生物、人类、人道、周秦诸子、东西详哲学、心理、论理、人群、灵魂、鬼神、大同。

（丙）文学　散文、骈文、诗、词、曲、书、画。

（丁）政学　政治、宪法、理财、教育、列国。

（戊）外国文　英文、法文、德文、日文。任人选习。

（四）入学

（甲）招考　本院每学期招生一次，名额不限。

（乙）程度　大学或中学毕业，及旧学有相当学力者。

（丙）考试　国文论题，或兼缴呈成篇著作，预科、本科同。特别生：仕学知名者免考。

（丁）具书　填具入学志愿书，并须由妥实保证人填具保证书，然后入学。

（五）学级　初入院者入预科，补习经、史、子、文各学，以植根柢，毕业升入本科。倘有好学之士，不能依规定学科修业者，亦得来院随意听讲，为特别生。

（六）年限　本科二年，预科一年。特别生不拘年限，天才亮特者不限。

（七）考试　每学期及学年之终，举行考试一次。

（八）升学　本科生修业期满，考试及格，给与毕业证书。预科修业期满，考试及格者，升入本科，不及格者留院。

（九）纳费　每学期学费四十元，膳宿费五十元，杂费六元，各科同。均于入学前缴纳。

（十）退学　学生不得无故自行退学，如有正确理由，须由保证人证明，或家长来信，经本院允许乃可。已缴各费概不发还。

天游学院第一期学生仅有20余人，后陆续增加到30余人。康有为自称："上海各大学人数动辄千百，我院只有二三十人并不为少。耶稣有门徒十二人，尚有一匪徒在内，今其数遍于天下，岂在多乎？"㉘

天游学院，由康有为任校长兼主讲，龙泽厚任教务长兼讲经学，阮鉴光教日文，况周颐教词曲、罗安教英语。讲学的内容和方法，与万木草堂讲学近似，但时隔30余年，跟随社会的发展和康有为思想的演变，也有异同。

康有为在天游学院每周讲授 2 次，每次两三个小时，吸取万木草堂讲学的经验，讲授和讨论相结合，听讲与自学相结合，鼓励学员立志、立大志，说："凡百学问皆由志趣而出，志大则器大。若仅志于富贵禄位，所谓器小也。志小则器小，语以天下之大，岂能受哉！立大志则必砥砺名节，涵养德行，通古今中外之故，圣道王制之精，达天下之奥，任天下之重。"㉙他在万木草堂讲学时，也鼓励学员立志、立大志。

康有为在万木草堂讲学时，在学员的帮助下，写了《新学伪经考》和《孔子改制考》，当时起了很大影响，这时也曾讲及，但对汉学（古文经学）、宋学的抨击，已没有过去那样鲜明。他在万木草堂讲学时，揭橥孔子改制，宣称"圣经已为刘秀篡，政家并受李斯殃"，接着，在《强学报》上，发表《孔子纪年说》，说孔子"凡所称为尧、舜、禹、汤、文、武成功盛德，皆孔子所发也"㉚。在《孔子改制考》中，更说：孔子创立儒家，提出一套他自己创造的尧、舜、禹、汤、文、武的政教礼法，编撰六经以为"托古改制"的根据。在天游学院讲学时，虽和过去一样"尊孔读经"，却在讲学中宣传"仁道"，强调自黄帝、尧、舜开物成务，以厚生民[22]。孔子垂学立教，以迪来士，都是"仁道"。还认为佛教普度众生，也是一种"仁道"。在讲学中他还着重阐明：孔子之学有义理、经世之分。义理就是德行，经世就是政事。宋学本于《论语》，朱熹为其嫡嗣。宋、明以来之学，皆其系统，属于义理之学。汉学本于《春秋》中的《公羊》《穀梁》，董仲舒为《公羊》嫡嗣，刘向为《穀梁》嫡嗣，近于经世之学。鼓励学员通"四史""三礼""三传"，由董仲舒而述《春秋》，由朱、陆而求《论语》。再博考《通鉴》《通考》和"四朝学案"，这样，也就能得到学术纲要了。他的讲学，已不是过去那样只宗今文、猛击古文经学和宋学了。

康有为博览古籍，学识深厚，出国十余年，尤多见闻，讲学中也有较万木草堂讲学时改革之处。如万木草堂由他一人讲解，天游学院则延请教师。如万木草堂主要讲经、史、子、集，天游学院也讲外文，延请英文、日文教师，即在讲经、史、子、集时也较过去多所发挥。如讲文学时，说是古今好文章只有 20 余篇，李斯《谏逐客书》为第一，贾谊《过秦论》为第二，其次是司马相如、刘向、刘歆、谷永、扬雄、匡衡诸家，把过去深诋的刘歆也列入其中。讲史学，则纪传体以《史记》《汉书》《后汉书》为主。编年体主张精读《资治通鉴》，以为左宗棠、胡林翼都圈点或用以治军。

康有为擅书法，讲学时也讲金石书法，告诫学生："写字须先摹碑，五日一换；能摹百碑，即可拔群绝俗，若欲成家，则镕铸古今，截长去短，得其神似，而不取其形貌。吾徒有卢某者，学柳毕肖，终身不得名。盖学柳太似，为柳一生之奴隶耳。"[23]有时折笔挥毫，还叫学员观看，"平腕竖锋，虚拳实指，挥洒自如"。

天游学院讲学和万木草堂不同，最有特色的是讲授"诸天"。

康有为办"天游学院"，自署"天游化人"，有"天游化人"印章，题青岛别墅曰"天游园"。"诸天"讲，正是他"天游"的构思和对"诸天"的潜研。

康有为主讲于天游学院，讲堂内悬有联云："天下为一家，中国为一人；知周乎万物，仁育乎群生。"他的"诸天"讲构思很早，如今专题讲授，认为地球和金、木、水、火、土诸星球一样，都是围绕太阳运行的游星，都在天上，所以地球上的人，也是天人。但人们不知自己是天人，眼光短浅，只知有一家、一乡、一国、一地球之事，只可称之为家人、乡人、国人、地人，以致苦而不乐。如能觉察到自己是天人，那么"人之生也，与乐俱来，生而为天人，诸天之物，咸备于我，天下之乐，孰大于是"。

康有为从望远镜观察到火星上有火山冰海，从而推断其他星球也有人类。"因推诸天之无量，即亦有无量之人物、政教、风俗、礼乐、文章焉"，进而相信将来人类一定能飞出地球，到月球或其他地球去，星际交通必将发展。为了教学的需要，他还花了1000元巨资，向礼和洋行购得一架德国制造的天文望远镜，有时半夜带学员观看天象。据唐以修回忆：

> 尝忆岁某夕，先生召天游学院诸生，集于所居天游堂庭阶之西偏，时夜将半，凉风飒洒，纤云四卷，天宇澄澈。须臾，皓月东升，清光流辉。园中四顾寂静，林木疏影泻地。先生曰："美哉！斯境可矣。"乃出远境，相率矫首引望。仰窥云汉星月，灿灿光芒晔煜，咫尺相距，不禁目炫神往也。先生复进左右，莞尔而言曰："人生天地间，智愚贤不肖，虽各有其差，而终身役役，内摇其心，外炼其精，忧乐相寻，小者则忧其身，忧其家；大者则忧其国，以及天下。常苦忧多而乐少。然见大则心泰。吾诚能心游物表，乘云气而驾飞龙，逍遥乎诸天之上，翱翔乎寥廓之间，则将反视吾身、吾家、吾国、吾大地，是不啻泰山之与蚊虻也。奚足以撄吾心哉！况诸天历劫，数且无穷，又何有于区区吾人哉！"[29]

康有为在这年写有《诸天讲自序》，首先说明"人人皆当知天"，"皆当知地为天上一星"。说：

> 吾人生而终身居之践之立之者，岂非地耶？岂可终身不知地所自耶？地者何耶？乃日所生而与水、金、火、木、土、天王、地王同绕日之游星也。吾人在吾地，昔昔矫首引镜仰望土、木、火诸星，非光华炯炯，行于天上耶？若夫或昏见启明，熠耀宵行于天上，尤人人举目所共睹。然自金、水、火、木、土诸星中，夜望吾地，其光华烂烂，

运行于天上,亦一星也。夫星必在天上者也,吾人既生于星中,即生于天上。然则吾地上人,皆天上人也,吾人真天上人也。人不知天,故不自知为天人,故人人皆当知天,然后能为天人;人人皆当知地为天上一星,然后知吾为天上人。㉚

他又说:自己"游历诸国,足遍五洲,全球百国之政艺俗日输于脑中耳目中"。感到:

爱恶相攻而吉凶生,情伪相感而利害生,惟天生人有欲,不能无求,求之不给,不能无争,争则不能无乱。一战之惨,死人百万,生存竞争,弱肉强食,故诸教主哀而拯救之,矫托上天神道设教,怵以末日地狱,引以极乐天国,导以六道轮回,诱以净土天堂,皆以抚慰众生之心,振拔群萌之魂,显密并用,权实双行,皆所以去其烦恼,除其苦患,以至极乐而已。然裹饭以待饿,夫施药以救病者,终未得当焉。以诸教主未知吾地为天上之星,吾人为天上之人,则所发之药,未必对症也。㉛

康有为在政变以后,遍游各国,目睹战乱,"弱肉强食",也看到各种宗教"施药以救病,未必对症",都是"诸教主未知吾地为天上之星",从而"因读历象考成,而昔昔观天文焉"。最后说:

自哥白尼出,乃知地之绕日,奈端乃发重力之吸拒,天文乃有所入。今测银河之星已二万万,况银河仅得涡云天十六万之一乎?其他占验,尤巨谬不足辨。……吾之谈天也,欲为吾同胞天人发聋振聩,俾人人自知为天上人,知诸天之无量人,可乘为以太而天游,则天人之电道,与天下之极乐,自有在矣。㉜

康有为自称:"丙寅,讲学于天游学院,诸门人咸请刻布此书,以便学者",从而付印。

康有为在天游学院讲演"天游"的讲稿虽已无存,但从1930年(庚午四月),即康氏逝世以后,中华书局仿宋排印本《诸天讲》中,可以看到他对"诸天"的理解。

《诸天讲》凡《通论篇》第一、《地篇》第二、《月篇》第三、《日篇》第四、《游星篇》第五、《彗星篇》第六、《流星篇》第七、《银河天篇》第八、《霞云天篇》第九,《诸天二百四十二天篇》第十、《上帝篇》第十一、《佛之神通大智然不知日月诸星诸天所言诸天皆虚想篇》第十二、《历篇》第十三、《仪象篇》第十四、《附篇》第十五等 15 篇,另附《月球图》。

《诸天讲》成书前,康有为曾告诉日本犬养毅:"仆尚有《诸天》一书,尤为非非之想,以视区区地球,藐尔不及沧海之一滴,不及山岳之一尘也。……俯视忽忽,曾几何时,变化至此。"㉝

《诸天讲》"未出版而先生逝世"㉞,但这部著作还是在他逝世不久就刊印出版了。在这部著作中,留下了康有为对"诸天"的看法,留下了他对天文、星象的窥测,成为研究康有为哲学思想的一部重要遗著。

天游学院学生姓名可考的有:任启贤、李维新、刘天启、翁冰、钱定安、唐以修、林奄方(原名张汉文)、陈鼓征、蒋贵麟、李钻铮、官道尊、李瑜、陈启泰、李微尘、李纪元、董云裳、董宝泉、邓昀等。钱定安在康有为逝世后,曾整理《大同书》,于 1939 年由中华书局出版。蒋贵麟则在 20 世纪 70、80 年代在台湾整理出版《康南海先生遗著汇刊》《万木草堂遗稿》《万木草堂遗稿外编》《康南海先生游记汇编》《康南海先生未刊遗稿》等。

君主立宪之梦

辛亥革命以后,康有为主张虚君共和、君主立宪。到了晚年,还是不变。

"虚君共和",所"虚"之"君",即清废帝溥仪。1917 年复辟失败,康有为对废帝仍旧眷念不忘。"经年奔走","所至游说","托人密商,亦得同情"㉟。但就在 1924 年 11 月,冯玉祥部入北京,逼走曹锟,把溥仪赶出清宫。康有为致电北京当局,说是"挟兵搜宫",何以"立国"?

溥仪逃往天津,康有为于 1925 年由上海跑去"觐见"。次年四月(5月),致诸将帅电,请恢复皇室优待条件,并"驱逐赤冯之军"。9 月,手书《问全国父老兄弟》，再次申明"立宪君主"㊲，一开始就说："凡治病者无定方，以能愈疾为良；治国者亦无定制，以安国乐民为善。今英、美同种同文，同安乐富强，而政体不同，至明也。"欧洲不少国家，"皆师英为立宪君主制，日本、波斯亦师之"。"民主必以兵争政权"，"惟有君主世袭，则国本坚固不摇"。他遍游欧、美，考察各国情况，"其所以不立民主而为立宪君主者，以民主必以兵争政权、争总统，而日日召乱，则法纪必废，民无所托命，国亦危矣。惟有君主世袭，则国本坚固不摇"，还是以君主立宪为好。

他又鉴于民国以来军阀混战，"今自江浙内讧，各省割据"，"惟今上无宪法，中无国会，下无总统总裁，不知中外古今对此是何国体"？

最后说："民国十五年来之国利民福、国害民祸何若？与辛亥前之国利民福、国害民祸何若？赋税孰轻重？刑罚孰仁暴？乱事孰多少？政体孰得失？其各抒所见，无畏无隐。"对"民国前"还是怀念的。

《问全国父老兄弟》写出，他即北上，定居青岛。1927 年 2 月 14 日，至天津祝溥仪寿。次日，上《追述戊戌变法经过并向溥仪谢恩折》。折中对光绪皇帝无比怀念，对戊戌变法倍加称誉，说："先帝忧国阽危，畴咨俊义，擢臣于侧陋冗散之中，谘臣以变法自强之业，谕臣专折奏事，由是感激，竭尽愚忠。先帝扫二千年之积弊，政厉雷霆；顺四万万之人心，令如流水。书朝上而电夕下，国虽旧而命维新。百日变政，万汇昭苏，举国更始以改观，外人动色而悚听。"接着，对慈禧太后"幽先帝而兴狱"再予批判。自感"年已七十，怜其马齿之长，恤其牛走之劳"，表示"以心肝奉至尊，愿效坠露轻尘之报"㊳。

康有为是戊戌变法的领导人，是先进的中国人；光绪是支持改革、颁行新政上谕并因而被禁瀛台的皇帝。康有为对戊戌变法和光绪皇帝的怀念，是很自然的，是无可厚非的。但清政府已被推翻 16 年了，封建帝制已早被废除了，时代巨轮是不断前进的。不顺应社会历史的发展，再想"以心肝奉至尊"，也是无济于事的。

康有为在政变后漫游各国，也不是不知道旧的封建残余不能适应当时的世界潮流，因为怀念故主，眷念清室，在军阀混战、民生凋敝之时，设想出"虚君共和"。然而所"虚"之君，已不是光绪皇帝，所设想的"共和"，也不可能实现，终于为时代所抛弃，原来的"先进的中国人"再是"问全国父老兄弟"，也不能解除他内心的困惑。

1927 年 3 月 8 日（二月初五日），康有为 70 寿辰，溥仪"赠寿"。他的门弟子和亲友在上海祝寿。寿联中最精当的是梁启超集汉儒文句一联：

> 述先圣之玄意，整百家之不齐，入此岁来已七十矣；
> 奉俎豆以国叟，致欢忻于春酒，亲授业者盖三千焉。㊳

旬日后，康有为乘轮离沪前往青岛。临行前，"亲自检点遗稿，并将礼服携带。临行，巡视园中殆遗。且曰：'我与上海缘尽矣。'以其相片分赠工友，以作纪念，若预知永别者矣"㊴。

康有为于 3 月 21 日到达青岛，住福山路天游园。29 日晚，出席同乡宴请，未终席而腹部大痛。31 日（丁卯二月二十八日）晨，与世长辞。

注　释：

① 康有为：《不幸而言中不听则国亡序》（1917 年 11 月），见拙编《康有为政论集》（以下简称《政论集》），中华书局 1981 年版，第 1017 页。

② 康有为：《续撰不忍杂志自序》，见《政论集》，第 1014 页。

③ 康有为：《共和平议》，见《政论集》，第 1034 页。

④ 康有为：《通电》（1918 年 8 月 14 日），《时报》1918 年 8 月 21 日，"公电"栏，见《政论集》，第 1057—1058 页。

⑤ 康有为：《复和平期成会电》（1918 年 11 月 14 日），《时报》1918 年 11 月 17 日，见《政论集》，第 1059—1060 页。

⑥ 康有为：《促南北速议和以应欧洲和局电》（1918 年 12 月 28 日），见《政论集》，第 1062—1063 页。

⑦ 康有为：《致陆使议和书》（1919 年 1 月 15 日），《时报》1919 年 1 月 15 日，见《政论集》，第 1065 页。

⑧ 康有为：《致徐总统论焚土电》（1919 年 1 月 14 日），《时报》1919 年 1 月 16 日，见《政论集》，第 1064 页。

⑨ 康有为：《请诛国贼救学生电》（1919 年 5 月 6 日），《晨报》1919 年 5 月 11

日，见《政论集》，第1066—1067页。

⑩ 康有为：《电犬养木堂转达日本内阁撤兵交还文》，见《政论集》，第1069—1070页。

⑪ 康有为：《致徐总统电》（1920年2月19日），《时报》1920年2月24日"公电"栏，见《政论集》第1071—1072页。

⑫ 康有为：《斥赵恒惕联省自治电》（1922年7月），底稿，康同璧藏，见《政论集》，第1076—1084页。

⑬ 康同璧：《南海康先生年谱续编》，油印本"民国十二年癸亥（1923年），先君六十六岁"。

⑭《康南海先生长安演说集》，教育图书社印，线装一册，以上表格及下面引文，均据此书。其中第一、第二、第四、第八次讲演，辑入《政论集》。

⑮ 康有为：《陕西第二次讲演》，见《政论集》，第1100页。

⑯ 同上书，第1102页。

⑰ 同上书，第1100页。

⑱《康南海先生第八次（实为第九次）佛教会演讲》，见《康南海先生长安演说集》。

⑲ 康有为：《陕西第一次讲演》，见《政论集》，第1096页。

⑳ 康有为：《陕西第二次讲演》，见《政论集》，第1103页。

㉑《南海先生第七次讲演》，见《康南海先生长安演说集》。

㉒《南海先生第六次女师范讲演录》，同上书。

㉓ 康有为：《陕西第二次讲演》，见《政论集》，第1104—1105页。

㉔ 任启圣：《康有为晚年讲学及其逝世之经过》，《文史资料选辑》第三十一辑，文史资料出版社1962年版，第240页。

㉕ 同上。

㉖ 康有为：《孔子纪年说》，《强学报》第一号，光绪二十一年（1895）十一月二十八日出版，见顾廷龙、方行、汤志钧编：《强学报、时务报》，中华书局1991年版，第5页。

㉗ 康有为在这时撰写的《诸天讲自叙》亦谓："吾国自唐虞之世，羲和历象，日月星辰，授时成岁，立闰正朔，其在三代，巫咸甘石测天，其略存于《史记·天官书》"（见《政论集》，第1119页）。和过去所谓尧、舜等皆孔子"托古改制所发"不同了。

㉘ 任启圣：《康有为晚年讲学及其逝世之经过》，《文史资料选辑》第三十一辑。

㉙ 唐以修：《诸天讲跋》，《诸天讲》卷十五后。

㉚ 康有为：《诸天讲自序》（1926 年），见《政论集》，第 1117 页。

㉛ 同上书，第 1118 页。

㉜ 同上书，第 1119 页。

㉝ 康有为：《电犬养木堂转达日本内阁撤兵交还文》，见《政论集》，第 1068—1070 页。

㉞ 伍庄：《诸天讲序》。

㉟ 康有为：《请庄士敦代奏游说经过函》（1924 年 2 月 16 日），见《政论集》，第 1115 页。

㊱ 康有为：《问全国父老兄弟》，手迹，上海图书馆藏。写在宣纸上，装成手卷。末有印章两颗：一为“康有为印”，一为“维新百日，出亡十六年，三周大地，游遍四洲，经卅一国，行六十万里”，署“丙寅秋八月”，当 1926 年 9 月。

㊲ 康有为：《追述戊戌变法经过并向溥仪谢恩折》，见《政论集》，第 1124—1125 页。

㊳ 梁启超：《南海先生七十寿言》，见汤志钧、汤仁泽编：《梁启超全集》（第十七集），中国人民大学出版社 2018 年版，第 477 页。

㊴ 康同璧：《南海康先生年谱续编》，油印本。

后　记

　　学习和研究康有为与戊戌变法，已经半个世纪了，在这漫长的岁月中，曾写过不少论文和出版过几部专著，而《康有为传》却迟至今日始行写出。

　　我的一些论著发表以后，也曾引起过争论，《大同书》成书年代及其评价，是最热烈的一次。当时，我从康有为的政治实践、思想演变以及《大同书》的本身矛盾加以剖析，认为《大同书》是康有为在 1901 至 1902 年（辛丑、壬寅间）避居印度时所撰，定稿更迟。有人却信奉康有为自述，说是 1884 年即有此书。当我在《文史哲》《历史研究》连续发表论文申述后[①]，争论似乎平息。然而，"树欲静而风不止"，国外学者对此也发生了兴趣。直到 20 世纪 70 年代，我在康氏家属捐赠的大量文稿中，发现了《大同书》手稿，撰成《〈大同书〉手稿及其成书年代》[②]，这一公案，始告终结。

　　随着康有为手稿、抄稿的陆续发现，提供了不少新资料、新课题。举例来说：《教学通议》强调"言古切今""言教通治"，他的由尊周公到尊孔子、由好《周礼》到好《公羊》，有着一番冥思苦索的艰辛过程，也有上书不达的痛苦经历。又如《日本变政考》和《杰士上书汇录》的发现，对康有为在"百日维新"中的建议、《戊戌奏稿》的真伪，也有了比较清楚的了解。台湾出版的《康有为手书真迹》，也可以看出函札的修订迹象。如果没有这些新资料的发现，本书是不会写成这样规模的。

　　康有为是中国近代史上起过重要作用的人物，是戊戌变法的领袖。谨将此书纪念即将到来的康有为诞生 140 周年和戊戌变法 100 周年。

汤志钧

1997 年 2 月 16 日

注 释：

① 拙撰：《关于康有为的〈大同书〉》，《文史哲》1957 年 1 月号；《再论康有为的〈大同书〉》，《历史研究》1959 年 8 月号；《论康有为〈大同书〉的思想实质》，《历史研究》1959 年 11 月号。

② 拙撰：《〈大同书〉手稿及其成书年代》，见《文物》1980 年第 7 期。

再版后记

1997 年我将《康有为传》交台湾商务印书馆初版，转眼已经 21 年过去了。今年恰逢戊戌年，是戊戌变法 120 周年，也是康有为 160 周年诞辰。今年初，应天津南开大学出版社刘运峰同志之约，将《康有为传》付梓重印，对于南开大学出版社的关注和支持，在此谨表诚挚的谢意！

我潜研康有为及其思想已有多年，积累的资料也有很多。早在 20 世纪四五十年代，从常州今文经学和戊戌变法入手，开始发表论文和专著，最初有两部专著：一是《戊戌变法史论》，由上海群联出版社于 1955 年 9 月出版；二是《戊戌变法史论丛》，由湖北人民出版社于 1957 年 11 月出版。而对戊戌变法及康、梁等较为深入的研究，是《戊戌变法简史》和《戊戌变法人物传稿》，两书都由中华书局出版，前者是 1960 年 8 月，后者是 1961 年 4 月出版。此后，1981 年 2 月，《康有为政论集》由中华书局出版；1984 年 10 月，《康有为与戊戌变法》由中华书局出版；2016 年 12 月，《康有为的大同思想与〈大同书〉》由上海人民出版社出版。

20 世纪 50 年代，史学界发生了一场关于《大同书》成书年代及其思想实质问题的讨论，房德邻先生于 1995 年撰文说："从五十年代到八十年代，关于《大同书》成书时间问题的讨论一直没有间断。"①其发端是 1955 年 2 月，李泽厚先生在《文史哲》上发表《论康有为的〈大同书〉》一文，我不认同他的观点，在《文史哲》1957 年第一期上发表《关于康有为的〈大同书〉》与李商榷。文章发表后仅 8 个月，李泽厚的反驳文章出现在《文史哲》1957 年第九期上，题为《〈大同书〉的评价问题与写作年代——简答汤志钧先生》，同期《文史哲》上还发表张玉田先生《关于〈大同书〉的写作过程及其内容发展变化的探讨——兼与李泽厚、汤志钧二位先生讨论关于〈大同书〉的估价问题》。为坚持己见，我以更充实的史料证实，在《历史研究》1959 年 8 月号上发表《再论康有为的〈大同书〉——兼与李泽厚、张玉田二先生商榷》。接着，又在《历史研究》1959 年 11 月号上，发表了《论康有为〈大同书〉的思想实质》。"我对《大同书》成书年代的论文发表后，虽有一些人反对，有的还语气很重，我的观点仍岿然不动。"②令人振奋的是《大同书》手稿在上海博物馆被发现，1980 年 7 月，我在《文物》上发表《〈大同书〉手稿及其成书年代》，披露《大同书》手稿发现的详情，重申并肯定了早在二十多年前与李泽厚论争的基本观点——《大同书》是康有为在 1901—1902 年间避居印度时所撰，定稿更晚。不久，天津图书馆也发现了《大同书》手稿，是上博藏稿的剩余部分，其纸张质地，开本大小，都和上海博物馆的稿本完全一致，经考证，更坚定了自己原先的论断。

我认为对中国近代思想家的著作，考核始撰以至修改的时间，探源比勘，实有必要。对中国近代思想家的研究，更需要时间和资料的积累，持之以恒，言之有理。

《康有为传》是我多年来对康有为综合研究的成果，早年搜集、采用的资料不少是未出版物，有些是图书馆或个人的藏件、稿本等。如《汪康年师友书札》都为手稿原件（直到 1986 年《汪康年师友书札》由上海古籍出版社出版）。再版之际，我又将该书的引文重新校对，将原先不易寻找的稿本、抄件、藏件等，尽量参照已出版的书籍，一一注明出处，以便读者查阅。或许能为学界起到添砖加瓦的作用。如今新人辈出，新观点新论著不断涌现。

该书的再版，欣喜之余，赘数言以为后记。

志钧
2018 年 12 月

注　释：

① 房德邻：《〈大同书〉起稿时间考》，见《历史研究》1995 年第 3 期。

② 汤志钧：《康有为的大同思想与〈大同书〉》，上海人民出版社 2016 年版，第 62 页。